태국과 그 주위 국가들

중국

통킹

하노이

미얀마 켕뚱

루앙파방

라오스

통킹만

치앙마이 난
람푼
람빵 프래

위앙짠

농카이

수코타이 핏사눌록

콘깬

다낭

나콘사완

태국

우본랏차타니
짬빠삭

베트남

롭부리

수판부리
아유타야 사라부리
깐짜나부리 방콕
랏차부리 촌부리
빡남
펫차부리

나콘랏차시마

시엠리업

밧땀방

캄보디아

후아힌
쁘라쭈압키리칸

태국만

프놈펜

호치민

안다만해

코친차이나
하띠엔

나콘시탐마랏

남중국해

푸껫

송클라

근대 태국의 형성

이 저서는 2012년 정부(교육과학기술부)의 재원으로 한국연구재단의 지원을 받아 수행된 연구임(NRF-2012S1A6A4021613)

근대 태국의 형성

초판 발행   2015년 11월 20일
2쇄 발행   2017년 6월 10일

지은이   조흥국
펴낸이   유재현
편 집   온현정
마케팅   유현조
디자인   박정미
인쇄·제본   영신사
종 이   한서지업사

펴낸곳   소나무
등 록   1987년 12월 12일 제2013-000063호
주 소   412-190 경기도 고양시 덕양구 대덕로 86번길 85(현천동 121-6)
전 화   02-375-5784
팩 스   02-375-5789
전자우편   sonamoopub@empas.com
전 자 집   blog.naver.com/sonamoopub1

ISBN 978-89-7139-589-9   93910

책값 20,000원

이 도서의 국립중앙도서관 출판예정도서목록(CIP)은 서지정보유통지원시스템 홈페이지(http://seoji.nl.go.kr)와
국가자료공동목록시스템(http://www.nl.go.kr/kolisnet)에서 이용하실 수 있습니다.(CIP제어번호: CIP2015028484)

근대 태국의 형성

조흥국 지음

소나무

책을 펴내면서

태국은 식민주의와 제국주의 시대의 국제적 정치·경제 상황에서 탁월한 융통성과 적응력을 발휘하여 아시아에서 주권을 지킨 몇 안 되는 나라 가운데 하나다. 태국인은 자국이 19세기 후반부터 '문명화'의 길을 걸어왔다는 점에 강한 자부심을 갖고 있다. 그렇지만 이 나라는 오늘날 여전히 경제적으로 개도국 수준에 머물러 있으며, 군부가 국정을 좌지우지하고 지역의 경제적 격차에 따른 사회적 갈등이 심하고 인신매매 등으로 인한 인권 상황이 열악하다.

태국과 대한민국은 지난 수십 년간 활발하게 인적 및 물적 접촉과 교류를 증대시켜왔다. 태국은 한국전쟁 때 우리나라를 지원하기 위해 공군 1개 편대와 해군 군함 7척 그리고 육군 보병 1,294명을 파견하여, 136명이 전사하고 469명이 부상당했다. 오늘날 태국은 동남아시아에서 한국인이 가장 많이 관광하러 가는 나라로 매년 100만 명 이상의 한국인이 태국을 찾는다. 한국을 찾는 태국인도 갈수록 늘어나 최근 매년 약 30만 명의 태국인이 한국을 방문한다.

태국은 한국인이 많은 관심을 갖고 더욱 잘 이해할 필요가 있는 동아시아의 중요한 나라다. 그러나 한국의 태국 연구는 양적으로뿐만 아니라 질적으로도 아직 충분하지 못하다. 특히 우리나라에서 출판된 태국의 역사 및 사회·문화에 관한 소수의 단행본들은 모두 일반적인 주제를 다룬 입문서 수준이다. 무엇보다도 태국의 역사에 관한 심도 있는 학술 서적이 없다.

이 책은 18세기 말부터 1930년대 초까지 태국의 근대화 역사를 다룬다. '근대 태국의 형성'이라는 주제와 관련하여 이 책에서 제기하는 질문은 다음과 같다. 태국은 어떤 과정을 통해 근대화되었는가? 그 근대화의 힘은 어디서 온 것인가? 그 근대화는 어떤 특징을 갖는가? 이 책은 특히 19세기 후반부터 20세기 초까지 서양과의 접촉으로 인한 격변기에 태국인이 한편으로는 서양 문명을 도입하여 나라를 어떻게 근대화하려고 했는지, 다른 한편으로는 근대화 과정에서 태국의 고유한 전통 문화를 어떻게 조화시키면서 자신들의 문화적 자부심을 지키려고 했는지를 보여준다. 필자는 태국인의 그러한 모습에서 근대 태국의 정체성뿐만 아니라 나아가서는 현대 태국의 이해를 위한 단서를 찾을 수 있을 것이라고 본다.

이 책의 집필을 위해 적지 않은 태국 사료가 이용되었다. 그 사료의 상당 부분은 독일 함부르크대학 유학 시절의 은사였던 클라우스 벵크(Klaus Wenk) 교수께서 1992년 정년퇴임 후 필자에게 기증한 도서들이다. 필자는 2006년 8월에야 함부르크로 가서 옛 스승의 얼굴을 직접 뵙고 고마움을 표했다. 벵크 교수는 그다음 달에 돌아가셨다.

이 책의 완성은 무엇보다도 지혜의 근원이신 하나님의 은혜로 가능했다. 집필 과정에서 수시로 영감을 주신 여호와께 감사와 영광을 올린다. 또한 사랑으로 항상 힘과 위로를 주는 나의 식구들에게 고마움을 전한다. 끝으로 이 책의 출판을 흔쾌히 허락해주신 소나무출판사의 유재현 선생님과 출판 작업을 위해 많은 수고를 해주신 편집부에 감사드린다.

2015년 6월
부산대학교 연구실에서
조홍국

차례 _____

제1장

서론

1. 왜 이 책을 썼는가

태국은 19세기 초 이후 서양에게 문호 개방 압박을 받았으며 19세기 말에는 영토에 대한 위협에 직면했다. 태국의 왕실 정부는 자국의 주권과 독립을 지키기 위해 1855년에 서양 국가와 불평등조약을 체결했으며 그 이후 20세기 초까지 라오스와 캄보디아 그리고 말레이반도의 속령들을 유럽 열강에게 할양해야 했다. 그러나 서양과의 접촉에서 태국인이 항상 수동적인 자세를 취한 것은 아니었다. 그들은 서양인과의 관계에 때로는 능동적으로 접근하여 서양의 문물을 배우고 수용했으며 근대화를 추진했다.

이로써 태국의 행정제도가 개혁되고 국가의 권력이 강화되었다. 이러한 근대화와 개혁 추진의 중심에는 개혁 지향적인 국왕 및 왕자들과 귀족관료들이 있었다. 이들은 태국을 강한 국가로 만들어야 하며 이를 위해서는 국왕을 구심점으로 국가 정체성의 확립이 필요하다고 보았다. 그러한 인식이 20세기 초 국왕·불교·국가의 세 요소로 구성된 국가 정체성의 형성으로 구체화되었으며, 이로써 근대 태국의 틀이 갖추어졌다.

이 책은 태국의 18세기 말부터 1932년까지의 태국 근대사를 서술하고 그 과정에서 태국 근대화와 개혁에 대한 외부의 압박과 태국 사회 내부의 요구 그리고 이에 대한 태국 엘리트의 대응을 분석한다. 태국의 근대화는 주로 서양 모델에 따라 추진되었고 태국의 근대화 과정에서 겪은 식민화의 위협과 그에 대한 태국 엘리트의 대응이 모두 유럽 국가들과의 관계에서 나타나고 전개되었다. 이 점을 고려하여 대외 관계는 유럽인 및 미국인과의 접촉 및 관계를 중심으로 고찰할 것이다.

이 책은 특히 19세기 중엽부터 입헌군주제 혁명이 일어난 1932년까지의 태국 근대화의 역사를 중점적으로 다룬다. 태국이 서양의 압박으로 문호를 개방한 19세기 중엽부터 1932년까지의 약 1세기 기간은 태국의 근·현대사에서 중요한 의미를 갖는다. 이 기간 태국은 정치적·경제적·사회적으로 근대화되었고 서구 식민주의의 위협에 대한 반응으로 타이 민족주의가 발전했다.

타이 민족주의(Thai Nationalism)는 태국이 이 나라의 다수민족인 타이(Thai)족 주도하에 그리고 타이족 중심으로 정치·경제적 및 사회·문화적 진보를 이룩해야 한다는 관점 및 그 전반적인 현상을 가리킨다. 한편으로는 서양 열강에 의한 식민화의 위협에서 나라를 지키고, 다른 한편으로는 서구 열강의 모델을 좇아 근대화를 이룩하려는 힘으로 태동되고 전개된 타이 민족주의는 아시아의 다른 많은 나라와는 달리 '위에서 밑으로' 전개되었으며, 그 힘의 중앙에 국왕이 있었다. 타이 민족주의의 발전과 더불어 20세기 초 왕실 정부의 주도하에 국왕·불교·국가를 바탕으로 태국의 국가 정체성이 확립되기 시작했다. 이러한 세 가지 요소에 기초한 국가 정체성은 오늘날까지도 태국의 국가 운영 철학이 되어 교육과 모든 공적 분야에서 중시되고 강조된다.

이 책은 다음과 같이 구성되어 있다. 18세기 후반 아유타야(Ayutthaya) 왕조의 멸망과 톤부리(Thonburi) 왕조 및 라따나꼬신(Ratanakosin) 왕조의 수립에서 19세기 중엽 라마(Rama) 3세까지의 시기를 다루는 제2장에서는 전통 태국 사회의 여러 측면을 소개하는 동시에 서양과의 접촉을 통한 태국 사회의 변화를 기술한다.

제3장은 라마 4세 시대 태국의 문호 개방과 그것이 태국의 근대화에 미친

초기 영향을 서술한다.

제4장은 라마 5세 시대 태국의 근대화와 국가 개혁을 다루는 것으로, 특히 국왕을 비롯한 태국 엘리트의 근대화 인식과 왕권 중심의 국가 정체성 인식을 조사하며 1885년 개혁 건의문의 영향을 분석한다.

제5장에서는 무엇보다도 라마 6세 시대 국왕·불교·국가의 세 요소로 구성된 타이 민족주의의 형성에 대해 논의한다.

제6장은 라마 5세 시대의 개혁 건의문에서 나타나기 시작하여 라마 6세와 라마 7세 시대에 계속 전개된 입헌군주제에 관한 다양한 논의와 1932년 혁명을 통한 입헌군주제의 실현을 서술한다.

이 책은 라마 5세 시기를 가장 상세하게 다룬다. 그것은 이 시기에 근대화가 가장 광범위하게 일어났을 뿐만 아니라 타이 민족주의의 세 요소인 국왕·불교·국가가 근대 태국의 형성을 위한 이념적 기초로 중시되기 시작했기 때문이다.

부록에는 19세기 중엽부터 20세기 초까지 작성되어 태국의 근대화 과정에 중요한 영향을 미친 몇몇 문서의 한글 번역문이 포함되어 있다. 이들 문서의 원본은 부분적으로는 타이어로 된 것으로, 특히 서신의 경우 작성자와 수신인이 당시 왕실 혹은 귀족관료였다. 이러한 문서의 작성에서는 태국의 궁정용어인 라차삽(rachasap)의 사용이 원칙이었고 이와 더불어 고대 인도어인 산스크리트어와 팔리어에서 온 파생 단어들이 빈번하게 사용되었기 때문에 그 문서들을 다른 나라의 언어로 적절하게 번역하는 것은 결코 쉬운 작업이 아니다. 그러나 여기서 당시 태국인의 표현방식과 거기에 담겨 있는 그들의 사고방식의 일면을 엿볼 수 있으리라고 본다.

현대 태국의 바탕에 대한 이해를 도모하는 이 연구는 태국의 근대화와 개혁 과정을 분석하고 국가 정체성의 형성을 추적하며, 이를 통해 근대 태국이 어떻게 성립되었는지를 고찰하고자 한다. 이러한 연구는 식민화의 위협에 대한 태국의 극복 배경과 오늘날 태국 국가 정체성의 중요한 바탕 가운데 하나인 왕권의 역할에 대한 이해의 창을 제공할 것이다. 필자는 태국의 근·현대사에 대한 이해를 제공하는 이 연구가 국내의 태국 역사 연구의 활성화뿐만 아니라 동남아시아 및 동북아시아의 근대 및 식민주의 시대 역사 이해의 지평 확장에도 기여할 수 있기를 기대한다.

2. 전통 및 근대와 '근대 태국'의 개념

태국의 근대화 과정에 대한 분석이 연구의 주 내용을 이루는 이 책에서 사용된 '근대(modern)'와 이것의 전 단계 혹은 대칭되는 것으로 인식되는 '전통(tradition)'의 개념을 먼저 살펴보자.

'근대'는 민주주의 및 산업혁명이 전개된 세계사의 한 단계의 성격을 규정하는 용어로, '근대성(modernity)'은 종종 전통 사회와 대조되어왔다. 이런 시각으로 보면 전통 사회에서는 종교적 신앙과 전승된 가치관 및 규범의 준수를 강하게 요구하며, 자신이 처한 사회적 신분을 그대로 수용하는 경향이 강하다. 그에 비해 근대적 사회에서는 기술의 혁신이 일어날 뿐만 아니라 사회적 구조가 복잡하고 정교해지며, 기존의 가치관을 의문시하는 새로운 가치관이 출현하고 확산된다.[1]

또 전통 사회에서는 피지배층의 대부분을 구성하는 농민이 자신의 생활환경에 대해 불만족스러워도 기존의 국가-사회 질서에 대해 의문을 제기하지 않는다. 그들은 개인 및 공동체의 삶의 본질적인 개선을 초현실적 혹은 사후의 세계에서 추구하는 경향이 있다. 예컨대 기적이나 구세주 출현을 소망하거나 불교문화권의 경우 내세(來世)의 보다 나은 삶을 기대한다. 그에 비해 근대적 사회에서는 민중의 정치적 의식을 일깨워 모든 국가 구성원에게 정치 참여의 기회를 주는 평등하고 민주적인 원칙의 실현을 추구하며, 국가 구성원이 자국의 역사와 문화, 영토와 민족에 대한 동질의식을 가짐으로써 '네이션(nation)', 즉 국민국가에 대한 정체성이 형성된다.[2] 근대적 사회에서는 그 밖에 전통적인 위계질서와 계급구조가 개방되거나 더 나아가 해체되어 개인이 사회적 신분 상승과 새로운 사회적 지위의 획득을 위한 기회를 갖게 된다. 이러한 변화는 국가기구의 확장과 경제적 혁신의 과정에서 새로운 사회적 지위가 창출되고 특히 교육의 기회가 확대됨으로써 가능해진다.

'근대'는 지적·기술적·경제적·정치적 발전을 반영하는 일련의 역사적 전개를 가리키는 개념으로 '근대화(modernization)'는 특히 서양을 그 기준으로 그리고 모델로 삼아 이해되어왔다. 그러한 '근대' 개념에 대한 접근은 '억압적 전통(oppressive tradition)'과 '해방적 근대성(liberating modernity)' 같이 '전통적인 것'과 '근대적인 것'을 확연하게 구분하는 이분법적 발상으로 나타났으며, 그것은 유럽 중심주의 시각이라고 비판되었다.[3] 그러나 많은 나라의 국민국가 형성 과정에서 '근대'뿐만 아니라 '전통'도 중요한 요소로 작용했다. 그것은 말레이시아의 경우 전통적 관습인 아닷(adat)과 이슬람이었고, 태국의 경우 왕권과 불교였다.

'전통'은 '전근대(pre-modern)'의 의미로 이해할 것이 아니라 '근대'의 맥락에서 재해석될 수 있다. '근대'가 외부적 기준에 따라 인정되는 것이라면, '전통'은 그 유효성을 내부적 기준에 둔다. 이에 따라 근대화는 내부적 기준에 따른 '전통'을 기반으로 외부적 기준의 '근대'를 이룩하는 과정이라고 볼 수 있다. 그러나 근대화 과정에서 '전통'은 그것이 '근대적'이라는 유효성을 인정받아야 했으며, 이를 위해 자신을 외부적 기준과 비교하고 그에 맞추어 조정해야 했다.[4]

여기서 특히 태국이라는 맥락과 관련하여 근대화 과정에서 '전통'의 역할에 대해 약간 더 성찰해볼 필요가 있다. '근대 태국'이라는 개념에는 왕권이라는 제도적 전통과 불교라는 종교적 전통으로 대표되는 근원주의적인 역사적 및 문화적 요소가 있다고 일반적으로 인식된다. 그러나 에릭 홉스봄(Eric Hobsbawm)이 국가의 '근대적' 개념은 '구성된' 혹은 '발명된' 요소를 포함한다고 말한 것처럼,[5] '근대 태국'의 개념도 적어도 부분적으로는 만들어진 것이다.

이와 관련하여 근대 국민국가의 형성에 대한 폴 브래스(Paul R. Brass)의 도구주의적(instrumentalist) 접근은 유용한 설명을 제공한다. 그에 의하면 무슬림 사회처럼 오래되고 풍부한 문화유산을 가진 사회에서는 이슬람이라는 근원주의적인 요소가 근대 국민국가의 형성에서 일정한 역할을 할 수 있다. 그러나 그러한 오래된 종교 전통 그 자체가 반드시 민족주의운동을 일으키거나 그 사회구성원을 근대 국민국가 형성에 동원하는 힘이 되지는 않는다. 브래스는 엘리트의 역할을 중시하여 근원주의 역사 전통이 강한 사회의 경우 엘리트가 근원주의 문화 전통에서 민족주의운동에 필요하다고 판단되는 요소만 선별해 이를 근대 국민국가의 형성을 위한 도구로 이용한다고 말한다.[6]

엘리트의 역할을 중시한 브래스의 도구주의적 관점은 19세기 중엽부터 20세기 초 국왕을 중심으로 한 태국 엘리트의 개혁 및 근대화 과정에 적용될 수 있을 것이다. 태국의 라마 6세가 추진한 근대화 및 국민국가 건설 프로그램은 상당 부분 서양의 인정을 받기 위한 노력이었다. 여기서 나타나는 한 가지 중요하고 흥미로운 측면은 '전통'을 '근대' 맥락에서 재해석한 자들은 주로 그 사회의 엘리트였다는 점이다. 그들은 새로운 국민국가를 수립하는 과정에서 그리고 나아가 자신의 권력을 정당화하기 위해 '전통'을 강력한 도구로 이용했다.[7]

이 책에서 필자는 '전통'과 '근대'의 개념을 한편으로는 이분법적이지만, 다른 한편으로는 통합적인 관점에서 접근할 것이다. 그것은 19세기 중엽에서 20세기 중엽까지 태국의 엘리트와 정치의식을 가진 민중이 자국의 근대화와 개혁에 대해 논하고 추구할 때 한편으로는 극복되고 폐기되어야 할 전통적 요소를 인식하고 있었으며, 다른 한편으로는 왕권과 불교에 대한 그들의 접근에서 엿볼 수 있는 것처럼 전통적 요소를 때로는 근대 태국의 형식과 내용의 구축에서 불가결한 것으로 간주하고 있었음을 보여주기 때문이다.

3. 태국 국왕들의 명칭과 외국어 용어의 한글 표기방식

이 책이 다루는 태국의 근대 역사 시기는 태국의 왕조사에서 이른바 라따나꼬신 왕조(1782년~현재)에 속한다. 그 창건자의 관명(官名)에 따라 종종 '짜끄리(Chakri)' 왕조라고도 칭해지는 라따나꼬신 왕조의 국왕들은 태국에서 공식적으로 다음과 같이 불린다.[8]

제1대 국왕	프라밧 솜뎃 프라풋타 욧파 쫄라록 마하랏
	(Phrabat Somdet Phraphuttha Yotfa Chulalok Maharat)
제2대 국왕	프라밧 솜뎃 프라풋타 럿라 나팔라이
	(Phrabat Somdet Phraphuttha Loetla Naphalai)
제3대 국왕	프라밧 솜뎃 프라낭끌라오 짜오유후아
	(Phrabat Somdet Phranangklao Chaoyuhua)
제4대 국왕	프라밧 솜뎃 프라쫌끌라오 짜오유후아
	(Phrabat Somdet Phrachomklao Chaoyuhua)
제5대 국왕	프라밧 솜뎃 프라쭐라쫌끌라오 짜오유후아
	(Phrabat Somdet Phrachulachomklao Chaoyuhua)
제6대 국왕	프라밧 솜뎃 프라몽꿋끌라오 짜오유후아
	(Phrabat Somdet Phramongkutklao Chaoyuhua)
제7대 국왕	프라밧 솜뎃 프라뽁끌라오 짜오유후아
	(Phrabat Somdet Phrapokklao Chaoyuhua)

제2대	제1대	제3대
제4대	제5대	제6대
제7대	제9대	제8대

태국 라따나꼬신 왕조의 역대 국왕들

제8대 국왕　　프라밧 솜뎃 프라짜오유후아 아난타 마히돈
　　　　　　　(Phrabat Somdet Phrachaoyuhua Anantha Mahidon)

제9대 국왕　　프라밧 솜뎃 프라짜오유후아 푸미폰 아둔야뎃
　　　　　　　(Phrabat Somdet Phrachaoyuhua Phumiphon Adunyadet)

　라따나꼬신 왕조 초기에는 국왕의 명칭을 왕의 사망 후 그 후계자가 붙이
는 전통이 있었다. 그에 따라 제3대 국왕이 제1대 왕과 제2대 왕을 각각 '프라

풋타 용과 쭐라룩'과 '프라풋타 럿라 술라라이(Sulalai)'로 정하여 선포했다. 제
4대 국왕은 제2대 왕의 이름을 '프라풋타 럿라 나팔라이'로 약간 변경했으며
제3대 왕을 '프라낭끌라오'로 불렀다. 한편 제4대 국왕은 기존의 전통을 깨
고 자신의 왕 칭호를 '프라쫌끌라오'로 선포했다. 제6대 국왕은 군주의 칭호
를 1세, 2세 등으로 정하는 서양의 관행을 모방하여 1916년 라따나꼬신 왕조
의 역대 왕들에 대해 '라마티보디(Ramathibodi)'라는 통일된 명칭을 도입하고
자신을 '라마티보디 6세(Ramathibodi VI)'라고 불렀으며, '라마티보디'를 '라마'
로 축약할 수 있도록 허용했다.[9]

　이 책에서 라따나꼬신 왕조의 국왕들은 '라마 1세' 등과 같이 주로 축약된
형태로 부를 것이다. 그러나 서양인에게 쓴 서신에 스스로를 '몽꿋(Mongkut)'
으로 칭하여 일반적으로 그 이름으로 널리 알려진 제4대 국왕과 우리에게 각
각 '쭐라롱꼰(Chulalongkon)', '와치라웃(Wachirawut)', '쁘라차티뽁(Prachathipok)'
이라는 이름으로 친숙한 제5대, 제6대, 제7대 국왕은 그 이름을 종종 사용할
것이다.

　이 책에서 영어, 독일어 등 서양어와 타이어 및 중국어를 포함한 외국어
용어들의 한글 표기는 국립국어원의 2004년 규정[10]에 따른다. 한 가지 예외
는 19세기 후반부터 20세기 초까지 태국의 국왕이었던 'Chulalongkon'의 표
기다. 국립국어원의 외래어 표기 용례집은 이것을 '쭐랄롱꼰'으로 표기하지
만, 장모음인 'Chulā(쭐라)'의 음가를 중시하여 '쭐라롱꼰'으로 표기하는 것이
낫다고 생각한다. 타이어 용어의 영문 표기는 1999년 태국왕립연구소가 제
정한 '타이어 문자의 로마자 표기 규칙'[11]을 준수한다. 그러나 쭐라롱꼰의 후
계자인 와치라웃의 영문 표기인 'Vajiravudh'처럼 국제적으로 통용되고 있는
경우는 그 관행에 따른다.

제2장
라따나꼬신 왕조의 수립과 전통 태국 사회

1. 아유타야 왕조의 멸망과 톤부리 왕조 시대

아유타야 왕국(1351~1767)은 수도가 1569년에 미얀마에 정복당해 일시 쇠락했으나, 나레수안(Naresuan) 왕자의 탁월한 군사적 영도력과 전쟁 후 아유타야 정부의 효율적인 국가 재건 노력으로 말미암아 1590년대 이후 동남아시아 대륙에서 강력한 국가로 거듭날 수 있었다. 아유타야 군대는 캄보디아, 미얀마, 그리고 오늘날 치앙마이(Chiang Mai) 일대에 있던 란나(Lan Na) 등 주변 왕국들에 대한 군사 원정을 성공적으로 수행했다. 나레수안 왕 시대(1590~1605)의 태국은 또한 활발한 대외무역을 통해 경제적으로도 번성했다.

전통적으로 태국 무역에서 가장 중요한 대중국 교역 외에도 일본과 활발한 무역이 일어났으며 17세기 초부터는 네덜란드인과 영국인과도 무역관계가 형성되었다. 태국의 대외무역은 17세기 전반기에 지속적으로 발전하여 나라이(Narai, 재위 1656~1688) 왕 정부는 아유타야 왕조 역사상 가장 활발한 외교관계와 대외무역의 번영을 경험했다. 특히 1680년대에 진행된 프랑스와의 긴밀한 관계는 양국 외교사절의 교환으로까지 이어졌다.[1]

그러나 나라이 왕의 친유럽 성향과 정책은 당시 태국의 관료사회와 불교계 보수세력의 반감을 사 결국 1688년 이른바 '궁정혁명(Palace Revolution)'이 일어났다. 이 쿠데타를 주동한 펫타라차(Phettharacha)는 왕위를 찬탈하여 반플루 루앙(Ban Phlu Luang)이라는 새로운 왕실을 세웠다.[2] 궁정혁명 이후 네덜란드인을 제외한 다른 유럽인과의 무역관계가 종식되는 등 유럽인과의 관계가 전반적으로 침체되었다. 그러나 다른 한편으로 그만큼 중국 무역의 비중이 올라가 아유타야 시대 말기 대중국 교역이 크게 증가했으며 그에 따라 태국에서 중국 상인의 활동과 역할이 증대되었다.[3]

보롬마꼿(Borommakot) 왕의 시대(1733~1758)는 경제적 번영과 더불어 심각한 내란이나 외부의 군사적 위협 없이 정치적으로 평화를 누렸고 문학과 예술이 크게 진작되어 아유타야 후기의 황금기로 간주되고 있다. 그러나 태평성대가 지속되는 동안 군사력 강화가 소홀히 되었다. 또한 보롬마꼿 사후 왕위 계승을 둘러싼 분쟁으로 왕실과 관료사회가 분열되는 등 국가의 내부 단결력이 약화되었다. 이러한 내부적 문제를 안고 있던 아유타야 왕조는 1767년 당시 강한 군사력을 바탕으로 대외적으로 팽창하던 미얀마의 군사적 공격을 받아 멸망하고 말았다.

단절된 태국 왕조사의 전통은 딱신(Taksin)이라는 인물의 탁월한 군사적 노력으로 재건되었다. 중국인 아버지와 태국인 어머니 사이에서 태어난 그는 미얀마 군대를 쫓아낸 후 폐허로 변한 아유타야를 포기하고 톤부리를 수도로 삼아 톤부리 왕조(1767~1782)를 세웠다. 딱신이 톤부리를 새로운 왕조의 수도로 삼은 결정에는 파괴된 옛 수도를 재건하는 것보다 새로운 수도를 건설하는 것이 더욱 용이할 것이라는 계산과 미얀마가 공격할 경우 톤부리가 아유타야보다 방어하기에 더욱 쉬울 것이라는 군사적 관점, 그리고 태국만에 더욱 가까운 톤부리가 해외무역을 위해 보다 유리할 것이라는 상업적 고려가 작용했을 것이라고 보인다.[4]

그러나 딱신 왕은 재위 말기 불교적 명상을 통한 신비주의 체험을 추구하며 불교 군주로서의 비정통적인 행동을 보였다.[5] 게다가 부친의 고향사람인 광둥(廣東)성의 차오저우(潮州)인을 포함한 화인(華人)들에게 여러 이권을 주고 그들을 고위 관직에 중용해 기존 관료사회의 반발을 샀다.[6] 결국 딱신은 1782년 쿠데타로 폐위되었고 그의 신하 가운데 가장 강력한 짜끄리가 권력을 차지했다. 짜끄리는 수도를 톤부리에서 짜오프라야(Chao Phraya) 강 건너편의 방콕으로 옮기고 라따나꼬신 왕조를 창건하여 현대 태국의 토대를 닦았다. 짜오프라야 티파꼬라윙(Chaophraya Thiphakorawong)이 1869년 쭐라롱꼰 왕의 요청에 따라 편찬한 『라마 1세 시대 라따나꼬신 왕조의 역사』에 수록된 방콕 천도의 이유는 두 가지다. 첫째는 수도를 외적, 특히 미얀마 군대의 침공에서 더욱 용이하게 방어할 수 있다고 봤기 때문이다. 둘째는 톤부리 쪽의 강기슭이 옴폭하게 휘어 있어 곡류(曲流)의 물살에 연안 지역이 지속적으로 침식되었기 때문이다.[7] 그러나 이러한 이유 외에도 왕조의 전통을 새로운 수도를 중심으로 수립하려는 그의 의도 또한 중요한 역할을 한 것으로 추측된다.

2. 라마 1세 시대: 라따나꼬신 왕조의 토대 구축

태국 역사에서 일반적으로 라마 1세(재위 1782~1809)로 알려진 짜끄리가 등위 후 새로운 왕조의 건설을 위해 우선적으로 중시한 과제는 지난 수십 년간 미얀마와의 전쟁과 톤부리 왕조 시대를 지나면서 혼란에 빠지고 붕괴된 제도와 전통을 복구하는 것이었다.

등위 후 라마 1세가 먼저 착수한 것은 불교의 개혁이었다. 그것은 그가 무엇보다도 국가의 도덕적 기강과 질서 회복에 우선적인 비중을 두었기 때문이었다. 라마 1세는 도덕적 위기가 아유타야 멸망의 원인이었다고 믿었으며, 아유타야 시대 말기 이래로 국가가 도덕적으로 위기에 처해 있다고 보았다. 그리하여 그는 특히 아유타야 시대 말기와 딱신 시대에 걸쳐 혼란에 빠져 있

라마 1세(가상도)

었던 승가(僧伽), 즉 불교 교단을 정비하기 시작했으며 이를 위해 불교 관련 법령을 반포했다. 이 법령에서 그는 불교계의 타락상을 지적하고 개혁의 필요성을 강조했다.[8] 예컨대 태국의 전근대적 법전(法典)인 꼿마이뜨라삼두앙 (Kotmai Tra Sam Duang, 삼인법전[三印法典])에 수록되어 있는 꼿프라송(Kot Phra Song, 승가법)에는 라마 1세가 당시 승려들이 계율을 저버리고 가게와 시장 등을 배회하며 음악 및 연극 공연에 기웃거리고 도박을 하는 등 속인과 다를 바 없이 행동하고 경고와 훈계에도 아랑곳하지 않음을 한탄하고 있음이 그려져 있다.[9]

　라마 1세는 당시 규율과 기강이 흐트러져 비도덕적인 행동과 주술 행위 등에 빠져 있던 승려들뿐만 아니라 딱신의 신비주의적 명상 수행을 방조하고 그의 비정통적인 종교적 요구에 굴복한 승려들을 승가에서 축출하거나 그 지위를 강등시켰다. 이와 함께 딱신 앞에서 부복하기를 거부하여 승직에서 쫓겨났던 여러 승려를 승가의 승직에 복귀시키고 지식이 풍부하고 경건한 승려들을 승가의 지도자로 임명하여 승가의 권위를 회복시켰다.[10]

라마 1세의 불교관의 또 다른 측면은 불경 개정에서 나타났다. 그는 여러 본의 기존 불경들을 검토한 결과 내용상 서로 차이가 있음을 확인하고 띠삐따까(Tipitaka, 삼장[三藏]) 전체를 완전히 개정해야겠다고 결심했다. 라마 1세는 이를 위해 1788년 승가회의, 즉 결집(結集)을 개최했다. 불교에 대해 깊은 관심을 갖고 있던 라마 1세는 통일되고 정확한 내용의 불경이 불교 발전에 매우 중요한 것임을 분명히 인식하고 있었던 것으로 보인다. 결집은 국왕으로서는 불교 후원자로서의 면모를 과시하는 기회였으며, 승가로서는 태국 역사상 1475년 이래 처음으로 개최되는 이 종교회의를 통해 승가의 화합을 다지는 귀중한 계기였다. 결집에서 불경 개정 작업을 위해 임명된 218명의 승려와 32명의 불교학자는 5개월의 작업 끝에 1789년 띠삐따까 개정본을 완성했다.[11]

라마 1세의 불교관을 엿볼 수 있는 또 다른 것으로 불교의 우주론인 뜨라이푸미까타(Traiphumikatha, 산스크리트어로 Traibhūmikathā, 즉 삼계론[三界論])의 편찬을 들 수 있다. 그는 1783년 승려와 필경사를 동원해 새로운 뜨라이푸미까타를 편찬케 했다. 풍부하고 정확한 내용을 담은 삼계론은 불교도의 지식과 신앙심을 증진시켜 궁극적으로는 불교의 흥왕에 기여할 것이라고 기대되었다. 아유타야 시대부터 전해져 내려온 불교의 우주론 관련 서적의 사본들과 불경 및 불경 주석서를 참고로 하여 진행된 작업은 장장 19년이나 걸려 1802년에야 완성되었다.[12]

라마 1세의 삼계론은 그 이전의 본(本)들에 비해 체제상 근본적인 차이를 보인다. 삼계(三界)[13]의 설명에서 옛 버전들은 지옥에서 시작하여 인간세계 그리고 신의 세계를 포함하는 색계(色界)와 인식의 세계인 무색계(無色界)를

라마 1세의 삼계론.
보리수 아래에서 정좌해
있는 붓. 강에는 인간
세계가 그려져 있다.

거쳐 니르바나, 즉 열반의 순서로 묘사하는데 비해, 1802년의 작품은 사람을
먼저 다루고 그다음에 지옥세계, 천상세계, 인식의 세계를 논하고 있다. 이
순서는 의도적으로 우주의 존재론적 결정의 축에 있는 인간세계를 중시한 것
으로 보인다. 즉, 카르마 법칙에 의존해 있는 인간의 일상적 행위에 따라 내
세의 존재가 결정된다고 보는 불교의 존재론적 인식에 근거하여 라마 1세는
인간 사회에 대한 통치를 보다 중시했는데, 이것은 인간에게 선업(善業)을 축
적할 수 있는 사회적 틀을 제공하는 왕권을 정당화한 것으로 볼 수 있다.14)
   라마 1세의 삼계론이 보여주는 또 다른 흥미로운 측면은 붓다가 보리수

아래에 앉아 있는 모습으로 묘사되어 있다는 것이다. 아유타야 시대, 특히 17세기 중엽 캄보디아의 힌두교적 왕권 개념이 도입되어 붓다가 통치자 및 정복자의 이미지로 표상된 적이 있었다. 그러나 라마 1세의 삼계론에서 붓다의 이미지는 붓다의 대변자인 왕이 백성을 해탈과 열반의 길로 인도하는 존재임을 보여주기 위한 것으로 해석된다. 이러한 변화는 보살(bodhisattva), 즉 붓다의 화신(化身)인 왕의 역할과 지위를 강조하는 것이라고 볼 수 있다.[15] 태국 불교의 전통적 관점에서 보면 왕국의 백성과 신하가 도덕적 의무와 해탈에 전념할 수 있는 최적의 삶의 조건을 증진시키는 책임은 통치자에게 있었다. 불교 군주의 이상적 이미지는 아유타야 시대에 제도화되어 꼿마이뜨라 삼두앙의 도입부를 형성하는 프라 탐마삿(Phra Thammasat)에 다음과 같이 명시되어 있다.

왕은 열 가지 왕의 법도에 머물러 있어야 하며 항상 오계(五戒)와 불교 절일(節日)에는 팔계(八戒)를 지켜야 한다. 그는 모든 존재에게 자비를 베풀어야 한다. 그리고 그는 법전을 공부하기 위해 끊임없이 노력해야 한다. 그는 자신에게 유익한 자와 유익하지 않은 자의 바름과 그름을 판단하는 것, 정의롭고 진실한 자를 올려 세우는 것, 정당한 방식으로 부를 획득하는 것, 정당한 방식으로 왕국의 행복을 유지하는 것 등 네 가지 법을 행해야 한다.[16]

오계는 '①살생 금지, ②주어지지 않은 것을 취하지 않기, ③그릇된 육체적 쾌락 삼가기, ④그릇된 언행 삼가기, ⑤부주의한 정신상태를 유발하는 것을 먹거나 마시지 않기'다. 팔계는 오계 중 '①살생 금지, ②절도 금지, ③그릇된 언행 금지, ④음주 금지 외에 ⑤악한 행실 삼가기, ⑥그릇된 시간에 식사하는 것 삼가기, ⑦높고 큰 잠자리를 삼가기, ⑧춤추기, 음악하기, 연극 관람, 꽃·화장품·장식품 등으로 치장하기 등을 삼가는 것'이다. 열 가지 왕의 법도는 보시(布施), 바른 행위, 관용, 희생 및 헌신, 공명정대, 온화, 금욕 및 자제, 화내지 않기, 다른 존재에게 해 끼치지 않기, 비저항 등이다.17) 태국의 불교 군주의 보살 개념은 상좌불교의 경전 언어인 팔리어로 '담마라자(dhamma-raja)' 혹은 타이어로 '탐마랏(thammarat)'이라고 칭해지는 법왕(法王), 즉 '정의로운 왕'의 개념과 연결된다. 이러한 인식을 바탕에 둔 불교적 이상에 따라 국왕은 담마라자, 다시 말하면 담마(dhamma, 산스크리트어 dharma, 즉 불법[佛法])와 정의(正義)를 따라 행하는 존재가 되어야 했다.18) 태국의 왕들은 라따나꼬신 왕조 초기부터 자신의 이미지를 '담마라자'로 드러내기를 선호했다고 밝히는 연구가 있듯이,19) 라마 1세는 불교적 가치관에 입각한 새로운 왕국의 건설에서 담마라자로서의 역할을 스스로 인식하고 있었던 것으로 보인다.

이상 살펴본 것처럼, 라마 1세는 불교의 발전을 위한 여러 활동을 통해 불교계 후원자로서의 왕권을 회복하는 동시에 새로운 왕조의 안정을 위해 불교계의 지지를 확보하기 위해 노력했다. 라마 1세는 그 밖에 왕실 의례를 부활시키고 법전을 편찬했다. 1805년 '꼿마이뜨라삼두앙', 즉 삼인법전의 간행으로 완성된 법전은 라마 1세 시기에 반포된 칙령과 포고문도 포함하고 있지만 주로 아유타야 시대의 법들을 재구성한 것이었다.20) 태국의 역사학자 타넷 아폰수완(Thanet Aphornsuvan)은 라마 1세가 불교의 중흥을 위해 불교 관련 법령을 제정하고 뜨라이푸미까타를 편찬했으며 왕국의 법전을 정비함으로써 라마 1세 이후 형성된 태국 엘리트의 국가 이데올로기인 '방콕 세계관(Bangkok Worldview)', 즉 라따나꼬신 왕조의 세계관(lokkathat rattanakosin)의 토대를 놓았다고 말한다. 그 토대는 아유타야 시대에서 내려온 기존의 관념을 수정·보완하고 거기에 새로운 요소들을 도입한 것이었다.21)

지금까지 고찰한 라마 1세의 노력들은 아유타야 시대의 전통을 회복하기 위한 것으로서, 새로운 왕조가 아유타야 왕조를 잇는 지속성과 정당성을 갖고 있음을 보여주기 위한 의도가 깔려 있었던 것으로 해석된다. 라마 1세의 국가 건설을 위한 노력은 종래 태국 역사 해석에서 아유타야 전통의 복원으로 간주되어왔다. 즉, 400여 년간 지속된 아유타야 왕국의 사회·문화적 전통과 정치·경제적 제도를 답습하여 새로운 왕조의 정치적 권위를 확립하고자 했다는 것이다. 이에 비해 미국의 태국 역사학자인 데이비드 켄트 와이엇(David Kent Wyatt)은 라마 1세 시대사에 대한 역사 해석에서 다른 시각을 제시한다. 그에 의하면 아유타야 시대 말기와 톤부리 시대의 혼란기를 직접 겪은 라마 1세는 이 기간에 일어난 문제들이 반복되면 안 된다고 판단했고, 그러한 취지에서 개혁을 추진했다. 즉, 라마 1세의 개혁은 아유타야 전통의 복원이 아니라 아유타야 전통의 개혁이었다는 것이다.[22] 아유타야 전통이란 것이 정체되어 있던 하나의 구체적 실체가 아니라 시대적 상황에 따라 문화적 요소들의 형태와 성격 및 제도가 변화된 것이라는 사실을 염두에 둔다면, '아유타야 전통의 복원'이란 개념 자체가 문제시될 수밖에 없다. 아유타야 시대 동안 '전통'의 개혁이 수시로 진행되었던 것처럼 톤부리 시대에 들어와서 딱신의 정치도 개혁을 추구했던 것이고, 라마 1세 정부의 개혁도 태국 역사의 개혁 전통 속에서 이해되어야 할 것이다.

라마 1세는 왕권을 강화하기 위해 자신에게 충성스러운 자들과 자신이 신뢰하는 자들을 주요 관직에 임명했으며 조정 대신들의 딸을 왕비나 후궁으로 맞이하여 그 가문들을 왕실 세력과 연결시켰다. 그러나 귀족관료 가문들의 시각에서 보면, 대신이 국왕에게 딸을 바친 것은 이렇게 형성된 왕권과의 인척관계를 통해 자기 가문의 권력과 이익을 보호하고 증대시키기 위한 것이었다. 이러한 혼인정책의 전통은 그 이후 국왕들의 시대에도 계속되었다.[23] 결혼을 통한 국왕과의 인척관계는 19세기 라따나꼬신 왕조에서 정치적으로 영향력이 큰 귀족관료 가문들이 형성되는 토대가 되었다. 이 측면은 특히 라마 2세 시기부터 더욱 뚜렷한 양상으로 나타났다.[24] 라마 1세는 또한 국가 행정의 중앙집권화를 위한 조치로 여러 행정기관을 개편하고 지방 행정에 대한 정부의 직접 통제를 강화했으며, 조정을 위한 왕국의 노동력을 보다 많이 확보하기 위해 공역(公役)제도[25]를 개혁했다.

공역제도의 개혁과 관련해 18세기 말에서 19세기 초 사이의 태국 행정체제에 대해 살펴볼 필요가 있다. 전근대 태국의 주민은 크게 짜오나이(chao nai, 왕족), 쿤낭(khunnang, 귀족관료), 프라이(phrai, 평민), 탓(that, 노예) 등 네 계층으로 구분된다. 프라이는 어떤 경우에는 여자도 포함되었지만 기본적으로는 만 18~60세의 남자, 즉 장정(壯丁)으로 구성되었다. 프라이는 다시 '프라이 루앙(phrai luang)', '프라이 솜(phrai som)', '프라이 수아이(phrai suai)'로 구분된다. '왕의 프라이'를 뜻하는 '프라이 루앙'은 국왕, 즉 국가를 위해 격월제로 매년 6개월간 군역(軍役) 혹은 부역(賦役)의 공역에 동원되었다. '프라이 솜'은 왕족이나 귀족관료에게 소속된 '사적인 프라이'로서 자신의 '문나이(munnai, 주인)'를 위해 매년 2개월 봉사했고 국왕을 위해 1개월 공역에 동원되었다. '프라이 수아이'는 주로 중앙에서 멀리 떨어진 지방에 사는 장정으로 공역 대신 '수아이(suai)'라고 불리는 물납세(物納稅), 특히 당시 태국의 수출품이었던 노루가죽·침향(沈香)·소목(蘇木) 등 삼림의 특산물을 수집하여 조정에 바쳤다.[26] 이러한 체제에서 프라이 루앙이 부담이 큰 국가에 대한 공역을 피하기 위해 강한 세력을 가진 왕자나 귀족관료에 의탁해 프라이 솜이 되려는 경우가 빈번하게 발생했다. 왕자나 귀족관료는 이를 통해 자신의 통제하에 더욱 많은 인력을 확보해 자신의 경제 및 정치적 세력의 증대를 꾀할 수 있었다.[27] 라마 1세가 단행한 공역제도 개혁의 핵심은 프라이 루앙의 6개월 공역 기간을 4개월로 단축한 것으로, 그것은 프라이, 즉 왕국의 노동력을 둘러싼 국왕과 관료사회의 경쟁 및 긴장관계라는 배경에서 이해될 수 있다.[28]

라마 1세의 재위 기간 동안 태국은 이웃 국가들과 많은 전쟁을 치렀다. 태국은 1784년 말에 재개되어 1786년까지 지속된 미얀마의 공격을 성공적으로 물리쳤으며 치앙마이 일대에 주둔하고 있던 미얀마 군대를 1802년까지 모두 내쫓아 오늘날 태국 북부 지역을 방콕 정부의 세력권에 편입시켰다. 태국의 영향력은 1785년에 감행한 말레이반도에 대한 군사 원정으로 현재 말레이시아 영토인 크다(Kedah)와 클란탄(Kelantan) 그리고 트렝가누(Trengganu)까지 팽창되었다. 오늘날 캄보디아 서북부 지방인 밧땀방(Battambang)과 시엄리업(Siem Reap)은 1794년 태국의 직접 지배하에 들어왔으며, 라오스는 이미 딱신 왕의 통치 시대인 1778년에 태국의 속국이 되었다. 이로써 태국의 동쪽 경계가 확장되었다.29) 태국은 라마 1세 시기에 치른 주변 왕국들과의 전쟁을 통해 영토가 확장되고 국가의 안보가 공고해졌을 뿐만 아니라, 정부는 더욱 많은 노동력을 확보했다.

전근대 태국이 이웃 국가들에 대해 수행한 전쟁의 대부분은 넓은 영토를 확보하고 있었지만 인구가 희박했던 당시, 노동력 획득의 목적을 갖고 있었다. 태국은 캄보디아, 라오스, 미얀마 등 이웃 국가들과의 전쟁을 통해 그 지역의 주민을 붙잡아왔다.30) 인구밀도가 상대적으로 더욱 낮은 지역으로 강제 이주된 이들은 태국 국왕의 백성이 되어 농산물을 생산하고 태국 조정에 조세를 바쳤으며 태국 조정이 필요로 하는 각종 공역에 인력을 제공했다. 또한 이들은 주로 왕국의 변경 지역에 정착해 왕국의 영토적 팽창을 위한 '포석'으로 사용되었고, 전쟁이 일어나면 태국과 이웃 국가 사이에서 완충 역할을 하기도 했다.

라마 1세의 통치 기간 동안 태국과 포르투갈 사이에 외교적 접촉이 있었다. 1786년 라마 1세는 포르투갈의 여왕 도나 마리아 1세(Dona Maria I, 재위 1777~1816)에게 서신을 보냈는데, 여기서 그는 기독교 전파에 대한 관용적인 자세를 보여주었다.31) 불교 이외의 다른 종교에 대한 태국 정부의 관용적 태도는 이미 아유타야 시대에 나타났다. 라마티보디 2세(Ramathibodi II, 재위 1491~1529)는 1518년 아유타야를 방문한 포르투갈 사신과 상호우호협정을 체결하여 포르투갈인에게 무역활동을 위한 유리한 환경을 제공하면서 이와 더불어 기독교의 자유로운 전파를 허용했다.[32] 아유타야의 국왕들은 서양인의 기독교 선교를 묵인했을 뿐만 아니라 중동·인도·인도네시아·말레이시아 등지에서 온 무슬림에게도 자유로운 이슬람 신앙을 허용했다.[33] 이 같은 태국 정부의 관대한 종교정책은 가능한 다양한 나라의 상인을 태국에 많이 유치해 태국의 해외시장을 활성화시키려는 무역적 이해관계에서 비롯된 것으로 이해된다. 이 측면과 관련해 프랑스의 역사학자 페르낭 브로델(Fernand Braudel)은 "상업이 발달하는 곳에서는 어디에서나 관용의 기적이 일어난다"고 말한다.[34]

라마 1세의 태국은 19세기 초 동남아시아 대륙에서 안정되고 강력한 왕국이었다. 이에 대해 독일의 클라우스 벵크는 "라마 1세는 27년의 통치 기간 동안 태국을 새로운 강국으로 이끌어 강력하고 적대적인 이웃 국가인 미얀마와 베트남 등과 어깨를 나란히 하는 위치에 둘 수 있었다"[35]고 평가한다.

3. 라마 2세: 재개된 서양과의 관계

라마 1세 시대 이룩된 안정성을 바탕으로 라마 1세의 후계자인 프라풋타 럿라 나팔라이 왕, 즉 라마 2세(재위 1809~1824)는 국가의 행정체계를 더욱 효율적인 것으로 개선하기 위해 노력했다. 라마 1세의 장남으로 부왕의 통치 시대에 풍부하고 다양한 정치적 경험을 축적할 수 있었던 그는 재위 초 조정의 경제적 힘을 강화하기 위한 조치들을 단행했다.

라마 2세는 1810년 왕국 내 프라이, 즉 평민 장정의 인구 조사를 실시하고 그들의 등록을 정비했다. 구체적으로는 각 문나이에게 등록된 프라이의 숫자를 파악하고 아직 등록되지 않았거나 '탓'에서 '프라이'로, '프라이 루앙'에서 '프라이 솜'으로 혹은 그 반대 방향으로 신분의 범주를 변경한 자들에 대한 문신 표식 작업을 실시했다. 프라이에 대한 문신 표식 작업은 아유타야 시대부터 행해온 것으로 프라이의 손목에 그의 이름, 마을 이름, 문나이의 이름을 문신으로 새겨 넣는 것이다.[36] 라마 2세는 또한 지방에 거주하는 '프라이 루앙'의 공역 기간을 매년 3개월로 단축했다. 이러한 조치는 백성의 노동력 관리가 국가 경제뿐만 아니라 국방을 위해 필요하며 나아가 강력한 왕권의 중요한 바탕임을 잘 인식하고 있었던 라마 2세가 그의 선왕 시대에 추진된 공역체계의 혁신에도 불구하고 '프라이 루앙', 즉 국왕 소속의 평민 노동력이 충분히 확보되지 않았다고 판단했기 때문에 내려진 것이었다. 1811년에는 왕국 내 경작지에 대한 대규모 측량이 실시되었는데, 그것은 농토의 관리체계를 바로잡아 국고 수입을 증대하기 위해서였다.[37]

라마 2세는 등위 후 얼마 지나지 않아 오래전부터 재직하고 있던 장관들을 결혼을 통해 왕실과 긴밀하게 연결된 가문, 특히 분낙(Bunnak) 가문의 귀족들로 교체했다.[38] 이로써 라마 3세 시대부터 1880년대까지 태국의 정치·행정·경제에 막대한 영향력을 행사한 분낙 가문의 권력 확대를 위한 정치적 구조가 만들어졌다.

태국의 분낙 가문은 17세기 초 아유타야에 온 페르시아 상인 쉐이크 아흐맛(Sheikh Ahmad)이 창시한 것으로 전해진다. 쉐이크 아흐맛은 풍부한 무역 경험을 바탕으로 1610년대에 왕국의 대외 외교 및 통상을 관할하는 끄롬 프라클랑(Krom Phra Khlang)의 장관에 임명되었으며 1620년대에는 왕국의 북부 지역 행정을 책임지는 끄롬 마핫타이(Krom Mahatthai)의 장관이 되었다.[39] 당시 태국 정부에서 가장 중요한 행정부처인 끄롬 마핫타이의 장관직은 쁘라삿통(Prasat Thong, 재위 1629~1656) 왕의 시대에 쉐이크 아흐맛의 아들인 츤(Chuen)이 그리고 나라이 왕의 재위 기간에는 츤의 아들인 솜분(Sombun)이 계속 물려받았다. 솜분의 아들인 짜이(Chai)는 이 장관직을 보롬마꼿 왕의 시대에 차지했다. 짜이의 아들인 셉(Sep)은 아유타야 왕조 말기에 왕국의 남부

태국 조정의 무슬림 관료. 솜마낫위한(Sommanat Wihan) 사
원 벽화에 묘사된 태국 조정의 페르시아 출신 무슬림 관료

와 서부 지역 행정을 담당하는 끄롬 깔라홈(Krom Kalahom)의 장관을 지냈다.
셉의 아들 가운데 하나인 분낙(Bunnak)은 라마 1세의 어린 시절 친구였으며,
그의 부인은 라마 1세의 왕비의 동생이었다. 1785년 분낙은 수도의 행정을
관장하는 장관에 임명되었고, 1787년에는 끄롬 깔라홈의 장관직을 차지했
다. 분낙의 후손들은 그 후 19세기 말까지 끄롬 깔라홈과 끄롬 프라클랑의
요직을 독차지하다시피 했다.[40]

　　라마 2세는 국가의 주요 행정기관에 왕자들을 고문 혹은 감독으로 앉혔
다. 그것은 그들에게 국정에 대한 적극적인 참여의 기회를 제공하는 동시에
그들을 통해 귀족관료가 책임자로 있는 행정부처에 대한 감시의 창구를 확
보하기 위해서였던 것으로 이해된다. 이 조치는 라마 2세 시대에 처음으로 도

입되어 라마 4세 시기까지 지속되었다.[41] 예컨대 라마 2세의 장남인 쩻사다보딘(Chetsadabodin) 왕자는 1813년 끄롬 프라클랑의 감독관에 임명되었으며, 그 이후 그는 국정에서 활발한 역할을 수행했다.[42]

17세기 말 이후 침체되었던 태국과 서양의 관계가 1820년대 초부터 다시 활발해졌다. 나폴레옹 전쟁(1792~1806/1807)으로 18세기 말부터 1810년대 중엽까지 지속된 유럽의 혼돈 상황 때문에 유럽인은 유럽 밖의 문제에 많은 신경을 쓸 겨를이 없었다. 태국과 유럽 국가의 관계는 방콕 정부가 말레이반도의 크다에 대해 군사적 공격을 감행한 이후 심각한 양상으로 전개되었다. 크다는 아유타야 시대부터 주석 광산과 후추 생산지로 유명한 말레이반도 서안(西岸)의 중요한 국제무역항이었다.[43] 14세기부터 그 지정학적 중요성, 특히 경제적 잠재력을 중시하여 말레이반도를 향한 팽창정책을 추구한 태국은 앞에서 언급한 것처럼 18세기 말 크다를 자신의 영향력 아래에 두었다. 그러나 크다가 태국의 압박에서 벗어나기 위해 미얀마와 동맹을 추구하자 태국은 이 무슬림 왕국을 군사적으로 응징하기 위해 1821년 말 군대를 파병하여 반란을 진압했다. 크다의 술탄은 당시 영국의 지배하에 있던 피낭(Penang) 섬으로 도망쳤으며 반란 주동자들은 체포되어 코끼리로 압사시키는 극형에 처해졌다.[44]

크다에 대한 방콕 정부의 과격한 개입은 당시 말레이반도에 무역기지들을 확보해놓은 영국의 이해관계를 침해했다. 인도와 중국 사이의 무역을 위해 18세기 말부터 동남아시아에 무역기지 혹은 중계무역항 건설을 모색하던 영국 동인도회사(East India Company)는 1786년에 피낭 섬을, 1800년에 피낭 섬 맞은편 지역을 획득한 후 '웰즐리(Wellesley)'라고 명명했고,[45] 1819년에는 동남아시아에 자유무역을 바탕으로 한 영국 중심의 새로운 국제질서를 세우려고 한 영국 동인도회사 소속의 토머스 래플스(Thomas Raffles)가 영국 식민지인 싱가포르를 건설했다.[46]

웰즐리 바로 위에 있는 크다에 대한 태국의 군사적 개입을 좌시할 수 없었던 영국 동인도회사는 1822년 초 존 크로퍼드(John Crawfurd)를 방콕으로 파견했다. 그를 파견한 목적은 말레이반도에서 자신의 이해관계를 보호하고 나아가 태국의 문호를 상업적으로 개방시켜 영국 상인이 태국 시장에서 자유롭게 무역할 수 있도록 만드는 것이었다. 크로퍼드는 또한 영국과 태국의 무력 충돌 가능성에 대비해 태국의 군사력을 평가하는 임무도 띠었다. 이와 관련해 그는 말레이반도 문제에 대해 방콕 정부가 오만한 태도를 견지할 경우 무력으로 제압하는 것이 가장 효과적이며, 무력의 규모는 클 필요 없이 단지 2~3척의 전함으로 짜오프라야 강을 봉쇄하는 것으로 충분하다고 제안했다.[47] 존 크로퍼드의 이러한 제안은 19세기 말 프랑스가 태국을 군사적으로 위협할 때 방콕으로 향하는 해상 루트를 전함으로 봉쇄한 것으로 현실화되었다는 점에서 흥미로운 관찰이다.

크로퍼드 사절단은 태국의 문호를 개방하려는 소기의 목적을 달성하지 못했다. 그것은 다음과 같은 이유 때문이었다.

첫째, 라마 2세 정부는 영국산 총과 대포 등의 화기(火器) 구입을 희망했지만, 크로퍼드 사절단이 영국산 무기를 팔 수 없다고 말하자 이에 대해 유감을 품었다. 당시 미얀마와 전쟁을 예상하고 있던 영국 동인도회사는 태국의 요구에 응할 수 없었다.[48]

둘째, 존 크로퍼드가 영국 국왕의 친필 국서 대신 인도의 영국 동인도회사 총독이 서명한 문서를 휴대하고 오자 태국 정부는 동인도회사가 영국 정부를 대표한다고 간주하지 않았고 격에 맞지 않는 상대와 외교관계를 수립하는 것에 그다지 큰 가치를 두지 않았다.[49] 게다가 존 크로퍼드는 협상 과정에서 방콕 정부에 압박을 가하기 위해 태국은 작은 나라이기 때문에 동인도회사가 정복할 마음만 품으면 2~3척의 배로도 가능하다고 말해 태국 국왕의 분노를 샀다.[50]

셋째, 보다 중요한 원인으로, 방콕 정부는 태국의 전통적인 독점무역 체제 폐지와 관세 인하에 대한 요구를 수용할 수 없었다. 독점 무역은 당시 국고 수입의 큰 원천 중 하나였으며 왕실뿐만 아니라 많은 귀족관료에게도 중요한 수입원이었다.[51] 크로퍼드의 기록에 의하면, 당시 유럽 상선이 방콕에 입항하면 모든 화물의 견본을 프라클랑, 즉 태국 정부의 외무 및 통상부 장관의 저택에 갖다놓아야 했다. 서양 상인은 태국의 민간 상인과 어떠한 접촉도 할 수 없었다. 목적은 국왕이 화물을 선점 및 선매할 수 있도록 하기 위해서였다. 프라클랑과 그 수하에서 무역 업무를 담당하는 관리들은 상품 가격을 흥정하여 최대한 싸게 구입했다. 그들은 화물의 일부를 시장에서 많은 이익을 남기고 팔아 스스로의 수입을 챙기기까지 했다. 서양 상인은 태국 시장에서 물품을 마음대로 구입할 수도 없었다. 그들은 태국 당국이 정한 가격에 따라 프라클랑에게 일정량의 상품을 구입한 후에야 중국 및 태국 상인과 접촉할 수 있었다.[52] 서양 상인과는 달리 중국 상인은 이러한 제약 없이 태국 시장에서 마음대로 사고팔 수 있었다.[53]

넷째, 독점 무역체제의 관행과 관련해 태국은 이미 오래전부터 다른 아시아 국가들 특히 중국과 활발하게 무역하고 있었기 때문에 서양 국가와의 무역, 그것도 부담스러운 조건을 감당해야 하는 무역을 반드시 필요한 것으로 여기지 않았다. 짜오프라야 티파꼬라웡의『라마 1세 시대 라따나꼬신 왕조의 역사』에 묘사된 라마 1세 시대 방콕 정부의 세입과 특히 중국과의 무역을 통한 국고 수입의 상황은 라마 2세 시대에도 적용될 수 있을 것이다. 라마 1세 시대의 국가 수입원은 조세와 관세 등이었다. 이들은 주류세, 도박세, 시장세, 어업에 사용된 도구에 따라 부과되는 수($水$)세, 과실수세, 과수원세 등으로 이루어졌다. 논에 부과된 세금은 쌀로 받았다. 다른 여러 상품에 대한 세금 역시 물품으로 거둬들였다. 따라서 매년의 현금으로 들어오는 세입은 많지 않았다.

19세기 초 태국의 중국인 정크

이 시대 최대의 세입은 중국 정크(junk) 무역에서 왔다. [중략] 정크는 선폭 (船幅)이 10미터에서 14미터에 달했다. 정크들은 어떤 것은 국왕에게, 어떤 것은 왕실 가족에게, 어떤 것은 정부 관료에게, 어떤 것은 상인에게 속해 있었다. 이 배들은 방콕에서 혹은 수도 밖의 지방에서 건조되었다. 선박들은 중국에서 팔 상품을 매년 실었다. 어떤 배들은 적재된 상품만 [중국에서][54] 팔 았지만, 어떤 배들은 상품 화물뿐만 아니라 선박까지도 팔았다. 이 정크 무 역에서 온 수익은 엄청났다.[55]

라마 2세의 재위 기간은 태국과 이웃 국가들 사이에 심각한 군사적 분쟁이 일어나지 않은 비교적 평온한 시기였다. 이 기간 본인 스스로 탁월한 시인이 었던 국왕의 적극적인 후원과 장려에 힘입어 태국의 고전문학이 번영을 누렸 다. 그리하여 태국의 고전문학에서 가장 유명한 작가 가운데 한 사람으로 꼽

히는 순톤 푸(Sunthon Phu, 1786~1855)는 라마 2세 시대에 그의 주요 작품들을 생산했다.56)

4. 라마 3세 시대: 전통과 근대의 과도기

라마 2세 시대와는 달리 그 후계자의 정부는 심각한 대내 및 대외의 정치적 문제들과 씨름해야 했다. 그러나 쩻사다보딘 왕자로서 부왕의 통치 시대에 풍부한 정치적 경험을 쌓은 프라낭끌라오 왕, 즉 라마 3세(재위 1824~1851)는 왕조 초기부터 견고하게 다져진 국가의 안정성을 바탕으로 그 문제들을 극복할 수 있었다. 당시 관료사회의 실세였던 분낙 가문과 왕실의 긴밀한 관계를 통해 형성된 조정의 안정된 정치적 구조도 라마 3세의 국정 운영에 큰 도움이 된 것으로 보인다. 라마 3세는 특히 1822년부터 끄롬 프라클랑의 장관직에 있었던 딧 분낙(Dit Bunnak)과 친밀한 관계였다.

딧 분낙은 라마 1세 시대에 끄롬 깔라홈의 장관을 지낸 분낙의 아들이었다. 그의 어머니는 라마 2세의 모후(母后)의 여동생이었기 때문에 딧 분낙은 라마 3세에게 진외가 쪽 삼촌이었다.57) 사실 후궁에게서 태어난 쩻사다보딘은 라마 2세의 정비(正妃) 소생인 몽꿋(Mongkut) 왕자보다 왕위 계승의 서열에서 처져 있었다. 그런 그가 라마 3세로 등극할 수 있었던 것은 몽꿋 왕자가 20세의 나이로 아직 너무 젊었고 정치적인 경험이 없었다는 측면 외에 대부분의 대신들 특히 딧 분낙의 강력한 지지를 등에 업고 있었기 때문이다. 라마 2세 정부의 대신들이 쩻사다보딘 왕자를 지지했다는 것은 라마 3세가 그의 재위 초 내각을 구성할 때 이들을 원래의 장관직에 유임시켰다는 사실에서 엿볼 수 있다.58)

분낙 가문과의 관계가 라마 3세에게 여러모로 유익한 것은 사실이었다. 그러나 그것은 동시에 분낙 가문이 태국 조정에서 장차 펼칠 세도정치의 기반이 되었다. 1830년 끄롬 깔라홈의 장관에 임명된 딧 분낙은 당시 왕국의 중요한 행정부처인 끄롬 프라클랑과 끄롬 깔라홈의 두 장관직을 1851년까지 겸임했다. 국왕이 끄롬 프라클랑 직에서 영향력이 더욱 큰 끄롬 깔라홈 직으로의 영전(榮轉)을 권하자 그는 처음에는 자신이 아직 너무 젊다는 이유로 사양했지만 그해 다시 끄롬 프라클랑 장관직을 유지하는 조건으로 끄롬 깔라홈 장관직을 제의하자 그 제의를 받아들였다고 한다. 그가 처음에 끄롬 프라클랑에서 끄롬 깔라홈으로의 이동을 사양한 이유는, 추측건대 프라클랑의 지위에 있어야 당시 증대되고 있던 해외무역과 광범위하게 시행되기 시작한 징세청부제도를 통해 권력의 원천인 부를 축적할 수 있었기 때문이다.[59] 딧 분낙은 분낙 가문의 많은 사람이 끄롬 프라클랑과 끄롬 깔라홈에서 관직을 얻을 수 있도록 해주었다. 예컨대 그의 동생 탓(That) 분낙은 끄롬 프라클랑의 산하기관으로 정부가 구입 및 판매하는 상품을 관리하는 프라클랑 신카(Phra Khlang Sinkha)의 청장에 임명되었다. 또 당시 고위 관직의 획득을 꿈꾸는 귀족 가문의 아들들을 위한 관리 양성기관이었던 마핫렉(Mahatlek), 즉 왕실시종단(王室侍從團)에도 분낙 가문의 자제들이 많이 들어갔다.[60]

태국의 상업적 문호를 개방시키기 위한 서양의 압박은 라마 3세 시대에 더욱 강해졌다. 1822년 존 크로퍼드 사절단을 보냈으나 아무런 성과를 보지 못한 영국 동인도회사는 1825년 말 헨리 버니(Henry Burney)를 방콕에 파견했다. 버니 사절단의 목표는 크로퍼드 때와 마찬가지로 태국과 무슬림 왕국인 크다의 분쟁을 조정해 태국이 말레이반도로 세력을 팽창하는 것을 저지하고, 특히 태국 시장에 진출하려는 서양 상인에 대한 거래의 제한을 완화시키고 태국 왕실의 독점무역을 폐지시키는 것이었다. 또한 당시 계속되고 있던 영국과 미얀마 사이의 전쟁에 태국이 중립적인 태도를 취하도록 요구하는 것도 주요 의제 가운데 하나였다.[61]

1824년 영국의 양곤 공격. 영국 동인도회사의 군대가 1824년 미얀마 양곤에 상륙하는 광경.

방콕 정부는 처음에는 새로운 영국 사신과의 협상에 그다지 큰 관심을 갖지 않았다. 특히 라마 3세는 협상 자체를 반대했다. 그러나 태국의 숙적인 미얀마가 1824년부터 1826년까지 지속된 전쟁에서 영국에 패배했다는 소식이 태국 조정에 전해진 후 협상은 급속도로 진행되었다. 1826년 6월 방콕 정부는 영국 동인도회사와 우호 및 통상조약을 체결했다. 이 조약을 통해 관세가 선박 크기에 따라 획일화되어 수입 화물을 싣고 온 경우 선폭의 2미터당[62] 1,700바트, 다른 종류의 화물은 1,500바트로 통일되었다. 왕실 독점무역은 특정 상품에 국한되었다. 이처럼 무역과 관련된 협정에서는 태국 측이 많은 양보를 했지만, 말레이반도 문제에 대해서는 태국 측의 요구가 상당 부분 관철되어 크다, 클란탄, 트렝가누 등에서 태국의 지배적 지위가 인정되었다.[63] 태국 정부는 1833년 3월 에드먼드 로버츠(Edmund Roberts)를 사신으로 보낸 미국 정부와도 비슷한 내용의 조약을 체결했다.[64]

라마 3세 시대 태국은 동남아시아의 이웃 국가들과 심각한 군사적 분쟁을

라마 3세

겪었다. 그것은 1820년대 영국과 전쟁을 치르느라 다른 데 신경을 쓸 겨를이
없던 미얀마가 아니라 라오스와 캄보디아 및 베트남 그리고 말레이반도의 무
슬림 왕국들과의 관계에서 일어났다. 18세기 말 태국의 속국이 된 라오스는
당시 루앙파방(Louang Phabang),[65] 위앙짠(Viang Chan, 즉 비엔티안[Vientiane]),
짬빠삭(Champasak) 등 세 왕국으로 구성되어 있었다. 방콕 정부는 한편으로는
그들의 상호 반목을 조장하고 다른 한편으로는 그들이 모두 태국에 대해 충
성하게끔 하는 전형적인 '분할통치(divide and rule)' 정책을 썼다.[66]

　1804년 방콕 정부가 위앙짠의 왕으로 세운 아누웡(Anouvong, 재위 1804~1828)
은 재위 초기부터 라오스의 통일과 독립을 꿈꾸고 있었던 것으로 보인다.
1825년 라마 2세의 장례식에 참석한 아누웡 왕은 라마 3세에게 과거 태국 땅
으로 강제 이주당한 라오인을 라오스로 데리고 가도록 허락해줄 것을 요청했
으나 거절당했다.[67] 위앙짠으로 돌아온 그는 란상(Lan Xang) 왕국의 독립 투
쟁을 선포했으며 1827년 초 짬빠삭과 함께 태국에 도전했다. 그러나 라오스

군대는 곧 태국 군대의 반격으로 패퇴하여 1827년 5월까지 위앙짠과 짬빠삭은 모두 태국에게 다시 점령당했다. 아누웡은 베트남으로 도피했다가 다시 돌아와 태국 군대와 싸웠으나 1828년 말 태국 군대에게 체포되어 방콕에 끌려와 그곳에서 죽었다. 태국 군대는 위앙짠을 다시 한 번 파괴하고 수십 만 명의 주민을 태국으로 이주시켰으며 위앙짠과 짬빠삭을 태국의 지방으로 편입시켰다.[68)]

1810년대에 캄보디아에서의 지배적 지위를 베트남에게 빼앗긴 태국은 캄보디아를 자신의 영향력 아래에 두기 위한 기회를 호시탐탐 노리고 있었다. 기회는 1830년대에 찾아왔다. 이미 1810년대 초부터 시작된 베트남의 간섭은 크메르인을 베트남 공역에 동원하기에 이르렀고, 특히 1834년 짠(Chan, 재위 1806~1834) 왕이 죽자 그의 딸 메이(Mei, 재위 1835~1841)를 캄보디아의 왕위에 앉힌 베트남 정부는 캄보디아를 베트남화하는 작업에 착수했다. 캄보디아의 모든 관직명뿐만 아니라 주요 지명을 베트남어로 개칭했으며, 관복과 머리모양을 베트남식으로 바꾸었다. 또 베트남의 법을 도입하고 인사·군사·재정을 포함한 정부의 중요한 행정 결정을 베트남인이 통제했다. 1840년에는 심지어 불상과 불교 사원을 파괴하고 불교 승려를 사원에서 내쫓는 등 캄보디아의 국교라고 할 수 있는 상좌불교를 없애기 위해 노력했다.[69)]

베트남의 이러한 정책은 크메르인의 광범위한 반(反)베트남 저항운동을 야기했다. 1840년경에는 캄보디아의 왕실 연대기가 "모든 대신, 지방의 관리 그리고 평민이 베트남인을 죽이기 위해 힘을 모으기로 합심했다"라고 기록하고 있듯이 저항운동이 절정에 달했다. 캄보디아 관료사회가 태국에 군사 지원을 요청하자 라마 3세 정부는 캄보디아에서의 지위 회복을 위해 원정군을 파견했다. 크메르인의 반란과 태국 군대의 공세에 직면한 베트남 정부는 결국 1845~1846년 태국과 협상할 수밖에 없었고, 그 협정에 따라 1848년 태국이 지지하는 두앙(Duang, 재위 1848~1860)이 캄보디아의 새로운 왕으로 인정되었다. 이로써 다시 태국의 우세한 영향 아래 놓인 캄보디아는 태국에는 매년, 베트남에는 3년에 한 번 조공을 보냈다. 태국의 우세한 위치는 1863년 캄보디아가 프랑스의 보호령이 될 때까지 지속되었다.[70]

라마 3세의 태국 정부는 말레이반도의 속국들과도 분쟁을 벌였다. 분쟁의 발단은 라마 2세 때와 마찬가지로 크다였다. 크다에서 축출된 술탄을 지지하는 무슬림들은 1831년에 크다를 공격해 방콕 정부가 임명한 수령과 태국인 관리들을 쫓아냈다. 당시 크다를 중심으로 빠따니(Patani), 클란탄, 트렝가누 등 무슬림 왕국에는 방콕 정부의 개입 및 팽창정책에 대한 적대감이 널리 퍼져 있었다.

방콕을 대신해 말레이반도의 술탄 왕국들을 관할하는 나콘시탐마랏(Nakhon Si Thammatat)은 크다의 반란 소식을 접하자 크다로 진압군을 보내 1832년에는 그 지역의 질서를 다시 잡았다. 그리고 빠따니, 클란탄, 트렝가누 등의 저항세력은 방콕 정부가 파견한 원정군에 진압되거나 자진하여 태국의 권위에 항복했다. 1838년 말레이반도에서 또다시 소요가 발생했다. 크다의 전(前) 술탄의 조카들과 말레이 해적이 연합한 봉기세력이 크다를 점령했다. 빠따니 일대의 몇몇 무슬림 왕국도 가담하여 반(反)태국 저항운동으로 발전한 이 반란은 1839년에야 어느 정도 진압되었다. 이후 방콕 정부는 말레이반도의 무슬림 속국들 특히 크다에 대한 통제를 더욱 강화했다.[71]

영국의 헨리 버니 사절단과 미국의 에드먼드 로버츠 사절단과의 조약 체결을 통해 시작된 서양과의 본격적인 관계는 태국의 경제와 정치뿐만 아니라 사회와 문화에 영향을 미쳤다. 라마 3세 시대 서양 국가와의 무역은 그전 시기에 비해 현저하게 증가했으며, 이것은 태국 정부의 상업 활동 증대를 가져왔다. 이 점은 무엇보다도 국왕과 관료들의 선박 건조에 대한 관심에서 엿볼 수 있다. 1835년 유럽식 모델에 따라 태국에서 처음으로 가로돛 장치의 선박이 두 척 건조되어 라마 3세에게 바쳐지자, 국왕은 방콕 부근에 조선소를 지어 그 모델의 상선을 더욱 많이 건조하도록 지시했다. 그리하여 1847년경이 되면 국왕 소유의 유럽식 상선이 11~13척이었고, 귀족관료 소유의 것도 여섯 척이나 되었다.

태국을 방문하는 서양인도 많아졌다. 동인도회사의 요원으로, 외교관으로, 상인으로 혹은 선교사로 온 그들의 활동은 태국 사회와 정치에 적지 않은 영향을 미쳤다. 1820년대 중엽 방콕에 와서 1830년대 중엽에는 네 척의 상선을 보유한 큰 무역회사를 세울 정도로 경제적으로 성공한 영국 상인 로버트 헌터(Robert Hunter)는 방콕의 정계에서 상당히 영향력 있는 인물이었다. 태국 정부의 해외무역 파트너로서 국왕과 고위 관료들의 무역, 특히 영국의 영향력이 미치는 해외무역시장에 연결시켜주는 역할을 한 것으로 보이는 그는 1831년 태국 정부로부터 루앙 아웃위셋(Luang Awutwiset)이라는 귀족관료 칭호를 받았다.[72]

태국 조정이 경제적으로 중요하고 사회적으로 영향력 있는 외국인에게 귀족관료 칭호를 하사하는 것은 아유타야 시대부터 내려오는 전통으로, 유럽인과 무슬림 상인 그리고 특히 화인(華人) 가운데 그러한 칭호를 받은 자가 많았다.[73] 그 칭호는 대부분 실제 관직과 연결된 것이 아닌 명목상의 칭호에 불과한 것이었다. 1863년 초 태국을 방문한 독일인 아돌프 바스티안(Adolf Bastian)은 이 관행과 관련해 "(태국) 정부 정책의 일반적인 경향은 재산이나 영향력을 통해 중요하게 된 모든 중국인을 시암(Siam)의 귀족 신분으로 승격시켜 이로써 그들을 국가의 이해관계로 끌어들이고자 하는 것이다"라고 지적했는데, 이것은 외국인에게 하사된 귀족관료 칭호의 성격을 잘 설명하고 있다.[74]

태국 정계에 대한 로버트 헌터의 영향력은 1835년 방콕에서 일어난 한 사건에서 잘 나타난다. 그해 9월 한 사찰 경내에서 어떤 영국인 선장이 까마귀 몇 마리를 쏘아죽이자 그 절의 승려들이 그를 붙잡아 구타하여 부상을 입힌 사건이 발생했다. 동족인 영국인이 모욕을 당한 것에 격분한 헌터는 이 사건을 국왕에게 고발해야 한다고 주장하면서 만약 국왕이 이 사건의 해결에 주저하면 "영국인의 요구가 대포의 포문(砲門)에 제시될" 것이라고 협박했다. 이 사건은 결국 당시 불문(佛門)에 출가하여 태국 승가의 지도자로 있던 몽꿋 왕자에게 넘어갔다. 몽꿋은 문제의 승려들에게 궂은일을 시키고 하루 중 가장 더운 시간에 뙤약볕 아래에 앉아 있는 벌을 내렸으며, 차후 승려들이 외국인을 건드리지 말아야 한다고 규정함으로써 이 사태를 수습했다.[75]

태국에 온 서양인 가운데 특히 선교사의 역할은 특별한 의미를 갖는다. 프랑스에서 온 가톨릭 선교사뿐만 아니라 영국과 미국 등지에서 온 개신교 선교사들은 1820년대 이후 태국 사회의 지성사 발전에서 중요한 역할을 했다. 특히 미국인 개신교 선교사들은 19세기 태국의 근대화를 위한 중요한 매개체 역할을 했다.[76] 1828년 처음으로 태국에 온 미국인 개신교 선교사들은 선교 활동 외에도 의료 및 교육 사역을 펼쳤으며 태국의 저널리즘 발달에도 기여했다. 싱가포르국립대학교의 로비 고(Robbie B. H. Goh)는 다음과 같이 말한다. "선교단체들, 그중에서도 특히 유럽의 산업화와 과학적 진보의 시대와 같은 시기에 동남아시아에 도래한 개신교 선교단체들은 그들이 활동한 많은 동남아시아 국가들의 근대화에서 도구로 작용했다. 교육과 보건에 대한 그들의 기여는 특히 현저하다."[77] 태국 또한 동남아시아의 전반적인 맥락에서 이해된다. 태국에서 미국인 선교사들의 초기 의료 사역은 1837년에 도입된 천연두 예방접종에서 나타났다.

미국인 의사이자 선교사인 댄 비치 브래들리(Dan Beach Bradley)는 1835년 방콕에 올 때 영국인 장교 제임스 로(James Low)가 개발한 타이어 문자 인쇄기를 싱가포르에서 구입해 갖고 왔다.[78] 그는 이후 수십 년간 의료 사역 외에도 저널리즘 활동으로 태국 사회에서 중요한 역할을 했다. 1844년 7월 4일 브래들리는 타이어 문자 인쇄기를 사용해 태국 최초의 잡지인 『방콕레코더

댄 비치 브래들리 선교사

(Bangkok Recorder)』를 발행했다. 격주로 발간된 이 정기 간행물은 싱가포르, 중국, 미얀마, 인도네시아의 자와(Java), 콜카타와 뭄바이 등 인도의 항구도시, 스리랑카, 네덜란드, 프랑스, 미국 등에서 온 뉴스를 제공했으며, 태국의 수출 및 수입 상품의 가격을 알리고 때로는 태국의 역사와 외국의 풍습을 소개하고 영어 학습과 건강 및 의술에 관한 정보를 제공했다.

『방콕레코더』의 편집인인 브래들리는 특히 태국 사회의 각종 폐습과 악행을 조사하고 그 기사를 잡지에 실어 태국 사회에 널리 알렸다. 태국에서 정부와 백성 사이에 대화의 장(場)이 마련되도록 한『방콕레코더』는 태국 사회에 새로운 사상이 확산되는 데 기여했다.[79]『방콕레코더』는 창간 1년 남짓 지나 폐간되었다가 1865년부터 1867년까지 다시 발간되었다. 브래들리는『방콕레코더』와는 별도로 1860년에는 태국 최초의 영문 잡지『방콕캘린더(Bangkok Calendar)』를 발간했다.[80]

브래들리는 태국에서 지내는 동안 태국의 다양한 엘리트와 교제했는데, 그 가운데 주요 인물로는 뒤에 라마 4세가 된 몽꿋 왕자, 그의 동생 짜오파 노

라마 3세 시대 태국의 전함. 아크라랏차워라뎃(Akhra Ratcha Woradet).

이(Chaofa Noi) 왕자, 라마 4세와 라마 5세 시대 태국 관료사회에서 영향력이 가장 강했던 루앙 나이 싯(Luang Nai Sit), 즉 추앙 분낙(Chuang Bunnak) 등을 꼽을 수 있다.[81] 태국 왕실과 귀족관료 가문의 자제들 중에는 유럽과 미국에서 온 가톨릭 선교사와 개신교 선교사에게 유럽의 언어와 다양한 근대 기술 및 학문을 배우는 자들이 있었다. 이들은 특히 19세기 중엽 이후 지도적인 엘리트로서 태국의 정치와 경제 및 사회에서 영향력 있는 지위를 차지했으며 국가의 근대화에서 중요한 역할을 했다.

예컨대 짜오파 노이, 즉 쭈타마니(Chuthamani) 왕자는 영어를 배웠으며 서양의 군사학에 큰 관심을 보였다. 라마 3세는 그를 끄롬 타한 쁜야이(Krom Thahan Puenyai), 즉 포병(砲兵)청의 책임자에 임명했다. 쭈타마니 왕자는 태국 군대에 유럽의 군사 장비를 갖추게 하고 군인을 유럽식으로 훈련시키기 시작했다.[82] 라마 2세의 후궁 소생인 웡사티랏사닛(Wongsathiratsanit) 왕자는 서양 의학을 공부했다. 그는 라마 3세의 재위 말년인 1851년 끄롬 모(Krom Mo), 즉 의약청의 감독관에 임명되었다.[83] 추앙 분낙은 당시 끄롬 프라클랑과 끄롬 깔라홈의 두 행정부처 장관으로서 국왕을 제외하고는 나라의 최고 권력자였던 딧 분낙의 장남으로 영어를 배웠으며 심지어 자신의 부인과 자녀들도 미국인 선교사 부부에게 영어를 배우도록 했다. 그는 특히 서양의 조선(造船) 기술을 습득하는 데 열중했다. 1835년에 건조되어 라마 3세에게 바쳐진 가로돛 장치의 선박은 그의 작품이었다. 1835년 이후 이 모델의 배가 계속 생산되었는데, 그가 제작한 선박들은 끄롬 프라끌랑의 해외무역뿐만 아니라 군사적 목적에도 사용되었다. 1841년 태국이 베트남 남부 코친차이나(Cochinchina)의 항구도시인 하띠엔(Hatien)에 주둔 중인 베트남 군대를 공격하기 위해 해상 병력을 파송했을 때 추앙 분낙이 선봉대의 지휘관에 임명되었고 그의 근대식 선박이 투입되었다.[84]

몽꿋 왕자는 브래들리 외에 미국인 선교사 제시 캐스웰(Jesse Caswell)이나 프랑스인 가톨릭 선교사 장 바티스트 팔르구아(Jean-Baptiste Pallegoix) 등과도 교제했다. 몽꿋은 특히 1830년 방콕에 도착한 팔르구아에게 프랑스어와 라틴어, 지리학, 물리학, 화학, 천문학 등을 배웠으며 그에게 팔리어를 가르쳐

장 바티스트 팔르구아 신부.
팔르구아 신부는 뒤에 서 있는
태국 소년 깨오(Kaeo)와 베트남 소년 쏨(Xom)을
1852년 프랑스로 데려갔다.

주었다. 이 프랑스 신부와의 친분관계는 몽꿋이 국왕이 된 후에도 오랫동안 지속되었다.[85] 몽꿋은 당시 태국 불교계의 지도적인 승려로서 1830년대 말 '탐마', 즉 '불법(佛法)에 충실한 자'라는 뜻을 가진 탐마유띠까(Thammayutika) 종파를 세워 태국 상좌불교의 개혁을 주도했다.[86]

'땀랍 타오 시 쭐라락(Tamrap thao si chulalak)', 즉 '한 왕비의 교본(敎本)'이라는 책이 있다. 프랑스, 네덜란드, 영국, 포르투갈, 스페인, 미국 등 '파랑(farang)', 즉 서양 국가의 언어와 여러 강대국의 전쟁을 소개하는 이 '교과서'의 저자인 놉파맛(Nopphamat)은 수코타이(Sukhothai) 왕조(1239~1438) 시대 한 국왕의 부인이라고 한다. 하지만 책의 내용과 이 책에 나타나는 태국 중심적 세계관의 탈피 등과 같은 혁신적 측면을 고려하면 저자가 라따나꼬신 왕조 초기의 인물 심지어 라마 3세 자신이거나, 라마 3세 조정의 학자와 라마 3세의 공저일 것이라는 추측도 있다.[87] 놉파맛의 책이 당시 태국이 세계 여러 나라들과의 접촉을 통해 경험한 변화를 보여주는 것은 사실이다. 그렇지만 수정·변경되지 않는 세계관이 이 책에서 드러나는데, 불교의 절대적인 역할과 지위를 중시하고 있으며 국왕-백성 관계에서 국왕에 대한 절대적인 충성이 강조되고 있는 점이 바로 그것이다.[88]

국가에서 국왕의 중심적·절대적 위치를 중시하는 것은 특히 라마 5세 시대 이후 서양의 민주주의 정치사상의 영향으로 태국의 절대군주제가 도전을 받을 때 이에 대한 반응으로서 태국의 엘리트층에서 강하게 나타났다. 서양과의 근대적 접촉에도 불구하고 불교의 절대적 지위와 역할을 중시하는 것도 라마 5세 이후 태국의 엘리트가 근대 국민국가로서의 태국의 새로운 정체성을 구축해나가고 그 바탕을 모색할 때 보여준 것이었다. 그러나 태국에서 불교의 중심적 지위를 중시한 것은 서양의 물질적·정신적 영향의 바람이 태국 사회에 불기 시작하는 라마 3세 시기에 이미 몽꿋 왕자의 불교 개혁운동에서 관찰된다.

몽꿋은 등위하기 전 1824년부터 1851년까지 승가에 몸담고 있는 동안 팔리어 불경 원전을 광범위하게 연구함으로써 당시 태국 불교가 많은 부분에서 원시불교의 가르침에 어긋난다는 것을 발견했다. 또한 가톨릭 신부와 개신교 선교사를 포함한 다양한 서양인과의 접촉을 통해 습득한 서양의 합리주의적 사고방식은 태국 불교에서 미신 및 주술 등 비불교적 요소를 제거하기 위한 그의 노력에 반영되어 있다. 흔히 경전주의·지성주의·합리주의의 특징으로 설명되는 몽꿋의 불교 개혁은 근대 태국 불교의 초석으로 간주된다.[89]

이처럼 몽꿋의 불교 개혁은 한편으로는 서양의 지적인 영향에 의한 것이지만, 다른 한편으로는 서양에 대한 대응 특히 기독교적인 도전에 대한 대응으로 해석되기도 한다. 미국의 태국 역사학자인 콘스턴스 윌슨(Constance M. Wilson)은 몽꿋의 불교 개혁을 선교사들의 기독교 전파에 대한 대응으로 이해하면서 이를 통해 불교도 개혁될 수 있음을 보여주려고 했다고 말한다.[90] 비슷한 맥락에서 태국의 타넷 아폰수완은 서양인 특히 미국인 선교사들과의 만남을 통해 불교에 대해 합리적·과학적 접근을 할 수 있게 된 태국의 지도적인 불교 승려들이 불교를 서양의 사상과 종교에 비해 뒤떨어지는 것으로 본 것이 아니라 서양의 지식과 기술을 불교 바로 세우기에 적용하기 위해 노력했으며 불교를 서양의 과학과 필적하는 것으로 인식했다고 해석한다.[91]

라마 3세 시대의 태국은 이웃 국가들과의 전쟁, 요새 및 운하의 건설 특히 그 길이가 약 30킬로미터에 달했던 수낙혼(Sunak Hon) 운하와 53.5킬로미터의 샌샙(Saen Saep) 운하 건설 같은 대규모 토목공사,[92] 갈수록 증대되는 해외 무역을 감당키 위한 왕실 무역선의 건조 등을 위해 많은 국고 수입을 필요로 했다.[93] 태국 정부는 국고 수입을 늘리기 위해 국고의 중요한 재원 가운데 하나인 대외무역을 확대하고 조세 징수의 방식을 개혁했다. 라마 3세 시대 태국 정부의 적극적인 대외무역 활동과 태국 무역시장의 활발한 상황은 1840년대 무렵의 태국 상황을 전하는 팔르구아 신부의 다음과 같은 기록에서 엿볼 수 있다.

주요 상인은 국왕, 왕자, 대신, 중국 상인, 관리, 말레이인과 아랍인이다. 그 밖에 영국인, 네덜란드인, 포르투갈 상인이 있다. 국왕은 매년 15~20척, 고위 관료들은 각각 2~3척의 상선을 싱가포르, 자와, 중국 등지로 보낸다. 중국인 부호 중에는 5~6척의 상선을 갖고 있는 자들도 있다. 수도에서는 항상 많은 선박이 건조되고 있다. 매년 [인도의] 마드라스(Madras)와 수라트(Surat)에서 9~10척의 아랍 상선이 온다. 중국인 설 시기에는 하이난(海南) 섬, 광둥, 푸젠(福建) 그리고 중국의 다른 항구들에서 온 50~60척의 큰 화물선과 정크들이 입항하는 것을 볼 수 있다. 이들 배에는 상품이 실려 있고 태국에서 행운을 찾으려는 수천 명의 중국인 이주자들이 타고 있다.[94]

라마 3세 정부의 징세 방식 개혁은 기존의 징세청부제도를 후추, 티크, 사탕수수, 야자유, 담배 등 수출 품목의 대부분을 차지하는 수십 종의 농산물과 자연 생산물로 확대하는 것이었다.[95] 징세청부제도의 확대를 통해 라마 3세 시대의 1년 세입 총액은 라마 2세 때의 226만 바트에 비해 무려 10배가 넘는 2,500만 바트에 달했다.[96] 정부가 직접 조세를 징수하는 것보다 징세 업무를 청부업자에게 일임하는 징세청부제도가 유리했던 것은 이를 통해 국가의 행정 인력을 투입하지 않고도 보다 많은 세입을 보다 확실하게 거둘 수 있었기 때문이다. 정부는 특정 지역의 특정 산물 및 상품에 대한 징세권을 입찰 시 가장 많은 낙찰 희망 세액을 제시한 사람에게 주었는데, 그렇게 선정된 징세 청부업자는 당국에 약속한 액수를 맞출 뿐만 아니라 자신의 수익까지 챙기기 위해 모든 수단과 방법을 동원해 세금을 거두었다. 징세 청부권은 대개 태국의 유통시장을 지배하고 있던 중국인이 차지했다. 당시 중국인은 행정적으로 끄롬 프라클랑의 관할 아래에 있었는데, 징세 청부업자의 선정 과정에서

이 행정부처의 장관인 딧 분낙과 그 수하의 분낙 가문 사람들이 적지 않은 이익을 챙겼을 것이다.

1855년 영국의 사신으로 태국을 방문한 존 보링(John Bowring)의 보고에 의하면, 라마 3세 시대의 중국 상인은 관세의 면제, 부동산의 자유로운 구입, 정크의 자유로운 건조 및 상선의 자유로운 이용, 특정 상품의 제조 및 판매, 농산물 특히 사탕수수의 재배와 설탕 제조의 자유, 물품 구입을 위한 내륙 지방으로의 여행 자유 등 여러 특권을 갖고 있었다.[97] 그들은 이러한 특권을 이용해 남중국해 무역시장에서 서양 상인에 비해 훨씬 유리한 장사를 할 수 있었다. 중국인은 상업 활동의 자유와 해외무역의 독점적 위치를 바탕으로 태국의 국내 상업에서도 지배적인 역할을 했다.[98] 이 점은 보링의 여행기에 적힌 다음과 같은 기록에서 확인할 수 있다.

영업 중인 모든 비즈니스는 사실 [중국인이] 쥐고 있는 것처럼 보인다. 짜오프라야 강의 양 둑을 수마일 뒤덮고 있는 보트 행상 가운데 열에 아홉은 중국인이다. [중략] 중국인은 가장 번화하고 가장 큰 가게를 소유하고 있을 뿐만 아니라 가장 값싼 품목에까지 그들의 거래를 뻗친다. 수백 척의 중국인 보트는 강을 오르락내리락 하면서 집집마다 들르고 수로 구석구석까지 들어가 식품과 의류 등 일상생활에 필수적인 것은 무엇이든지 공급한다. 그들은 이익이 생길 만한 곳이면 내륙 지방의 어디든지 침투하여 거래를 한다.[99]

라마 3세 정부는 징세청부제도를 왕실 독점무역 분야에도 적용했다. 앞에서 본 것처럼 정부가 수입품에 대한 선매권을 가지며 수출 품목을 독점하여 이들에 대해 높은 수출 관세를 매기는 태국의 독점무역체제에 대해 서양 상인이 불평하고 항의하여 결국 1826년 영국과의 통상조약이 체결되었다. 이 협정으로 왕실 독점무역이 상당한 제약을 받자 태국 정부는 독점 수출품뿐만 아니라 거의 모든 중요한 수출품의 매입·과세(課稅)·판매를 징세 청부업자에게 맡겼으며, 이를 통해 무역에 직접 손대지 않고도 대외무역에서 수익을 챙길 수 있었다.[100]

영국은 아편전쟁(1839~1842)에서 승리함으로써 1842년 베이징 정부와 중국의 문호를 개방하는 난징조약을 체결할 수 있었다. 이 조약으로 청조(淸朝)의 중국 정부는 영국에게 치외법권, 즉 영사재판권과 최혜국 대우를 인정해야 했으며 무역과 관련해서는 무엇보다도 전통적인 독점무역을 포기하고 관세는 물품 가격의 5퍼센트로 통일해야 했다. 그 이후 중국 정부는 수년간 비슷한 내용의 불평등조약을 다른 서양 국가들과 체결했다.[101]

서양 국가들은, 징세청부제도를 확대하고 특히 1840년대 설탕 수출을 통제하며 설탕 가격을 40퍼센트 인상하는 등 대외무역에 대한 직·간접적인 규제가 여전히 강한 태국 정부의 무역 관행에 불만을 품고 있었다.[102] 이에 그들은 태국의 무역 규제 및 악습을 없애고 난징조약을 통해 중국에서 획득한 외교적·상업적 권리를 태국에서도 얻어내기 위해 방콕 정부와 새로운 조약을 체결하고자 했다. 이 목적을 위해 미국 정부가 특사로 임명한 조지프 밸리스티어(Joseph Balestier)가 1850년 3월 방콕에 도착했으며, 그해 8월 영국 정부가 파견한 제임스 브루크 경(Sir James Brooke)이 태국에 왔다.

미국과 영국이 보낸 특사들은 라마 3세와 알현은커녕 협상도 제대로 하지 못한 채 빈손으로 돌아가야만 했다. 그 이유는, 중국인 하인 1명과 통역관 1명 그리고 태국에서 사역하는 몇 명의 미국인 선교사들로 구성된 '초라한' 수행원을 거느리고 온 밸리스티어 사절의 경우처럼 태국 정부를 실망시킨 외교상의 결례도 있었지만,[103] 무엇보다도 태국 정부가 수익성 높은 기존의 무역체제를 포기할 의도가 없었기 때문이다. 게다가 라마 3세의 조정은 재위초 서양의 위협에서 나라를 지키기 위해 부득이하게 영국과 미국과 체결한 조약으로 태국 사회가 서양의 영향과 간섭에 더욱 취약해졌다고 판단했다.

태국의 관료사회에는 딧 분낙처럼 조약 체결에 찬성하는 자도 있었지만, 국왕과 몇몇 보수적 대신들은 만약 새로운 조약에 동의하면 서양의 영향이 더욱 확대되어 태국 사회의 기존 질서가 위태롭게 될 것이라고 우려했다.[104]

끝으로 1850년 미국과 영국의 태국 문호 개방을 위한 시도에 대해 라마 3세 조정이 보여준 비타협적인 태도와 관련해 라마 3세가 본질적으로 반(反)서양적 입장을 갖고 있지는 않았을까 하는 추측이 가능할 것이다. 라마 3세는, 1820년대 중엽 미얀마에게 굴욕적인 패배를 안기고 1840년대 초에 중국을 굴복시킨 영국과 인도네시아에 대한 통제를 갈수록 강화하는 네덜란드 등 동아시아 도처에서 공격적·팽창적 활동을 펼치는 유럽 국가에 대해 큰 경계심을 품었을 것이다.[105] 그는 재위 기간 로버트 헌터같이 태국 사회를 얕잡아보는 유럽인의 오만함을 목격했다. 그는 서양인 선교사들이 불교를 그릇된 신앙으로 간주하고 태국의 전통을 무시하는 것을 겪기도 했다. 예컨대 1849년 6월 방콕에서 콜레라가 발생하여 3만 명 이상의 인명이 희생되자 라마 3세는 백성에게 불교적인 공덕 축적을 권하고 스스로 숱한 동물을 사서 방생(放生)하는 공덕을 실시했다. 이것을 가톨릭 선교사들이 미신에 불과하다고 공개적으로 선포하자 그는 분기탱천하여 가톨릭 신부들을 모두 추방하고 그들의 성당을 모두 허물어뜨릴 것이라고 소리쳤다.[106]

20세기 초 태국의 궁정에서 십여 년간 의사로 활동한 영국인 맬컴 스미스(Malcolm Smith)는 라마 3세가 "모든 유럽인을 좋아하지 않았으며 서양식 혁신을 두려워했다"[107]고 말한다. 이러한 기록과 앞에서 서술한 측면을 근거로 라마 3세가 근본적으로 반서양적인 인물이었다고 단정할 수는 없다. 재위 초기에 영국·미국과의 통상조약 체결을 통해 태국의 문호를 비록 부분적으로나마 서양 세계에 열었다는 사실, 재위 기간 동안 태국 사회와 서양인의 접촉이 크게 증대했다는 사실 등을 고려하면 라마 3세는 결코 서양에 대한 폐쇄주의정책을 추구한 인물로 평가될 수는 없다. 1830년대 초 3년간 태국에서 활동한 독일인 개신교 선교사 카를 귀츨라프(Karl Friedrich August Gützlaff)에 의하면, 오히려 그는 "천성적으로 유럽인을 좋아했다"[108]고 한다. 라마 3세는 네덜란드의 태국 역사학자인 바렌트 얀 테르빌(Barend Jan Terwiel)이 지적하듯 서양과의 관계에서 신중하게 처신하기 위해 애쓴 국왕이었으며, 그것은 동아시아 세계에 대한 서양의 위협이라는 바람이 불기 시작한 시대적 상황에서 태국을 지키기 위한 나름의 행동방식이었다고 이해된다.[109] 라마 3세는 서양의 위험과 그 심각성을 예감하고 있었던 것으로 보인다. 짜오프라야 티파꼬라윙이 편집한 『라마 3세 시대 라따나꼬신 왕조의 역사』에는 그가 임종 직전에 다음과 같이 말했다고 기록하고 있다.

> 베트남과 미얀마와는 더 이상 전쟁이 없을 것이다. 만약 전쟁이 있게 된다면, 그것은 오직 서양인과의 사이에서일 것이다. 그들을 조심하라. 그들에게 속지 마라. 배워야 할 것이 있으면 그들을 모방하라. 그러나 그들을 완전히 신봉하지는 마라.[110]

라마 3세의 시대는 태국 사회와 서양인의 접촉이 앞 시기에 비해 보다 많이 그리고 훨씬 깊은 정도로 일어났으며 이를 통한 서양의 영향이 태국 사회에 다각도로 미치기 시작한 시기였다. 이와 더불어 이 시대는 라마 3세의 '유언'에 암시되어 있듯이 태국의 엘리트가 서양의 식민주의적 위협을 감지하고 이에 대한 적절한 대응방식을 고민하기 시작한 시기였다. 전근대적 성격이 강했던 라마 2세 시대와 근대화가 본격적으로 시작된 라마 4세 시대 사이에 놓여 있는 라마 3세 시대는 요컨대 전통과 근대의 과도기라고 할 수 있을 것이다.

제3장

라마 4세 시대: 태국의 문호 개방과 근대화의 시작

1. 보링조약의 체결과 태국의 문호 개방

귀츨라프 선교사의 기록에 의하면, 라마 4세로 등위한 몽꿋 왕자는 라마 3세 재위 시대에 왕위 계승의 가능성을 갖고 있던 여러 왕자 가운데 백성이 가장 좋아한 왕자였다.[1] 짜오프라야 티파꼬라윙의 『라마 3세 시대 라따나꼬신 왕조의 역사』는 라마 3세가 자신의 임종이 얼마 남지 않은 시점에 왕위 계승의 문제에 관해 어떠한 생각을 갖고 있었는지를 묘사하고 있다. 기록을 보면, 그는 왕위 계승 후보자인 왕자들 가운데 나라를 지킬 수 있을 자가 아무도 없다고 보았다. 그러나 라마 3세는 그들의 자질과 역량을 비교하면서 몽꿋 왕자를 그가 세운 개혁불교 종파와 기존 교단의 마찰 가능성에 대한 우려를 제외하면 가장 무난한 왕위 계승 후보로 꼽고 있었던 것으로 보인다.[2] 하지만 중병에 걸려 있었던 그는 왕위 계승자를 확정하지 못하고 서거했다.

몽꿋 왕자가 왕위에 오를 수 있었던 것은 무엇보다도 분낙 가문의 전적인 후원 덕분이었다. 라마 3세의 임종이 임박했을 때 몽꿋 왕자를 왕위 계승자로 공식적으로 초빙함으로써 왕위 계승에 관한 모든 의혹을 정리한 사람은 딧 분낙이었다.[3] 그의 아들인 추앙 분낙도 몽꿋의 왕위 계승에서 결정적인 역할을 했다.[4] 추앙 분낙은 라마 3세 재위의 마지막 수년간 연로한 부친 딧 분낙의 오른팔로 국정에 참여해 정부에서 자신의 영향력을 발휘하기 시작했다.

몽꿋 왕과 왕비. 텝시린트라 보롬마라치니(Thep Sirinthra Borommarachini), 일명 람퍼이폼 라피롬(Ramphoeiphom Raphirom) 왕비에게서 쭐라롱꼰, 즉 라마 5세가 태어났다.

예컨대 당시 마핫렉의 짱왕(Chang Wang), 즉 네 명의 단장 가운데 한 명이 었던 추앙 분낙은 태국 조정이 영국의 사절인 제임스 브루크 경과 1850년 협상할 때 프라클랑인 부친을 대신해 국왕의 자문에 응했다. 왕위 계승의 문제가 수면 위로 부상한 라마 3세 재위 마지막 해에 몽꿋의 이복형으로서 왕위 계승을 꿈꾸고 있던 피핏푸벤(Phiphitphuben) 왕자가 딧 분낙과 그의 동생 탓 분낙이 몽꿋 왕자와 쭈타마니 왕자를 지지한다는 것을 알고는 분낙 가문의 세력을 무서워하여 수하 사람들을 이끌고 왓 쳇뚜폰(Wat Chetuphon) 불교 사원으로 피신하는 일이 발생했다. 부친에게서 이 사태를 해결하라는 말을 들은 추앙은 휘하의 소총 사수들을 데리고 피핏푸벤 왕자를 찾아가 위협하여 그의 추종자들을 해산시키기도 했다.[5] 그는 또한 라마 3세가 왕위 계승 문제에 대해 고민하면서 여러 후보자들에 대한 자신의 의견을 피력할 때 자문을

구한 상담 파트너였다.[6)

몽꿋 왕은 등위 후 분낙 가문의 사람들에게 최고의 영예와 최상의 정부 요직을 하사했다. 딧 분낙은 관료로서는 최고 관등인 '솜뎃 짜오프라야(Somdet Chaophraya)'를 받았다.[7) 그는 프라클랑 장관직을 유지하면서 '푸 삼렛 랏차깐 팬딘(Phu Samret Ratchakan Phaendin)', 즉 왕국정무(政務) 총리대신(總理大臣)이라는 신설된 관직에 임명되었다. 똑같이 '솜뎃 짜오프라야' 관등을 하사받은 탓 분낙 역시 신설된 관직인 '푸 삼렛 랏차깐 나이 프라나콘(Phu Samret Ratchakan Nai Phra Nakhon)', 즉 수도(首都)정무 총리대신으로 세워졌다.[8) 당시 분낙 가문의 최고 어른들인 딧과 탓에게 '솜뎃 짜오프라야' 관등을 하사함으로써 그들을 왕국의 원로 정치가로 대접한 몽꿋 왕은 한 걸음 더 나아가 그들의 '삭디나(sakdina)'를 왕자 수준인 30,000으로 책정했다.[9)

삭디나는 국왕을 제외한 모든 사람의 사회적 가치를 정하기 위해 아유타야 시대 도입된 제도다. 삭디나의 '삭디(sakdi)'는 '힘'을, '나(na)'는 '논'을 뜻하는 것으로, 삭디나는 원래 왕이 신하와 백성에게 배분한 농토의 크기를 가리켰을 것으로 보인다. 그리하여 삭디나는 왕족과 관리들의 수입 고하를 가리

〈표 1〉 라마 1세~라마 5세 시기 태국 관리들의 관등체계와 삭디나[10)

관등	신분 범위	삭디나
솜뎃 짜오프라야	쿤낭	30,000
짜오프라야	쿤낭	10,000~3,000
프라야(phraya)	쿤낭	10,000~1,000
프라(phra)	쿤낭	5,000~1,000
루앙(luang)	쿤낭	3,000~800
쿤(khun)	쿤낭 혹은 프라이	1,000~200
믄(muen)[11)	쿤낭 혹은 프라이	800~200
판(phan)[12)	쿤낭 혹은 프라이	400~100

키는 지표가 되었고 점차로 왕족과 관료사회에서 지위나 사회적 신분과 위치를 나타내는 지표의 기능을 갖게 되었다.[13] 예컨대 왕비 소생인 왕자의 삭디나는 15,000~20,000이며, 조정의 행정부처 책임자로 임명되어 '끄롬(krom)' 관등을 달면 그의 삭디나는 40,000~50,000으로 격상되었다. 왕족 이외의 백성에게 책정된 가장 높은 삭디나는 장관의 10,000이며, 그 밑으로 5,000부터 5까지 단계별로 매겨졌다.[14]

분낙 두 형제에게 삭디나 30,000을 주었다는 것은 그들에게 왕족에 준하는 대우를 했다는 것을 의미한다. 심지어 몽꿋 왕은 1851년 9월 탓 분낙을 위한 관직 하사 의식에서 '솜뎃' 두 형제 앞에 부복의 예를 올렸다고 한다.[15] 국왕이 신하에게 무릎을 꿇고 엎드려 절을 올려 경하한 것은 적어도 사료에서 확인된 바로는 태국 왕조사에서 선례가 없는 일이었다.

추앙 분낙에게는 '짜오프라야 시수리야웡(Chaophraya Sisuriyawong)'의 관등 및 관명이 수여되고 그의 부친이 겸임하던 끄롬 깔라홈의 장관직이 제수되었다. 그의 동생 캄(Kham) 분낙은 '짜오프라야 라위웡(Chaophraya Rawiwong)'의 관등 및 관명을 받고 끄롬 프라클랑의 차관직에 앉혀졌다.[16] 1855년 딧 분낙이 사망하자 왕국정무 총리대신, 즉 오늘날의 개념으로 말하면 국무총리의 직위는 추앙 분낙이 물려받았고 프라클랑 장관직은 캄 분낙에게 돌아갔다.[17] 추앙 분낙은 비록 부친의 사망 이후 총리대신직에 임명되었지만, 이미 1852년 초부터 방콕의 유럽인과 미국인이 그를 '총리(prime minister)'라고 부를 정도로 라마 4세 정부의 초부터 국정 운영에서 매우 두드러진 역할을 한 것으로 보인다.[18] 딧 분낙의 다른 형제들과 사촌들 그리고 그의 아들들에게도 끄롬 프라클랑, 끄롬 깔라홈, 마핫렉 등의 요직이 제수되었다.[19]

몽꿋 왕은 라마 3세 시대에 서양 문명을 배운 두 동생을 정부의 중요한 직책에 앉혔다. 그는 동복동생인 쭈타마니 왕자를 '마하 우빠랏(maha uparat)', 즉 차왕(次王)[20]에 임명했다. 삭디나 제도에 의하면, 우빠랏은 삭디나가 10만으로 국왕을 제외하면 왕국에서 가장 높은 지위였다. 귀츨라프 선교사가 관찰한 쭈타마니 왕자는 "영어로 회화하고 어느 정도 쓸 수도 있으며 [중략] 유럽 과학의 확고한 애호자"로서 당시 "모든 백성에게 사랑을 받았다." 그러나 라마 4세가 된 그의 형보다는 인기가 떨어졌다.[21] 쭈타마니 왕자는 분낙 가문이 지지한 라마 3세의 왕위 계승의 강력한 후보 가운데 한 사람이었다. 그러므로 그는 자기 대신 몽꿋이 등위한 것에 큰 실망감을 맛보았을 것이다.[22] 몽꿋 왕의 이복동생인 윙사티랏사닛 왕자는 당시 왕국의 북부와 동부 지방을 관할하는 끄롬 마핫타이[23]의 감독관으로 그리고 뒤에는 정부의 재정과 직결된 업무를 담당하는 프라클랑 신카의 청장에 임명되었다. 그는 또한 몽꿋 왕의 재위 말까지 국정 전반에 관해 국왕의 고문으로 중요한 역할을 수행했다.[24]

라마 4세 정부는 지난 정부로부터 새로운 조약 체결을 요구하는 서양의 도전을 해결해야 할 과제를 물려받았다. 서양에 대해 이미 배웠고 또 서양 문물에 대해 어느 정도 친숙한 방콕 조정의 엘리트는 국가의 문호 개방이 불가피하다는 것을 인정하고 있었다. 태국 정부는 몽꿋 왕의 등위 후 곧 싱가포르의 영국 식민지 정부에게 태국이 기존의 조약을 기꺼이 수정할 준비가 되어 있음을 통보했다. 라마 4세는 심지어 영국의 사절이 당시 홍콩의 영국 총독인 존 보링 경이라는 정보를 입수해 그에게 서신을 보내, 태국이 영국과의 조약 체결을 환영하며 태국 정부가 미리 준비할 수 있도록 영국이 무엇을 원하는지를 알려달라고 요청했다.[25]

1855년 3월에 영국의 특명전권대사 존 보링이 사절단을 이끌고 방콕에 도착했다.

존 보링

태국의 협상위원으로는 윙사티랏사닛 왕자와 딧·탓·추앙·캄 등 분낙 가문의 사람들이 임명되었다. 영국이 1852~1853년의 제2차 영국-버마전쟁에서 승리했고 1854년에는 일본이 미 해군의 무력시위에 압박 받아 문호를 개방했다는 것을 알고 있었던 태국 정부는 서둘러 4월에 영국과 새로운 우호 및 통상조약을 체결했다. 협상과 체결 과정에서 몽꿋 왕의 역할은 주로 외교적인 의례와 관련된 부분에 국한되었고 실제적인 분야에서는 추앙 분낙이 핵심적인 역할을 한 것으로 보인다.[26] 예컨대 추앙 분낙은 부친과 삼촌인 딧과 탓이 자신들의 경제적 이해관계를 침해하는 몇몇 조항에 반대하자 그들과 영국 사신 사이를 적절히 중재하여 협상이 계속 진전될 수 있도록 했다.[27]

보링조약의 주요 조항은 치외법권, 영국인이 태국에서 토지 및 주택을 구입할 수 있는 권리, 영국의 군함이 짜오프라야 강에 진입하여 빡남(Paknam)에 정박하고 공식적인 경우에는 방콕까지 운항할 수 있는 권리, 상품 가격의 3퍼센트로 고정된 수입 관세의 도입, 태국의 64개 주요 수출품에 대한 확정 관세율 도입, 영국 상인이 태국에서 자유롭고 직접적인 거래를 할 수 있는 권리, 최혜국 대우 등이었다.[28] 보링조약 체결 후 수년 이내 이 조약과 비슷한 내용의 조약이 미국, 프랑스, 덴마크, 포르투갈, 네덜란드, 프러시아 등 서양의 다른 국가와도 체결되었다.[29]

서양 국가들과 새로운 조약 체결을 통한 문호 개방은 이후 태국의 역사 전개에서 광범위한 정치적, 경제적 및 사회적 영향을 미쳤다. 무엇보다도 개방 이후 태국의 항구들 특히 방콕에 입항하는 서양의 무역선과 서양 상인의 숫자가 증가했다. 예컨대 정크를 제외한 선박으로 방콕에서 무역을 하는 상선의 수가 1856년 141척이었던 것이 그 이듬해에는 204척으로 늘었으며, 이후 수년간 300~400척에 달했다. 태국의 무역은 정크 대신 중기선을 이용하는 것으로 급격히 바뀌어 1860년 태국 현지인이 소유한 중기선이 15척이나 되었으며 태국의 조선소들은 새로운 중기선을 건조하느라 분주할 정도였다.[30]

문호 개방 이후 태국의 무역시장이 더욱 활
발해졌다는 것은 무역 총액이 1850년 약 560
만 바트에서 1868년 약 1,000만 바트로 증가
했다는 사실에서도 엿볼 수 있다.[31] 무역량이
이처럼 증가하자 결제통화의 문제가 나타났
다. 외국 상인은 태국에서 구매할 때 중국과
다른 동남아시아 국가에서 오래전부터 사용
해온 것처럼 멕시코 은화를 지불했다. 멕시코
은화에 아직 친숙하지 않은 태국인은 그것을

폿두앙

관청에 갖고 가 당시 통용되던 탄환 모양의 은화인 '폿두앙(phot duang)'으로 바
꿨다. 전통적인 방식으로 제작되는 폿두앙은 빨리 주조될 수 없었기 때문에 폿
두앙에 대한 증가된 수요를 공급이 따라잡지 못했다.

이 문제의 해결에 나선 정부는 화폐 주조를 위해 근대적인 기계를 영국에
서 사들였다. 그 기계의 설치를 포함한 준비 과정에 라마 3세 시대 서양의 화
학과 기계공학을 공부한 못 아마따야꾼(Mot Amatayakun)이라는 태국인이 자
발적으로 참여해 1860년 새로운 조폐국이 설립되었다. 여기서 주조된 태국
최초의 납작한 은전이 시중에 유통되어 폿두앙을 대체했다. 또 동전과 주석
으로 만든 경화(硬貨)도 주조되었다. 특히 주석 경화는 당시 가장 작은 단위의
화폐로 유통되고 있던 '비아호이(bia hoi)', 즉 조가비 패화(貝貨)를 시중에서 점
차 밀어냈다. 1863년에는 지폐와 수표도 찍어 유통되었으나 사람들이 사용
하기를 꺼렸다고 한다.[32]

화폐의 주조는 라마 4세 시대 태국 경제에 또 다른 변화를 가져왔다. 지방
혹은 속국에서 생산되는 지방 특산물에 대한 세금은 대개 물품을 직접 수도
로 보내는 물납세의 형태로 거두었다. 물납세의 번거로움 때문에 뒤에는 현
물 대신 철·동·은·금의 덩어리로 사용되는 현지 화폐로 지불하도록 했다. 그

러나 이것이 점차 사라지고 또 방콕에서 새로 주조되기 시작한 화폐가 점차 광범위하게 유통됨에 따라 라마 4세 정부는 새 화폐로 세금을 내도록 했다. 라마 4세 시기에 진행되기 시작하여 상당 부분 완료된 이 변화는 태국 경제의 화폐화뿐만 아니라 왕국 전체의 경제적 발달에도 기여했다.[33)]

라마 3세 정부가 징세청부제도를 통해 세입의 증대를 꾀했던 것처럼, 몽꿋 왕은 등위 직후 아편세를 새로운 징세 청부 항목에 포함시켰으며 라마 3세 시절 폐지된 어업세를 부활시켰고 1854년경에는 돼지·가금에 대한 세금도 도입했다.[34)] 방콕 정부는 서양 국가와의 새로운 조약에 따라 서양인에게 부과한 무역 제한의 폐지와 모든 주요 수출품에 대한 확정 관세율의 적용으로 대외무역에서 국고 수입이 크게 줄어들 것을 우려했다. 보링조약 체결 이후 세수의 확보 및 증대를 중시한 태국 정부는 징세청부제도를 더욱 확대하여 주류(酒類) 생산 및 판매에 대해 독점적 과세를 적용했으며, 대부분 화인이 운영하는 도박장과 복권사업, 바닷물고기, 밀랍·돗자리·등나무 제품, 방콕의 유흥, 보트 및 노 등 11가지를 징세 청부 항목에 추가로 포함시켰다. 이들은 모두 조약의 확정 관세율이 적용되지 않는 품목이었다. 라마 4세 정부는 특히 조약의 관세율 규정을 피하면서 세수를 증대하기 위해 다각도로 노력했다. 예컨대 조약의 규정에 따라 설탕에 관세를 매길 수 없게 되자 사탕수수밭에 대한 토지세를 증액하고 사탕수수를 처리하는 제분기와 보일러 등 관련 설비에 세금을 부과했다. 심지어 가게와 상품진열대의 임대에도 세금을 부과했다.[35)] 징세청부제도를 통해 거둬들여지는 이러한 세금의 관리 업무는 여러 관청에 배분되었다.

몽꿋 왕 시대 태국 정부의 세입은 앞에서 언급한 조치들을 포함한 다양한 방안을 통해 초기의 우려와는 달리 오히려 증대되었다. 〈표 2〉에서 볼 수 있는 것처럼, 라마 4세 시대 징세청부제도를 통한 세입은 보링조약의 체결 이후 더욱 늘어 1857년부터 1865년까지 매년 세입 총액의 전년도 대비 증가율

<표 2> 1851~1868년 징세 청부된 세입 추정액[36]   (단위: 바트, %)

연도	징세 청부 세입 총액	전년 대비 증감 비율	연도	징세 청부 세입 총액	전년 대비 증감 비율
1851	1,294,131		1860	1,905,786	9.17
1852	1,295,511	0.11	1861	2,229,556	16.99
1853	1,284,211	-0.87	1862	2,344,795	5.17
1854	1,295,711	0.90	1863	2,551,216	8.80
1855	1,317,871	1.71	1864	2,733,716	7.15
1856	1,334,116	1.23	1865	2,873,316	5.11
1857	1,375,228	3.08	1866	2,696,236	-6.16
1858	1,570,836	14.22	1867	2,754,316	2.15
1859	1,745,776	11.14	1868	2,874,236	4.35

은 평균 9퍼센트에 달했다. 재위 말인 1868년의 징세 청부 세입 총액은 재위 시작인 1851년과 비교하면 122퍼센트 증가했다.

라마 4세 정부는 그 밖에 농업과 상업 및 무역의 진흥을 위해 새로운 운하를 파고 도로와 교량을 건설했는데, 그 토목공사에는 대부분 중국에서 데려온 중국인 인부가 투입되었다.[37] 태국의 토목공사는 전통적으로 프라이가 부역을 통해 담당했다. 그러나 라따나꼬신 왕조 초기부터 국고 수입을 중시하여 대외무역을 적극적으로 추진한 태국 정부는 프라이인 태국 농민이 더 많은 수출 작물의 생산과 공급에만 집중하도록 하기 위해 그들에게 부역 대신 '카랏차깐(kha ratchakan)', 즉 공역세를 내도록 하고 토목공사는 중국인 노동력에게 맡겼다.[38]

1855년 전면 개방 이후 태국에 입국하는 외국인 특히 유럽인과 미국인이 급격히 증가했고, 이전보다 더욱 다양해진 그들의 활동이 태국 사회에 미치는 영향도 더욱 다양해지고 직접적이었다. 서양 상인은 태국인 및 중국 상인과 경쟁하며 태국 시장에서 이익을 추구했다. 서양 국가의 외교관은 치외법권, 즉 영사가 주재국에서 자국민과 관계된 소송을 자기 나라 법률로 재판하는 영사재판권을 행사함으로써 태국 정부와 사회에 새로운 사법상의 문제를 야기했다. 선교사들은 의료 사역 이외에도 광범위한 출판 활동을 전개했으며, 1858년 태국 정부의 최초 관보(官報)인 『랏차낏짜누벡사(Ratchakitchanubeksa)』, 즉 '로열 가제트(Royal Gazette)'가 발행되는 데 기여했다.[39] 유럽인과 미국인은 또한 태국 사회에 서양의 기술과 학문 그리고 가치관이 유입되는 통로 역할을 했다. 전통적으로 피지배층에게는 농사, 지배층에게는 관직 생활로 특징되던 태국 사회에서 서양인과의 접촉 특히 활발한 무역을 통해 상업 활동과 더불어 상인이라는 존재가 사회적 중요성을 얻기 시작했다.[40]

몽꿋 왕 정부는 많은 서양인을 여러 분야에 고용했다. 그의 재위 기간 동안 84명의 유럽인이 태국 군대의 장교, 경찰청장, 세관장, 항만청장 등으로 공직에 기용되었다.[41] 영어의 중요성을 왕자 시절부터 인식하고 있었던 몽꿋 왕은 등위 후 5개월이 못 돼 당시 방콕에 살고 있던 미국인 선교사 부인에게 왕궁에 와서 비빈들에게 영어와 일반적인 지식을 가르치게 했다.[42] 그러나 선교사 부인이 수업 시간에 종종 기독교 교리도 전하기 위해 노력한다는 것을 알게 된 그는 수업을 중지시켰다. 몽꿋 왕은 1862년 당시 싱가포르에 체류하던 영국인 여성 애너 리어노웬스(Anna Leonowens)를 왕의 자녀와 비빈을 위한 영어 가정교사로 고용했다. 1867년까지 5년 이상 태국에 머물면서 애너는 외국의 통치자들에게 보내는 몽꿋 왕의 영문 서한 작성이나 왕실의 다양한 행사에 자문 역할을 하기도 했다. 그녀는 자신의 경험을 바탕으로 『시암 궁정의 영국인 가정교사(The English Governess at the Siamese Court)』를 비롯한 몇 권의 책을 출판했다.[43] 그녀의 저서들은 뒤에 마거릿 랜던(Margaret Landon)의 『애너와 시암 국왕(Anna and the King of Siam)』이란 소설의 토대가 되었다. 이 소설은 그 후 〈왕과 나(The King and I)〉란 제목의 뮤지컬로 만들어졌으며 같은 제목으로 할리우드 영화로도 제작되었다.[44]

2. 영국 및 프랑스의 위협

태국 정부는 보링조약 체결 후 수년 이내 당시 동아시아에 대해 가장 위협적인 유럽 국가들인 영국과 프랑스로 외교 사절단을 보냈다. 1857년 당시 마핫렉의 짱왕인 프라야 몬뜨리수리야웡(Phraya Montrisuriyawong)의 인솔하에 런던으로 사절단이 파송되었다. 프라야 몬뜨리수리야웡은 춤(Chum) 분낙으로 딧 분낙의 아들이었다. 사절단에는 춤 분낙의 동생인 투암(Thuam) 분낙도 포함되어 있었다.45) 라마 4세 정부는 1861년에는 프랑스 파리로 사절단을 파견했는데, 제1대사는 당시 프라클랑 신카의 책임자인 프라야 시피팟(Phraya Siphiphat)으로 그는 탓 분낙의 아들인 패(Phae) 분낙이었다. 제2대사는 추앙 분낙의 아들인 원(Won) 분낙이었으며, 제3대사는 딧 분낙의 아들인 쫀(Chon) 분낙이었다.46)

춤 분낙

태국 정부가 영국과 프랑스로 이처럼 외교 사절을 파송한 것은 그 정부들과 직접적인 외교관계를 수립하여 궁극적으로 태국의 독립과 주권을 지키려는 의도에서였을 것이다. 이러한 추측의 한 근거는 브래들리 선교사의 1857년 11월 7일 일기로, 이를 보면 당시 태국의 엘리트 사이에는 태국이 언젠가는 영국의 식민지가 될 것이라는 생각이 만연해 있었다.47) 당시 아시아에서 자신의 세력을 확대하고 경제적 이익을 증대하는 데 관심을 쏟고 있던 영국 정부와 프랑스 정부는 태국의 외교 사절단을 단지 의례적 방문이나 형식적

1857년 런던의 태국 사절단. 1857년 11월 19일 런던의 윈저 궁에서 빅토리아 여왕을 배알하는 태국 사절단(*The Illustrated London News*, 1857년 12월 5일자에 실린 삽화)

인 외교 제스처로 받아들였던 것으로 보인다. 그들은 태국의 엘리트가 기대했던 것과 같은 상호 존경과 호의를 갖고 태국에 접근한다는 생각을 갖고 있지 않았을 것이다. 그들이 추구한 것은 태국을 둘러싼 대륙 동남아시아에서의 식민지 영토 확장과 경제적 이익 증대였다.

18세기 말부터 말레이반도로 진출하여 이 지역에서 자신의 이해관계를 점점 넓혀나가기 위해 노력한 영국은 앞에서 본 것처럼 1820년대 이후에는 관심을 미얀마로 확대하고 있었고 점차 인도차이나에도 눈독을 들이고 있었다. 1830년 런던에서 출판된 『근대의 여행자(The Modern Traveller)』에서 저자인 조사이어 콘더(Josiah Conder)는 영국이 수년 이내 베트남의 다낭(Danang)에 상관(商館)을 세우고 통킹(Tongking) 지역의 금광을 개발하기 위해 합작회사를 설립하며, 영국의 기선이 사이공(Saigon) 강을 왕래하고 메콩(Mekong) 강을 따라 운항할 수 있을 것이라고 내다보았다. 아시아 진출에 대한 서구 세계의 관심 가운데 중요한 이슈 중 하나는 메콩 강 상류를 통해 중국 서남부로 진입하는 것으로, 이 가능성에 대해 실제로 미얀마의 영국 상인과 군인이 논의하고 있었다.[48] 그러나 인도차이나 시장에 진출하고 메콩 강을 개척한 나라는 영국이 아니라 프랑스였다.

프랑스가 인도차이나로 진출한 것에는 종교적 원인과 경제적 동기 외에 해외 팽창을 통한 프랑스의 영광을 구현하려는 일부 프랑스인의 애국주의적 열정이 그 배경에 놓여 있었다. 유교적 이상에 따라 국가 행정체제가 이루어져 있었고 불교와 도교가 지배적 종교로 자리 잡고 있었던 베트남에 가톨릭을 전파하려는 프랑스 신부들의 노력은 종교적 탄압을 초래했다. 베트남 정부의 기독교 금지 정책은 특히 1840년대부터 엄격히 시행되어 1848년부터 1860년까지 25명의 유럽인 신부, 300명의 현지인 사제와 약 3만 명의 현지인 가톨릭 신자가 살해되었다.[49]

기독교도에 대한 탄압은 마침내 프랑스 정부의 군사적 개입을 불러일으켰는데, 여기에는 무엇보다도 당시 프랑스 정부에서 강력한 파벌을 형성하고 있던 가톨릭교회의 영향력이 작용했다.[50] 게다가 프랑스 상인 특히 리옹과 보르도의 상인은 프랑스가 동양에서 영국의 싱가포르나 홍콩에 필적할 만한 식민지를 보유하고 있지 않은 것에 대해 불평을 하고 있었고, 프랑스 군대의 장교들은 프랑스의 제국주의적 영광을 위해서는 영국인이 동양에서 했던 것과 같은 군사적 행동도 필요하다고 믿고 있었다. 1859년 사이공을 정복한 프랑스는 베트남 정부와 1862년에 사이공조약을 체결하여 코친차이나를 프랑스의 식민지로 만들었다. 메콩 강 델타가 그 핵심을 형성하는 코친차이나는 이후 프랑스가 베트남 전역과 캄보디아와 라오스, 즉 인도차이나 삼국을 식민화하고 나아가서 프랑스의 아시아 진출의 궁극적 목적이었던 중국 시장을 개척하기 위한 도약대가 되었다.[51]

라마 4세 정부가 영국과 프랑스로 외교 사절을 보낸 시기, 이 두 유럽 국가가 태국에 대해 갖고 있던 자세는 1860년대 태국과 이들 국가 간에 일어난 정치적 충돌에서 엿볼 수 있다. 1857년 파항(Pahang)의 통치자가 죽은 후 그의 아들 가운데 왕위 계승 투쟁에서 밀려난 완 아흐맛(Wan Ahmad)은 방콕에 가서 도움을 요청했다. 당시 방콕에는 링가(Lingga)의 전(前) 통치자로서 조호르(Johor)의 왕위 계승권을 주장하는 마흐뭇 무자파르 샤(Mahmud Muzaffar Shah)가 망명해 있었다. 파항을 태국의 영향권 아래 둘 수 있는 기회로 여긴 방콕 정부는 1862년 이 두 명의 말레이 왕자들을 태국의 군함에 태워 파항으로 데리고 갔다. 태국의 도움으로 아흐맛은 파항의 권력을 차지했으며, 마흐뭇은 당시 태국의 간섭에서 벗어나려는 움직임을 보이고 있던 트렝가누의 왕위에 앉혀졌다.

싱가포르에 있는 영국의 '해협식민지(Straits Settlements)' 정부는 태국이 트렝가누에 정치적으로 개입하는 것을 못마땅하게 여겼으며 태국의 영향력이 파항까지 확대되는 것을 우려했다. 이에 싱가포르 식민 정부는 1862년 말 군함들을 보내 트렝가누를 포격했다. 태국 정부는 영국 측의 요청에 따라 그 이듬해 마흐뭇을 방콕으로 도로 데려갔다.52) 이 사건 후 두 척의 영국 군함이 짜오프라야 강에 진입했다. 트렝가누를 포격했던 영국 전함들은 태국 정부의 허가 없이 막무가내로 방콕까지 올라가려고 했다. 이것은 보링조약을 위배하는 것으로서 태국 정부에게 예상치 못한 위협을 주었다.53) 이 사건은 비록 특별한 여파 없이 끝났지만, 추측건대 태국 정부로 하여금 그 후 영국에 대해 조심스러운 태도를 취하도록 만들었을 것이다.

몽꿋 왕 시대 프랑스와 태국의 관계는 태국의 속국으로 간주되던 캄보디아에 대한 프랑스의 접근에서 시작되었다. 태국의 후원으로 캄보디아의 왕위에 오른 두앙 왕은 한편으로는 베트남의 간섭을 배제하고 다른 한편으로는 캄보디아의 행정에서 오랫동안 사용되어왔던 타이어의 사용을 금지하는 등 태국의 영향에서 벗어나려는 자세를 보였다.54) 그의 이러한 자세는 1853년 싱가포르의 프랑스 영사를 통해 프랑스 정부에 은밀하게 서신과 선물을 보낸 사실에서도 나타났다. 서신에서 그는 프랑스와의 우호관계와 캄보디아에 대한 프랑스의 보호를 요청했다. 이 제의에 대해 1856년 프랑스 정부는 캄보디아로 사신을 파견했다. 이 프랑스 사절은 당시 캄보디아의 수도인 우동 (Udong)에 오기 전 방콕에 들러 캄보디아 국왕의 요청에 대한 태국 정부의 의사를 타진했다. 그러나 캄보디아에 대한 종주권을 보유하고 있다고 생각하는 태국 측은 그 계획에 반대했다.55) 이에 대한 정보를 들은 두앙 왕은 프랑스와의 우호협정 체결을 거절하면서 동맹관계를 맺자는 프랑스 사신의 요구에 대해 "나는 이미 나의 행동을 항상 주시하고 있는 두 주인을 갖고 있다. 그들은 내 이웃들이지만 프랑스는 멀리 있다"라고 대답했다.56)

1860년 두앙이 사망한 후 그의 아들 노로돔(Norodom)이 왕위를 계승했지만, 이듬해 그의 동생 워타(Votha) 왕자가 반란을 일으켜 그를 왕위에서 밀어냈고, 워타는 1862년 프랑스의 군사 지원을 받은 또 다른 형제인 시소왓(Sisovath)에게 쫓겨났다. 태국은 군대를 파견하여 캄보디아의 정치적 혼란을 수습하고 노로돔을 왕위에 복귀시켰는데, 이러한 태국의 일방적 개입에 대해 프랑스가 항의했다. 항의의 이유는 캄보디아가 전통적으로 태국과 베트남 두 나라에 지배되었지만, 이제 코친차이나를 식민화한 프랑스가 베트남의 전통적 권리를 계승했기 때문에 캄보디아에 대해 부분적인 관할권을 소유한다는 것이었다.57) 프랑스 정부는 코친차이나의 프랑스 군대 지휘관에게 캄보디아에 대한 태국의 권리 주장을 인정하지 말도록 지시하는 한편, 1863년 7월 노로돔을 설득해 캄보디아가 프랑스의 보호를 수락하는 조약에 서명하도록 했다. 보호령은 1864년 초에 공식적으로 선포되었다. 그러나 그에 앞서 방콕 정부는 노로돔을 종용하여 1863년 12월에 태국 역시 캄보디아에 대해 보호권을 갖는다는 조약을 비밀리에 체결했다. 이 조약 내용은 1864년 8월 싱가포르에서 발행되는 『스트레이트 타임스(The Straits Times)』에 공개되었다.58)

캄보디아에 대한 단독 지배를 원한 프랑스 정부는 방콕의 프랑스 영사 가브리엘 오바레(Gabriel Aubaret)에게 태국과 조약을 체결하도록 지시했다. 협상 과정에서 오바레 영사는 만약 방콕 정부가 프랑스의 요구에 계속 불응하면 프랑스가 태국을 응징하는 군사적 행동을 취할 것이라고 협박했다.59) 그의 고압적이고 오만불손한 자세에 분노한 몽꿋 왕은 프랑스 정부와 직접 협상하기 위해 1867년 이미 6년 전에 제2대사로 프랑스에 파견된 적이 있었던 윈 분낙을 특명전권대사로 삼아 파리로 새로운 사절단을 파송했다.60)

그해 7월 방콕 정부는 프랑스와의 직접적인 충돌을 피하기 위해 양국 간 새로운 조약의 체결에 동의했다. 이에 따라 태국은 밧땀방과 시엄리업에 대한 권리를 계속 보유했지만 캄보디아와의 비밀조약을 스스로 무효화하고 캄보디아에서 프랑스의 위치를 인정해야 했다. 이로써 태국은 캄보디아의 대부분을 프랑스에게 빼앗겼다. 1864년부터 1867년까지의 협상 기간 동안 태국 정부는 영국 측에게 조언과 지원을 구했다. 심지어 몽꿋 왕은 1866년 12월 방콕의 영국 영사에게, 비록 사적인 견해이지만 태국이 영국의 보호통치도 마다하지 않겠다는 내용의 편지를 보내기도 했다. 이것은 당시 태국 국왕이 캄보디아 문제를 둘러싸고 프랑스를 얼마나 싫어했으며 동시에 얼마나 두려워했는지를 암시한다. 한 가지 분명한 점은 그 과정에서 라마 4세 정부가 영국을 자기편으로 끌어들여 프랑스에 대한 평형추로 삼기 위해 노력했다는 것이다. 이 친(親)영국 전략은 라마 5세 시대에도 계속 유지되었다.61)

3. 개혁과 근대화의 시작

몽꿋 왕 시대 백성에 대한 군주의 시각과 자세가 변하여 군주와 백성의 관계가 가까워졌다. 라따나꼬신 왕조의 역사에서 국왕-백성 관계가 변화된 단

몽꿋 왕의 행차. 우기의 하안거가 끝난 후 승려에게 승복을 시주하는 톳까틴(thot kathin) 행사를 위해 왓 쳇뚜폰 사원에 행차한 1866년경의 몽꿋 왕.

서는 라마 2세 시대에서 찾을 수 있다. 전통적으로 태국에서는 국왕이 왕궁 밖으로 행차할 때 길거리에 있는 백성은 바닥에 엎드려야 했으며 용안을 쳐다보는 것이 허락되지 않았다. 왕의 행차를 보는 사람은 왕의 호위무사가 쏘는 화살에 자신의 눈이 맞을 각오를 해야 했다. 라마 2세는 군주의 행차 시 백성의 눈을 쏘는 것을 금지시켰다. 라마 3세는 큰 북을 달아 왕에게 탄원을 올리고자 하는 자는 누구든지 와서 칠 수 있도록 했다.62)

　이러한 라마 2세와 라마 3세의 두 가지 조치는 한편으로는 당시 관료사회가 왕국의 노동력인 프라이에 대한 통제권을 왕권에 비해 더욱 많이 보유하고 있었던 상황에서 국왕이 백성에 대한 왕권의 더욱 직접적인 관계를 회복하기 위한 동기에서 비롯된 것이었다고 볼 수 있다. 다른 한편으로 그것은 라마 2세 재위 시기부터 서양 국가 특히 영국과 미국과의 접촉이 더욱 빈번해 졌으므로 국가의 통치자와 국민 관계에 대한 서양적 가치관이 태국의 왕권-백성 관계의 인식에 영향을 미친 결과였다고도 추측할 수 있을 것이다.

왕권-백성 관계의 인식에 대한 서양적 가치관의 영향은 라마 4세 시대부터 더욱 뚜렷이 나타났다. 라마 4세는 라마 2세의 조치보다 한 걸음 더 나아가 국왕의 행차 시 백성이 집 밖으로 나와 국왕을 쳐다보고 국왕에게 직접 경의 를 표할 수 있도록 했다.[63] 그는 또 라마 3세가 설치한 탄원용 북이 백성이 지레 겁을 먹고 감히 치지 않아 방치되어 있는 것을 보고 일주일에 한 번 날 짜를 정해 백성의 탄원을 직접 받게끔 했다.[64] 심지어 그는 1851년 포고문을 통해 밧줄을 어전의 한 기둥에 묶어 왕궁 담 밖으로 걸쳐 두게끔 하고 그 끝 에 고리를 달아 백성이 탄원서를 걸 수 있도록 했다. 이에 그치지 않고 라마 4세는 백성이 왕에게 직접 탄원서를 올리는 이 기회를 더욱 잘 이용하도록 권장하기 위해 탄원서를 제출하는 자에게는 4분의 1바트를, 그리고 탄원한 내용이 사실이라면 4분의 1바트를 추가로 주도록 했다.[65]

그 밖에도 그는 궁궐 담에 세운 임시 건물로 매달 정기적으로 가서 가난한 사람에게 구휼을 베풀었다. 재위 초부터 왕국을 광범위하게 여행하며 사람 들의 삶을 관찰하는 데 관심을 가진 그는 백성에게 몸소 나아가 말을 걸고 그들의 형편을 묻기도 했다.[66] 몽꿋 왕은 또한 종래 관리들이 불교와 브라만 교 의식을 통해 신성화된 '남프라피팟(nam phra phiphat)'이라고 불리는 물을 매년 4월과 9월에 두 번 마심으로써 왕에게 일방적으로 행하던 충성 서약 의 식을 국왕 자신도 백성에 대한 성실을 약속하는 쌍무적인 구조의 의식으로 바꿨다.[67]

라마 4세가 백성과의 의사소통을 위해 도입한 또 다른 혁신은 '로열 가제 트', 즉 관보를 발행한 것이었다. 관보 발행을 계기로 선포한 국왕의 포고문 에서 밝히고 있는 것처럼, 그 목적은 왕국에서 일어나는 사건과 국왕 및 대신들의 국무 관련 지시사항을 왕국 도처에 알리되, 그것이 "때로는 축소되거나 때로는 부풀려져 잘못 퍼트려지지 않도록 하기 위한"[68] 것이었다. 라마 4세는 특히 국정 운영을 위해 제정한 모든 법령을 관보에 게재했다. 그 이전에는 조정의 법령이 구두로 공포되거나 소문을 통해 백성에게 전달되었으나, 이제는 백성이 법령이 인쇄된 관보를 구입하고 소유할 수 있게 되었다. 라마 4세는 또한 왕궁 내 가십과 노예를 둘러싼 귀족관료들의 스캔들 그리고 백성이 쓰는 유행 어법과 헤어스타일에 이르기까지 다양한 사항을 다룬 포고문을 발표했다. 그의 재위 기간에 공포된 포고문은 총 343개에 달한다.[69]

포고문은 크게 백성에게 어떤 행동을 권장하는 것과 금지하는 것, 두 가지 종류로 나뉜다. 타넷 아폰수완은 포고문의 주요 목적이 왕국의 백성을 서양인의 눈에 질서를 지키고 문명화된 사람들로 만들고 제멋대로 살아온 백성을 '바람직한' 인간으로 훈육하기 위한 것이었다고 설명한다. 그는 또한 몽꿋 왕이 포고문을 통해 백성과 직접적인 의사소통을 시도한 것으로 간주하면서 이것이 당시로서는 혁신적인 발상이었다고 본다. 전통적인 태국 사회에서 백성은 크게 두 가지 범주로 구분되었다. 첫째는 프라이(평민)와 탓(노예)으로 왕족과 귀족에게 속한 노동력으로서의 존재였다. 둘째는 아내와 자녀로서 이들은 사적인 영역에서 가장(家長)에게 속한 식구로서의 존재였다. 이 두 가지 존재 개념에는 민족이나 국가에 속한 추상적인 시민 혹은 국민이란 개념이 없었다. 타넷 아폰수완은 몽꿋 왕이 관보를 발행하고 백성의 삶을 반영하는 포고문을 공포함으로써 전통적 개념의 백성을 '국민'으로 전환시키기 시작했다고 해석한다.[70]

라마 4세는 백성과의 관계 또는 백성에 대한 자세에서 그전의 국왕들에 비해 정의(正義)를 보다 중시한 것으로 보인다. 이 점은 그가 공포한 몇몇 법령에서 나타난다. 예컨대 몽꿋 왕은 1851년에 반포한 한 법령에서 당시 사법행정 특히 재판 과정의 부정부패를 지적하면서 다음과 같이 말한다.

짐의 생각에는 왕의 신하들로서 매년 '비아왓(bia wat)',[71] 즉 왕의 하사금을 받는 배심원과 판사가 압박받고 궁핍한 소송 당사자에게 높은 소송 수수료를 요구하는 습관을 아직도 갖고 있다. 그러므로 짐은 모든 법원 관리의 '비아왓' 액수를 올려 그들로 하여금 생활에 넉넉한 수입을 갖고 소송 과정과 판결의 공무를 백성을 위한 마음에서 수행할 수 있기를 원하며, 이로써 모든 소송 수수료의 액수를 낮추거나 없애려고 한다.[72]

라마 4세는 토지의 하사에 대한 1861년의 법령에서는 국왕이라도 백성의 토지를 함부로 빼앗는 것은 정당하지 않다고 말한다. 기존 법령은 왕국 내 모든 부동산을 국왕 소유로 명시했고 이 법을 근거로 국왕은 왕국 내의 어느 곳이라도 토지가 필요하면 소유자가 누구건 또 그가 토지 구입에 얼마를 지불했건 보상 없이 퇴거시킬 수 있었다. 라마 4세는 이 법령을 근거로 국왕이 어떤 개인에게 속한 부동산을 압류하여 차지하는 것은 요새의 건설 등 국가 안보의 목적이나 세관 혹은 재판소의 건축 등 국가 행정의 목적으로 사용하는 경우에는 정당하지만, 왕족이나 귀족관료에게 사적인 목적을 위해 하사하거나 불교 사원을 짓도록 헌납하려는 경우는 정의의 원칙에 근거한 것이 아니라고 판단했다. 이에 그는 법령을 통해 국왕이 앞으로는 백성이 소유하고 있는 부동산을 후자의 목적으로 필요로 할 경우 정부는 그것을 시장가격으로 구입하도록 했다.[73]

라마 4세는 1868년 공포한 한 법령에서는 남편이 아내를 그리고 부모가 자식을 마음대로 파는 것을 금지했다. 그해 초 짠(Chan)이라는 여자가 남편이 자신을 자신에게 알리지도 않고 팔겠다고 하자 이를 고발하는 탄원서를 조정에 냈다. 몽꿋 왕이 살펴본 기존의 법에 의하면, 남편, 부모 혹은 노예 소유주는 아내, 자식 혹은 노예를 당사자에게 사전에 통보할 필요 없이 팔 권리가 있었다. 그 법적 근거는 남편, 부모, 노예 소유주는 자유인이지만 아내,

자식, 노예는 자유롭지 않고 남편, 부모, 주인에게 종속되어 있기 때문이라는 것이었다. 라마 4세는 남자는 사람으로 보는 반면 여자는 물소로 취급하고 있는 이 법이 공정하지 않은 것으로 판단하여 법의 폐기를 지시했으며, 남편이 아내를 팔려면 증인의 참석하에 문서로 표시된 아내의 동의가 있어야 한다는 내용의 새로운 법령을 공포했다. 또한 부모가 자식을 팔려는 경우 15세 미만의 자녀는 당사자의 동의와 상관없이 팔 수 있지만 15세 이상인 경우는 증인의 참석하에 문서로 표시된 자식의 동의가 있어야 가능하도록 했다.[74]

몽꿋 왕 시기 국왕-백성 관계의 변화는 한편으로는 국왕이 라마 2세와 라마 3세 때와 마찬가지로 백성에 대한 적극적인 접근을 통해 관료사회에 대한 왕권의 위상을 강화하려는 의도에서 비롯된 것으로 이해될 수 있지만,[75] 다른 한편으로는 몽꿋 왕의 불교적 성향과 백성에 대한 인도주의적 자세에서 그 원인을 찾을 수 있다. 그는 왕위에 오르기 전 20여 년간 승려로서 불문에 몸담고 있으면서 불교의 가르침에 대한 보다 깊은 이해를 획득했을 것이며 백성과 직접적인 접촉을 많이 가졌다. 그는 또한 서양 선교사들과의 오랜 교제를 통해 그들에게 듣고 배운 서양의 민주적인 사고방식과 가치관에 적지 않은 영향을 받았을 것이다.[76]

몽꿋 왕은 재위 초부터 서양식 근대화 성향을 보여주었다. 라마 4세 시대의 태국 왕실연대기를 보면, 그는 등위 후 얼마 지나지 않은 시점에 조회(朝會)에 참석한 신하들이 당시 태국 사회의 풍습에 따라 웃통을 드러내고 있는 것을 보고 "문명화된 다른 나라의 국민은 상의를 입는다. [중략] 그러나 시암은 문명화된 나라로서 문명화된 방식을 알고 있으므로 우리는 미개했던 우리 선조들의 방식에 집착해서는 안 될 것이다. 따라서 국왕과 알현하기 위해 나아올 때는 누구나 상의를 입도록 한다"[77]라고 말했다.

라마 4세 시대, 특히 보링조약 체결 이후 서양과의 접촉 증대로 인한 태국 사회의 변화는 싱가포르의 『스트레이트 타임스』 1861년 8월 31일자 기사에

주물청(鑄物廳) 관리. 윗도리 없는 복장으로 앉아 있는 1867년경의 주물청 관리.

서 엿볼 수 있다. 긴 부두를 끼고 있는 방콕 시 남부의 서양인 구역에는 조선소와 화물 창고, 제재소와 세관, 영사관과 교회가 들어서 있었으며, 이러한 거리의 풍경은 태국인이 서양인의 눈에 문명화의 길로 나아가는 민족으로 비치게끔 했다. 그 기사는 또한 라마 4세의 태국을 묘사하면서 "시암은 비록 영토가 작고 문명화의 경주에서 신참이지만 아시아의 큰 왕국들보다 어떤 측면에서는 더욱 진보해 있으며, 누구나 다가갈 수 있고 문학과 과학과 예술을 사랑하고 장려하는 군주를 갖고 있다는 점에서 [아시아에서] 필적할 만한 나라가 없다"[78]라고 썼다. 이러한 측면과 앞에서 서술한 라마 4세 시대 태국 사회의 여러 가지 변화를 고려할 때 몽꿋 왕은 태국을 서양식 근대화의 도상(途上)에 올려놓은 라따나꼬신 왕조 최초의 국왕으로 간주될 수 있으며, 태국의 근대화는 라마 4세 시대에 시작되었다고 말할 수 있을 것이다.[79]

　　라마 3세 재위의 전 기간에 걸쳐 불문에 몸담고 있었기 때문에 정치적·외교적 경험이 거의 없이 등위한 몽꿋 왕은 재위 초 수년간 국사를 처리하는 방식에서 종종 추앙 분낙과 마찰을 일으켜 그에게 지적을 받을 정도로 국정 운영에 서툴렀다. 추앙이 당시 국왕을 얼마나 우습게 여겼는지는 그가 공식적인 알현 자리에서 국왕의 발언에 여러 번 눈살을 찌푸리고 콧방귀를 뀌었다는 사실에서 엿볼 수 있다.[80] 그는 정치적으로 중요한 결정을 내려야 하는 상황에서도 영향력이 별로 없었던 것으로 보인다. 예컨대 방콕 정부는 치앙뚱(Chiangtung), 즉 오늘날 미얀마 동북부에 있는 켕뚱(Keng Tung)을 정복하기 위해 1852년 원정대를 파견했다. 태국 군대의 총사령관인 웡사티랏사닛 왕자가 원정에서 실패한 자신을 방콕으로 소환하는 국왕의 명령을 두 번이나 따르지 않자 몽꿋 왕은 결국 1853년 말 또 한 번 공격을 허락할 수밖에 없었다. 그러나 이 공격마저 실패로 돌아갔다. 앞에서 언급한 것처럼, 1855년 보링 사절단과의 협상에서도 몽꿋 왕은 아무런 실제적인 역할을 하지 못했다. 결국 1856년 국왕과 추앙 분낙의 관계는 악화될 대로 악화되었다. 추앙은 그해 방콕에 다시 온 영국의 사절 해리 파크스(Harry Parkes)에게 국왕이 자신의 조언을 더는 구하지도 들으려고도 하지 않는다고 불평했다.[81] 상황이 이렇게 악화된 원인은 아마 몽꿋 왕이 합법적인 국왕인 자신이 아닌 추앙 분낙이 국사 대부분을 결정하는 것을 불쾌하게 생각했기 때문이었을 것이다.[82]

몽꿋 왕은 1850년대 태국의 대외 및 국내 정치 무대에서 소극적인 역할을 했다. 당시 태국의 정계는 추앙 분낙과 캄 분낙 그리고 이들과 가까운 사람들, 예컨대 정치적으로 경험이 풍부한 웡사티랏사닛 왕자 등이 지배했다. 이 점은 1856년 영국 영사의 토지 구입과 관련된 사건에서 몽꿋 왕이 보여준 태도를 통해 잘 드러난다. 서양인이 방콕에서 토지를 구입하는 것을 못마땅하게 여겨 그것을 가능한 한 막고자 한 라마 4세는 그해 9월 영국 영사 힐리어(C. B. Hillier)가 비서로 고용한 셍(Seng)이란 태국인이 유럽인에게 토지를 임대하는 계약서에 보증인으로 서명했다는 것을 알고는 그를 붙잡아 자신이 보는 앞에서 99대의 태형에 처했다. 그러나 셍의 행위는 영국 영사의 지시에 따른 것이었고 토지 임대도 조약에 근거한 합법적인 것이었다. 결국 셍이 죽자 힐리어 영사는 시신의 양도뿐만 아니라 불법적으로 감금되어 있는 다른 죄수들의 석방을 요구하는 항의서를 태국 조정에 제출했다.[83] 당시의 상황을 브래들리 선교사는 1856년 10월 3일자 일기에 다음과 같이 묘사했다.

우리가 왕의 내각이라고 부르는 이 나라를 이끄는 지배자들은 폐하의 최근 망신스러운 행동에 매우 기분이 나빴던 것으로 보인다. 그들은 심지어 국왕이 차후 영국과의 관계에 대한 모든 일에서 자신들과 상의하겠다는 약속을 요구할 정도로 자신들의 불만을 확실하게 드러내려고 한다. 상당히 명백한 점은 국왕이 자신을 폐위할 수 있는 그들의 권력을 두려워하여 그들 앞에서 자신을 낮추었다는 것이다.[84]

그러나 라마 4세는 1860년대부터 국정 운영에서 점차 능동적인 자세를 취하고 적극적인 역할을 한 것으로 보인다. 그러한 변화의 한 가지 중요한 배경은 브래들리가 말하는 태국 정계의 '지배자들' 가운데 몇 명이 1860년대에 권력의 무대에서 사라졌거나 뒷전으로 물러난 것이었다. 예컨대 웡사티랏사닛 왕자는 명목상으로는 여전히 강한 권력을 갖고 있었으나 몸이 아파 활동을 거의 하지 못했고, 1855년 '짜오프라야 티파꼬라웡'의 관등 및 관명으로 프라클랑의 장관에 임명된 캄 분낙은 백내장을 앓아 직무를 볼 수 없을 정도로 시력을 상실하여 1865년 초 장관직에서 물러났다.[85]

몽꿋 왕이 국정 운영에서 보여준 변화는 이전의 화폐 사용을 금지하는 1862년의 포고문에서 "짐이 생각하는 것보다 더 지혜로운 자는 아무도 없다"[86]라고 선언한 것에서 엿볼 수 있다. 그는 자신이 왕국에서 누구보다 더 지적이고 영리하고 지혜롭다는 말을 여러 차례 했다. 이와 더불어 그는 자신이 가장 지적인 사람이기 때문에 태국의 역사가 진보하도록 나라를 이끌 수 있는 유일한 지도자라고 생각했다.[87] 몽꿋 왕은 1864년 자신의 만 60세 생일을

1864년의 라마 4세(몽꿋 왕)

경축하는 뜻에서 선포한 포고문에서 국왕이 백성을 위험에서 보호하고 상업을 육성하여 이전보다 경제적으로 더욱 번영하게 했으므로 모든 관리와 백성은 국왕의 은덕에 감사해야 한다고 말할 정도로 국정 운영에서 자신의 역할에 대한 강한 자신감을 갖고 있었다.[88] 몽꿋 왕은 당시 자신이 태국을 진보시키고 태국의 역사를 만들어나가는 '프라 마하까삿(phra mahakasat)', 즉 '위대한 왕'이라는 자의식을 갖고 있었던 것으로 보인다. 라마 4세가 자신의 리더십에 대해 이처럼 강한 자신감을 과시한 것은 그가 당시 왕권을 강화하려는 의도를 품고 있었기 때문인 것으로 해석될 수 있다.[89]

　1861년부터 라마 4세 시대가 끝날 때까지 태국의 정치는 점차 추앙 분낙과 몽꿋 왕 두 사람 중심으로 움직이는 구도로 되었다. 두 사람의 관계는 1850년대 껄끄럽고 때로는 알력이 있기도 했지만, 1860년대 이후 몽꿋 왕의 자신감이 점차 늘고 그러한 변화와 더불어 두 사람이 국정 운영에서 서로 협력하는 방안을 찾으면서 점점 좋아졌다. 그뿐만 아니라 1860년대부터 몽꿋 왕의 조정에서의 영향력이 커졌는데, 그것은 몽꿋 왕이 10년 이상의 정치적 경험을 통해 국왕으로서의 위상을 강화할 수 있었고 그것을 추앙 분낙이 어느 정도 인정했기 때문에 가능했던 것으로 보인다.

1860년대 중엽 이후 몽꿋 왕은 국정 운영에서 더욱 자신을 강하게 내세웠으며, 1867년 프랑스와의 외교적 마찰 시 보여준 것처럼 대외관계뿐만 아니라 국내 정치에서도 대담하게 최종적인 결정을 내리기도 했다. 예컨대 캄 분낙이 프라클랑 장관직을 사임했을 때 사람들은 당연히 분낙 가문의 인물이 그 자리를 물려받을 것이라고 기대했다. 그러나 몽꿋 왕은 자신의 이복동생 중 하나인 워라짝 타라누팝(Worachak Tharanuphap) 왕자를 새로운 프라클랑으로 임명했다.90) 몽꿋 왕이 국사에서 자신의 뜻을 강하게 내세운 또 다른 사례는 우빠랏의 후계자 임명에서였다. 등위 과정에서 이미 몽꿋의 심기를 불편하게 했던 우빠랏인 프라 삔끌라오(Phra Pinklao), 즉 쭈타마니 왕자는 오랜 투병 끝에 1866년 1월 사망하고 이듬해 7월 몽꿋 왕의 장남인 마헤수안(Mahesuan) 왕자가 죽었다. 우빠랏, 즉 차왕의 강력한 후보자였던 마헤수안 왕자가 죽자 추앙 분낙은 쭈타마니 왕자의 장남인 만 29세의 위차이찬(Wichaichan) 왕자를 차세대 왕족 가운데 가장 유능한 인물로 간주하여 우빠랏으로 천거했다. 몽꿋 왕이 62세의 고령이었던 점을 고려하면, 우빠랏의 임명은 왕위 계승자를 확정하는 것이 될 수 있었다. 그러나 라마 4세는 추앙의 제안에 응하지 않고 우빠랏 자리를 공석으로 두었다.91) 사실 이 시점에서 몽꿋 왕은 이미 자신의 기대와 희망을 정비 소생의 첫 아들인 쭐라롱꼰 왕자에게 두고 있었다.92)

라마 4세가 분낙 가문을 비롯한 관료사회와의 관계에서 재위 말기에 이처럼 국왕으로서의 위상을 점차 보다 강하게 내세우려 한 것은 무슨 이유 때문이었을까? 갈수록 증대하는 서양과의 접촉이 태국 사회에 준 도전에 대응하기 위해 국가가 대내적으로뿐만 아니라 대외적으로 통합되고 결집되어야 했으며 그 과정에서 중심 역할을 감당할 지도자가 요구되는 시대적 상황에서

1865년경의 쭐라롱꼰 왕자와 그의 동생들

몽꿋 왕이 국왕으로서의 역할 혹은 사명을 보다 적극적으로 인식했기 때문인지,[93] 아니면 단순히 몽꿋 왕과 추앙 분낙 간 정부의 영향력을 둘러싼 '파워 게임'이었는지는 불분명하다. 그러나 한 가지 분명한 것은 여러 사례가 보여주는 정부에서의 위상에 대한 라마 4세의 태도와 접근을 통해 알 수 있듯이 라마 4세 시기 태국의 왕권이 점차 강화되었다는 점이다. 19세기 중엽에서 20세기 초까지 태국의 근대화 과정에서 관찰되는 한 가지 중요한 현상은 국왕이 국정 운영에서 자신의 리더십을 중시하고 이를 위해 왕권의 강화를 추구했다는 것이다. 이 측면은 특히 라마 5세 시기에 보다 뚜렷하게 나타난다.

그러나 몽꿋 왕 시대 국가의 행정은 전체적으로 볼 때 분낙 가문으로 대표되는 귀족관료세력이 지배했다. 왕국의 관료적·행정적 구조는 귀족관료의 정치적·경제적 이해관계와 밀접하게 연결되어 있었다. 이것은 앞에서도 서술했듯이 강력한 귀족관료 가문들이 왕권과의 긴밀한 정치적 유대를 통해 정부의 요직을 차지함으로써 성립되었다. 소수의 권문세가들은 조정의 요직을 차지하는 것이 당시 태국 사회에서 권력과 부를 획득하는 지름길이었기 때문에 정부의 영향력 있는 관직을 자신의 가문이 가능한 한 많이 그리고 더욱 오래 독점하기 위해 애를 썼다. 이를 위한 중요한 한 가지 토대는 고위급 귀족관료 가문의 아들만 마핫렉, 즉 왕실시종단에 들어갈 수 있다는 특권이었다. 국왕을 비교적 가까운 곳에서 섬길 수 있는 시종이 된다는 것은 그곳에서 관리 양성의 교육을 받을 수 있을 뿐만 아니라 장차 고위직에 오를 수 있는 유리한 조건을 갖추게 된다는 것을 의미했다.[94] 게다가 라마 4세 시대 끄롬 깔라홈과 끄롬 프라클랑이라는 두 개의 힘 있는 행정부처를 장악한 분낙 가문의 경우에서 볼 수 있는 것처럼, 권문세가들은 자신의 권력이 강하게 작용하는 행정부처와 그 산하 관청에 자신의 가족과 친척이 임용되도록 했다. 이러한 귀족관료 가문의 세력에 의해 좌지우지되는 행정부처의 인사·재정·사법·군사 업무가 그 가문의 이해관계와 맞물려 계획되고 처리되는 것은 당연한 것이었다.

정부의 특정 행정부처를 장악한 권문세가는 무엇보다도 자신의 행정적 통제하에 프라이를 가능한 한 많이 확보하기 위해 노력했다. 귀족관료에 소속된 프라이는 관료의 사적 노동력으로 종종 이용되었기 때문에, 그들을 많이 보유한다는 것은 경제적 이익뿐만 아니라 동시에 정치적 힘이었으며 어떤 경우에는 군사적 힘이 될 수도 있었다.[95] 귀족관료의 프라이에 대한 이러한 이해관계 때문에 국가의 노동력으로서 정부의 국정 운영에 매우 중요한 요소인 프라이의 동원이 종종 제대로 이루어지지 않았다. 몽꿋 왕은 1857년 왕자들과 대신들에게 보낸 서신에서 이 문제를 심도 있게 논의하고 있다.[96] 그는 또 1866년 마헤수안 왕자에게 보낸 서신에서 시타(Sitha) 마을에 거주하는 왕궁 소속 프라이 루앙 60여 명이 동원될 수 없다고 불평했다. 그들은 자신들을 관할하는 관리의 명령에 따르지 않았다. 서신에는 프라야 관등의 한 고

위 관료가 그들에게 자신의 사적인 일을 시켰는데, 그가 그 일로 처벌을 받았다고 기록되어 있다.[97]

귀족관료의 프라이에 대한 관계에서 또 다른 문제가 있었다. 전근대 태국에서는 세금 징수의 업무가 지역별로 여러 행정부처에 할당되어 있었고 징세를 담당하는 행정부처의 관리는 세금의 일부분을 자신의 수입으로 챙겼다. 또 각 행정기관마다 사법적 기능이 있어 그 관리가 심리 및 재판을 담당하면서 소송 당사자에게 수수료와 벌금을 징수했는데, 관리들은 그렇게 거둬들인 수수료와 벌금의 일부분을 자신의 수입으로 삼았고 중앙 정부는 관리에게 오늘날과 같은 개념의 봉급을 따로 지불하지 않았다. 수입과 관련된 이러한 체제 때문에 귀족관료는 자신에게 주어진 공무를 수행하는 과정에서 종종 권력을 남용하여 백성을 협박하고 착취했다.[98] 하지만 몽꿋 왕은 이러한 관료적 구조와 행정적 악습에 대해 귀족관료 가문들 특히 분낙 가문의 권력의 위상을 흔들어놓을 수 있을 근본적인 개혁을 시도할 수 없었다.[99]

제4장

라마 5세 시대: 근대화와 개혁에 대한 태국 내부의 요구

1. 쭐라롱꼰의 등위와 추앙 분낙의 섭정 통치

몽꿋 왕은 1868년 8월 개기일식을 관찰하기 위해 방콕에서 남쪽으로 약
280킬로미터 떨어진 쁘라쭈압키리칸(Prachuap Khiri Khan) 지방의 후아완(Hua
Wan)으로 행차했다. 그가 왕족과 귀족관료 그리고 조정의 점성가뿐만 아니
라 프랑스 천문학자와 영국의 외교관까지 초청해 이 행사를 개최한 까닭은
그 자신이 왕자 시절부터 서양의 천문학에 관심이 있었기 때문이기도 했지
만 무엇보다도 계몽군주로서의 이미지를 국내와 국외에 부각시키고 널리 알
리기 위해서였다. 그러나 이 여행에서 몽꿋 왕을 포함한 많은 사람이 말라리
아에 걸려 그중 8명이 9월 말에 죽었고 국왕 자신도 10월 1일 서거했다.[1]

몽꿋 왕은 죽기 전 추앙 분낙에게 쭐라롱꼰 왕자가 왕위를 계승할 수 있도
록 그리고 그의 안전을 지켜주도록 요청했다. 또한 그는 라마 3세가 서거하
기 얼마 전 딧 분낙이 아니라 그의 아들 추앙 분낙을 상담 파트너로 선호했던
것처럼 추앙의 아들 원 분낙을 불러 그에게 국정에 힘을 쓰고 특히 쭐라롱꼰
왕자를 돌보아줄 것을 부탁했다.[2] 이런 배경에서 1853년 9월 생으로 왕국을
통치하기에는 아직 어린 쭐라롱꼰이 1868년 10월 왕위를 물려받아 라마 5세
가 되었다. 추앙 분낙은 '솜뎃 짜오프라야 보롬마하 시수리야웡(Somdet Chaophraya
Borommaha Sisuriyawong)'의 관등과 관명을 하사받고 쭐라롱꼰이 성년, 즉 만 20

1866년경의 추앙 분낙

세에 이를 때까지 국왕 대신 정권을 대행하는 섭정의 자리에 앉았다. 이로써
분낙 가문의 권력은 절정에 달했다. 추앙 분낙은 조정 내 일부 세력이 반대했
지만 위차이찬 왕자를 독단적으로 우빠랏에 임명했다.3) 담롱(Damrong)은 이
조치를 추앙이 젊은 왕에게 대응세력을 맞세워 양측 모두 자신의 권력에 의
존하게 만들기 위한 것이라고 해석한다.4)

　　추앙 분낙은 1869년 초 정부의 가장 중요한 관직을 가족과 친족에게 분배
했다. 1865년 눈병 때문에 프라클랑 장관직을 내려놓은 캄 분낙은 '솜뎃 짜오
프라야 관등을 제수 받고 '푸 삼렛 랏차깐 끄롬 타(Phu Samret Ratchakan Krom
Tha)', 즉 끄롬 프라클랑의 시니어 장관에 임명되었고 동시에 국왕의 국정 고문
으로 추대되었다. 원 분낙은 '짜오프라야 수라웡 와이야왓(Chaophraya Surawong
Waiyawat)'의 관등과 관명을 제수 받고 부친인 추앙이 갖고 있던 끄롬 깔라홈
의 장관직을 물려받았다. 추앙의 동생인 투암 분낙은 '짜오프라야 파누웡 마
하꼬사티보디(Chaophraya Phanuwong Mahakosathibodi)'의 관등과 관명을 제수 받

분낙 가문의 주요 인물 계보[5)]

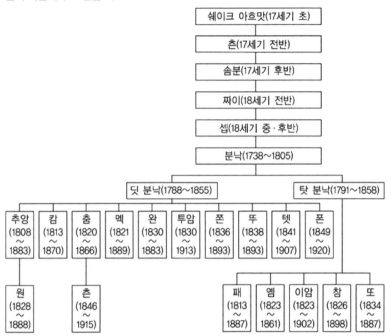

*쉐이크 아흐맛~셉 옆의 괄호는 활동 시기, 그 외는 생몰연도.

고 워라짝 타라누팝 왕자가 그때까지 맡았던 프라클랑 장관직에 임명되었다. 추앙의 사촌동생 패 분낙은 프라클랑 신카의 청장직을 계속 유지했다.[6)] 추앙의 이복동생 완(Wan) 분낙은 끄롬 깔라홈에서 이 행정부처의 관할하에 놓여 있는 지방들의 프라이 동원 업무를 담당하는 영향력 있는 직책인 프라야 시손랏차팍디(Phraya Sisonratchaphakdi)에 임명되었다.[7)] 이복형인 추앙의 배려로 영국으로 유학 갔다가 1867년에 귀국한 폰(Phon) 분낙은 19세의 나이에 마핫렉의 부단장 직책을 맡았으며, 그 후 쭐라롱꼰 왕 시대 태국의 근대화 과정에서 중요한 역할을 수행했다.[8)] 추앙 분낙의 다른 동생들과 사촌형제도 끄롬 깔라홈, 끄롬 프라클랑 혹은 우빠랏의 궁전에서 중요한 관직을 얻었다.[9)]

라마 5세 재위 초, 국사는 왕국의 행정을 지배한 섭정과 그의 사람들이 국왕의 동의 없이 결정하고 시행했다. 쭐라롱꼰 왕이 조정에서 권력이 없었던 자신의 위상에 대해 어떻게 인식하고 있었는지는 1893년 아들인 와치룬힛(Wachirunhit) 왕자에게 그때의 상황을 회고하면서 쓴 편지에서 엿볼 수 있다.

그때 나는 만 15세 10일밖에 되지 않았단다. 어머니는 이미 돌아가셨고, 외가 쪽 친척들이 계셨지만 그분들은 모두 우유부단했고 믿을 수 없었으며, 우유부단하지 않고 믿을 수 있을 만한 분들 중에는 중요한 직책에 계신 분이 아무도 없었다. 친가 쪽 친척인 왕자들은 솜뎃 짜오프라야[추앙 분낙]의 권세 아래에 놓여 있어 각자의 이해관계와 목숨을 지켜야 했다. 그들 가운데 몇몇은 국사에 아예 관심이 없었지. 관료 중에 나에게 헌신적인 자들이 몇몇 있었지만, 그들 대부분은 아직 젊은 사람들이었다. 나의 형제들과 누이들은 아직 나이가 어려 나에게 아무런 도움이 되지 않았어. 소년에 불과했던 나는 국사에 대해 아무것도 몰랐으며 [게다가 당시] 몸이 심각하게 약하여 내가 생존할 것이라고 생각한 사람은 거의 없었단다. 부친께서 돌아가셨을 때 나는 마치 머리 부분이 잘려나간 인간 그루터기 같은 존재였지. 나는 꼭두각시로서만 있도록 지탱되었단다.[10]

이처럼 국정에서 격리당해 있었지만 야심과 패기가 있었던 것으로 보이는 쭐라롱꼰 왕은 1870년 왕궁 내에 마핫렉 산하의 한 군사 조직으로 '꽁 타한 마핫렉 락사 프라옹(Kong Thahan Mahatlek Raksa Phraong)', 즉 '마핫렉 친위대'를 설치했다. 국왕과 친근한 귀족관료의 아들들과 국왕의 동생들과 친척들로 구성된 친위대의 대원은 서양식 군사 훈련 외에도 1870년 말에 설립된 타이어학교에서 타이어 읽기와 쓰기를 배웠다. 이것은 이 청년들이 나중에 정부에서 관리로서의 경력을 쌓을 때 유용하게 작용했다. 이 학교는 쭐라롱꼰

1868년 쭐라롱꼰 왕자

왕 시대 태국의 학교교육 발전에 중요한 역할을 한 왕실 서기 프라야 시순톤 위한(Phraya Sisunthonwohan)이 운영했다.[11]

섭정 추앙 분낙은 1871년 초 쭐라롱꼰 왕을 위해 싱가포르 및 네덜란드령 자와로의 여행을 기획하고 추진했다. 이 시찰 여행에는 깔라홈 장관인 원 분낙과 프라클랑 장관인 투암 분낙 외에 국왕의 동생들과 국왕의 신뢰를 받는 몇몇 마핫렉 친위대 대원도 동행했다. 등위 후 처음으로 나간 이 순방 여행은 쭐라롱꼰 왕에게 우체국, 전신국, 학교, 병원, 철도, 공장, 군대 등 유럽 식민 행정의 근대적 성과를 가까이에서 직접 관찰할 수 있는 기회가 되었다.[12] 이 여행 후 라마 5세는 마핫렉 친위대를 '끄롬 타한 마핫렉 랏차완롭 락사 프라옹(Krom Thahan Mahatlek Ratchawanlop Raksa Phraong)', 즉 '국왕 총애의 마핫렉 친위대'로 개칭하고 각 92명의 6개 중대로 구성된 조직으로 재편성했다.[13]

그 후 쭐라롱꼰 왕은 유럽으로의 여행을 원했지만 추앙 분낙은 그 대신 영

국 식민지인 인도와 남부 미얀마와 말레이반도로의 여행을 주선하여 1871
년 12월부터 이듬해 3월까지 라마 5세는 영국식으로 통치되는 이들 나라의
여러 도시를 탐방했다. 이 여행에서 돌아온 후 그는 자신의 친위대를 위해 영
어학교를 설립하고 그 선생으로 프랜시스 패터슨(Francis G. Patterson)이란 영
국인을 3년 계약으로 고용했다.14) 마핫렉 친위대의 대원은 월급을 받았는데,
이것은 그때까지의 태국의 행정체계에서 전례가 없었던 완전히 새로운 조치
였다. 각 대원의 월급 인상과 승진은 능력과 성과로 결정되었다.15)

라마 5세의 친위대와 영어학교 설립 및 편성 과정에서 두 사람이 실질적
인 역할을 수행했다. 한 사람은 추또(Chuto) 가문 출신으로 관등과 관명이 프
라야 수라삭몬뜨리(Phraya Surasakmontri)인 생(Saeng) 추또다. 그는 라마 5세 재
위 초 마핫렉의 단장을 맡아 친위대를 조직하고 그 조직을 확대하는 데 핵심
적 역할을 담당했고 특히 대장(隊長)으로서 친위대의 군사 훈련을 관장했다.
친위대 조직의 임무를 맡은 생 추또는 처음에는 대원 모집에 어려움을 겪었
다. 그 이유는 무엇보다도 태국의 귀족관료 가문들 대부분이 군인이라는 신
분에 그다지 높은 가치를 매기지 않아 아들을 군사기관에 보내는 것을 꺼렸
기 때문이었다. 탓 분낙의 손녀를 아내로 맞이해 살고 있던 생 추또는 이에
당시 왕국 실세인 추앙 분낙을 찾아갔다. 자제를 영향력 있는 귀족관료 집안
으로 보내 그곳에서 관료 수업을 받게 하는 당시 관료사회의 관습에 따라 추
앙 분낙의 집에 도제(徒弟)로 있던 자신의 아들 쯤(Choem)이 친위대의 대원으
로 들어가는 것을 허락해줄 것을 추앙 분낙에게 부탁했다. 추앙이 이를 허락
하자 다른 귀족관료 가문과 왕족도 아들을 친위대에 보내기 시작했다.

또 다른 사람은 마핫렉의 직책 외에도 국왕의 개인 비서로 활동한 폰 분낙
으로, 쭐라롱꼰 왕에게 친위대의 설립을 처음으로 제안하고 영어학교를 조
직화한 것은 바로 그였다. 영국 유학 기간 중 아마 영국 왕실 근위대에 관해
알게 되었을 그는 친위대의 부대장 직책에서 영국의 모델을 따라 친위대의

조직을 편성하고 행동규칙을 만들었다. 1874년 생 추또가 죽자 그는 프라야 팟사꼬라웡(Phraya Phatsakorawong)의 관등과 관명을 제수 받고 마핫렉 단장 겸 친위대 대장에 임명되었다.[16] 쭐라롱꼰 왕은 국가의 근대화에서 지도적인 역할을 할 인물들을 교육시키고 배출한 친위대에서 자신에게 충성스러운 사람들을 얻었으며, 그들과 더불어 나중에 개혁 구상들을 실행에 옮기기 위한 자신의 세력 기반을 구축하기 시작했다.

쭐라롱꼰의 개혁적 성향과 패기는 친위대의 창설 및 운영 외에 여러 다른 측면에서도 나타났다. 예컨대 1871년 말 인도로 여행 가기 전 그의 만 18세 생일 축하연에 참석한 친위대 대원들이 전통적인 관행에 따라 국왕의 면전에서 부복해 있는 것이 아니라 서서 움직이고 심지어 서로 대화하는 것이 목격되었다. 인도 여행 후 왕궁에서 열린 리셉션에서는 하객이 태국인이건 외국인이건 국왕 앞에서 부복하고 바닥에 엎드려 두 손 두 발로 기는 것이 금지되었다. 쭐라롱꼰 왕은 1872년 말에서 1873년 초 사이에 추앙 분낙에게 공역제도와 노예제와 도박의 폐지, 법원 개혁, 농업과 상업의 장려, 교육 진흥, 관리에 대한 봉급 지불, 서양식 경찰과 군대의 도입 등을 제의했다. 그러나 조정의 대신들은 그 제안들을 실행하기 어려운 것으로 간주하여 거부했다.[17] 당시 섭정 체제하의 라마 5세는 국정 운영에서 자신의 생각대로 추진할 수 있는 것이 사실상 별로 없었다.

2. 왕권 강화를 위한 노력과 초기의 개혁

쭐라롱꼰 왕의 개혁 및 근대화 정책과 관련해 중요한 측면 가운데 하나는 왕권 강화를 위한 노력이다. 라마 5세는 국왕으로서의 통치정신에 대해 라마 4세에게서 많은 영향을 받은 것으로 보인다. 이 점은 쭐라롱꼰의 이복동생 중 한 명인 담롱 왕자가 자신의 회고록에서 "쭐라롱꼰 왕이 어디로 가서 머무시더라도 그의 방에는 부왕의 사진이 대개 걸려 있었다. 그는 어느 날 나에게 '나는 용기를 잃게 되면 그분이 옆에 계시다는 생각에 자신감을 회복할 수 있었다'고 말씀하셨다"라고 쓴 것에서 엿볼 수 있다. 쭐라롱꼰은 또 자신의 아들인 와치룬힛 왕자에게 보낸 서신에서 자신은 부왕이 가르친 것에 따라 행동하기 위해 노력했다고 말했다. 그는 몽꿋 왕에게 국왕으로서의 자의식을 지니고 '프라 마하까삿, 즉 '위대한 왕'으로서 행동해야 한다는 가르침을 받았다. 이러한 교훈은 그로 하여금 재위 기간 동안 강력한 왕권을 중시하고 추구하게끔 만들었던 것으로 보인다.[18]

쭐라롱꼰 왕이 몽꿋 왕에게 배운 '위대한 왕'으로서의 자의식이 행동으로 나타난 것은 1873년 말부터였다. 1873년 말 만 20세가 되어 군주로서의 통치권을 정식으로 행사할 수 있게 된 쭐라롱꼰 왕은 자신이 그때까지 구상해왔거나 비공식적으로 시도해온 개혁의 아이디어들을 실행에 옮기기 시작했다. 예컨대 그는 그해 11월에 거행된 두 번째 대관식에서 국왕 알현 시 국왕 앞에서 부복하는 것을 공식적으로 폐지했다.[19] 라마 5세는 1874년 정부에서 자신의 권력을 강화하고 개혁 구상을 실현하기 위해 두 개의 협의기관을 설립했는데, 어떤 태국인 역사학자들은 쭐라롱꼰이 폰 분낙에게 영국의 의회와 헌법에 대해 듣고 영국 모델에 따라 이를 설립했다고 설명한다.[20] 그러나 이 책의 부록에 있는 「정부 형태의 개혁을 원하는 자들의 견해에 대한 쭐라롱꼰 왕의 1885년 답변」에는 협의기관 설립의 국내 정치적 배경이 나와 있다. 문서를 보면, 관료사회의 기득권세력은 주로 행정 분야의 국정에 관심을 두고 있었으며 법 제정의 입법 분야는 방치되어 있었으므로 라마 5세가 정부의 입법적 기능을 중시하여 협의기관을 세운 것이었다.

첫 번째 협의기관은 '랏타몬뜨리 사파(Ratthamontri Sapha)', 즉 국가평의회 (Council of State)다.[21] 12명의 귀족관료와 6명의 왕자가 평의원으로 임명되었고 국왕이 의장직을 맡았으며, 평의원들에게는 매월 봉급이 지급되었다. 12명의 귀족 평의원 가운데 라마 5세 시대 태국의 근대화에서 중요한 역할을 한 인물로는 라마 4세 시대부터 조폐국 청장으로 활동해온 못 아마따야꾼, 비록 가장 어렸지만 국왕의 신뢰를 받고 있던 폰 분낙, 1874년 말 짜오프라야 마힌삭탐롱(Chaophraya Makinsakthamrong)으로 승진한 펭 펜꾼(Pheng Phenkun) 그리고 분롯 깐라야나밋(Bunrot Kanlayanamit) 등을 꼽을 수 있다.22) 국가평의회의 회의에는 장관들이 초대되어 논의에 참가할 수 있도록 했다. 평의회의 가장 중요한 기능은 법안의 제안 및 법률의 제정이었다. 그러나 법률의 시행을 위해서는 국왕의 재가가, 특히 중요한 성격의 법률은 장관들의 동의가 요구되었다.

또 다른 협의기관은 국왕을 위한 사적인 자문 및 정보기관의 기능을 갖는 '옹카몬뜨리(Ongkhamontri)', 즉 추밀원(Privy Council)이다. '랏타몬뜨리 사파' 와 마찬가지로 왕실과 귀족관료 가문 출신의 인사들이 의원으로 임명되었다. 추밀원 의원은 국가평의회의 12명 귀족관료, *끄롬* 마핫타이의 장관, *끄롬* 프라클랑의 장관 외에 22명의 귀족과 13명의 왕자 등 총 49명이었다. 추앙 분낙과 원 분낙은 추밀원 의원으로 추대되었으나 거절했다.23) 추밀원에서 논의된 사안이 정책으로 확정되려면 역시 국왕과 장관들의 동의가 필요했다.

쫄라롱꼰 왕은 국왕에게 직속되어 있는 두 개의 협의기관을 통해 몇 가지 행정적·정치적 개혁에 착수했는데, 여기에는 국정에서 왕권의 권위를 확립하려는 의도가 깔려 있었다. 예컨대 1874년 중엽 그는 국왕 직할의 새로운 법원을 설립하고 국가평의회의 12명 귀족 평의원 가운데 5명을 재판관으로 임명했다. 이 법원의 목적은 특히 *끄롬* 마핫타이, *끄롬* 깔라홈, *끄롬* 프라클랑, 그리고 수도의 행정과 사법을 관할하는 *끄롬* 나콘반(Krom Nakhonban)24) 등 네 개의 강력한 행정부처의 법정에서 자행되던 부패한 사법행정을 바로잡기 위한 것이었다. 쫄라롱꼰 왕은 국가평의회를 통해 왕국의 재정 업무를 통제하고 중앙 집중화하려고 노력했다. 이를 위해 1873년 중엽 그는 국고의 지출이 자신의 지시로 설립된 왕실재무청의 통제를 받도록 했으며, 재무청의 초대 청장으로 라마 2세의 아들인 마하말라(Mahamala) 왕자를 임명했다. 그는 또한 여러 행정부처의 결산 보고를 검토하기 위해 회계감사원을 설립했으며, 나렛워라릿(Naretworarit) 왕자, 테와웡 와롭빠깐(Thewawong Waroppakan) 왕자, 솜못 아모라판(Sommot Amoraphan) 왕자 등 자신의 동생들의 도움을 받아 친히 회계감사를 감독했다.[25] 여기서 왕자들을 점차 국정에 끌어들여 그들과의 협력을 중시한다는 쭐라롱꼰 왕이 보여준 국정 운영 방식의 한 가지 중요한 특징이 드러난다.

왕국의 재정을 왕권의 통제 아래에 두려는 라마 5세의 노력은 그때까지 국가 재정을 멋대로 운영해온 귀족관료 세력 특히 분낙 가문의 이해관계와 충돌했다. 1874년 7월 국가평의회는 추앙 분낙의 조카이자 끄롬 나(Krom Na), 즉 농업부 장관인 프라야 아한보리락(Phraya Ahanborirak)이 토지세 징수의 세부 내역 제출을 거부하는 것을 문제 삼아 그를 질책했다. 프라야 아한보리락은 국가평의회 내 위원회의 조사 결과 공금을 횡령한 것으로 판명되어 그해 11월 유죄 선언을 받고 징역형에 처해졌다. 그의 후임으로 국가평의회의 평의원인 분롯 깐라야나밋이 임명되었다.[26]

쭐라롱꼰 왕은 1874년 7월 노예제의 폐지를 위해 패 분낙, 폰 분낙, 못 아마따야꾼, 펭 펜꾼, 분롯 깐라야나밋 등을 포함한 12명의 위원으로 구성된 특별위원회를 설립했고, 8월에 첫 번째 조치로 자신이 등위한 1868년 이후 노예로 태어난 왕국의 모든 백성은 만 21세가 되면 프라이, 즉 평민이 된다는 내용의 「노예 및 평민 자식의 속량 연령 확정에 관한 법령」(1874년 8월 21일 공포)을 반포했다.[27] 10월에는 장관들과 국가평의회의 평의원들에게 서양의 관행을 좇아 훈장이 수여되었다. 폰 분낙이 국왕에게 건의한 것으로 보이는 이 조치는 태국에서 처음으로 행해진 것이었다. 훈장 수여 제도는 라따나꼬신

왕조의 100주년인 1882년에 더욱 확대되고 정교하게 되었다.[28]

이러한 개혁들을 추진하는 과정에서 쭐라롱꼰 왕뿐만 아니라 그의 후원으로 국가 행정에 참여하는 그의 동생들과 국왕의 개혁 구상에 동감하는 친위대의 귀족 청년들은 국가의 혁신을 위한 열정에 사로잡혀 있었다. 이들은 '보수적 시암(Conservative Siam)' 혹은 '구세대 시암(Old Siam)'으로 불린 기성 정치세력과 대비되어 '신세대 시암(Young Siam)'이라고 칭해졌다.[29] 이 개혁적 그룹은 1874년 7월부터 1875년 6월까지 『다루노왓(Darunowat)』이라는 신문을 발행했다. 타이어로 된 태국 최초의 신문인 『다루노왓』은 쭐라롱꼰 왕의 동생인 프롬워라누락(Phromworanurak) 왕자가 편집인이었다. 『다루노왓』은 '젊은', '어린', '새로운' 등을 뜻하는 'taruṇa'와 '충고', '조언', '권고' 등을 뜻하는 'ovāda'라는 두 개의 팔리어 단어로 구성된 복합어에서 파생된 것으로 '젊은이들의 권고'쯤으로 번역될 수 있을 것이다.[30] '신세대 시암'은 이 신문에 외국의 뉴스를 실었을 뿐만 아니라 태국을 위해 필요한 것으로 간주하는 개혁에 대한 자신들의 논의와 견해를 발표했으며, 심지어 구세대 귀족관료들에게 국가의 발전을 위해 관직에서 물러가라고 촉구하는 등 그들을 공개적으로 공격했다.[31] 예컨대 1874년 7월에 간행된 『다루노왓』의 창간호에 실린 「사자와 코끼리의 우화」란 에세이에서 익명의 필자는 다음과 같이 말했다.

나는 너를 전혀 두려워하지 않아. 사자인 나는 동물의 왕이야. 너는 나를 모욕하고 있어. 너는 내 동굴을 떠나야 해. 나는 두 존재가 같은 동굴에 사는 것을 원치 않아. 내 스스로 이 동굴을 돌볼 것이야.[32]

이 에세이의 필자는 쭐라롱꼰 왕을 사자에, 추앙 분낙을 코끼리에 비유함으로써 추앙 분낙에게 국왕이 유일한 권력자로 있어야 하는 태국 조정에서 물러날 것을 넌지시 촉구하고 있는 것으로 보인다. 『다루노왓』의 1874년 12

월호에는 태국 정부 내의 '구세대 시암' 전체에 대한 공격적인 글이 실렸다. 이 글을 쓴 익명의 필자는 다음과 같이 말한다.

국왕이 덕행을 통해 백성에게 행복을 주는 태국의 통치자임에도 불구하고 그러한 국왕에 대해 불만을 품고 있는 자들이 여전히 있다. 이들은 50~60년 전에 태어난 사람들로서 구식이며 옛날 방식의 통치를 알고 있다. 폐하께서 옛날 방식을 바꾸려고 한다는 것을 들을 때마다 그들은 달가워하지 않는다.[33]

이처럼 쭐라롱꼰 왕의 지지자들은 정부의 모든 사람이 지도자인 국왕에게 충성해야 왕국이 발전할 수 있다고 믿고 있었다. 이러한 생각은 당시 왕권의 강화를 중시하고 있었던 라마 5세의 관점을 반영하고 있는 것으로 보인다.

쭐라롱꼰 왕이 국가평의회와 추밀원을 통해 추진한 개혁은 대신들의 재정적·행정적 이해관계에 직접적인 타격을 주었다. '신세대 시암'의 개혁적 활동은 기성 귀족관료세력의 적대감을 불러일으켰으며, 특히 섭정 기간이 끝난 후에도 '보수적' 귀족관료세력의 중심으로 태국의 정치무대에서 여전히 최고의 실세였던 추앙 분낙의 이해관계와 권력의 위상을 침해했다. 추앙 분낙은 쭐라롱꼰 왕이 친위대를 설립했을 때 처음에는 그것이 귀족 자제들의 군사적 교육을 위한 유용한 기관으로 기능할 수 있으리라고 판단하여 1873년 11월 두 번째 대관식을 치를 때 국왕이 친위대를 만든 것을 칭찬했다.[34] 그는 이 친위대가 자신의 이해관계에 반하여 활동하는 젊은 개혁주의자의 온상으로 발전할 줄은 예상치 못했을 것이다. 추앙 분낙과 기성 귀족관료세력, 즉 '구세대 시암'도 사실 국가의 근대화 혹은 서양화의 유용성과 필요성을 인식하고 그것을 지지할 준비가 되어 있었다. 하지만 그것은 자신들의 정치적 지

위와 사적인 혹은 가문의 이익이 침해되지 않는다는 조건하에서였을 것이다.[35]

3. 1874년 말~1875년 초 전궁(前宮) 사건

'보수' 세력에 대한 개혁 그룹의 도전은 필연적으로 갈등을 촉발했다. 이 갈등은 1874년 말에서 1875년 초 사이에 발생한 이른바 '전궁(Front Palace) 사건'에서 그 절정에 달했다. 이 사건의 핵심 인물인 우빠랏이 거주하는 궁전이 '왕나(wang na)', 즉 '전궁(前宮)'이라 하여 '전궁 사건'이라 부르는 이 사태의 발단은 쭐라롱꼰 왕과 그를 지지하는 개혁 지향적 그룹이 추앙 분낙과 함께 '보수' 그룹에 속하는 우빠랏의 정치적 지위를 약화시키거나 폐지하여 국가의 정치권력을 정부의 구심점인 국왕에 집중시키려는 의도에서 비롯되었다.[36]

위차이찬 왕자가 추앙 분낙의 전폭적인 후원에 힘입어 우빠랏에 임명되자 워라짝 타라누팝 왕자가 이를 비난했으며 다른 원로급 왕자들도 불만과 심지어 반발을 드러냈다. 그러나 어쨌든 정치적 특권과 재정적 특혜를 누리게 된 위차이찬 왕자는 다른 소득 외에도 매년 국고에서 16만 바트를 받았다. 그리하여 그는 왕실시종단을 능가하는 규모의 사적인 부대를 서양식으로 훈련시키고 군장(軍裝)을 갖추게 했으며 세 척의 기선과 개인 무기고까지 보유했고, 심지어 국왕에게 알리지도 않고 서양의 무기와 탄약을 사들이기도 했다. 비공식적인 왕위 계승자라고 할 수 있는 우빠랏의 이 같은 군사적 위세는 쭐라롱꼰 왕의 입장에서는 국왕의 지위에 대한 무시할 수 없는 위협이었을 뿐만 아니라 개혁정책의 추진에도 걸림돌이 되었다.[37]

개혁주의적 군주를 지지했던 폰 분낙은 자신이 분낙 가문의 일원임에도 불구하고 1874년 말 『다루노왓』에 기고한 한 논설에서 추앙 분낙과 '구세대 시암' 인사들이 추밀원을 통해 추진되는 개혁에 동참하지 않는다고 비난했다. 같은 글에서 그는 라따나꼬신 왕조에 대한 자신의 충성을 밝히면서 왕위가 현 통치자의 아들을 통해 계승되어야 한다고 주장했다. 그는 이로써 우빠랏 제도를 반대한다는 것을 간접적으로 보여준 셈이었다.[38]

왕위 계승 문제에 관한 폰 분낙의 논의는 전근대 태국에서 왕위 계승의 원칙이 부재했다는 측면과 관련해 이해되어야 한다. 태국 역사에서 왕위 계승을 둘러싼 분쟁의 가장 빈번한 형태 중 하나는 왕의 아들과 왕의 동생 간 싸움이었다. 이와 관련하여 17세기 전반 태국에서 활동한 네덜란드인 예레미아스 판 플릿(Jeremias van Vliet)은 "시암 왕국의 기본적인 법에 따르면, [중략] 죽은 왕의 동생이 왕위에 오르고 아들은 배제된다"[39]라고 표현했다. 17세기 말에 태국을 방문한 독일인 엥겔베르트 캠퍼(Engelbert Kaempfer)도 통치자가 죽고 나면 왕위는 "시암의 오래된 법의 효력에 따라" 그의 동생에게 상속된다고 보았다.[40]

왕위 계승 시 왕의 아들보다 동생을 선호한 법적 근거가 있었다는 주장은 태국의 옛 법전인 꼿마이뜨라삼두앙에서는 확인되지 않는다. 꼿마이뜨라삼두앙의 '프라 아이야깐 땀냉 나 폰라르안(Phra aiyakan tamnaeng na phonlaruan)', 즉 문관위계법(文官位階法)의 삭디나 규정에 의하면, 왕의 친동생이 왕의 아들보다 삭디나가 높았지만,[41] 그러한 규정이 왕위 계승 때 결정적인 요인으로 작용했는지는 역사적으로 입증되지 않는다. 게다가 19세기 말까지의 태국 역사에서 왕위가 평화로운 방식으로 왕의 친동생에게 승계된 경우는 극소수에 불과했다.

실제적인 왕위 교체 상황을 조사하면, 왕위는 찬탈이나 다른 비정상적인 경우를 제외하면 대부분 왕의 아들에게 넘어갔다. 그렇다고 해서 왕의 적자에게 왕위 계승권이 있다는 규정이 존재했다는 말은 아니다. 실제적인 태국의 왕위 계승 상황과 관련하여 1680년대 수년간 태국에 머물렀던 프랑스인 신부 드 베즈(de Bèze)는 왕이 임종 전에 왕위 계승자를 지명할 권리를 갖고 있었으며 그 지명은 대개 존중되었다고 말한다.[42] 그에 비해 비슷한 시기 아유 타야를 방문한 프랑스 사절인 시몽 드 라 루베르(Simon de La Loubère)는 "비록 모두 왕비의 소생이 아닐지라도 형제들 사이에 그리고 삼촌과 조카 간에 [왕 위 계승이 선택될 경우] 가장 나이 많은 자가 선택된다. 혹은 그보다 더욱 결정 적인 것은 항상 힘이다"[43]라고 기록했다.

이 두 프랑스인의 관찰을 바탕으로 태국 사료에 나타나는 왕위 교체 상황 을 분석하면, 근대 이전 태국의 왕위 계승에 관해 다음의 세 가지 특징을 확 인할 수 있다. 첫째, 왕이 죽기 전에 내린 결정이 중요한 역할을 했으며, 이변 이 없는 한 왕이 지명한 자가 왕위를 계승했다. 둘째, 왕이 다음 왕으로 지명 한 자는 일반적으로 왕자들 가운데, 그가 왕의 아들이건 왕의 동생이건, 가장 나이가 많거나 가장 정치적 경험이 풍부한 사람이었다. 그리고 그러한 자는 왕이 지명한 자가 아니더라도 대개 왕족과 관료사회의 상당 부분의 지지를 받았기 때문에 왕위에 오르는 경우가 많았다. 셋째, 왕위 계승 과정이 불안정 한 경우 다른 경쟁자보다 우월한 군사력과 더욱 많은 관료사회의 지지를 배 후에 둔 가장 강력한 자가 왕위를 차지했는데, 그것은 선왕이 지명한 새 왕이 너무 어리거나 군사력 등 물리적 바탕이 없거나 너무 약한 경우에 종종 일어 났다. 왕위 계승의 원칙이 없었기 때문에 태국 역사에서 왕위 계승은 거의 항상 불안하게 진행되었고 정치적 혼란의 중요한 배경이 되었다.[44]

위차이찬 왕자의 지위는 추밀원에서 공개적으로 논의되었으며 비판과 공 격을 받았다. 당시 쭐라롱꼰 왕이 그의 직위를 박탈하려는 조짐마저 있어 추 앙 분낙은 이를 불안한 눈빛으로 보았으며 위차이찬 왕자는 신변 보호를 위 해 스스로 군사적 조치를 취했다. 우빠랏과 친분관계에 있던 토머스 조지 녹 스(Thomas George Knox) 영국 영사 역시 당시 상황을 걱정하여 1874년 9월 혹 은 10월 영국으로 떠나기 전 부영사인 뉴먼(Newman)과 프랑스 영사 프랑시스 가르니에(Francis Garnier)에게 위차이찬 왕자를 보살펴줄 것을 부탁했다. 12

위차이찬 왕재(1868년)

월 말 왕궁과 전궁 사이에는 긴장관계가 팽배했으며, 양측은 각자 군사적인 방어 조치를 강화했다.

이러한 상황에서 12월 28일 밤 왕궁의 가스공장에서 화재가 발생했다. 왕궁에서 화재 같은 사고가 발생하면 전통적으로 전궁 측의 인력이 사고 수습에 조력하는 것이 의무였다. 관례에 따라 전궁의 병사들이 출동했으나 그들이 지체되어 왕궁 정문 앞에 도착했을 때에는 화재가 이미 진압되어 있었고 그들의 왕궁 진입은 거부되었다.[45] 왕궁이 전궁의 군사적 위협을 받고 있다는 경보가 울리면서 왕궁의 병사들은 경계 태세에 들어갔다. 싱가포르의 『스트레이트 타임스』 1875년 1월 16일자 보도에 따르면, "12월 19일 약 5천~6천 명이 국왕을 지키기 위해 무장했다."[46] 전궁 측도 방어를 위해 무장했으나 곧 왕궁 측 병력에게 포위되었다. 방콕의 영국 및 프랑스 외교관들은 국왕 측이 전궁에 무력적인 압박을 가하여 위차이찬 왕자를 체포할 구실을 만들기 위해 왕궁 화재를 의도적으로 일으킨 것이라고 추측했다.

왕궁 측은 양측의 이러한 전쟁 상태가 내전으로 발전할 수 있으며, 이 위기를 무력으로 해결하려고 할 경우 영국과 프랑스의 군사적 개입도 감안해야 될 것이라고 생각했다. 실제로 12월 30일 영국 영사관과 프랑스 영사관은 태국의 외무를 담당하는 프라클랑 장관에게 자국의 국민과 피보호민을 위태롭게 할 내전이 일촉즉발의 상황으로까지 치달으면 각각 싱가포르와 사이공에서 군함을 불러올 수도 있을 것이라고 통보했다. 게다가 왕궁 측은 위차이찬 왕자의 배후에 있는 추앙 분낙과 다른 대신들에 대한 대응 문제도 함께 고려해야 했다. 사실 국가의 정치적·군사적 권력을 장악하고 있을 뿐만 아니라 위차이찬 왕자나 유럽 국가의 영사들과 가까운 관계에 있는 그들이야말로 이 위기의 해결을 위한 유일한 열쇠를 쥐고 있는 자들이었다. 이 사실을 잘 알고 있었던 쭐라롱꼰 왕은 그들에게 도움을 부탁했다.[47]

라마 5세는 추앙 분낙, 깔라홈 장관인 원 분낙, 프라클랑 장관인 투암 분낙에게 사태 해결의 조건을 제시했다. 하지만 그는 자신이 처음부터 의도했던 위차이찬 왕자의 지위와 권력을 약화시킨다는 입장을 고수했다. 이 시점에서 이 원칙마저 포기한다는 것은 쭐라롱꼰에게는 왕으로서의 명예와 위엄의 심각한 손상을 의미하는 것이 될 수 있으므로 결코 용납할 수 없는 것이었다. 쭐라롱꼰 왕과 추앙 분낙 사이에 합의된 가장 중요한 갈등 해결의 조건에 따라 우빠랏는 자신의 잘못을 시인하고 전궁에서 떠날 것을 요구받았다. 사실 추앙 분낙은 위차이찬 왕자에게 분쟁의 중재에 나설 경우 그의 편이 되어주겠다고 약속했었다. 그러한 추앙 분낙이 국왕이 제시한 조건에 왜 동의했는지의 이유는 불분명하다. 그는 이 사태에서 위차이찬의 잘못은 없으며 모든 분쟁이 위차이찬을 관직에서 쫓아내려는 국왕 측의 확고한 의도에서 비롯되었다는 것을 확신하고 있었다. 원 분낙과 투암 분낙도 모든 사태의 책임이 국왕에게 있다고 믿고 있었다.

그러나 추앙 분낙으로 하여금 쭐라롱꼰 왕이 제시한 조건에 합의하도록 만든 한두 가지 배경 및 상황이 있었던 것으로 보인다. 첫째, 젊은 국왕이 자신의 입장을 그처럼 완강하게 고수하자 추앙 분낙으로서는 다른 선택의 여지가 없었을 것이라는 점이다. 이것은 그가 국왕의 조건을 위차이찬 왕자 측에게 전달한 뒤 1875년 1월 1일 영국 부영사에게 "일이 좋지 않게 되어가고 있습니다. 만일의 사태에 대비해 전함들을 불러오는 것이 시급합니다"라고 말한 것에서 추론할 수 있다. 둘째, 추앙 분낙의 태도는 위차이찬 왕자가 영국 부영사에게 "대신들의 회의는 이젠 아무것도 아니에요. 추밀원이 다예요"라고 이야기한 것에서 엿보이듯이, 당시 국왕 측의 추밀원이 국정을 지배하다시피 하고 있던 정부의 분위기와 연관시켜 이해될 수 있을 것이다.[48]

위차이찬 왕자는 추앙 분낙에게 도움을 받을 확신이 더 이상 없었고 게다가 사기가 꺾인 장교들이 자신을 떠나가기 시작하자 신변의 위험을 느껴 1875년 1월 2일 영국 영사관에 피신했다. 라마 5세 정부는 이제 영국 영사관과 영국 측에 동조하는 서양 외교관들을 통해 서양 열강이 태국에 정치적으로 개입할 위험성을 우려해야 했다. 1875년 1월 초 방콕에는 영국의 군사적 개입과 이를 통해 야기될 불안과 혼란에 대한 공포가 감돌고 있었다.[49] 방콕 정부는 영국 외무부에 태국의 내정에 간섭하지 말 것을 요청했다. 방콕의 주민은 위기의 책임을 국왕 측의 개혁 지향적 그룹에 돌렸으며, 국가평의회와 추밀원이 국가의 전통과 질서를 존중하지 않는다고 비난했다. 이처럼 국내 차원에서뿐만 아니라 대외적으로도 심각해져가는 위기에 직면한 쭐라롱꼰 왕은 어쩔 수 없이 재차 분낙 가문의 실세들에게 협조를 요청해야 했다. 이 시점에 국왕 측에 있던 뭇 아마따야꾼의 세 아들이 추앙 분낙에게 정부에서 지도적 역할을 더는 하지 말라는 내용의 협박 편지를 작성해 공개적으로 발표했다.[50]

추앙 분낙은 1월 중순 위차이찬 왕자가 우빠랏으로서의 지위와 그에 따른 전통적 특권을 유지하되 그의 군사적 사업은 국왕 혹은 장관의 통제를 받는다는 것을 주요 내용으로 하는 중재안을 내놓았다. 그러나 위차이찬은 정부에서 정치적 힘이 많이 꺾인 것으로 보이는 추앙 분낙을 포함한 대신들이 더이상 자신을 위한 적절한 뒷받침이 되지 못한다고 판단하여 중재안을 거부했다. 그는 영국 영사관의 중재를 통해서만 자신의 정치적 지위가 보장될 수 있다고 믿어 영국 측에 도움을 요청했다. 그에 따라 영국 부영사는 1월 22~23일 싱가포르와 말레이반도 지역의 영국 식민지 정부인 해협식민지의 총독 앤드루 클라크 경(Sir Andrew Clarke)에게 진퇴양난에 빠진 협상의 돌파구를 뚫어줄 것을 부탁했다.

라마 5세 정부는 1월 말 영국 외무부로부터 영국 정부가 태국의 내정에 간섭하지 않을 것이라는 내용의 전보를 받았다. 이로 인해 협상에 대한 자신감을 얻은 쭐라롱꼰 왕은 위차이찬 왕자 측이 제시한 조건들을 거부했다. 왕실의 왕자들과 다른 장관들도 영국 영사관에 대한 의존을 바탕으로 한 위차이찬 측의 조건을 내부 문제인 이 사태에 외국이 개입하면 왕국이 위태로워질수 있다는 이유로 거절했다. 오직 추앙 분낙과 원 분낙만 그 조건들의 수용에 찬성했다. 앤드루 클라크 경의 중재를 고집하는 위차이찬 왕자는 추앙 분낙이 1월 중순 작성한 중재안과 내용에서 그다지 큰 차이가 없는 쭐라롱꼰왕 측의 조건을 이제는 자기 쪽에서 거부했다.

앤드루 클라크 경은 2월 18일 방콕에 도착해 쭐라롱꼰 왕에게 자신이 협상에서 영국 정부의 이해관계는 물론이고 위차이찬 왕자의 이해관계를 대변하지 않을 것이라는 점을 밝혔다. 그는 쭐라롱꼰 왕이 생각하는 조건에 따라중재안을 만들었으며, 이것을 2월 24일 태국 조정의 대신들이 승인했다. 위차이찬 왕자도 마지못해 이에 동의했으며 다음날 마침내 전궁으로 복귀했다. 그의 사적인 부대는 공식적으로 병사를 200명으로 삭감했고 전궁의 무기를 포함한 모든 군사적 장비는 이제 국왕의 통제 아래 놓였다.[51]

쭐라롱꼰 왕은 전궁 사건을 통해 국사의 가장 중요한 결정과 국가의 안보가 사실상 여전히 '보수적인' 대신들에게 장악되어 있으며 백성이 국가평의회와 추밀원을 통해 추진된 개혁을 못마땅하게 생각하고 있다는 사실을 깨달았다. 또한 이 사태 발생의 가장 중요한 원동력을 제공한 개혁 그룹이 자신이 의지하기에는 정치적으로 아직 너무 힘이 없다는 것도 드러났다.[52] 전궁 사건 이후 쭐라롱꼰 왕은 그들에게 개혁적 열정을 절제하도록 요구했다. 이 책의 부록에 있는 1885년 개혁 건의문의 번역문에서 볼 수 있는 것처럼, 비록 그 저자들은 "오늘날 개혁되고 있는 나라의 법과 관습은 거의 모두 이미 협의기관의 시기에 성공적으로 개혁될 수 있었을 것"이라고 말하지만, 사실 1870년대 중엽 라마 5세의 국왕으로서의 힘은 매우 제한적이었던 것으로 보인다. 국가평의회와 추밀원은 정치적 효력을 상실했으며, 국왕 자신은 개혁 정책에서 한걸음 물러섰다. 그리하여 예컨대 사법 개혁을 위해 1874년 중엽에 취했던 조치들은 대신들의 이해관계를 감안해 적절히 수정되었다.[53]

전궁 사건 후 라마 5세가 국정에서 얼마나 조심스러워졌는지 그리고 심지어 겁이 많아졌는지는 그가 퇴위하여 망명할 최악의 경우에 대비해 해외에 부동산을 구입하기 시작했다는 사실에서 엿볼 수 있다.[54] 뒤에 담롱 왕자는 태국 역사를 집필할 때 라마 5세의 재위 초까지의 역사만 집필하고 중단했는데, 그 이유는 1874~1875년 전궁 사건이 쭐라롱꼰 왕에게 너무 통탄스러운 사건이어서 그에 대해 글을 쓰기가 너무 고통스러웠기 때문이었다고 한다.[55] 전궁 사건 이후 1880년대 중엽까지 쭐라롱꼰 왕의 개혁정책은 기성세력 특히 분낙 가문의 정치적·경제적 이해관계를 직접 침해하지 않는 범위 내에서 추진되었다.

4. 근대화 개혁의 기반 구축을 위한 노력

전궁 사건 후 쭐라롱꼰 왕은 자신의 개혁 구상을 방해받지 않고 실현할 수 있으려면 국왕으로서의 정치적 권력을 더욱 견고하고 폭넓은 기반 위에 구축하는 것이 중요하다는 것을 깨달았을 것이다. 그는 이 기반을 우선 자신이 가장 확실하게 신뢰할 수 있는 유일한 사람들인 동생들에게서 확보하려고 했으며 특히 교육을 통해 이루고자 했다. 전궁 사태 이후 친위대는 사기가 꺾이고 무기력해졌다. 그러나 체면과 위신을 중시한 것으로 보이는 쭐라롱꼰 왕은 자신이 창설한 친위대가 해이해지는 것을 용납할 수 없었다. 그는 1877년 친위대를 재편하여 조직을 확대하고 엄격한 군기를 도입했으며 대장 직위를 폐지하고 지휘권을 국왕의 직접적인 관할하에 두었다. 그리고 친위대의 지도적 지위들에 자신의 동생들을 앉혔다.[56) 1879년 초에는 새로운 영어학교가 설립되었다. 학교의 설립과 조직 편성에서 가장 큰 역할을 한 사람은 여전히 국왕의 비서로 활동하고 있던 폰 분낙이었다. 영어학교는 마치 정부기관처럼 관리위원회를 두어 그것의 행정적 통제를 받도록 했다. 위원으로 국왕에게 충성하는 폰 분낙, 생 추또의 아들 쩸, 프라야 시순톤워한 등의 몇몇 귀족 이외에 짜끄라팟디퐁(Chakraphatdiphong) 왕자, 피칫쁘리차꼰(Phichitprichakon) 왕자, 솜못 아모라판 왕자 등 국왕의 동생들이 임명되었다.[57)

쭐라롱꼰 왕은 이러한 방식으로 동생들에게 비록 어떤 의미에서는 간접적일 수밖에 없지만 정치적 경험을 쌓을 수 있는 기회를 마련해주었다. 예컨대 그는 1879년 말 라따나꼬신 왕조의 불교적 상징이라고 할 수 있는 왓 프라깨오(Wat Phra Kaeo), 즉 '에메랄드 불상 사원'의 전면 보수 공사를 동생들에게 맡겼다. 라따나꼬신 왕조의 창건 100주년인 1882년까지 끝내야 되었던 이 보수 작업은 1879년 12월 23일에 착공되어 1882년 4월 17일 완공되었다. 공사비는 부분적으로는 왕궁 예산에서, 부분적으로는 국왕의 개인적인 기부금으로 충당되었다. 광범위하게 이루어진 이 보수 공사를 통해 왓 프라깨오는 완전히 새롭게 개축되었다.[58) 부록의 네 번째 문서인 「쭐라롱꼰 왕의 왓 프라깨오 보수 공적 기념 비문」에서 엿볼 수 있는 것처럼, 쭐라롱꼰 왕은 이처럼 중요한 사업을 자신의 동생들에게 일임함으로써 그들을 국정에 참여시키고 그들에게 책임 있는 역할을 맡김으로써 그들을 향후 국정 운영의 주요 동반자로서 점차 훈련시키려고 했던 것으로 보인다.

주로 자신의 동생들을 통해 그의 개혁 구상을 실현하고 그들의 적극적인 정치적 참여를 통해 보수적인 구세대 왕자들과 권문세가의 귀족관료의 정치 권력을 약화시키겠다는 라마 5세의 인사정책의 원칙과 목표는 1880년대에 보다 분명히 표출되었다. 1880년 미국 영사 데이비드 시클스(David B. Sickels)가 "진보 그룹인 '신세대 시암'의 정책은 [중략] 보수적인 구세대 그룹 가운데 더욱 매섭고 더욱 영향력 있는 자들이 퇴출하여 더욱 근대적이고 더욱 계몽적인 사상이 유입될 수 있도록 그 자리가 깨끗이 비워질 때까지 기다리면서 [중략] 천천히 그리고 점진적으로 움직이는 것이다"[59]라고 당시 상황을 그리고 있듯이, 쭐라롱꼰 왕은 구세대 기성세력이 그들의 지위에서 물러나고 그 자리를 자신의 개혁 이상에 동감하는 젊은 개혁주의자들 특히 그의 동생들이 차지할 때까지 기다리면서 자신의 권력 기반을 점차 다져나갔다.

전궁 사건 이후 분낙 인사들이 지배하는 각료회의가 국가의 안보와 정부의 재정적 이해관계와 직접 관계있는 국경 지역에 대한 통제의 강화 같은 중대한 국정을 관장했다. 예컨대 1877년 푸껫(Phuket)에 있는 주석 광산에서 중국 인부의 폭동이 발생했을 때 정부군을 파견했는데 그 지휘관으로 추앙 분낙의 조카인 츤(Chuen) 분낙이 임명되었다. 방콕의 정부군은 푸껫 주변 지방들의 군사적 지원을 받아 폭동을 진압했다.[60]

분낙 가문의 권력이 직접 관여되어 있는 국무에 대한 쭐라롱꼰 왕의 수동적인 자세는 1879년 말에 일어난 프라 쁘리차(Phra Pricha) 사건에서 더욱 분명히 나타났다. 본명이 삼앙(Sam-ang)으로 못 아마따야꾼의 아들이자 국왕의 신뢰를 받는 프라 쁘리차는 쁘라찐부리(Prachinburi) 주의 까빈부리(Kabinburi)에 있는 한 금광의 채굴권을 소유하고 있었다. 그는 영국 영사 토머스 조지 녹스의 딸로 당시 과부였던 패니 녹스(Fanny Knox)와 결혼했다. 이러한 가족 배경과 국왕과의 관계를 바탕으로 그는 비교적 낮은 관등에도 불구하고 종종 주제넘게 행동해 추앙 분낙에게 질책을 당하기까지 했다. 그는 1879년 3월 분낙 가문의 사람들에게 공금 횡령의 혐의로 고소당해 체포되었다. 그의 과거를 계속 조사한 결과 까빈부리의 금광 사업과 관련된 중대 범죄들이 속속 드러났다. 예컨대 많은 광산 인부가 사망했는데, 그가 인부들을 잔인하게 혹사시켰기 때문인 것으로 밝혀졌다. 아마따야꾼 가문의 다른 사람들도 구금되었다.

자신의 딸과 사위를 걱정하는 영국 영사는 분낙 가문의 고소가 그들과 경쟁관계에 있는 가문을 파괴하기 위한 의도에서 비롯되었다고 주장했다.[61] 만약 그의 주장이 사실이라면, 프라 쁘리차가 전궁 사건 당시 추앙 분낙에게 협박 편지를 쓴 못 아마따야꾼의 세 아들 중 하나였다는 점도 이 사태의 배경으로 고려되어야 할 것이다. 녹스 영사는 마침내 추앙 분낙을 찾아가 사위의 석방을 요구하면서 만약 불응하면 영국 군함을 부르겠다고 위협했다. 그는 분낙 가문 사람들이 독단적으로 행동한다고 격렬하게 비난하면서 국왕의 개입을 촉구했다. 그는 영국 군함 한 척을 실제로 불러들였다. 쭐라롱꼰 왕은 이 사태가 분낙 가문의 손에 놓여 있다고 판단해 전혀 관여하지 않았다. 프라 쁘라차는 유죄 선고를 받고 처형되었으며, 녹스 영사는 외교관으로서의 지위를 개인적 이해관계를 위해 남용했다는 이유로 나중에 런던으로 소환되었다. 프라 쁘리차 사건으로 쭐라롱꼰 왕을 지지하는 귀족관료 가문 중 하나였던 아마따야꾼 가문의 정치적 세력은 몰락했다.[62]

그러나 1870년대 말부터 라마 5세는 정부에서 자신의 영향력을 점차 회복하기 시작했다. 이와 더불어 국왕에게 충성하는 귀족과 이제 모두 20세가 넘은 자신의 동생들과 다른 왕족이 국사에 직접 참여하는 일이 갈수록 증가했다. 1876년 쭐라롱꼰의 동생 중 하나인 풋타렛탐룽삭(Phuttharetthamrongsak)

왕자가 끄롬 나콘반의 장관직에 올랐으며, 쭐라롱꼰의 삼촌인 마하말라 왕자는 끄롬 마핫타이의 장관에 임명되었다.[63] 1879년 말 방콕 정부는 런던으로 사절단을 파견했는데, 제1대사는 폰 분낙, 제2대사는 국왕 지지파에 속하며 당시 쭐라롱꼰 왕의 특별한 총애를 받고 있던 찜 생 추또였다. 사절 파견의 목적은 치앙마이를 포함한 북부 속국들의 지위에 관해 영국과 협정을 체결하는 것 이외에 프라 쁘리차 사건 당시 영국 영사 녹스가 행한 군사적 위협이 순전히 그의 사적인 이해관계에서 비롯된 것임을 영국 정부에 설명하기 위해서였다. 사절단은 라마 5세의 지시로 귀국길에 유럽의 군사제도 및 시설과 군사 훈련 현장을 시찰했다.[64]

1880년 쭐라롱꼰 왕은 찜 생 추또와 함께 군사 개혁을 실시했다. 런던에서 돌아온 후 마핫렉의 단장 중 하나인 짜오믄 와이워라낫(Chaomuen Waiworanat)으로 승진된 찜은 군사 개혁의 작업을 통해 정부에서 강화된 그의 입지를 보여주었다. 군사 개혁의 초점은 '끄롬 타한나(Krom Thahan Na)' 혹은 '끄롬 아사(Krom Asa)'라고 부르는 '근위 보병대'였다.[65] 당시 300명 병력의 이 부대는 극히 부패한 상태였고 군사 훈련도 방치되어 있었다. 쭐라롱꼰 왕은 찜을 이 근위 보병대의 부대장(副隊長)에 임명했다. 마핫렉과 친위대 시절 국왕의 초기 개혁을 이미 경험한 찜은 국왕에게 끄롬 아사의 개혁과 병력 강화를 위한 계획을 올렸다. 병력 강화의 핵심 방안은 아직 문신이 새겨지지 않은, 즉 아직 특정 관청에 등록되지 않은 프라이를 신병(新兵)으로 모집하는 것이었다. 이 계획에 쭐라롱꼰 왕은 찬성했다.

라마 5세는 찜에게 신병 모집의 방안을 끄롬 프라 수랏사와디(Krom Phra Suratsawadi), 즉 주민등록청 청장으로서 당시 '짜오프라야 마힌삭탐롱'의 관등 및 관명을 갖고 있던 펭 펜꾼과 협의하여 마련하되 신병 모집을 자원입대 형식으로 하도록 지시했다.[66] 5년간 복무하되 왕실 비용으로 숙식의 무료 제공과 문신 해방 등을 골자로 한 끄롬 아사의 신병 모집 공고가 국왕 명의로 나가자, 곧 수도 인근의 지방에서 5천 명 넘는 지원자가 몰려들었다. 그들의 대부분은 추앙 분낙의 본가(本家)가 있는 끄롬 깔라홈의 관할 지방인 랏차부리(Ratchaburi) 주와 끄롬 프라클랑의 관할 지방인 펫차부리(Phetchaburi) 주에 사는 크메르인과 라오인이었다. 프라이를 모집하는 이 방식은 귀족 세도가문의 권력과 부의 중요한 원천 가운데 하나인 기존의 공역제도를 무시한 것이었다. 추앙 분낙은 쭐라롱꼰 왕에게 분낙 가문의 세력하에 있는 지방에서 간 프라이를 돌려보내줄 것을 요청했다. 라마 5세는 등록되지 않은 프라이만 모집되었다는 이유를 들어 그의 요청을 받아들이지 않았다. 이에 추앙 분낙은 국왕의 승낙을 받아 노동력의 추가 손실에 대한 예방책으로 끄롬 깔라홈과 끄롬 프라클랑의 관할하에 있는 지방 관청으로 하여금 프라이 등록을 실시하도록 했다.[67]

1881년 방콕에 콜레라 역병이 발생하여[68] 끄롬 아사 내에서만 수백 명의 병사가 죽자 갓 모집된 신병 가운데 수천 명이 고향으로 도망갔다. 그들 대부분은 랏차부리와 펫차부리 출신이었다. 이제 자신의 체면이 구겨질 상황에 직면한 쭐라롱꼰 왕은 어떠한 수단을 써서라도 그 병사들을 도로 데려오기 위해 분낙 가문에게 미움을 받고 있는 쩜 대신 다른 장교 두 사람을 랏차부리로 보냈다. 그러나 원 분낙의 아들로서 영국에서 포술학(砲術學)을 공부하고 당시 랏차부리의 프라이 등록 업무를 관장하고 있던 또(To) 분낙은 고향으로 돌아와 이제는 군인으로 살고 싶지 않은 프라이는 자신의 희망에 따라 문신을 해야 할 것이라고 통보했다. 이 선언은 국왕의 이해관계에 역행하는 것이었다. 쭐라롱꼰은 분낙 가문과의 직접적인 대립을 피해야 한다고 생각해 그에 대한 대응 조치를 취하지 않았다. 양측 간의 갈등은 추앙 분낙이 손자인 또 분낙을 국왕에게 보내 공식적으로 사죄를 빌게 함으로써 마침내 가라앉았다. 이로써 쭐라롱꼰 왕은 체면을 지킬 수 있었으며 랏차부리와 펫차부리로 도망간 병사들을 대부분 도로 데려올 수 있었다. 역병이 진정된 후

끄롬 아사의 대장으로 승진한 쩜은 근위 보병대의 훈련을 위해 이탈리아인 퇴임 장교들을 기용했다. 그는 또 장교들을 교육시키기 위해 사관학교를 설립했으며 그 교관으로 또 다른 이탈리아인 전역 장교 두 명을 고용했다.[69]

1880년대 초 쭐라롱꼰 왕은 자신이 신뢰하는 동생들을 정부의 요직에 임명했다. 이로써 국가 개혁을 위한 확실한 토대를 왕자들 중심으로 구축하겠다는 인사정책의 기본 방침이 노골화되었다. 라마 5세는 기성 귀족 권문세가들이 점유해온 민사 및 군사 행정의 주요 관직에 점차 자신의 사람을 앉혔으며, 특히 분낙 가문의 세력 아래 놓여왔던 행정부처에 속해 있거나 속해야 할 관청을 자신의 직접적 통제 아래 두었다. 이러한 경향은 특히 1883년 추앙 분낙의 사망 이후 보다 뚜렷하게 나타났다.

이미 1882년에 쭐라롱꼰 왕의 동생 중 하나인 쁘라짝 실라빠콤(Prachak Sinlapakhom) 왕자는 *끄롬 왕*(Krom Wang), 즉 궁내부의 장관에 임명되었다. 그 이듬해에는 담롱 왕자가 친위대의 대장이 되었고, 프롬워라누락 왕자는 *끄롬 악손핌깐*(Krom Akson Phimkan), 즉 왕립인쇄청의 청장직을 맡았다. 국왕의 또 다른 동생인 파누랑시(Phanurangsi) 왕자는 *끄롬 롬 프라랏차왕*(Krom Lom Phraratchawang), 즉 왕궁 근위대의 연대장과 우편 및 전신 업무를 담당하는 체신청의 청장을 겸직했다.[70] 태국의 우편 업무는 1883년 8월에, 국내 전신 업무는 1889년에야 비로소 시작되었다.[71] 흔히 간략하게 '테와웡(Thewawong)'으로 불리는 테와웡 와롭빠깐 왕자를 비롯한 쭐라롱꼰의 다른 동생들은 추밀원, 회계감사원, 친위대, 왕실비서국 등 국왕의 직접적 통제하에 있는 관청에서 요직을 차지했다.[72]

그러나 추앙 분낙이 죽은 후에도 태국의 가장 영향력 있는 행정부처인 *끄롬* 깔라홈과 *끄롬* 프라클랑은 여전히 분낙 가문이 장악했으며, 두 행정부처의 민사 및 군사 행정의 요직도 그들이 차지하고 있었다. 이러한 상황은 1885년에도 여전히 지속되어 쭐라롱꼰 왕은 그때까지 조심스럽고 때로는 삼가는

테와웡 왕자(1887년)

자세로 국정에 임하며 자신의 개혁정책을 강하게 밀고나갈 수 없었다.[73] 하지만 1885년 이후 분낙 가문의 권력은 빠르게 하강했다. 추앙 분낙이 살아 있던 1870년대에 이미 가문 내부에서, 예컨대 원 분낙과 투암 분낙과 추앙 분낙 간에 정치적 이해관계를 둘러싼 알력이 있었다.[74] 투암 분낙과 원 분낙은 추앙 분낙의 사망 후 가문을 대표하는 리더십을 발휘해야 했지만, 딧 분낙이나 추앙 분낙과 같은 정치적 능력과 행정적 수완이 부족했을 뿐만 아니라 사적인 이해관계에 휘둘리기도 했다.[75]

쭐라롱꼰 왕 시대 태국의 정치적·사회적·경제적 구조는 수십 년 전부터 지속되어온 서양 문물의 영향으로 이미 돌이킬 수 없는 변화의 소용돌이 한가운데 있었으며 전통적인 행정 구조에 기반을 둔 분낙 가문의 권력도 이 변화의 흐름을 거스를 수 없었다. 분낙 가문은 앞에서 본 것처럼, 국가를 변화의 새로운 상황에 맞추어 서양의 모델에 따라 근대화하는 데 열정을 품어 때로는 가문의 어른들에 대해 비판적인 태도를 취한 폰 분낙 같은 인물을 배출하기도 했다. 분낙 가문의 쇠락을 가져온 또 다른 결정적인 요인은 분낙 가문의 권력 구조를 허물고 정부에서 국왕의 절대적인 권력 위상을 회복하려는 쭐라롱꼰 왕의 야심이었다.

5. 1885년 개혁 건의문

1880년대 중엽은 태국의 근대화 과정에서 중요한 의미를 갖는 것으로 보인다. 이 시기 태국은 식민화의 위협을 실감하기 시작했으며 태국의 내부 특히 지배 엘리트 내부에서 국가의 전통과 주권을 보호하는 동시에 서양식 근대화를 이룩하기 위한 개혁 논의가 본격적으로 나타났다. 이와 더불어 주목해야 할 측면은 이 시기에 쭐라롱꼰 왕이 국정 운영 특히 국가의 근대화에서 국왕의 주도적 역할을 내세우며 왕자들을 중심으로 국가 개혁을 위한 기반 구축에 노력했다는 점이다.

1880년대 중엽은 태국의 이웃 국가들이 유럽 열강의 식민주의적 위협을 당하거나 이미 식민화된 시기였다. 유럽 열강은 19세기에 들어와 아시아 국가들과의 무역에서 더욱 많은 이익을 획득하기 위해 그 이전 세기에 비해 훨씬 적극적인 노력을 기울였다. 특히 제국주의적 경향이 대두한 1880년대에는 유럽의 강국들 간에 식민지 획득을 위한 치열한 경쟁이 벌어졌다.[76] 1862년 코친차이나를 장악한 프랑스는 1883년 베트남을 보호국으로 만들었다. 또한 1863년 프랑스의 보호령이 된 캄보디아는 1884년에 프랑스의 직접적인 정치적·경제적 관할을 받는 식민지가 되었다. 베트남과 캄보디아를 장악한 프랑스는 1880년대 중엽부터 라오스를 식민지로 만들려고 노력했다.[77]

영국은 1870년대 중엽부터 말레이반도의 이슬람 왕국으로 세력을 확대하여 태국이 적지 않은 정치적·경제적 이해관계를 갖고 있는 말레이반도 지역은 점차 영국의 직접적 식민 지배 아래 들어갔다. 태국과 역사적으로 깊은 정치적 관계에 있는 미얀마는 1850년대 초 제2차 영국-버마전쟁에서 패배해 남부 지역을 영국에게 빼앗긴 후 민돈(Mindon) 왕 시대(1853~1878) 서양의 모델에 따른 개혁을 시도했으나, 영국 정부의 협조를 얻지 못했고 미얀마 지배층의 보수적 태도 때문에 실패로 돌아갔다. 1885년 당시 친프랑스 정책을 추구하고 있던 미얀마 정부와 이를 경계하던 영국 간에 또다시 전쟁이 일어나 그해 11월 수도 만덜레(Mandalay)가 점령되었고, 1886년 1월 미얀마 전체가 공식적으로 영국에 합병되었다.[78]

이러한 시대적 상황을 배경으로 1885년 1월 유럽에서 외교관으로 활동하던 태국의 왕자들과 관리들이 서명한 개혁 건의문이 라마 5세에게 보내졌다. 건의문의 작성 배경과 관련해 태국의 수멧 춤사이(Sumet Jumsai)는 건의문의 서명인 가운데 한 명인 쁘릿사당(Pritsadang) 왕자의 자서전을 근거로 하여 흥미로운 이야기를 쓰고 있다. 그에 의하면 쭐라롱꼰 왕은 미얀마가 영국에게 합병된 소식에 놀라 유럽에 있는 그의 공사(公使) 쁘릿사당 왕자에게 그 상황에 대한 다른 유럽 열강의 반응을 조사하고 태국의 독립 유지를 위해 어떤 정치적 방안이 필요한지에 대한 의견을 문서로 작성해 보내도록 지시했다.[79] 미얀마의 전쟁 패배와 식민화는 건의문이 작성된 이후의 사건이다. 따라서 수멧 춤사이가 인용한 정보의 신빙성이 문제되지만, 이 책 부록의 다섯 번째 문서인 「1885년에 왕자들과 관료들이 쭐라롱꼰 왕에게 상신한 정부 형태의 개혁에 대한 건의문」에서 저자들이 "작금의 위험은 국외에서, 그것도 유럽의 한 나라같이 시암보다 더 큰 힘을 갖고 있는 나라에서 올 것이 틀림없습니다"라고 말하는 것에서 엿볼 수 있는 것처럼, 건의문이 당시 동남아시아의 정치적 위기 상황에서 작성되었다는 것은 의심할 나위 없다.

건의문의 끝부분에는 문서에 서명한 나렛워라릿, 핏타야랍 프룻티타다(Phitthayalap Phruetthithada), 사왓디 왓타나위싯(Sawatdi Watthanawisit), 쁘릿사당

쁘릿사당 왕자(1880년)

등 네 왕자, 녹깨오 콧차세니(Nokkaeo Khotchaseni), 뎃나이웬(Detnaiwen), 붓 펜꾼(But Phenkun), 빠띠판피찟(Patiphanphichit), 위싯살리(Wisitsali), 쁠리안(Plian), 사앗(Sa-at) 등 일곱 관리의 이름이 적혀 있다. 그러나 이들 가운데 누가 건의문 작성에 실제로 가담했으며 누가 핵심적 역할을 했는지 분명하지 않다. 수멧 춤사이는 쁘릿사당이 쭐라롱꼰 왕에게 보낼 개혁 건의문을 단독으로 집필하지 않고 사왓디 왕자에게 초고 작성을 요청했고 그 초고를 다른 왕자들과 함께 여러 차례 읽고 수정했으며, 그렇게 완성된 문서에 왕자들뿐만 아니라 대사관 직원으로 일하던 몇몇 태국인 관리가 함께 서명했다고 말한다.[80] 수멧 춤사이는 이미 1883년에서 1884년 사이에 건의문을 쓰기로 작정한 쁘릿사당이 왕자들 가운데 건의문 작성에 가장 결정적인 역할을 했다고 보면서 다음과 같이 말한다.

주도자인 쁘릿사당 왕자는 저자세를 취하여 생각의 많은 부분을 사왓디소폰(Svastisobhon) 왕자의 업적으로 돌렸다. 그러나 19세 젊은 나이의 [이 왕자가 본질적으로 많은 기여를 한 것 같지는 않다. 런던의 새로운 공사인 끄롬마믄 나렛워라릿(Naresvararit) 왕자가 행한 최상의 역할은 기껏해야 그 계획에 가담하는 데 동의한 것이었다.[81]

나렛워라릿 왕자와 핏타야랍 왕자는 1883년 중엽에야 유럽으로 왔으므로 건의문이 작성되었을 것으로 보이는 1884년 후반에서 1885년 초 사이의 시점에는 유럽의 정치적 분위기에 아직 그다지 익숙하지 않았고 특히 식민주의와 관련된 정치적 상황에 관한 지식이 그다지 많지 않았을 것으로 보인다. 그에 비해 쁘릿사당은 당시 10년 이상 유럽에서 유학생 또는 외교관으로서 활동하고 있었다.

쁘릿사당은 1851년 라마 3세의 아들인 랏차시하위끄롬(Ratchasihawikrom) 왕자의 아들로 태어났다. 그러므로 그는 라마 2세의 손자인 쭐라롱꼰 왕에게는 조카가 된다.[82] 1871년 싱가포르의 래플스학교(Raffles Institute)에서 영어 교육을 받은 쁘릿사당은 이듬해 영국으로 갔다. 우선 사립학교에서 영어와 기초 과학을 배운 그는 1873년 런던대학교의 전신인 킹즈칼리지(King's College)에 입학해 응용자연과학 학부에서 공학을 공부했으며 1876년 중엽 탁월한 성적으로 졸업했다.[83]

쁘릿사당은 졸업 후 귀국해 방콕 정부의 영어 통역관으로 활약했으나, 국가의 근대화와 관련해 서양의 공학기술에 관심을 갖고 있던 쭐라롱꼰 왕이 1877년 그를 다시 유럽으로 파견해 엔지니어링 분야의 실제적인 지식을 획득하게 했다. 1879년 말부터 쁘릿사당은 외교 분야로 이동해 런던으로 파견된 방콕 정부의 특사들을 통역관 및 보좌관으로서 도왔다. 1880년 귀국했다가 이듬해 미국, 영국, 프랑스, 이탈리아, 스페인 등 11개 유럽 국가들을 위한 태국 정부의 특명전권공사에 임명되어 유럽으로 파견되었다. 이때 그가 인솔해 유럽으로 데려간 10명의 유학생 가운데 뒤에 건의문에 함께 서명한 사왓

런던의 태국 외교관. 1880년 런던을 방문한 짜오프라야 파누웡(투암 분낙)과 런던 태국 대사관의 외교관들. 투암 분낙의 왼쪽에 서 있는 사람이 쁘릿사당 왕자.

디 왕자도 포함되어 있었다. 미국과 영국의 공사직은 1883년 7월 나렛워라릿 왕자에게 주어져 쁘릿사당의 공식적인 임무가 분할되었다. 쁘릿사당은 1886년 초 귀국하기까지 태국과 유럽 국가들 간 체결된 과거의 조약들에서 태국에 불리한 여러 조항을 수정하기 위해 노력했다. 그는 또한 종종 유럽의 군사 시설들을 시찰했는데, 이것은 건의문에서도 중시되어 비교적 상세히 논의되어 있는 태국 군대의 근대화를 염두에 둔 것이었다.[84]

개혁 건의문은 쫄라롱꼰 왕 시대에 수행되었던 태국의 근대화 노력을 이해하는 데 가장 중요한 문서 중 하나로, 세 부분으로 구성되어 있다. 첫째는 '위험'이라는 제목을 달고 있는 부분으로, 여기서 식민화 위험의 성격과 그 근본적인 원인이 설명된다. '해결책'이라는 제목의 둘째 부분은 식민화 위험에 대해 사람들이 종래 제시해온 여덟 가지 대응 방안을 소개하고 그것의 부적합성을 지적한다. 아무런 제목이 붙지 않은 셋째 부분에서는 정부 개혁이 추진될 때 나타날 수 있는 장애를 분석하고, 그러한 장애의 극복과 근대화 개혁의 성취 여부는 오직 국왕의 의지에 달려 있다는 것이 강조된다.[85]

건의문의 저자들은 둘째 부분에서 태국이 식민지로 전락될 수 있는 위험의 결정적 원인을 기존의 정부 형태 내지 국정 운영의 방식에서 찾는다. 그들은 그것을 세 가지 점에서 비판한다. 첫째, 현 정부가 국왕의 존재에 일방적으로 의존하는 형태이기 때문에 만약 국왕의 신변에 무슨 일이 생겨 국정을 이끌 사람이 없어지면 국정이 혼란에 빠지고 국가의 안전이 위태로울 수 있다. 둘째, 현 정부의 형태에는 명확히 규정된 왕위 계승의 방식과 절차가 없어 왕위 교체 시 불안과 혼란이 일어날 수 있다. 셋째, 오직 국왕과 그의 동생인 테와웡 와롭빠깐 왕자만이 수행하는 태국의 국가 행정 현실에 대해 유럽인은 국가를 문명화의 길로 이끌 태국 정부의 통치 능력에 대해 신뢰하지 않을 것이다.

저자들은 특히 "오늘날 시암에 있는 것과 같은 [국가] 보호 및 유지 방식은 유럽의 것과 정반대입니다. [시암은] 단결된 백성의 이성(理性)과 힘에 그 바탕을 두고 있으며 보편적인 정의로 간주되는 '헌법'이라고 불리는 제도와 법이 없습니다"라고 말하면서, 그 문제의 유일한 해결책이 국가 행정을 유럽 방식의 정부 체제로 개혁하는 데 놓여 있다고 본다. 그들은 이어서 쭐라롱꼰 왕에게 유럽의 모델을 따른 헌법 제정을 제안한다. 이 점에서 건의문의 저자들은 '백성', 즉 국민 전체의 의사를 반영하는 헌법에 기초한 근대적 '국가' 개념에 대해 논의한 최초의 태국인이라고 할 수 있을 것이다. 건의문은 또한 백성의 대표를 선출하여 장관으로 세워 그들로 하여금 국가 행정의 실무를 담당하고 그에 대한 책임을 지게끔 해야 한다는 등 국가 행정의 일대 혁신을 주장한다.

그러나 건의문이 비록 '헌법'을 거론하고 절대군주제에서 입헌군주제로의 변경을 제의하지만, 그것은 유럽에서 발전되었던 것과는 형태와 내용에서 원칙적으로 다른 것으로 보인다. 19세기 서구의 입헌군주제는 무엇보다도 헌법에 기초를 둔 것으로 군주의 권력은 헌법이 규정한 다른 국가기관의 책임 관할이나 협력으로 제한될 수 있었다.[86] 그러나 건의문의 입헌군주제는 프랑스 혁명을 통해 나타난 국민 주권의 개념과 결부된 것이 아닐 뿐더러 국가 운영에서 권력 분립 등의 민주주의 기본 원칙이 고려된 것이 아니었다.[87] 또한 그것은 건의문의 아래 부분에서 언급된 것처럼 '입헌군주제'가 도입되더라도 국왕이 국가의 '수반'[88]으로서 장관들에 대해 절대적인 권한을 지닌 존재라는 것을 강조한 것이라든지, 건의문의 다른 부분에서 "저희가 폐하께 '유럽 헌법'이라고 설명해드린 방도로써 [시암에] 지금 국회가 있어야 된다는 것을 바라는 것이 아니라"고 한 것에서 엿볼 수 있는 것처럼, 서구에서 당시 생각하고 있었던 의회민주주의 체제의 입헌군주제와는 거리가 먼 것이었다. 달리 말하면, 건의문은 헌법이 국민의 대표들에게 정부에서 결정적 역할을 부여하는 의회 제도를 제의한 것이 아니었다. 저자들은 유럽식 국가 행정의 수립을 위해 다음의 방책들을 제시한다.

1. 태국의 절대군주제를 국왕이 "나라의 수반으로서 장관들에 대해 절대적인 결정권과 명령권을 보유하고 계시지만, 유럽의 모든 [입헌]군주들과 마찬가지로 국사의 모든 것에 몸소 신경 쓸 필요는 없으실" 입헌군주제로 바꾸어야 함.

2. 모든 국가 행정은 국왕이 국정의 모든 업무에 일일이 신경을 쓸 필요가 없도록 장관들이 관할 업무를 스스로 결정하고 처리하지만 그 업무에 대해서는 책임을 져야 함. 그리고 왕위 계승의 절차와 방식은 법으로 명확히 규정해야 함.

3. 관리의 뇌물 수수 관행은 근절되어야 하며, 이를 위해 월급제도가 도입되

어야 함.

4. 왕국의 백성이 "모두 동일한 법을 지켜야" 하며 세금 징수와 공역 의무자의 등록이 공정하게 수행되어야 함.

5. 왕국의 발전을 가로막는 관습과 법은 그것이 아무리 오래된 것일지라도 과감하게 개혁되어야 함.

6. 왕국의 모든 사람이 자신의 생각과 의견을 자유롭게 발표할 수 있어야 함.

7. 관리의 선발은 타이어의 읽고 쓰기, 셈하기와 기타 일반 지식, 좋은 평판과 좋은 행실, 20세 이상의 연령 등을 기준으로 해야 함.

이상 제시된 유럽식 국가 행정의 수립을 위한 일곱 가지 방안을 요약하면 그 목표는 기존의 잘못된 국정 운영방식과 국가의 법 및 관습을 백성이 납득하고 수용할 수 있는 것으로 개혁하는 것이었다. 건의문의 저자들은 이것이 이루어지면 모든 백성이 나라를 지키는 단결된 힘이 될 것이라고 강조한다. 건의문에서 타이어로 '쿠암 프롬프리앙(khwam phrom phriang)'으로 표현된 '단결' 개념은 유럽식 정부 형태의 한 중요한 바탕으로 이해되어 있다. 추측건대 19세기 유럽의 정치사에서 중요한 역할을 한 민족주의 사상에 영향을 받은 저자들은, 비록 그에 상응하는 명확한 용어들을 사용하고 있지는 않지만 근대화 개혁을 통해 백성을 조국애(祖國愛)와 국가 정체성을 갖는 하나의 '민족' 내지 '국민'으로 발전시켜야 한다고 요구하고 있는 것으로 보인다. 여기서 그들은 '단결'을 국가 수호의 근본적 힘으로 간주하며, 이 용어를 왕족 및 귀족부터 평민과 노예에 이르는 모든 백성에게 적용되는 개념으로 쓰고 있다.

쭐라 짜끄라퐁(Chula Chakrabongse)은 건의문의 저자들이 입헌군주제의 도입을 옹호한 것을 '왕권 불경죄(lèse-majesté)'라고 비판했는데, 쭐라롱꼰 왕의 손자로서 라따나꼬신 왕조의 관점에서 글을 쓴 이 왕자의 비난은 결코 이상한 것이 아니다.[89] 그러나 저자들이 이러한 입장을 취한 것은 태국의 독립을 유지하기 위한 유일한 길은 유럽의 본보기에 따른 국가 개혁뿐이라고 확신했기 때문이었다.

저자들은 셋째 부분에서 특히 가문을 배경으로 고위직에 도달해 경제적·정치적 세력을 갖고 있는 관료는 자신의 세력과 이익을 침해할 개혁에 반대하고 자신의 지위를 지키기 위해 소요를 일으키거나 심지어 반란을 선동할 수 있으며, 이러한 소요와 반란은 유럽인에게 태국의 내정에 개입하여 태국을 식민화하는 기회를 제공할 수 있다고 말한다. 건의문은 이 위험에 대처하기 위해서는 잘 조직되고 훈련되어 국왕이 완전히 신뢰할 수 있는 군대가 필요하지만, 기존의 행정제도에서는 자기 관청의 관할 아래 있는 군대를 지휘하는 기관장들이 군대의 개혁에 반발할 수 있다는 점을 지적한다.

이 문제는 전근대 태국의 군대 조직 및 관리방식의 배경에서 이해될 수 있다. 19세기 태국에는 상비군이 없었으며 민사와 군사 간의 뚜렷한 행정적 구분도 존재하지 않았다. 모든 주요 끄롬(krom), 즉 관청은 프라이의 주민등록이나 사법·재정 등의 민사 행정 업무뿐만 아니라 프라이를 전쟁 시 병력으로 동원하는 군사 행정 업무도 담당했으므로 자체적인 군사 조직의 체계를 갖고 있었다.[90] 그에 따라 한 끄롬의 기관장은 민사 행정의 기능 외에 군대의 지휘관으로서 자신의 끄롬에 속한 모든 프라이에 대한 명령권을 갖고 있었다.

저자들은 이 점을 고려해 군인을 그들이 원래 소속된 조직에 따라 배치시키고 각 관청의 기관장이 기존의 지휘권을 유지하는 것을 허락하는 방식으로 군사 개혁을 추진해야 하지만, 왕국 전체의 군대 지휘권은 국왕이 신뢰하는 총사령관이 갖도록 해야 하며, 유럽인을 군사 고문으로 고용하여 군인을 서양식의 근대적이고 전투력을 갖춘 군대로 훈련시켜야 한다고 말한다.

건의문은 도처에서 왕국의 안전과 백성의 행복이 전적으로 국왕에게 달려 있으므로 국왕은 나라와 백성을 위험에서 보호하기 위해 노력해야 한다고 말한다. 이러한 생각은, 태국의 역사학자 아낀 라피팝(Akin Rabibhadana)이 "백성에게 보호를 베푸는 것은 국왕 역할의 가장 중요한 속성 중 하나로 간주되었다"[91]라고 말하는 것처럼, 국왕이 왕국 내 백성을 위해 책임을 지는 것이 그 특징인 절대군주적 왕권 개념과 직접적인 관련을 갖는다.[92]

6. 민중의 근대화 요구

19세기 말 태국 사회의 엘리트층에서 등장한 서양식 근대화와 민주주의의 정치체제에 관한 논의는 피지배층에서도 나타났다. 그것은 무엇보다도 티안완(Thian Wan, 1842~1915)이라는 평민 출신 작가의 문필 활동에서 엿볼 수 있다. 그는 라마 4세 시대 태국 사회로 쇄도하는 서양 문물에 매료되어 그것에 수반된 새로운 사회적 활동의 기회를 포착하기 위해 노력한 태국인 가운데 하나였다. 방콕에 있는 왓 보원니웻(Wat Bowonniwet) 사원의 사미승이었던 티안완은 승복을 벗고 환속하여, 짧게 치는 태국의 전통적 헤어스타일을 포기하고 콧수염을 기르며 양말과 구두를 신는 등 서양식 외모를 취했다. 스스로 자신을 서양식 외모와 생활방식을 취한 최초의 태국인이라고 말하는 그는 빈랑(檳榔)나무 열매와 잎을 씹는 전통적인 습속도 버렸다.[93] 씹으면 입 안이 검붉은 침으로 가득 차는 동남아시아의 대표적인 전통 기호식품인 빈랑은 일상생활뿐만 아니라 여행이나 출정의 필수 휴대품이었다. 또 손님을 접대할 때도 빈랑을 내놓는 것이 기본이었으며, 빈랑은 신랑 집에서 신부 집으로 보내는 결혼 예물의 가장 중요한 품목 중 하나였고 조상신이나 가신(家神)에게 바치는 제물의 한 구성 요소이기도 했다.[94]

티안완은 1882년 한 법정 피고인의 의뢰를 받아 그를 위해 청원서를 썼다. 그러나 쭐라롱꼰 왕은 그 청원서가 확실한 근거를 바탕으로 작성되지 않았으며 내용이 조정의 권위에 도전하는 것이라고 보았다. 이로 인해 티안완은 구

19세기 말 태국인의
전통적인 헤어스타일과 옷차림.

속되어 16년간 감옥살이를 했다.[95] 티안완은 불교와 법, 서양의 문화 및 정치에 대해 많은 관심을 갖고 거의 독학으로 공부했다. 그는 그렇게 획득한 지식과 통찰력을 바탕으로 라마 5세 시대 태국의 정치적·사회적 현실을 비판적으로 관찰하고 이해하기 위해 노력했으며 그에 관해 많은 글을 썼다.

티안완은 태국의 전통적 엘리트 사회의 외부 사람으로서 자신의 개혁적 이상을 태국의 정치에 반영시키기 위해 노력했으며, 그러한 노력의 일환으로 출옥 직후인 1898년 12월 『뚤라위팍폿짜나낏(Tulawiphakphotchanakit)』[96]이라는 잡지를 창간했다. 그러나 그의 왕성한 문필 활동에서 짐작할 수 있는 것처럼, 티안완이 당시 태국 사회를 근대적 시각에서 보고 그 변화와 발전을 위해 고민한 유일한 평민층 태국인은 아니었을 것이다. 그를 통해 라마 5세 시대 특히 19세기 말 이후 태국에서 정치적 자의식을 각성하기 시작한 시민 계급이 서서히 형성되고 있었음을 추론할 수 있다.[97]

이와 관련해 1880년대 초부터 1880년대 중엽까지 발간된 『사얌사마이

(Sayamsamai)』, 즉 '시암의 시대'라는 잡지의 글들을 중시할 필요가 있다. 『사얌사마이』는 새뮤얼 존스 스미스(Samuel Jones Smith)라는 미국인 개신교 선교사가 편집·발행했다. 스미스는 1830년대 초 12세의 나이로 양부모인 존 테일러 존스(Jone Taylor Jones) 선교사 부부를 따라 미얀마에서 태국으로 왔으며, 1869년 방콕에 인쇄소를 설립해 타이어로 된 『사얌사마이』 이외에 『시암 위클리 애드버타이저(The Siam Weekly Advertiser)』, 『시암 리포지터리(The Siam Repository)』, 『시암 디렉터리(The Siam Directory)』 등 영어로 된 잡지를 발간했다.[98]

　『사얌사마이』는 기독교 복음을 전파하는 것이 주목적이었으나, 이와 더불어 당시 태국의 노예제도 및 공역제도 등 백성의 삶을 곤핍하게 만드는 해악을 지적하고 지배계급의 전횡적인 지위를 비판하면서 사회적·정치적 개혁을 촉구하는 글이 실리기도 했다. 예컨대 1884년 8월 27일자 『사얌사마이』는 백성을 황금알을 낳는 거위에 비유하면서 만약 백성이 왕족 및 귀족에게 계속 착취당한다면 그것은 국가적으로 손해가 될 것이라고 말했다. 또한 아편·도박·복권 등이 백성이 모든 것을 다 잃고 노예나 강도로 전락하는 원인임을 지적하면서 이러한 악덕을 합법화해 세입을 확보하려는 태국 정부의 조세제도를 비판했다. 1886년 12월 2일자 『사얌사마이』에는 그 내용으로 보아 프라이에 속하는 익명의 독자가 기고한 글이 실렸다. 그 글의 필자는 프라이가 공역을 대신하는 세금을 지불한 후에도 자식들을 노예로 팔아야 할 지경에 이르도록 각종 조세 납부의 과중한 부담에 시달려야 하는 태국의 현실을 묘사했다. 1885년 9월 16일자 잡지에는 자신들을 프라이라고 소개하는 두 명의 독자가 글을 실어 표현의 자유에 대한 권리를 주장했다.[99]

　『사얌사마이』는 태국의 절대군주제를 비판하면서 프랑스의 공화정 같은 대안을 제안했을 뿐만 아니라 국가의 수반이 통치하기 위해서는 백성의 지지를 획득해야 하며 정부가 백성의 대중적 합의에 기초해 있기 때문에 정부가 국가를 제대로 운영하지 못할 때는 백성이 통치체제의 개혁을 요구할 수 있다고 주장하기도 했다. 이러한 국가 전복적인 성격의 글은 주로 스미스나 태국 군대의 군사 고문으로 방콕에서 활동한 이탈리아인 제리니(G. E. Gerini) 같은 서양인이 집필했을 것이다.[100] 하지만 『샤얌사마이』의 민주적인 내용의 글은 당대 태국의 왕족 및 귀족 계몽주의자뿐만 아니라 티안완 같은 평민 지식인에게도 적지 않은 영향을 미쳤을 것이다.

티안완은 여러 글에서 동향인에게 국왕·국토·국가·불교를 사랑하기를 촉구함으로써 태국 사회에 국가 정체성에 대한 의식, 즉 태국이라는 국가에 대한 동질감을 계발시키기 위해 노력했다. 그는 태국이 서양과 같은 근대적 국가로 발전하기 위해서는 모든 태국 백성이 애국심을 갖고 있어야 한다고 주장했다. 근대 국가에 대한 이러한 관념은 태국 사회와 정부 체제의 민주화에 대한 그의 요구로 연결된다. 티안완은 1903년 『뚤라위팍폿짜나낏』에 발표한 「국가의 세 가지 큰 힘」이라는 에세이에서 태국이 외부의 위협을 성공적으로 극복하여 안정되고 강력한 국가로 존속하려면 첫째, 모든 계층을 포함한 전체 주민의 지식과 교육, 둘째, 천연자원과 주민 스스로 창출한 재화, 셋째, 군사적 잠재력이 될 수 있는 많은 인구 등 세 가지 요소 외에도 그 국민의 내부적 '사막키(samakkhi)', 즉 '단결'이 필수적으로 있어야 한다고 말했다.[101]

그는 같은 해 발표한 「세속적 및 불법(佛法)적 단결에 관하여」란 글에서 '단결'을 두 가지 형태로 구분한다. 하나는 '사막키 록(samakkhi lok)', 즉 '세속적 단결'이고 다른 하나는 '사막키 탐(samakkhi tham)', 즉 '불법적 단결'이다. 전자는 한 그룹의 사람들이 자신들만의 장점과 이익을 위해 추구하는 것으로 그룹 외부의 사람들을 배제하는 폐쇄적이고 이기적인 단결이다. 후자는 불교적인 도덕규범에 바탕을 둔 것으로 한 나라의 모든 사람을 아우르는 개방적인 단결을 가리킨다. 티안완은 '사막키 탐'을 이룩하기 위해서는 한 나라의 구성원이 공정한 언행 생활을 영위해야 하며 어떤 그룹에 대해서도 편파적으로 행동해서는 안 된다고 서술했다.[102] 여기서 볼 수 있듯이, 티안완이 중시하는 국가적 단결은 왕족부터 평민까지 모든 백성을 망라하는 태국 사회 전체의 차원에서 이룩되는 단결이었다. 이 점에서 그는 '단결'을 왕족 및 귀족에서 평민까지의 모든 백성에게 적용되는 개념으로 사용하며 그렇게 이룩된 '단결'을 국가 수호의 근본적 힘으로 간주하는 개혁 건의문의 저자들과 견해를 같이한다.[103]

'단결'에 관한 논의에서 엿볼 수 있듯이, 티안완은 태국의 근대화에서 사회의 모든 계층을 포함하는 국민의 능동적 역할을 강조하고 있는 것으로 보인다. 국가의 근대화를 위한 바탕으로서의 국민의 역할에 대한 티안완의 논의는 1905년에 발표한 「시대 혹은 시간에 관하여」라는 글에서 본격적으로 나타난다. 태국 사회의 민주화에 대한 생각을 보여주는 이 글에서 그는 무엇보다도 다음의 인용에서와 같이 국민에게 언론의 자유가 주어져야 한다고 역설하는데, 그것은 개혁 건의문의 정치적 인식과 많은 공통점을 보여준다.

우리는 지적(知的)이고 국가에 대해 감사할 줄 아는 사람들에게 그들의 유용한 식견(識見)을 공공연하게 자발적으로 방해받지 않고 보여줄 수 있는 기회를 열어줄 것을, 그리고 그때 그들이 어떤 방향으로 바람이 부는지를 보기 위해 깃발을 올려보지 않아도 되도록 그들에게 어떠한 장애도 주지 말기를 절실히 원한다.[104]

티안완은 특히 태국 사회에서 사람들이 판단하고 실행하는 데 능동적이지 않고 서로 눈치를 보는 것을 문제시하고 있는 것으로 보인다. 그는 이 점을 1905년 1월 『뚤라위팍뽓짜나깃』에 쓴 글에서 태국의 관료사회에서 일어나는 문제들, 특히 관리들이 국왕의 총애와 권문세가의 후원을 보다 중시하는 관행, 직무 수행의 비효율성과 부패 등과 연결시켜 다음과 같이 말했다.

비위를 잘 맞추어 아첨꾼이라고 부를 수 있는 사람은 자신의 장점과 정의에 자신이 없어 자신의 상관과 우두머리를 기쁘게 할 수 있는 것이 무엇인지를 알아내기 위해 그들을 관찰해야 하며, 자신의 지도자·주인·후견인이 누구인지에 따라 행동을 달리할 수 있다. 말하자면, 그들은 바람이 어느 방향으로 부는지 보기 위해 깃발에 주목해야 한다.105)

티안완의 국가 근대화 및 개혁에 대한 생각은 「잠자지도 않으면서 꿈꾸고 잠꼬대하는 것에 관하여」란 제목으로 1905년 『뚤라위팍폿짜나낏』에 발표한 에세이에서 보다 광범위하고 구체적으로 제시되었다. 그는 에세이에서 개혁 프로그램을 만 30세가 되던 1872년부터 착상해왔다고 주장했다.106) 이 글에서 티안완은 근대화 시대에 뒤떨어지지 않게 태국의 국가를 정비하고 전통과 관습을 혁신하기 위한 정치, 경제, 군사, 인프라 건설 등 다양한 분야의 개선 방안을 다음과 같이 제안했다.

1. 도박세를 대체하는 국고 수입에 대한 대안을 찾는 도박의 폐지
2. 일부일처제를 위한 법률의 제정
3. 인신의 노예매매 금지
4. 아편의 금지
5. 타이어와 여러 외국어를 가르치고 의술, 천문학, 광물학, 각종 기술을 훈련시키는 학교의 설립
6. 상설 재판소의 설립과 공정하고 법에 정통한 판사의 선정
7. 병사와 장교의 군사 훈련
8. 전쟁에 대비한 무기의 비축
9. 전국에 도로와 철도의 건설
10. 운하 및 저수지의 건설과 주요 지방 도시에 요새 건설

11. 자동차와 기선 등 근대적인 운송수단의 확보

12. 전신·전화·우편의 신뢰성 있는 운영

13. 전국에 은행 및 금고의 설립

14. 군역에 동원된 군인의 타지방 전지(轉地) 근무

15. 정부와 백성이 신뢰할 수 있는 경찰의 설립

16. 학문과 지식의 탐구를 위한 관청, 관리와 백성의 품행을 위한 관청, 무역 및 농업을 위한 관청의 설립

17. 타이어와 영어를 아는 관리 및 백성의 15세 이상 아들들을 선발해 선박에 승선시켜 3~5년간 항해 중 선박에서 체계적인 교육 과정을 밟도록 하고 탐방한 해외 도시들에서 1~3개월씩 체류하면서 경험을 쌓도록 한 후 정부의 해군 혹은 무역선에서 근무하는 관리로 채용

18. 무기, 그릇, 종이 등을 만드는 공장의 설립

19. 지하자원을 조사하는 관청의 설립

20. 상세한 인구 조사

21. 구휼센터, 병원, 고아원의 설립

22. 실업자 구제를 위한 기관의 설립

23. 좋은 지식의 소유 여부와 악한 행위의 여부에 따라 명예가 획득되거나 실추되도록 하는 법률의 제정

24. 불교에 입각한 윤리관의 확립

25. 행정과 무역 분야의 특허권 인정

26. 수도 및 전국의 주요 도시에 결혼예식장의 설립과 중매를 담당하는 상설 직원 고용

27. 박학다식한 자들을 선생으로 선발해 백성에게 윤리 및 가치관 교육 실시

28. 의회107)를 설립하여 백성의 대표들이 정부에 자신의 업무와 관련된 견해를 제시할 수 있도록 함

29. 어학교의 설립

30. 백성에게 재봉 및 직조 기술을 가르치는 공장의 설립

31. 오래 먹을 수 있어 군부대의 식량으로도 사용될 수 있는 생선 통조림의
    제작 및 생산

32. 사형이나 금고형의 중범은 아니지만 교화가 어려운 범죄자들의 국외 추
    방을 위한 법률의 제정

33. 학교에 다닌 적이 없는 모든 백성의 남자들에게 3~5년간 군사 교육 실시

34. 군인의 아내가 임신했거나 출산했을 때 정부가 출산 및 양육비를 지급하
    도록 하는 법률의 제정108)

　이상의 34가지 제안은 상당 부분 앞에서 본 1903년의 「국가의 세 가지 큰
힘」에서 저자가 강조하는 지식 및 교육, 지하자원의 개발 및 국민의 활발한
경제적 생산 활동, 국가의 군사력 등에 관한 것이다.

　그의 제안에서 특히 흥미로운 것은 의회의 설립이다. 의회 설립에 관한 그
의 논의는 『뚤라위퐉풋짜나깃』에 발표된 1906년의 다른 글에서 계속 이어졌
다. 그는 '후아 나 랏사돈(hua na ratsadon)', 즉 백성의 대표들로 구성된 의회를
설립하면 프라이가 자유롭고 행복하게 되며 국가에 대한 애국심이 더욱 견
고해져 "왕자들을 도와 지체함 없이 나라를 지키는" 힘이 될 것이라고 주장
했다. 그러나 그의 의회 설립 요구에는 개혁 건의문 작성자들의 '입헌군주제'
논의에서와 마찬가지로 국민 주권이나 삼권 분립 등 민주주의의 원칙이 결
여되어 있다. 티안완은 의회 설립의 주장에서 상세한 사항을 논의하는 것은
피한다. 그것은 의회의 설립과 관련된 정치체제 개혁이 당시만 하더라도 정
치적으로 매우 민감한 주제라는 점을 고려할 때 충분히 이해될 수 있다.109)

7. 라마 5세 및 태국 엘리트의 국가 근대화 인식

쭐라롱꼰 왕은 이 책의 부록에 그 번역문이 있는 개혁 건의문에 대한 1885
년의 답신에서 태국의 정부 형태를 '입헌군주제'라고 표현된 유럽식 정치체
제로 변경하라는 급진적인 정치적 제안을 거부했다. 그는 "본인이 국가의 발
전과 안정을 가로막는 사람이 아니"라고 자신을 정당화하면서, 정부 형태를
국왕의 권력이 제한받는 입헌군주제로 개혁하는 것을 거부하는 세 가지 이유
를 든다. 첫째, 자신이 섭정 기간에 겪은 것처럼 국왕이 제한된 권력을 갖고
나라를 통치한다는 것이 얼마나 힘든 것인가를 알고 있으며, 둘째, 태국에 대
한 식민주의의 위협이 자신의 재위 초부터 계속 있어왔고 주위 국가들의 식
민화 소식이 계속 들려왔으며, 셋째, 국왕 자신이 능동적·적극적 성격의 사람
으로서 이미 국가의 개혁을 위해 노력하고 있기 때문이라는 것이다.

절대군주가 국가 발전의 중심에 있어야 한다는 쭐라롱꼰 왕의 생각은 1888
년에 쓴 다른 글에서 보다 분명하게 표출되어 있다. 그해에 발표한 정부 개
혁안의 배경 및 동기에 대한 설명의 차원에서 쓴 이 글에서 그는 다음과 같이
말했다.

> 시암의 국왕의 권력은 어떠한 법에서도 규정되어 있지 않다. 그 이유는
> 짐이 보기에는 [국왕의 권력을] 제한 및 방해하는 누구도 또한 어떠한 것도 없
> 기 때문이다. 그러나 실제로는 국왕은 무슨 행동을 하든지 간에 그것은 적절
> 한 것이어야 하며 정의로운 것이어야만 한다. 그 때문에 짐은 [시암이 국왕의
> 권력을 규정하는] 법을 갖고 있는 다른 나라들과 마찬가지로 국왕의 권력을
> 규정하는 법을 갖는 것에 반대하지는 않는다. [중략] 그러나 어떻게 규정하
> 느냐는 것이 관건이다. 유럽 국가들의 국왕은 백성의 불만으로 일어난 국내
> 사건들 때문에 그 권력이 제한되었다. [중략] 시암에서는 다른 나라들에서

처럼 백성이 그 국왕으로 하여금 마지못해 행동하도록 요구하는 것과 같은 사건은 아직 일어나지 않았다. 그것은 이 나라에서 국왕은 [유럽 국가들과는] 정반대로 국가의 번영과 백성 전체의 행복이 되는 것이면 그것을 응당 행해야 한다고 생각해왔기 때문이다. 그리고 시암 같은 국가를 통치하는 것을 유럽 국가들의 국왕들의 예를 따라하는 것은 불가능할 뿐만 아니라 백성이 좋아하지도 않을 것이다. 만약 의회를 두려고 해도 국회의원이 될 능력이 있는 자가 그다지 없을 것이다. [중략] 백성은 국회의원[110]이 될 자들보다 국왕에게 더욱 큰 신뢰를 둔다. 그것은 그들이 볼 때 국왕이 정의에 거하고 다른 모든 사람보다 정말로 백성이 평안과 행복을 누리도록 그들을 보호하고 사랑하기 때문이다.[111]

여기서 그는 국왕의 권력을 법적 규정으로 제한하는 것은 유럽에서는 국왕의 권력을 제한·축소시킬 정도로 국왕의 정치에 대한 백성의 불만이 있었으나 태국은 그렇지 않기 때문에 불필요할 뿐만 아니라 불가능한 것으로 본다. 이어서 그는 태국에서 절대군주제를 폐지할 수 없는 원인으로 국왕들이 그동안 국가를 성공적으로 운영해왔으며, 그러한 국왕들에 대해 백성이 큰 신뢰를 갖고 있는 태국의 특수성을 강조한다. 태국의 역사적·정치문화적 특수성 때문에 절대군주제가 당연하다는 사고는 당대 태국의 고위 관료에게서도 엿볼 수 있다. 분낙 가문의 인물로서 쭐라롱꼰 왕을 지지한 폰 분낙, 즉 프라야 팟사꼬라웡은 왕족과 고위 관료로 구성된 와치라얀 협회의 회보인 『와치라얀 위셋(Vajirayan Viset)』에 1889년 발표한 글에서 다음과 같이 말했다.

왕국의 모든 토지는 오로지 국왕에게 속하는 것으로 이해된다. 국왕은 왕실 관습을 지키는데, 이 관습은 한 국가('찻')를 형성한 우리 조상들이 세워놓은 것이다. 그들은 한 가문에서 국가의 지도자가 될 능력 있는 자를 뽑았다. 이 자는 매우 능력 있고 영리하여 사람들이 자신의 보호자로 의지할 수 있는 자였다. 이 선택된 지도자는 [나라의] 내적인 그리고 외적인 안전을 지키고 백성에게 행복을 가져왔다. 이것은 다수의 의견에 의해서가 아니라 지도자 자신의 권위에 의해서 일어난 것이다.112)

영국 유학을 마치고 귀국한 후 쫄라롱꼰 왕의 충성스러운 관료로 활동한 폰 분낙은 태국이 '조상들'이 세운 '왕실 관습'이 있는 나라이며, 그 관습을 지키는 국왕은 백성에 의해 선택된 지도자라는 점에서 서양과는 다른 역사적 전통을 가진 나라라는 것을 강조하는 듯하다. 태국의 국왕은 백성에 의해 선택된 존재라는 생각은 이상적인 불교 군주에 대한 태국의 전통적인 인식에 속한다. 태국의 옛 법전인 꼿마이뜨라삼두앙의 프라 탐마삿에 따르면, 인류 최초의 왕은 사람들 사이의 분쟁을 중재하는 자로 '삼마타(sammata, 즉 선출된 자)'였는데 그를 타이어로 '마하 솜뭇티랏(maha sommuthirat, 즉 '선출된 대왕[大王])'이라고 불렀으며, 이 '선출된' 왕은 불교의 가르침에 따라 나라를 통치하는 의무를 가진 자로 인식되었다.113) 폰 분낙은 나아가서 태국이라는 '국가'가 국왕을 중심으로 형성된다는 것을 역설하는데, 이것은 쫄라롱꼰 왕의 생각과 동일한 맥락에 있는 것으로 보인다.

쫄라롱꼰 왕은 특히 '정의로운' 국왕의 역할을 누차 강조했는데, 여기서 '정의'로 번역된 '유띠탐(yuttitham)'은 '불교적 가르침에 합당한 공의'로 이해될 수 있다. 이것은 그가 태국 국왕의 불교 군주로서의 전통적 역할을 강하게 인식하고 있었다는 것으로 해석된다. 쫄라롱꼰 왕의 근대적 국가 형성에 대한 인식은, 건의문 저자들의 것과 비교하면 국가를 유럽의 위협에서 보호하고 나라를 유럽의 모델에 따라 근대화시킨다는 취지는 공통적이지만 그 방식에서는 근본적인 차이가 있다. 즉, 쫄라롱꼰 왕은 근대적 국가 형성을 입헌군주제 같은 서양식 정치제도의 토대 위에서가 아니라 태국의 전통적인 절

행차 중인 쭐라롱꼰 왕. 하안거 후 승려들에게 승복을 시주하는 톳카틴 행사를 위해 왓 랏차보핏(Wat Ratchabophit) 사원에 행차한 쭐라롱꼰 왕.

대군주제에서 하는 것을 원칙으로 생각하고 있었다. 그는 그 이유로 태국의 역사적·사회문화적 특수성을 드는데, 그 특수성은 불교적 왕권의 전통으로 함축될 수 있다. 불교적 왕권의 전통은 한편으로는 백성이 왕을 정의로운 군주, 즉 불법(佛法)에 따라 나라를 다스리는 왕으로 보는 신뢰감으로, 다른 한편으로는 왕이 백성에 대해 도덕적 책임의식을 갖는 것으로 특징지어진다.

국가의 존립에서 '국왕'과 '불교'의 요소를 중시하는 쭐라롱꼰 왕의 생각은 1893년 루앙 랏따나 야띠(Luang Ratana Yati)라는 한 귀족관료에게서도 나타났다. 영국에서 법학을 공부한 그는 자신이 발행하는『탐마삿 위닛차이(Thammasat Winitchai)』114)라는 주간 신문의 1893년 4월 23일자 사설에서 당시 프랑스의 군사적 위협에 직면해 있었던 태국의 국민에게 다음과 같이 호소했다.

국가를 사랑하는 모든 태국인은 침략하는 적에 대항해 왕국을 지키기 위해 최후의 노력을 경주하는 것이 의무일 것이다. [중략] 나는 태국115)에 태어난 남자들은 항복하여 다른 국가의 노예가 되려고 하지 않으리라고 믿는다.

[중략] 우리는 국왕의 은혜에 보답하기 위해 단결하여 적과 싸워야 한다. 우리는 불교가 불경스러운 자들에 의해 짓밟히지 않도록 수호해야 한다. 우리는 우리의 조국을 적의 침략에서 방어해야 하며 태국의 자유와 독립을 보존해야 한다.116)

이 글에서 랏따나 야띠는 태국 국민이 나라를 수호해야 할 이유로 국왕에 대한 충성심, 불교에 대한 존중, 국가에 대한 애국심을 든다. 국왕과 불교와 국가는 쭐라롱꼰 왕의 후계자인 와치라웃 왕의 시대부터 타이 민족주의와 태국 정체성의 세 가지 핵심 요소로 본격적으로 거론된다. 존 걸링(John L. S. Girling)은 '국가·종교·국왕'의 애국주의적 슬로건이 와치라웃 왕에 의해 처음으로 만들어졌다고 말한다.117) 프랭크 레이놀즈(Frank E. Reynolds)는 태국에서 불교를 시민종교, 즉 국가 정체성 확립을 위한 민족종교로 삼으려는 노력이 와치라웃 왕 시대부터 시작되었다고 본다.118) 이러한 관찰들은 앞에서 소개한 쭐라롱꼰 왕 시대에 나타난 생각 특히 랏따나 야띠 같은 사람의 국가관을 간과한 것이다. 따라서 국왕·불교·국가의 세 요소로 구성된 태국 정체성에 대한 인식이 태국의 엘리트 사회 일각에서 이미 19세기 말에 서서히 태동되기 시작한 것으로 보아도 무리 없을 것이다.

쭐라롱꼰 왕은 1903년의 다른 논술에서 절대군주제 옹호와 관련해 모든 지도적 관리의 단합은 개혁 실현을 위한 중요한 바탕이며 이러한 관료사회의 단결은 왕에 대한 사랑과 충성을 통해 도달되어야 한다고 강조했다. 여기서 그는 '단결'을 절대군주에 대한 관료사회의 충성과 국왕 중심의 국가 운영의 결과로 간주하고 있는 것으로 보인다. 쭐라롱꼰 왕은 나아가 "태국의 내적인 일치단결은 전승되어온 정부 형태인 군주 혼자서의 통치가 고수될 때만 이루어질 수 있다"119)고 주장했다. 이처럼 19세기 말 쭐라롱꼰 왕을 비롯한 태국 지배층은 1885년의 건의문이나 티안완의 견해와는 달리, '단결' 개념을

오직 그들 자신의 계층에만 국한하고 있다.[120]

이로써 쭐라롱꼰 왕은 백성의 표현과 언론의 자유에 대한 개혁 건의문의 요구를 수용하지 않는다는 것을 분명히 보여주었다. 라마 5세의 이러한 태도에는 근대화 정책의 추구에서 그가 재위 초부터 특히 전궁 사건 이후 중시해온 점진적인 개혁이라는 기본 원칙이 놓여 있었던 것으로 보인다. 예컨대 그는 이 책 부록에 실린 1874년의 「노예 및 평민 자식의 속량 연령 확정에 관한 법령」에서 국가 발전에 도움이 되지 않은 관습의 "폐지는 개혁이 완성될 때까지 매사가 질서정연하게 진행되도록 하기 위해 천천히 이루어져야 할 것"이라고 말하고 있는 것처럼, 근대화 개혁은 태국 국내 사정을 고려해 순차적으로 이루어져야 한다고 본다. 그리하여 그는 앞에서 언급한 1903년의 글에서 개혁을 위해 다른 나라를 단순히 모방하는 것보다는 자국의 정치적 상황에 대한 올바르고 정확한 이해가 선행되어야 하며, 국가에 필요한 많은 그러나 결코 단번에 추진될 수 없는 정치적 개혁 가운데 우선 국가의 진보에 유익한 그리고 수행 가능한 한 가지 개혁을 선택하여 실행에 옮기고 그 후 다른 것을 하나씩 점진적으로 완성시켜야 할 것이라고 강조했다.[121] 라마 5세의 이러한 점진적 정책은 특히 분낙 가문의 세력이 현저하게 쇠락하고 왕권이 강화되기 시작한 1880년대 중엽 이후 일련의 국가 행정 개혁의 조치들에서 나타났다.

8. 1880년대 중엽 이후 근대화 개혁

1) 왕위 계승의 제도화

정부 교체 시 국가의 안정을 위해서는 '왕위 계승을 위한 확고한 수속과 절

와치룬힛 왕세자 임명식(1887년)

차'를 법으로 명확히 규정해 왕위 교체의 불확실성을 해소하라는 건의문의 제안은 1885년 중엽 우빠랏인 위차이찬 왕자의 죽음 이후 실행에 옮겨졌다. 쭐라롱꼰 왕은 그해 우빠랏 제도를 폐지했으며, 1887년 1월에는 정비 소생의 맏아들인 만 9세의 짜오파(chaofa)급 왕자인 와치룬힛을 왕세자로 임명하고 그에게 '솜뎃 프라 보롬마오롯사티랏 사얌마꿋 랏차꾸만(Somdet Phra Borommaorotsathirat Sayammakut Ratchakuman)'이라는 관등 및 관명을 하사했다. 이로써 통치하고 있는 군주의 아들에게 왕권을 직계로 이양하는 왕위 계승의 새로운 형태가 탄생했다.

쭐라롱꼰 왕과 태국 조정의 귀족관료들은 왕세자 임명을 군주제의 안정을 위한 하나의 토대로 간주했다. 라마 5세는 1887년 중엽 태국의 부대들을 하나의 군대로 통합하면서 총사령관직을 왕세자가 향후 맡게끔 하기 위해 유보

해두었다. 이것은 왕위 교체 시 왕자들 사이에서 일어날 수 있는 분쟁에 대한 군사적 방지책이었다.[122) 1895년에 와치룬힛 왕자가 죽자 라마 5세는 짜오 파급의 두 번째 아들인 와치라웃(Vajiravudh) 왕자를 왕세자로 임명했다. 그러나 라마 5세는 현재 통치하고 있는 국왕이 한 왕자를 왕세자로 임명하는 왕위 계승의 방식을 법으로 확정하지는 않았다. 왕위 계승을 위한 왕세자 임명은 라마 6세 시대인 1924년에야 비로소 법제화되었다.[123)

2) 중앙 행정의 개혁

태국의 국가 근대화를 위한 개혁에서 가장 중요한 것 중 하나인 중앙 행정의 개혁은 1892년에 실시되었다. 그러나 그 작업이 실제로 착수된 것은 1887년이었다. 그해 쭐라롱꼰 왕은 프라클랑 장관인 테와웡 왕자를 런던에서 거행되는 영국의 빅토리아 여왕 재위 50주년 기념식에 정부의 대표로 파송했다. 테와웡은 공식 업무 외에 유럽의 여러 나라의 행정제도와 방식을 조사하도록 지시를 받았는데, 와이어트에 의하면 이것은 개혁 건의문의 제안에 대한 쭐라롱꼰 왕의 반응일 수 있다.[124) 1887년 말에 귀국한 테와웡 왕자는 국왕에게 행정부처의 구조 개혁에 대한 건의문을 제출했다. 그는 12개 행정부처로 이루어진 내각을 설립하되, 전통적인 기존의 6개 장관급 부처ㅡ끄롬 마핫타이, 끄롬 깔라홈, 끄롬 프라클랑, 끄롬 나콘반, 끄롬 왕, 끄롬 나ㅡ와 아직 독립적인 장관급 부처로 승격되지 못한 부처ㅡ끄롬 윳타나티깐(Krom Yutthanathikan, 전쟁업무부), 끄롬 프라클랑 마하솜밧(Mahasombat, 국세청), 끄롬 산 윳띠탐(Krom San Yuttitham, 법무부), 끄롬 랏차레카티깐(Krom Ratchalekhathikan, 왕실비서국)ㅡ를 개편하여 구성할 것을 제안했다.[125)

쭐라롱꼰 왕은 이 제안의 실현 가능성을 검토하기 위해 우선 언급된 행정부처의 장관들로 구성된 위원회를 설립했다. 그는 1888년 3월에 이 위원회에 국가 행정제도를 변경하겠다는 자신의 의지를 문서로 통보했다. 「국가 행정 개혁에 대한 라마 5세의 설명」이라는 제목의 이 문서에서 그는 전통적인 행정부처의 민사적·군사적 기능을 기술하면서 이러한 행정체제가 새로운 시대 상황에 부응하지 못한다고 비판했다. 그는 해결 방안으로 각기 별개의 행정 기능을 가진 다음과 같은 12개의 독립 행정부처로 이루어진 새로운 정부체제를 제안했다.126)

- *끄롬 마핫타이*(Krom Mahatthai): 북부 지역 내무부로서 북부 지방과 태국의 속령인 라오스 지역의 행정을 관할.
- *끄롬 프라깔라홈*(Krom Phra Kalahom): 남부 지역 내무부로서 남부·서부·동부 지방과 속령인 말레이 지역의 행정을 관할.
- *끄롬 타*(Krom Tha): 외무부로서 *끄롬 프라클랑*이 전통적으로 가졌던 몇몇 해안 지방에 대한 행정 관할의 기능 없이 오직 대외 업무만 담당.
- *끄롬 왕*(Krom Wang): 궁내부로서 왕궁과 왕실의 업무를 담당.
- *끄롬 므앙*(Krom Mueang): 수도 지역 내무부로서 수도 주민의 등록과 수도의 공공질서 유지를 담당.
- *끄롬 나*(Krom Na): 문자적으로는 농업부이지만 왕국의 전반적인 경제를 책임지는 부처로서 농업·상업·광업을 관장.
- *끄롬 프라클랑*(Krom Phra Khlang): 재정부로서 국고의 수입과 지출을 관장.
- *끄롬 욧띠탐*(Krom Yuttitham): 법무부로서 수도의 민사·형사 재판과 전국의 항소 재판을 관할.
- *끄롬 욧타나티깐*(Krom Yutthanathikan): 국방부로서 육군과 수군의 모든 군사적 업무를 관할. 육군과 수군은 각각 사령관을 둠.
- *끄롬 탐마깐*(Krom Thammakan): 왕국의 종교·교육부로서 종교 업무와 교육 및 의료 관련 행정을 담당.

- 끄롬 요타티깐(Krom Yothathikan): 공공사업부로서 왕국 내 도로 및 운하 건설 등 토목공사와 우편 및 전신 업무와 철도 같은 모든 공공시설을 관장.
- 끄롬 무라타티깐(Krom Murathathikan): 옥쇄부로서 왕국의 옥쇄와 법전 및 공식 문서의 관리 및 보존 업무를 관할. 이전의 끄롬 랏차레카티깐을 개편한 것으로 오늘날 공문서보관실의 기능을 담당.

그러나 쭐라롱꼰 왕은 행정제도 개혁의 계획을 곧바로 실행하지 않고 국가 행정이 6개 장관급 부처로 구성되어 있는 기존의 행정체제로 일정 기간 운영되도록 하는 동시에 나중에 독립적인 장관급 부처로의 발전을 염두에 두고 기존의 부처들을 재편성하거나 앞에서 언급한 것과 같은 새로운 여러 부처를 설립했다. 예컨대 1887년 설립된 끄롬 슥사티깐(Krom Sueksathikan, 교육청)은 종교 업무 담당 관청, 병원 관할 관청, 박물관 관할 관청 등이 합쳐져 1889년 장관급 부처인 끄롬 탐마깐으로 확대되었다. 1890년에는 우편 및 전신 업무를 관장하는 관청이 끄롬 요타티깐(공공사업부)으로 탈바꿈했다. 신설된 부처의 기관장에는 국왕의 동생들이 임명되었다.[127]

4년간의 시험 단계와 신중한 검토 끝에 마침내 1892년 4월 쭐라롱꼰 왕은 모두 동급의 관등을 갖는 12개 장관급 부처로 구성된 새로운 행정체제의 수립을 공식적으로 선포했다.[128] 그런데 몇몇 새로운 부처의 행정적 기능은 1888년 라마 5세가 제안할 당시의 것에서 부분적으로 변경되었다. 예컨대 끄롬 윳타나티깐의 기능은 오직 육군에 국한되었고 수군과 코끼리부대와 병기고의 관할권은 끄롬 프라깔라홈이 맡았다.[129] 9개 부처의 장관에 국왕의 동생들이, 나머지 3개 부처의 장관에는 쭐라롱꼰의 신임을 받는 폰 분낙, 쩜 생 추또, 짜오프라야 랏따나티벳(Chaophraya Rattanathibet) 같은 귀족관료들이 임명되었다. 상호 구분된 행정 기능을 갖는 12개 부처는 '세나보디 사파(senabodi sapha, 내각)'을 구성했으며, 이 내각은 국왕에게 직속되었다. 장관들

쭐라롱꼰 왕(1891년). 1891년 3월 25일 방빠인(Bang Pain)궁에서. 와치룬힛 왕세자, 러
시아 왕세자, 쭐라롱꼰 왕, 그리스 왕자, 파누판투웡(Phanuphanthuwong) 왕자(첫째 줄
왼쪽에서부터).

에게는 비록 형식적이지만 국왕의 행정권의 상당 부분이 이양되었다. 하지만
그들은 직무의 결정과 수행에서 국왕의 승낙을 받아야 했다. 이 점은 개혁 건
의문의 영향으로 볼 수 있다.[130]

3) 지방 행정의 개혁

쭐라롱꼰 왕 시대 지방 행정의 개혁은 왕국의 변경에 위치한 지방들과 외
곽의 속국 또는 조공국에 대한 중앙 정부의 행정적 통제의 강화를 그 내용으로
한 것이었다. 그것은 첫째 서구 열강의 식민화 위협이 주로 왕국의 변경 및 외
곽을 통해 들어온다는 것에 대한 경계심, 둘째 왕국의 영토와 속국에 대한 국
왕의 인식을 배경으로 한 것으로, 이 두 가지 측면은 서로 연결되어 있었다.

첫 번째 측면은 한편으로는 태국의 속령인 캄보디아 서부 및 북부와 태국의 조공국인 라오스에 대한 프랑스의 식민지 팽창, 다른 한편으로는 말레이 반도의 태국의 조공국들과 미얀마에 인접한 태국 서북부의 조공국들에 대한 영국의 식민지 팽창 및 영토 분쟁에 대한 우려와 관계된 것이었다.131) 두 번째 측면은 조공국을 포함한 왕국의 모든 영토에 대한 태국 국왕의 주인 또는 보호자로서의 인식으로, 예컨대 1874년 쭐라롱꼰 왕이 태국의 조공국인 루앙파방에 가서 이 라오 왕국의 새로운 통치자를 임명하면서 라오인이 방콕 조정에 충성하면 태국 국왕이 그들을 위험에서 보호해주고 라오 왕국을 번영으로 이끌어줄 것이라고 말했을 때 표출되었다.132)

지방 행정의 개혁을 논하기에 앞서 지방 행정의 전통적인 구조 및 방식을 이해할 필요가 있다. 19세기 중엽 태국의 영토는 행정적으로 내(內)지방, 외(外)지방, 조공국 등 세 범주로 구성되어 있었다. 내지방은 왕국의 핵심 부분으로 수도 근처와 중부의 지방을 포함하는 지역이었으며, 중요성과 크기에 따라 다시 네 가지 등급으로 구분되었다.133) 외지방은 내지방과 조공국 특히 북부 및 동북부의 왕국들 사이에 있는 지역을 일컬었다. 조공국은 1890년대 초 북부의 치앙마이, 람빵(Lampang), 람푼(Lamphun), 프래(Phrae), 난(Nan) 왕국들, 라오스의 루앙파방 왕국, 캄보디아의 서부 및 북부의 일부 그리고 남부의 트렝가누, 클란탄, 크다 등 무슬림 왕국들이었다.134)

지방은 *끄롬* 마핫타이, *끄롬* 깔라홈, *끄롬* 타 등 중앙 관청의 행정적 관할 아래 있었다. 특히 1802년 라마 1세가 공포한 법령에 의해 지방의 주요 관리를 중앙의 행정부처에서 임명하는 등 적어도 지방의 인사 행정은 중앙의 통제하에 있었다.135) 그러나 중앙 정부의 직접적인 행정적 통제가 실제로 미친 곳은 내지방, 그것도 '왕 랏차타니(wang ratchathani)'라고 부르는 수도 근방의 지역뿐이었다.136)

지방 특히 외지방의 행정은 상당 부분 자율적으로 운영되었던 것으로 보인다. 방콕 정부는 지방의 수령을 임명할 때 현지의 지배적 가문의 영향력과 기득권, 그 지역의 중앙에 대한 경제적 혹은 군사적 중요성을 감안해야 했다. 지방의 주요 관리는 수령의 추천을 받아 임명되었으며, 하급 관리의 인사는 수령의 권한이었다.[137] 지방의 수령은 중앙에서 급여는 물론 지방 행정의 운영을 위한 재정적 지원을 받지 않았다. 그 대신 그는 '낀므앙(kin mueang)'이라는 제도를 통해 지역 재정의 상당 부분에 대한 관할권을 보장받았다. '므앙'은 성(城), 시(市), 읍(邑) 혹은 나라 등으로 번역된다. '므앙을 먹다'를 뜻하는 '낀므앙'은 전근대 시기 한국 및 중국에서 국왕이 왕족과 고위 관료에게 마을 혹은 일정 지역을 주어 그곳을 수입의 기반으로 삼게 한 '식읍(食邑)'과 유사한 제도인 것으로 보인다. 태국에서는 '낀므앙' 제도에 따라 지방의 수령은 '므앙' 영토를 하사받아 특히 그 지역의 조세를 자신의 수입으로 삼았다.[138] 그들은 더 나아가 관할 지역의 재판 등 사법 행정을 거의 독자적으로 운영했으며 상업과 각종 수익 사업에 대한 통제권도 갖고 있었다.

조공국은 내정(內政)에서 지방보다 더욱 자율적이었다. 예컨대 통치자의 지위는 대개 가문 내에서 세습되도록 묵인되었으며, 조공국 정부는 조세를 포함한 재정과 사법 행정을 독자적으로 운영했다.[139] 치앙마이와 그 일대의 북부에서 활동한 미국인 개신교 선교사 다니엘 맥길버리(Daniel McGilvary)는 1870년대 중엽 방콕 정부와 치앙마이, 난, 프래, 람빵 등의 정치적 관계를 다음과 같이 묘사했다.

그 우두머리들은 사실 3년에 1번씩 수도에 가서 명목상 조공을 바치고 충성 서약을 되풀이하도록 요구되었다. 그러나 이것을 제외하면 그들은 사실상 자유로웠다. 그 왕은 자신의 나라에서 절대적인 통치권을 갖고 있었다. 시암인은 북부 라오 국가의 내정에 간섭하거나 그것을 통제하려고 한 적이 없었다.[140]

지방과 조공국의 행정적 자율권에 비해 중앙 정부가 이들에 대해 갖는 통제 메커니즘은 형식적이고 불연속적이었다. 그들의 방콕 정부에 대한 의무는 1년 2회 태국 국왕에 대한 충성 서약 의식을 행하는 것, 전쟁 발발 시 방콕 정부의 요청에 따라 군대를 징집하여 파견하는 것, 그리고 지방의 경우 중앙으로 조세의 일부를, 조공국의 경우 금수(金樹)와 은수(銀樹) 형태로 된 조공과 토산물을 정기적으로 바치는 것 등이었다.141) 금수와 은수는 금 혹은 은으로 만든 잎과 꽃을 단 장식용 나무로 그 크기는 조공국 및 속국의 경제적 부(富)에 따라 달랐다. 크기가 가장 컸던 말레이 조공국 클란탄에서 보낸 금수와 은수의 높이는 약 3.12미터였으며, 크기가 가장 작은 라오스 조공국 보리칸니콤(Borikhannikhom)이 바친 금수와 은수는 약 60센티미터였다. 금수와 은수의 가치는 19세기 중엽 클란탄이 보낸 것의 경우 당시 영국 돈으로 약 1,000파운드였다고 한다.142) 이 액수의 가치는, 20세기 초 방콕 정부의 내무부와 교육부에 고용되어 태국에서 장기간 체류한 영국인 그레이엄(W. A. Graham)에 따르면, 1897년경 태국에서 수소 한 마리가 약 2.85파운드였다는 점을 기반으로 추산할 수 있을 것이다.143)

쭐라롱꼰 왕의 지방 행정 개혁은 무엇보다도 상술한 행정구조와 관행을 가진 지방 및 조공국의 재정적·인적 자원을 중앙 정부의 보다 확고한 통제 아래 두고 이를 유럽 열강의 식민화 위협에서 나라를 지키는 데 보다 효율적으로 이용하고자 한 것이었다. 지방 행정 개혁의 작업은 이미 1870년대 시작된 것으로 보인다. 방콕 정부는 1870년대 중엽 치앙마이와 푸껫으로 '카루앙(kha luang)', 즉 판무관을 파견했다. 목적은 치앙마이 일대의 티크 삼림과 말레이반도의 주석 광산을 둘러싼 현지인 엘리트와 영국인 간의 분쟁을 해결하고 그 지역을 영국의 행정적 개입 내지 영토적 팽창에서 보호하기 위한 것이었다. 같은 시기 방콕 조정은 루앙파방과 밧땀방 지역 및 그 주변부에 대한 태국의 영토적 통제를 계속 유지하기 위해 판무관을 보냈다. 프랑스가 라오스 지역으로 영토 팽창을 추구하던 1880년대와 1890년대 초에 라오스 남부의 짬빠삭과 라오스에 가까운 농카이(Nongkhai), 우본랏차타니(Ubonratchathani), 나콘랏차시마 등으로도 판무관이 파송되었다.144)

태국 정부가 지방 및 조공국으로 파견하는 카루앙은 전통적으로 주로 왕국의 영토 방어 등 군사적 분야에서 직권을 행사했으나, 1880년대 이후에는 해당 지역의 행정체계 개선과 나아가서는 그 지역에 대한 중앙 정부의 행정 및 재정 통제의 강화가 보다 중요한 과제가 되었다. 예컨대 1888년 우본랏차타니에서 프라이를 군사 훈련에 징집함으로써 지역 주민에 대한 중앙 정부의 더욱 직접적인 통제가 시작되었다. 1884년 람빵에서는 판무관이 그 지역에서 징수되는 목재 세금의 일부분을 중앙 정부의 몫으로 만들었으며, 1892년 우본랏차타니와 농카이 등지에서는 판무관이 주류·아편·소금 등을 비롯한 다양한 품목에 대한 징세 청부업을 직접 관리했다. 치앙마이와 루앙파방에서는 1891년 판무관이 그 지역의 수출과 수입에 대한 세금을 부과하여 세금의 90퍼센트를 판무관의 경비로 사용하기도 했다.

1880년대까지 지방 행정의 개혁을 위한 중요한 기술적 발전도 이루어졌다. 예컨대 1883년과 1889년에 시작된 우편 및 전신 업무를 통해 동쪽으로는 방콕과 밧땀방, 서쪽으로는 방콕과 영국령 미얀마의 다웨이(Tavoy) 간 전신이 개통되었고 1890년대까지 수도와 전국이 우편 및 전신으로 연결되었다.145) 또 조공국들에서 유럽 국가들과의 영토 갈등이 점차 빈번해지자 왕국의 영토 측량의 중요성을 인식한 쭐라롱꼰 왕 정부는 1885년 왕실측량청을 설립했다.146) 영국인 토지 측량 전문가 맥카티(James McCarthy)와 로프터스(A. J. Loftus)를 고용하여 이들의 지도로 전국에 대한 과학적인 측량을 실시했다. 그 결과 작성된 태국 최초의 전국 지도는 1887년 런던에서 출판되었다.147)

1892년 4월 중앙 행정의 개혁에서 이후 추진되는 지방 행정의 개혁과 관련해 두 가지 중요한 측면은 지방 행정이 여전히 *끄롬 마핫타이*와 *끄롬 프라깔*

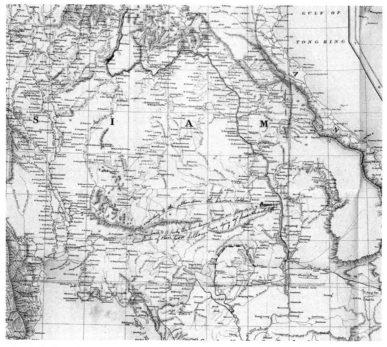

맥카티의 태국 지도(1893년)

라홈의 두 행정부처에 분산되어 있었다는 점과 끄롬 마핫타이의 장관직에
담롱 왕자가 임명되었다는 점이다. 첫 번째 측면의 문제는 1894년 12월 끄롬
프라깔라홈이 해체되어 남부 지역 행정은 끄롬 마핫타이로, 군사 행정은 끄
롬 윳타나티깐으로 이관됨으로써 해결되었다. 이로써 끄롬 마핫타이는 지방
행정을 전담하는 진정한 의미의 내무부가 되었다. 그레이엄에 의하면, 담롱
왕자는 국가의 발전과 백성의 문명화를 위한 국왕의 모든 계획을 가장 적극
적으로 지지한 인물이었다.148) 쭐라롱꼰 왕은 담롱에게 그를 중임에 발탁한
이유를 설명하면서 서구 식민주의의 위협을 막기 위해 지방 행정의 정비가
필요하며 그 사안이 당시 태국의 국정에서 가장 중요한 것이라고 말했다.149)
　　이미 1891년 국왕에게서 끄롬 마핫타이의 개혁 작업에 대한 협조를 부탁받

담롱 왕자(1887년)

고 그 부처의 행정체계를 조사한 담롱은 1892년 말 북부 지방을 시찰했다. 그는 이 여행을 통해 지방의 수령들이 권력을 남용해 조세를 착복하는 등 사적인 이익을 추구하며 지방 관리의 행정적 자질이 전반적으로 낮다는 것을 확인했다. 그는 지방 행정의 중앙집권화를 위해서는 첫째 중앙 정부의 이해관계를 지방에 전달하고 집행하는 판무관을 계속 파견하기, 둘째 지방 관리에게 급여를 지불하여 그 지방에 대한 독립적인 지위를 종식시키기, 셋째 지방의 사법 행정과 재정 운영에 대한 중앙의 직접적 통제 확립, 넷째 백성의 협조를 통한 지방 하급 행정단위의 개혁 등이 필요하다고 보았다.

이러한 조치 가운데 모든 지방 행정 개혁을 위한 바탕이자 통로가 되는 판무관제도를 더욱 정교화하는 작업부터 착수되었다. 담롱 장관은 판무관의 명칭을 아예 '카루앙 테사피반(kha luang thesaphiban)', 즉 '지방 판무관'으로 고치고 중앙에서 급여를 받는 지방 판무관이 파견되는 지방뿐만 아니라 근처의 다른 지방까지 관할하도록 했으며, 한 명의 지방 판무관 관할 아래 있는 지방들을 하나의 행정단위로 묶어 이를 성(省) 혹은 도(道)를 뜻하는 '몬톤 (monthon)'이라고 불렀다. 이렇게 하여 1893년 나콘랏차시마를 필두로 그 이후 수년 동안 십여 개의 몬톤 행정구역이 새로 만들어졌다.[150]

지방 판무관은 치안 질서가 다른 개혁의 전제조건이라는 것을 인식하여 관할 구역 내 경찰부대를 설립했으며 매관매직하는 수령을 비롯한 부패한 지방 관리를 파면했다. 지방 행정의 중앙집권화를 위한 본격적인 작업은 1895년 몬톤의 수령과 그 하급 행정단위인 암퍼(amphoe), 즉 현(縣)의 현령에 방콕에서 파견된 관리가 임명되고 지방의 관리에게 급여가 지급됨으로써 시작되었다. 이듬해 담롱 장관은 몬톤의 재정을 중앙 정부의 끄롬 프라클랑(재정부) 관할로 이전했다. 지방 재정의 중앙화를 통해 중앙 정부의 세입은 1892년 약 1,538만 바트에서 1898년 약 2,850만 바트로 증대되었다. 또 같은 해 1월에는 지방 재판소법이 공포되어 사법 행정이 지방 관청에서 중앙의 끄롬 윳띠탐 (법무부)으로 이관되고, 지방의 사법 담당 관직에 법무부 소속 판사가 임명되는 등 지방의 사법 행정에 대한 중앙집권화가 상당 부분 수립되었다.[151]

마침내 1899년 2월 내무부는 지방 행정 규정을 제정하여 지난 수년간 여러 분야에서 추진하고 실시해온 지방 행정의 개혁을 공식적으로 확정했다. 지방의 행정적 자율성을 완전히 종식시킨 것으로 평가되는 이 법령으로 수령은 이제 국왕에 의해 임명되고 지방 판무관의 통제하에 놓이는 존재가 되었다. 수령의 하급 관리에 대한 임면권은 박탈되었으며, 그들의 임면은 이제 지방 판무관 혹은 내무부를 통해 이루어졌다. 수령 이하 지방 관리는 중앙 정부가 지급하는 급여 외의 다른 수입원을 모두 차단당했다. 내무부는 몬톤, 암퍼, 땀본(tambon, 면[面]), 무반(mu ban, 리[里]) 등으로 구성된 지방 행정체제를 완성하고 각 행정단위의 수장 및 산하 관리의 기능을 확정했다. 이로써 적어도 이론상으로는 모든 수준과 영역의 지방 행정에 대한 중앙집권화가 수립되었다. 이 새로운 지방 행정체제를 흔히 '테사피반 체제'라고 부른다.[152] 그레이엄은 지방 행정의 개혁의 결과를 "이로써 충성이 의심스러운 속령들의 느슨한 응집은 시암의 어떠한 옛 통치자들이 꿈꾸지 못했을 정도의 동질적인 국가로 결합되었다"[153]라고 평가했다.

그러나 이러한 지방 행정의 개혁에 대해 불만과 저항이 없었던 것을 아니었다. 한 영국인 영사는 1900년 난의 짜오므앙(chao mueang, 성주[城主])은 "자신의 모든 권력과 특권을 빼앗겼으며 자신은 이제 명목상의 수장일 뿐 권력의 본체는 시암 정부의 대표에게 확실하게 이전되고 있다는 것을 실감하고 있다"고 관찰했다.[154] 치앙마이에서는 농민이 공역의 대체물로 도입된 인두세를 지불했음에도 불구하고 도로와 수로의 건설 및 보수 공사에 동원되자, 이에 불만을 품고 관청에 항의하는 일이 일어나기도 했다. 마침내 1902년에는 프래에서 지방 행정에 대한 일방적인 중앙화의 조치에 반발하는 폭동이 발생했다. 이 폭동을 신속히 진압한 방콕 정부는 외곽 지역에 대한 더욱 강력한 통제의 필요성을 느꼈다. 지방 행정에 대한 보다 확고한 통제는 라마 5세의 통치가 끝나는 1910년쯤 되어야 가능해졌다.[155]

4) 교육제도의 개혁

교육제도의 개혁은 중앙 행정 및 지방 행정의 개혁 등과 맞물려 있는 분야로 라마 5세 정부가 국가의 근대화와 관련해 가장 중시한 과제 중 하나였다. 태국의 전통적인 교육은 남자의 경우 불교 사원에서 승려에 의해, 여자의 경우 집에서 주로 부모에 의해 이루어졌고, 대부분 타이어의 읽기와 쓰기 그리고 산술을 배웠다. 전통적인 교육은 학생과 승려 간 사적인 관계에서 행해진 것으로, 교육의 구체적인 과정과 내용은 교사로서의 승려와 학생 개개인의 능력과 요구에 맞춰 이루어졌다.[156]

제자에게 불교 교리를 가르치는 승려

불교 사원은 종종 전문교육을 제공했다. 절에서 승려들은 간혹 불교 언어
인 팔리어와 불교 교리를 가르쳤다. 수도와 지방의 주요 도시에 있는 사원 중
에는 의술이나 점성술 등의 과학 분야와 회화·공예 등의 예술 분야의 지식과
기술을 전수해주는 곳도 있었다. 관리 양성을 위한 교육은 전통적으로 마핫
렉에서 이루어졌다. 마핫렉에 들어가지 못한 경우 왕자나 귀족관료의 집에 일
종의 도제로 들어가 행정에 필요한 지식과 기술을 배웠다. 어떤 귀족관료 집
안은 자제들에게 자체적으로 관리 교육을 실시하기도 했다.157)

태국에서 근대적 교육은 라마 4세가 1862년 애너 리어노웬스를 가정교사
로 삼아 왕궁에서 왕족에게 영어를 가르치게 한 것이 효시다. 근대적 교육은
라마 5세 시대에 본격적으로 추진되었다. 쭐라롱꼰 왕은 앞에서 본 것처럼
마핫렉 친위대의 대원을 위해 1870년에 타이어학교를, 1872년에 영어학교를
세웠다. 그는 1882년 왕조 건립 100주년 기념식에서 행한 연설에서 태국의
관료사회를 구성해야 할 주 계층이 왕족과 귀족이라고 강조했으며,158) 1890

년의 칙령에서는 비록 자신은 지식과 능력을 갖춘 평민을 관료사회에 수용할 준비가 되어 있으나, 그럼에도 불구하고 동일한 교육 수준에서는 귀족 가문의 자제를 선호할 것이라고 말했다.159) 여기서 엿볼 수 있는 것처럼, 라마 5세는 근대적 태국의 건설에서 왕족 및 귀족 등 엘리트의 역할을 중시하여 그들이 근대적 교육을 우선적으로 받아야 한다고 보았다.

그러나 마핫렉의 두 학교는 이 점에서 그다지 성공적이지 못했다. 사실 타이어학교는 인쇄된 교과서를 사용하는 등 새로운 교육방식이 도입되었음에도 불구하고 교과 내용은 전통적인 것과 다르지 않았으며 선생들은 모두 승려 출신이었다.160) 게다가 사무직을 위한 공부를 쓸모없는 것으로 간주하는 문화적 선입견을 갖고 있는 상류층 엘리트는 영어 교육 등 국왕의 새로운 교육 프로그램에 비협조적이었다. 이와 관련해 당시 방콕 주재 미국 영사인 데이비드 시클스는 "구 정권의 강력한 파벌이 있는데, [중략] 이들은 어떠한 형태의 교육 특히 외국 언어와 학문에 대한 교육에 찬성하지 않으며, 조상의 지혜에 대한 맹목적인 믿음을 갖고 있어 그것이 어디에 있던 상관없이 [자신들의] 옛 경계표지를 제거하려는 모든 시도에 완강하게 저항한다"161)고 말했다. 마핫렉의 영어학교는 결국 3년 뒤에 문을 닫았다.

이러한 상황에도 불구하고 라마 5세는 엘리트층 자제를 교육시켜 근대적 국가 행정 인력으로 키운다는 구상을 포기하지 않았다. 그는 1860년 태국에 와 펫차부리에서 학생에게 영어 교육과 직업 교육을 제공해온 미국인 선교사 새뮤얼 맥팔랜드(Samuel McFarland)의 제안에 따라 1879년 1월에 왕족과 귀족 자제에게 타이어, 영어, 수학, 과학 등을 가르치는 학교를 톤부리에 설립했다. 수안 아난(Suan Anan)이라고 불린 이 학교는 개교 첫 해에 100명의 엘리트층 자제가 입학했으나, 점차 엘리트층 지원자가 줄고 그 대신 부유한 화인 집안의 자제가 들어와 라마 5세가 의도한 대로 발전하지 않았다.162)

1880년 라마 5세는 고위 관료 양성을 위한 또 다른 엘리트 학교인 수안 꿀랍(Suan Kulap)을 세웠다. 담롱 왕자가 창설 과정에서 큰 역할을 한 수안 꿀랍학교는 타이어와 영어 외에 수학과 지리학 그리고 근대적 행정의 수요에 부응하여 회계학, 문서 작성법, 전신·전보 기술 등도 가르쳤다. 고액의 등록금을 내야 입학할 수 있는 이 학교는 처음에는 왕족만 받아들였으나 뒤에는 귀족 자제도 수용했다. 그러다가 점차로 하급 관리와 화인 출신 평민 자제가 더 많이 입학하면서 라마 5세 재위 말기가 되면 수안 꿀랍은 더 이상 엘리트 학교라고 할 수 없을 정도가 되었다.163)

라마 5세 정부는 1880년대 중엽 이후 근대화 개혁을 강하게 추진하기 시작해 새로운 행정부처가 만들어지고 정부의 활동이 증가했으며, 그에 따라 민사 및 군사 분야의 공직 인력에 대한 수요가 갈수록 늘어났다. 당시 태국에서 활동하는 화인 및 서양인 회사에서도 근대적 교육을 받은 인력에 대한 요구가 갈수록 커졌다.164) 이러한 배경에서 1887년에 사관학교, 1897년에 법률학교, 1899년에 행정학교가 설립되었다. 이러한 전문학교는 수안 아난이나 수안 꿀랍과 마찬가지로 원래는 엘리트층을 위해 설계된 것이었으나 평민도 적극적으로 진출했다. 특히 사관학교는 군인이 되는 것이 최하위 계층의 일이라는 전통적인 인식을 갖고 있는 왕족 및 귀족들이 입학을 꺼려 평민의 진출이 가장 많았다.165) 쭐라롱꼰 왕은 근대화된 태국의 건설을 위해 근대적 교육을 도입했으며 그것을 엘리트층 중심으로 운영하려고 했으나, 결과적으로는 그가 의도했든 하지 않았든 평민에게 근대적 교육의 기회를 열어준 것이 되었다. 특히 전문학교는 평민이 관료사회에 진출하는 통로로 작용하여 20세기 초 태국에서 사회적 유동성이 일어나는 중요한 온상이 되었다.

라마 5세는 교육제도의 개혁을 한편으로는 국가의 근대화 개혁에 필요한 행정 인력을 엘리트층 중심으로 양성한다는 목적을 위해, 다른 한편으로는 백성의 문맹을 깨치고 문명화시킨다는 보편적인 동기에서 추진했다. 보편적 동기에서 비롯한 대중교육에 대한 라마 5세의 생각은 학교를 운영하는 전국의 불교 사원을 상대로 한 1875년의 칙령에서 처음으로 나타났다. 여기서 그는 왕실의 후원을 받는 사원 학교는 최소 5명의 교사를 두어야 하며, 그들에게 정부가 제작한 교과서와 6바트의 월급이 지급될 것이라고 말했다. 또 선생은 학생을 더욱 엄격히 가르치고 정부의 감독 아래 6개월마다 시험을 실시하여 학생의 학업 성과를 확인토록 했다. 라마 5세는 이러한 교육이 불교와 왕국 뿐만 아니라 교육받는 아이에게도 유익할 것이라고 강조했다.[166] 이 칙령은 사원 학교를 일종의 공립 학교로 전환한다는 취지를 갖고 있었다. 그러나 근대 교육의 장점에 대한 확신이 부족했던 사원의 비협조적 태도로 사원 학교를 통해 대중 교육을 실시하려는 라마 5세의 첫 시도는 실패로 돌아갔다.[167]

라마 5세는 1884년에 비슷한 내용의 대중 교육 정책을 다시 시도했다. 그러나 교육 개혁을 통해 자신이 주변부로 밀려나게 될 것을 우려한 승려들이 호응하지 않았으며, 정부가 사원 학교에 등록한 프라이 계층 학생을 군역에 징집할 것이라는 소문을 믿은 부모들이 자식을 학교에 보내지 않았다.[168] 이에 쭐라롱꼰 왕은 1885년 포고문을 통해 교육 개혁이 대중적 지식의 증대를 위한 것이라고 해명했다. 또한 교육이 평민의 관료사회 진출을 위한 통로가 될 수 있다는 인식이 확산되자 사원 학교에 입학하는 학생이 점차 많아졌다.[169]

보편적 교육을 위한 노력은 1890년대 말부터 본격적으로 나타났다. 라마 5세는 1897년 유럽 여행에서 돌아온 후 태국을 통합된 근대 국가로 만들기 위해서는 백성의 교육이 더욱 필요하다는 것을 깨달았다. 이와 관련해 그는 1898년의 칙령에서 "모든 사람의 번영은 항상 올바른 행동과 올바른 생계를 근간으로 생긴다. 사람이 올바른 방식으로 행동하고 생계를 버는 것은 젊었을 때부터 항상 올바른 훈계와 가르침을 듣고 유용한 학문과 지식을 배우는 것에서 비롯한다"[170]라고 말했다.

라마 5세는 이복동생인 와치라얀(Wachirayan) 왕자, 담롱 왕자, 그리고 당시 교육청 청장인 프라야 위숫수리야삭(Phraya Wisutsuriyasak) 등의 협력을 얻어

보편적 교육을 위한 개혁 작업을 추진했다. 사원 학교를 이용해 초등 보통교육을 실현한다는 기존의 방침을 고수한 그는 태국의 근대화에서 어떤 것은 서양의 모델이 아니라 태국 방식으로 행해져야 한다고 강조하면서 승려들이 근대적 교육에서 역할을 계속할 것을 권장했다. 라마 5세는 지방의 근대적 보통교육 실현을 한편으로는 지방 행정 개혁을 총괄하고 있던 담롱 왕자를 통해, 다른 한편으로는 당시 불교계의 수장인 와치라얀 왕자를 통해 추진했다. 특히 와치라얀 왕자는 농촌의 불교 사원에 학교를 세우고 그들 학교에 중앙의 교육청이 개발한 교과목과 교과서를 도입했다. 이로써 학생들은 표준어인 '방콕 타이어(Bangkok Thai)'와 타이 문자뿐만 아니라 서양식 수학과 과학을 배웠다. 이러한 변화를 통해 태국 백성의 국가적·사회적 통합이 촉진되었다. 1902년에는 1880년대 중엽에 설립된 교육청이 독립된 행정부처인 교육부로 승격되어 왕국의 교육 업무를 총괄했다.[171)

라마 5세는 재위 마지막 10년 동안 초등 보통교육의 실현을 위해 노력했으나 학생과 학교의 숫자는 빨리 증가하지 않았다. 라마 5세 재위 말년에도 모든 지역에 적용되고 모든 국민을 포함하는 보통교육제도는 확립되지 못했다. 이 점은 1903/04 회계연도부터 1910/11 회계연도까지 교육부 예산이 국가 전체 예산의 1.5~1.6퍼센트에 불과했다는 사실에서 짐작할 수 있다.[172) 태국에서 보통교육은 라마 6세 시대에야 실현되어 1921년 만 7세부터 만 14세까지의 모든 소년소녀가 학교에 다니도록 한 초등의무교육법이 제정되었다.[173)

5) 징세제도의 개혁

여러 관청이 각각의 관할 지역에서 시행하는 세금 징수 과정에서 담당 관리와 징세 청부업자는 자신의 치부(致富)를 위해 종종 백성에게서 공갈·협박으로 돈을 우려냈다.[174) 쭐라롱꼰 왕은 이러한 폐습의 퇴치를 위해 이미 1870

년대 중엽 왕국 전체의 조세제도를 자신의 통제하에 두고 효율적인 징세방식을 도입하기 위해 노력했다. 그러나 조세제도는 전통적인 징세제도에서 이익을 얻고 있던 관리들의 경제적 이해관계와 긴밀하게 연결되어 있었다. 징세제도의 개혁을 위한 라마 5세의 계획은, 그것이 영향력 있는 관료들의 재정적 이권을 침해하는 것이었기 때문에 일단 유보되어야 했다. 조세제도의 개혁은 새로운 행정체제의 수립과 더불어 1892년에야 비로소 다시 시도되었다. 개혁의 목표는 세금 징수 시 전통적으로 흔히 발생해온 위법행위와 공갈·협박에서 백성을 보호한다는 것이었다. 이 점에서 이 개혁의 의도와 공정한 세금 징수에 대한 1885년 건의문의 요구 간 상관성이 확인될 수 있다.

세제 개혁의 계획은 쭐라롱꼰 왕의 동생으로 당시 끄롬 프라클랑(재정부)의 차관인 나라팁 쁘라판퐁(Narathip Praphanphong) 왕자에 의해 제안되었다. 그 계획은 조세를 두 가지 체제로 징수하자는 것으로, 아편과 주류, 복권과 도박장에 대한 세금은 종전과 같이 징세 청부업자를 통해 징수하되, 간접세와 어업세, 보트에 대한 세금, 영업세 그리고 몇몇 특정 상품에 대한 세금은 정부가 직접 징수한다는 내용을 담고 있었다. 이 계획은 두 번째 방식을 통해 정부가 조세를 더욱 경제적이고 효율적으로 징수할 수 있으며 이를 통해 백성을 징세 청부업자들의 공갈·협박과 착취에서 보호할 수 있다고 보았다. 계획에서 아편·술·복권·도박 등에 대한 세금 징수를 문제 많은 징세청부제도를 통해 계속 시행하겠다는 것은 〈표 3〉에서 엿볼 수 있듯이, 특히 1892년 시점에 도박장세와 아편세가 총 세입에서 상당 부분을 차지하는 국고 수입의 재정적 이해관계와 긴밀히 연결되어 있었기 때문이었던 것으로 보인다.

복권 역시 1835년 라마 3세 재위 시대에 태국에 처음으로 도입된 이래 급격히 확산되어 태국 정부의 중요한 수입원이 되었다. 시작 당시에는 복권 영업을 위한 도급액이 2만 바트에 불과했으나, 매년 경매 시 점차 올라가 라마 4세 시대에는 20만 바트가 되었고, 라마 5세 시대에는 급증하여 1903/04년

<표 3> 1892년과 1905년 도박장세와 아편세의 액수 및 총 세입 중 점유 비율[175]

(단위: 바트, %)

	1892년		1905년	
	액수	총 세입 중 점유 비율	액수	총 세입 중 점유 비율
도박장세	428만	27.8	864만	17.1
아편세	248만	16.1	1,026만	20.3
합계	676만	43.9	1,890만	37.4

회계연도에는 210만 바트, 1911/12년에는 무려 380만 바트에 달했다. 술을 증류하고 판매하는 독점권을 위한 주세 징세 청부 도급액도 술 소비가 특히 화인사회의 수적인 증대와 함께 중국인 사이에서 증가함에 따라 급격히 상승하여 1903/04년에는 총 세입의 9퍼센트에 달하는 420만 바트까지 되었다.[176] 아편, 도박, 복권, 술 등 네 가지 징세 청부 종목의 세 수입액은 19세기 후반부터 20세기 초의 대부분 기간 동안 국고 총 수입의 40~50퍼센트를 차지했다.[177]

그러나 나라팁 왕자의 이 계획은 앞의 네 종목 외의 조세에서도 그동안 태국 정부의 수입을 보장해왔던 징세청부제도가 존속하는 한 완벽하게 실현되는 데는 한계가 있었다.[178] 그렇지만 징세청부제도에서 한 가지 중요한 변화가 있었다. 그것은 1892년 지방 조세 행정이 끄롬 마핫타이(내무부)로 이관되어 더욱 효율적인 지방의 징세를 위한 제도적 토대가 마련되었다는 점이다. 쫄라롱꼰 왕은 이후 조세제도의 개혁을 계속 추진했다.[179] 1890년대 징세제도의 개혁으로 태국 정부의 국고 수입은 1894/95년 회계연도의 12,487,165바트에서 1901/02년 회계연도에는 38,874,289바트로 3배 이상 증가했다.[180]

6) 사법제도의 개혁

쫄라롱꼰 왕은 1892년 끄롬 윳띠탐을 설립함으로써 수도 방콕의 법원에 대한 일대 개편에 착수했다. 이와 관련된 포고문에서 그는 방콕의 모든 법원이 행정적으로 법무부의 관할 아래 놓이게 될 것이며, 그 목적은 재판 과정의 부패를 척결하기 위한 것이라고 선언했다. 또한 그는 방콕에 7개의 법원을 새로 설립하여 재판권이 부여되어 있는 여러 행정부처의 재판소들을 모두 폐쇄시키고 그들의 사법 기능을 신설되는 7개 법원이 통합적으로 담당하도록 했다. 신설 법원의 모든 심리와 판결은 부장판사의 단독 재량에 두되, 그에게 예심판사들을 배속시켜 그들로 하여금 소송 및 재판 절차의 업무를 처리하도록 했다. 법무부 내에는 별도의 국(局)을 두어 백성의 공소장을 접수하고 그것을 관계 법원에 이송하도록 했는데, 그것은 소송 절차에서 그동안 흔히 발생하는 부패에 대한 하나의 방지책이 될 수 있었다.[181]

그 후 1896년까지 수년 동안 몇몇 법원이 폐쇄되거나 구조조정을 당했으며 새로운 법원들이 설립되었다. 예컨대 경범죄를 다루는 재판소가 1893년 신설되었다. 1896년 방콕의 모든 법원에서 태형이 폐지되고 그것을 징역형으로 대체했다. 지방의 사법제도 개혁은 1896년부터 시작되었다. 그해 1월에 공포된 법령에 따라 모든 지방 재판소가 개편되었고 그 기능이 분화되었다. 그해 말에는 내무부와 법무부의 주도로 지방 재판소를 중앙집권화된 사법제도에 통합하는 작업이 시작되었다.[182]

7) 입법기관의 개혁

쭐라롱꼰 왕은 정부의 무기력해진 입법 기능을 활성화시키기 위해 사법제도의 개혁에 착수한 지 3년이 지난 1895년 1월에 랏따몬뜨리 사파(Rattamontri Sapha), 즉 입법위원회를 설립했다. 위원회는 내각의 12명 장관과 국왕이 임명하는 12명의 귀족 등 총 24명으로 구성되었다. 위원회는 새로운 법령과 규정에 대해 논의하고 그 초안을 작성하는 권한을 가졌으며, 기존의 민사법과 형

사법을 개정하는 것도 그 주요 과제에 속했다. 위원회에서 결정된 법률안이 효력을 가지려면 국왕의 재가를 받아야 했다. 그러나 국왕의 부재 시 시급한 법안은 위원회가 국왕의 재가 없이 법률을 제정할 수 있도록 했다. 단, 입법위원회의 조직과 기능은 국왕의 입법권의 통제하에 두었으며, 그에 따라 국왕은 자신의 동의 없이 제정된 법률을 나중에라도 재량에 따라 무효화할 권한을 갖고 있었다.[183]

입법위원회의 설립 과정에 벨기에인 법률가 구스타브 롤랭자크맹(Gustave Rolyn-Jacquemyns)이 적지 않은 도움을 준 것으로 보인다. 담롱 왕자는 유럽의 교육제도를 조사하기 위해 유럽 여행을 하던 1892년에 이집트에서 왕년에 벨기에의 내무부 장관을 지낸 롤랭자크맹을 만났다. 그는 태국 정부의 대외 업무를 위한 고문으로 기용되었지만, 사법 개혁을 위해 그가 제안한 여러 방안이 법무부에 의해 상당 부분 실행에 옮겨졌을 정도로 태국의 사법 및 입법 분야에서 많은 활동을 했다.[184]

그러나 입법위원회는 태국의 법률 체제를 바로잡는다는 과제를 효과적으로 수행하기에는 부족한 점이 많았다. 예컨대 법 행정의 실제는 1890년대 중엽 태국을 여행한 어니스트 영(Ernest Young)이 묘사하는 것처럼 아직 비효율적이었을 뿐만 아니라 종종 부패한 방식으로 이루어졌다.

시암의 입법제도의 결점은 법률 그 자체가 아니라 그것의 운용에 있다. 뇌물수수는 나라 전체에 걸쳐 모든 법정의 저주가 되어왔다. [중략] 이 체제는 오랜 세월 동안 지속되어 사람들은 이것에 익숙해 있으며 뇌물수수를 모든 법적 절차의 필수적인 그리고 당연한 일부분으로 간주한다.[185]

법률 체제의 개혁과 개선을 위한 노력은 1895년 이후에도 지속되었다. 그리하여 새로운 세기로 전환된 이후에는 지방 행정 당국들에게도 지방 행정에

관계된 법안을 기초(起草)할 수 있도록 허용했다.[186]

8) 관리에 대한 월급 지불

이미 1870년대 초에 쭐라롱꼰 왕은 마핫렉 친위대의 대원에게 고정적인 봉급을 매월 지급함으로써 월급 지불을 시도한 바 있었다. 또한 그는 1870년대 중엽에 조세 행정에 대한 통제를 위해 설립한 왕실재무청과 회계감사원을 통해 중앙 정부의 민사 및 군사직 관리 가운데 비록 소수이지만 일부에게 월급을 지불하는 조치를 내리기도 했다.[187] 그러나 대부분의 관리는 전통적인 급여 방식에 따라 조세의 일부와 벌금 및 수수료의 일부를 자신의 공무 수행에 대한 보수로 가져갔다. 즉, 이 체제는 기존의 조세 징수와 사법 행정 체제와 긴밀하게 연결되어 있었던 것이다. 그리하여 라마 5세 정부가 전통적인 급여 체제를 월급 지불로 대체하기 위해 본격적으로 시도한 것은 조세제도의 개혁과 법률 체제의 개혁에 착수한 이후인 1890년대 말에야 가능했다.

1892년에서 1898년 사이에 내무부에서 관리에 대한 월급 지불 계획이 만들어져 몇몇 지방에서 시험적으로 시행되었다. 쭐라롱꼰 왕은 1898년에 위원회를 설립해 모든 민사직 관리에 대한 월급제 보수의 도입 가능성을 검토하여 보고서를 제출하도록 지시했다. 1900년에는 내무부가 태국의 북부에 있는 파얍(Phayap) 주의 민사직 관리를 위한 급여표를 작성했다. 이것을 토대로 월급 지불 계획은 곧 시행에 들어갔으며, 급여표에 따라 월급을 받는 관리는 세금 징수와 장사에 종사하는 것이 금지되었다. 1902년에는 월급 지불을 모든 지방의 관리에게 확대하기 위해 추가 계획이 세워졌다.[188]

9) 군사 개혁

건의문에서 본 것처럼 저자들은 개혁에 반발하는 국내의 보수 세력에게 방해받지 않고 근대화 정책을 수행하기 위해서는 군대의 재조직이 필요하다는 것을 역설했다. 쭐라롱꼰 왕은 답신에서 이 제안에 대해 아무런 언급을 하지 않았다. 하지만 1887년 그가 착수한 군사 개혁에 건의문에서 제안된 군대의 재조직과 관련된 몇 가지 조치가 포함되어 있는 점을 고려할 때 1887년 이후의 군사 개혁을 건의문의 직접적인 영향으로 간주해도 무리가 없을 것이다.

쭐라롱꼰 왕은 앞에서 본 것처럼 이미 1880년대 초에 왕권 강화를 위한 조치의 일환으로 쩜 생 추또를 통해 군사 개혁에 착수했다. 그는 1884년 국가의 평화와 안전의 유지를 위해서는 과거의 군사 체제를 개혁할 필요가 있음을 강조했다. 그러나 군사 개혁은 무엇보다도 왕국의 군사적 힘을 점차 자신의 통제하에 두기 위한 국왕의 의도와 직접적으로 연결된 것이었다. 예컨대 그가 1884년 사이사닛윙 왕자를 통해 실시한 해안 지방의 방위력 강화는 그러한 노력의 하나였다.[189]

건의문 작성의 주도 인물인 쁘릿사당 왕자는 1885년에 건의문의 사본을 그 한 해 전에 끄롬 아사의 지휘관직에서 물러난 쩜 생 추또에게 보냈다. 쩜은 이 문서에 서명하지 않았으나 건의문의 제안에 대한 자신의 견해를 국왕에게 문서로 제출했다.[190] 여기서 그는 식민 열강의 팽창에 대비하여 국가를 지키기 위한 방안으로 군사력을 강화하는 것은 무용지물이며 국가의 안전을 위한 방안은 정치적 개혁을 통해 이루어질 수 있다는 건의문 저자들의 의견에 동의하면서, 국내의 보수 세력을 억제하기 위해서는 군대의 재조직이 필요하다는 것을 역시 인정했다.[191] 그러나 왕국의 근대화 과정에서 정치적 안정을 중시한 쭐라롱꼰 왕은 군사력을 자신의 개혁 정책을 관철하기 위한 무력적 수단으로 사용하는 것을 꺼렸던 것으로 보인다.[192] 1887년에 착수한 군사 개혁은 오히려 왕국의 군사력을 국왕의 권위 아래 통합시키고 군대를 근대화하겠다는 의도가 보다 강하게 작용했던 것으로 추측된다.

1885년 말 투암 분낙은 프라클랑 장관직을 자발적으로 내려놓았다. 공석이 된 프라클랑 장관에 쭐라롱꼰 왕의 가장 가까운 동역자 가운데 한 사람인 테와윙 와롭빠깐, 즉 테와윙 왕자가 임명되었다.[193] 이로써 끄롬 프라클랑의 군사적 업무는 국왕의 영향력 밑으로 들어왔다. 이제 정부에서 자신의 행정권이 강화된 쭐라롱꼰 왕은 군대 조직을 통합하고 근대화하기 위해 마침내 1887년 중엽 군사 개혁에 관한 칙령을 공포했다. 이 칙령으로 끄롬 윳타나티깐이라는 새로운 행정부처가 창설되었고 그 산하에 모든 육군 및 수군 부대가 편제되었다. 여전히 원 분낙이 장관인 끄롬 깔라홈만 자신의 행정 관할 지역에 대한 군사적 통제권을 유지했다. 그러나 정부에서 자신의 영향력이 갈수록 제약되는 것을 어쩔 수 없이 받아들여야 했던 원 분낙은 1887년 말에서 1888년 초 사이에 결국 장관직에서 물러났다. 그 후 끄롬 깔라홈의 군사적 업무는 끄롬 윳타나티깐의 관할 아래 들어갔다.[194]

통합된 군사적 지휘체계의 총사령관직에는 앞에서 언급한 것처럼 왕세자가 임명되었다. 쭐라롱꼰 왕은 아직 너무 어린 총사령관을 보좌하기 위해 자신이 가장 신뢰하는 동생들 가운데 한 명인 파누랑시 왕자를 부사령관으로 임명했다. 파누랑시는 군대의 통합과 근대화와 관련된 광범위한 과제를 수행하는 데 담롱 왕자, 나릿(Narit) 왕자, 사이사닛웡 왕자, 쩜 생 추또 등의 도움을 받았다. 끄롬 윳타나티깐의 창설 후 장교를 양성하기 위한 사관학교가 설립되었다. 교관으로는 몇 명의 유럽인이 고용되었으며, 사관후보생들은 그들에게서 근대적 군사학 수업을 받았다. 군대의 전투력을 제고하기 위해 서양식 군사 훈련이 도입되었으며 특히 보병 부대는 근대적 무기로 무장되었다.[195]

1887년의 군사 개혁은 태국 군대의 중앙집중화와 근대화를 위한 첫걸음에 불과했다. 태국의 군사 체제는 전통적인 공역제도와 긴밀히 연결되어 있었기 때문에 그것을 근본적으로 개혁하는 것은 당시까지만 하더라도 아직 어려웠다. 예컨대 1년에 2~3개월의 짧은 기간만 군역이나 부역에 징집되는 프라이를 전투력을 갖춘 군대로 훈련시키고 그 부대들을 중앙집중화된 지휘체계 아래 운영하는 것은 현실적으로 불가능했다. 근본적인 재조직을 위해서는 특히 정부 조직과 공역제도와 연결되어 있는 행정적·재정적 선결문제들이 해결되어야 했다.

10) 공역제도의 개혁

공역 의무가 있는 프라이의 등록은 앞에서 살펴본 것처럼 전근대 태국에서 종종 불법적으로 이루어졌다. 그것은 무엇보다도 모든 프라이가 가능한 한 등록되지 않기 위해 등록 담당 관리에게 뇌물을 바치는 일이 빈번했으며, 게다가 수도의 해당 행정부처에서 파견된 관리가 지방에서 프라이를 등록할 때 공갈·협박과 착취를 통해 그들에게서 금전을 뜯어내는 일이 다반사였기 때문이었다.[196]

이미 1870년대 초에 공역제도의 폐지를 고려한 적이 있는 쭐라롱꼰 왕은 1885년 6월 짜오프라야 마힌톤(Chaophraya Mahinthon)에게 공역제도의 실제적 상황에 대해 조사해 보고하도록 지시를 내렸다. 이것은 개혁 건의문의 제안에 대한 라마 5세의 반응일 수 있다.[197] 마힌톤의 조사 결과, 프라이가 1년에 3개월의 공역 의무에서 면제되기 위해서는 6~12바트를 납부해야 했으며, 이 면역세(免役稅)는 국고 수입의 중요한 부분을 차지했다. 그러나 프라이에 대한 관할과 면역세의 징수가 여러 행정부처에 분담되어 있었기 때문에 공역제도는 당시 관료사회의 경제적 이해관계와 긴밀하게 연결되어 있었다. 쭐라롱꼰 왕은 국가 행정에서 기존의 재정구조를 근본적으로 혁신해야 성공할 수 있을 공역제도 개혁을 당장은 시도할 수 없었다.

그러나 1890년대 지방 행정 개혁을 통해 지방의 관리에게서 프라이에 대한 행정적 관할권을 몰수함으로써 일단 지방에서 공역제도의 개혁을 위한 토대가 마련되었다. 예컨대 핏사눌록의 경우 1894년 귀족관리들은 자신에게 배속된 프라이를 사적인 목적에 사용하는 것이 금지되었다. 그리고 통일된 면역세가 도입되어 이듬해부터 중앙 정부에서 파견된 특명 관리가 그 징수를 담당했다.198)

공역제도의 전반적인 개혁은 새로운 세기로 접어든 이후에야 비로소 착수되었다. 그것은 1893년 빡남 사건을 통해 태국의 군사력이 약하다는 것을 분명히 알게 된 쭐라롱꼰 왕이 군대를 강화해야 할 필요성을 절감한 후 취한 군사적 개혁과 맞물려 추진되었다. 개혁을 위한 유리한 조건은 국고 수입을 몇 배 증가시킨 조세제도의 개혁과 지방에서 관리에게 월급을 지불함으로써 지방 관리에 대한 중앙 정부의 통제력을 강화시킨 지방 행정 개혁을 통해 이미 마련되어 있었다. 병역 의무제의 원칙 위에서 구축된 군대 강화 계획의 핵심은 공역에 적합한 모든 프라이를 병역(兵役)에 징집한다는 것이었다. 이 계획은 나콘랏차시마와 랏차부리에서 1901년에 처음 시행되어 통일화된 면역세가 징수되었으며, 그 징수 업무를 현지 관리의 격렬한 반발에도 불구하고 중앙 정부가 직접 담당했다. 군인으로 징집된 프라이는 면역세뿐만 아니라 그들이 배속된 관리에 대한 사적인 노역에서도 해방되었다. 이로써 이 두 지방의 관리들은 그동안 누려온 특권의 핵심 부분, 즉 면역세의 징수권과 프라이에 대한 사적인 통제권을 상실했다.199) 프라이를 병사로 징집하는 것은 그 이후 수년간 다른 지방으로 확대되어 마침내 1905년 보편적 병역 의무의 칙령이 선포되었다. 이 책의 부록에 실려 있는 칙령의 전문(前文)에서 엿볼 수 있는 것처럼, 쭐라롱꼰 왕은 이 개혁을 통해 공역제도를 종식시키겠다는 확고한 의지를 드러냈다.

9. 라마 5세의 '시월라이' 인식과 근대적 역사관

태국의 통치자들은 전근대 시기에는 권력의 정당성을 한편으로는 힌두 신과의 관계에 바탕을 둔 권위 혹은 불교의 업(業)이나 공덕 등 초자연적 원천에서, 다른 한편으로는 주변 왕국들과의 조공 및 상호 인정의 권력 질서에서 찾았다. 그러나 이미 라마 4세 시대부터 중국과의 조공관계에 대한 태국 정부의 태도 변화가 나타나기 시작했다.

몽꿋 왕은 자신의 등위를 중국 조정에 알리기 위해 1851년 7월 초 베이징으로 조공 사절단을 파견했다. 그러나 태국 사신이 돌아오는 도중 1852년에 중국에서 강도를 만나 중국 조정이 준 모든 선물을 빼앗겼다.[200] 1862년 4월 말 중국 황제의 서신과 광둥성 총독의 서신이 방콕에 도착했다. 내용은 새로운 중국 황제가 등위했으므로 태국이 중국에 조공을 바쳐야 한다는 것이었다. 이에 대해 태국 정부가 1851~1852년 태국 사신이 중국에서 겁탈당한 것을 언급하면서 중국의 치안이 개선되면 사신을 보내겠다고 답하자, 중국 당국은 태국이 중국에 대한 조공 의무를 소홀히 하고 있다고 비난했다. 태국 정부는 이에 대해 아무런 대응을 하지 않기로 결정하고 회신을 보내지 않았으며 그 이후 중국으로 조공 사절을 다시는 보내지 않았다.[201]

태국의 국왕들은 왕권의 정당성과 나아가서 왕국의 존립 근거를 19세기 중엽 이후에는 점차 유럽이 세계의 중심 내지 기준이 되어 있는 새로운 국제 질서 속에서 확보해야 했다. 그것은 유럽이 전 세계에 요구하고 때로는 강요하는 '문명화', 즉 '시월라이(siwilai)'였다. '시월라이'는 19세기 중엽 영어의 '시빌라이제이션(civilization)'을 음역한 용어로 19세기 말에는 방콕 조정의 내부뿐만 아니라 외부의 지식인 사이에서 광범위하게 사용되었다. 예컨대 1885년 개혁 건의문의 저자들은 '시월라이'를 '문명화'라는 의미로 사용했다. '시월라이'는 태국에서 '세련된 매너', '에티켓' 등 이외에 '발전', '진보된 상태' 혹

| 1876년 필라델피아 박람회의 태국 전시관 | 1878년 파리 박람회의 태국 전시관 |

은 보다 넓게는 서양적인 것 그리고 서양적 행동양식의 전반을 가리키는 용어로 사용되었다.[202]

　태국의 엘리트는 이제 태국이 식민화를 피할 뿐만 아니라 다른 국가에게 인정받고 나아가서 존중받는 국가가 되려면 태국이 서양 국가와 일본 등 선진국 수준에 상응하는, 즉 '시월라이' 국가란 것을 보여줄 수 있어야 한다고 생각했다. 다시 말하면, '시월라이'에 대한 태국 사회 내부의 요구는 국가의 위상 및 품격 제고와 관련된 문제가 되었다.

　쭐라롱꼰 왕은 '시월라이'를 실현하기 위해 노력했으며, 그것은 다양한 방식으로 표출되었다. 방콕 정부는 1867년 파리, 1876년 필라델피아, 1878년 파리, 1889년 파리, 1893년 시카고, 1900년 파리, 1904년 세인트루이스 등에서 열린 국제박람회에 참가했다. 전시품의 제작·운송, 전시관의 설치·유지, 인력의 파견 등 참가를 위해 많은 수고와 경비가 소요되었음에도 불구하고 태국 정부가 국제박람회에 지속적으로 참가한 이유는 이를 통해 전 세계에서 태국의 위상이 올라가고 태국이 선진국에게 더욱 인정받게 될 것이라고 생각했기 때문이었다.[203]

골동품을 감상하는 와치라웃 왕자(1907년)

라마 5세의 근대화 개혁을 위한 노력과 관련해 그의 근대적 역사관을 살펴볼 필요가 있다. 그의 근대적 역사 인식은 우선 박물관에 대한 관심에서 나타났다. 쫄라롱꼰 왕은 이미 라마 4세가 수집해놓은 다양한 골동품과 진귀한 선물을 1874년 왕궁 경외(境外)에 새로 건축한 콘코디아 홀(Concordia Hall)로 옮기고 그 홀을 '호 메오시암(ho meosiam)',204) 즉 박물관이라고 칭했다. 이후 그는 매년 국왕의 생일에 왕족과 귀족이 보유하고 있는 사적인 수집품을 모아 전시회를 개최했다. 19세기 후반 이후 골동품 수집은 태국의 엘리트층 사이에서 새로운 유행으로서, 그것은 하나의 '시월라이'의 표지였다. 1882년에는 수도 건설 100주년 기념으로 방콕에서 최초의 공개적인 전시회가 열렸다.205)

왕실 수집품의 체계적 관리를 위해 1893년 박물관청을 별도로 설립한 쫄라롱꼰 왕은 1896년에는 박물관 관장인 짜믄 시소라락(Chamuen Sisorarak)을 영국·프랑스·독일의 박물관을 조사하여 벤치마킹하도록 유럽으로 파견했다. 당시 태국의 왕실에서는 국왕 외에도 담롱 왕자가 박물관의 활동에 깊이 관여하고 있었다. 19세기 말부터 20세기 초의 세기 전환기에 박물관을 통한 고대 유물의 수집과 전시에 대한 태국 왕실의 관심은 단순히 역사적 유물에 대한 고고학적 조사 및 탐구뿐만 아니라 자국에 대한 과학적인 역사적 지식의 획득을 추구한 것이었으며, 태국의 엘리트가 태국이 서양 국가와 같은 문명국이라는 점을 내세우기 위한 것이었다.206)

라마 5세는 근대적인 역사 인식을 특히 태국 역사에 대한 자세에서 보여주었다. 쭐라롱꼰 왕은 1907년 태국 역사상 최장 통치의 국왕이 되었다.207) 그해 12월 2일 그 축하 행사에서의 연설을 통해 그는 태국의 역사를 연구하고 태국의 역사에 관한 책자를 간행하는 '시암의 고사(故事)탐구협회(samakhom suep suan khong buran nai prathet sayam)'의 출범을 선포했다. 다음은 그 연설의 주요 부분이다.

짐은 이 시점이 '역사협회(borankhadi samoson)'208)란 이름의 협회를 창립하는 데 적절하다고 본다. 오늘부터 시작하는 것보다 더 나은 시기는 없다. 국민국가로 형성된 많은 나라는 한 국민국가의 역사가 연구와 교습을 통해 명확하고 정확하게 알려져야 할 중요한 것이라는 점을 인정한다. 그것은 생각과 행동이 옳은지 그른지 혹은 좋은지 나쁜지 등을 평가하여 [사람들에게] 자신의 국가와 영토에 대한 사랑을 심어주는 수단이 된다. [중략]

아유타야 왕실 연대기는 시암의 역사로 받아들여진다. [중략] 왕실 연대기의 편찬 의도는 집필 시점까지 이어진 나라의 역대 통치자들에 대한 이야기를 제공하는 것이다. 연대기의 정치적 사건들은 통치자의 전기(傳記)의 일부로서 그 통치자의 통치가 행복했는지 불행했는지 혹은 좋았는지 나빴는지를 보여주기 위한 것이다. 그 의도는 시암을 전반적으로 다루는 것이 아니다. [중략] 그러나 만약 우리가 경솔하게 [연대기를] 시암의 역사로 간주한다면, 그 내용은 기대에 미치지 못할 것이다. 다른 나라의 역사를 읽어본 사람은 누구나 시암의 역사가 정말 아무것도 아니라고 말할 것이다. [시암의 역사는]

오직 통치자들만 다루고 있을 뿐이다. [중략] 시암은 때로는 분열되어 있었고 때로는 통일되어 있었다. 그 통치자들은 다양한 민족과 다양한 왕실에서 왔다. 연대기는 오직 시암이 후대에 단일 왕국으로 통일되어 있었던 시기만 그리고 북부에서 내려와 왕조를 통치한 타이족만 다루고 있을 뿐이다. [중략]

짐은 여러분 모두에게 우리가 지난 1,000년 이상의 시암의 역사를 편찬하기 위해 모든 므앙, 모든 민족, 모든 왕실, 모든 시대에 걸친 시암에 관한 사료를 수집하길 당부하고 싶다. [중략] 한 가지 해야 할 것은 그것이 진짜인지를 확인하는 것이다. 그것이 오래된 것이라고 주장하는 사악한 사람들에 의해 작성된 그러나 실제로는 조작된 엉터리 자료는 갖고 오지 말라. [중략] 책으로 인쇄하기에 충분한 자료가 있으면 그것을 시암의 역사에 대한 누군가의 공헌으로 인쇄하라. [중략] 그 전거는 다른 사람이 그것을 보고 보완할 수 있도록 하기 위해 표시되어야 한다. 만약 다른 어떤 사람이 그 사료를 재해석하거나 더욱 좋은 사료를 갖고 있다면, 우리는 부끄러워하지 말아야 한다. 그것은 우리가 당시의 지식과 의견에 상응하여 자료를 연구했기 때문이다. 만약 누군가 더욱 좋은 해석과 더욱 정확한 논리를 찾아낸다면, 우리는 더욱 명확하고 더욱 신빙성 있는 시암의 역사를 갖게 된다는 큰 이점을 다행스럽게 받아들여야 할 것이다.209)

쭐라롱꼰 왕은 태국의 역사가 태국 중부의 아유타야와 방콕을 수도로 한 왕조의 역사로만 구성된 것이 아니라 나콘시탐마랏을 중심으로 한 남부와 치앙마이를 중심으로 한 북부의 역사도 포함해야 한다고 말하면서, 태국 역사를 편찬할 때 모든 민족과 모든 므앙의 역사를 고려해야 한다고 강조한다.210)

태국의 역사학자 통차이 위닛차꾼(Thongchai Winichakul)은 이 연설이 태국 역사 연구에서 하나의 획기적인 이정표로서 태국의 과거에 대한 새로운 담론을 제시한 것이라고 평가한다.211) 라마 5세가 태국의 역사를 여러 민족과 지역으로 확대한 것은 당시 태국이 유럽 열강과 국경을 맞대고 있는 상황에서 태국의 문화적·정치적 독립을 주장하고 강조하기 위한 것이었다. 특히 '시암의 고사탐구협회'를 설립한 것은 당시 쭐라롱꼰 왕을 위시한 태국의 엘리트가 태국 역사에 대한 실증적 지식이 유럽 식민 열강의 위협에 대해 태국의 주권을 지키는 것뿐만 아니라 근대 국가의 건설을 위해서도 필요하다고 인식했기 때문이었다.212)

10. 19세기 중엽~20세기 초 식민주의 시기 태국 역사의 평가

태국은 19세기 중엽부터 20세기 초까지 여러 번 식민화의 위협을 겪었다. 첫 번째는 19세기 중엽 문호 개방에 대한 서양의 압박으로 영국과 보링조약을 체결한 1855년이었다. 두 번째는 19세기 후반 인도차이나에서 팽창을 기도하고 있었던 프랑스와의 충돌로 1880년대 초부터 1907년 사이에 태국은 자신의 영향하에 있던 캄보디아와 라오스를 프랑스에게 이양했다.213) 세 번째는 태국이 영국과의 1909년 협정에 따라 크다, 프를리스(Perlis), 클란탄, 트렝가누 등 말레이반도의 속령을 영국에 양도했을 때였다.214)

식민화의 위협을 겪은 반세기 이상의 기간 동안 태국은 결국 45만 6천 평방킬로미터에 달하는 영토를 유럽의 두 열강에게 할양했다.215) 이러한 과정을 겪고 주권을 지킬 수 있었던 태국은 정치적·경제적·사회적으로 근대화되었고, 서구 식민주의의 위협에 대한 반응으로 타이 민족주의가 발전되어 현대 태국 사회의 기틀이 형성되었다.

동남아시아의 식민주의 시대 역사에 대해서는 이미 많은 연구가 행해졌다. 식민주의 시대 태국의 역사에 관한 연구는 대부분 태국에 대한 식민주의의 위협과 태국의 성공적인 근대화 및 근대적 국민국가로의 발전을 묘사하고 분석하는 데 집중되어 있다.216) 이들은 대부분 민족주의적 내지 자기 방위적 시각을 보여주는 내부적 관점과 식민주의적 내지 비판적 시각을 보여주는 외부적 관점 중 하나에 근거해 있다. 내부적 관점은 대개 태국인의 연구에서 볼 수 있지만 종종 외국인 학자들의 글에서도 발견된다. 마찬가지로 외부적 관점은 주로 외국인 학자들에 의해 대변되지만 태국인 중에서도 태국 역사의 민족주의적 해석에 대해 비판적인 시각을 갖고 있는 자들이 적지 않다.217)

1) 식민화의 위협과 불평등조약 체결

19세기 중엽부터 20세기 초 사이 식민화의 위협에 대한 평가에서, 태국의 내부적 관점은 대개 태국 정부가 불평등조약 체결과 식민화의 위협에 수동적으로 당하지만은 않았으며 오히려 그것에 능동적으로 대응했다고 보며, 그에 따라 보링조약 체결이 태국 역사에 긍정적인 의미를 갖는 것으로 해석한다. 고등학교 1학년 과정의 태국 역사 교과서는 영국과의 통상조약 체결이 당시 태국으로서는 피할 수 있는 것이 아니었으며 보링조약 체결은 태국으로 하여금 제국주의의 위협을 모면하기 위해 시대 상황에 맞게 자신을 개혁하도록 만든 출발점이 되었다고 평가한다.218) 태국의 대표적인 역사학자 중 한 사람인 찬윗 까셋시리(Charnvit Kasetsiri)는 태국의 엘리트가 1855년과 1893년 자국에 닥친 위협을 성공적으로 처리하고 소화시켜 발전의 기회로 삼았다고 말한다. 태국의 '개혁'과 '근대화'와 '서양화'는 엘리트층이 주도한 '세계화'와 '지역화' 과정의 결과이며, 이를 통해 서양인의 눈에 '문명화된' 새로운 태국이 창출되었다는 것이다.219)

태국의 어떤 역사학자는 보링조약으로 인해 비록 태국이 상업적으로는 영국에게 손해를 보았지만 문호 개방 정책으로 그 후 자국에 대한 서양 식민 열강의 침략을 막을 수 있었기 때문에 전체적으로 볼 때 태국의 대(對)서양 외교는 성공적이었다고 분석한다.[220] 보링조약과 관련해 몽꿋 왕 정부가 영국과의 조약 체결 후 서양의 여러 나라와 우호통상조약을 체결한 것은 태국을 둘러싼 서양 열강 간의 세력 균형을 세우기 위한 외교정책의 일환에서 이루어진 것이라고 말하는 것도 식민화의 위협에 대한 태국의 능동적 대응을 강조하는 관점을 보여준다.[221]

보링조약 체결 이후 태국은 경제적·사회적으로 많은 변화를 겪었다. 열강과의 불평등조약 체결이 태국에 미친 영향에 대해 외부적 관점은 대개 태국이 한편으로는 세계 시장에서 농산물 특히 쌀과 티크와 주석 등 천연자원의 공급자로 발전하지만, 다른 한편으로는 서양의 이차산업 생산품의 소비시장으로 전락했다고 본다.[222] 특히 윌리엄 시핀(William Siffin)은 태국이 그러한 세계 경제의 구조에서 식민지와 유사한 경제적 역할을 했다고 평한다.[223] 외부적 관점은 또한 보링조약 이후의 상황에 대해 태국 정부가 소극적으로 대응했다고 본다. 이케모토 유키오(池本幸生) 같은 일본 학자는 태국 정부의 그러한 자세를 '소극적 경제정책'이라고 규정한다.[224]

그에 비해 내부적 관점은 대개 조약 체결에 따른 문호 개방이 태국의 경제와 사회에 부정적인 영향을 끼쳤으나 태국 정부가 그것을 능동적으로 극복했다고 해석한다. 예컨대 꿀라다 껫분추 미드(Kullada Kesboonchoo Mead)는 보링조약이 해외무역에서 태국의 독립적 지위를 파괴한 것은 사실이지만, 태국 정부로서는 조약 이후 과거에 비해 세수입이 훨씬 증대했으며 이로써 태국은 왕권이 그다지 강력하지 못했던 '전근대 국가'에서 쭐라롱꼰 왕 이후 국왕의 권력이 국가 위에 군림한 '절대주의 국가'로 발전할 수 있었다고 해석한다.[225] 이와 비슷한 맥락에서 앗타짝 삿따야누락(Attachak Sattayanurak)은 라마 5세 시대의 태국 정부가 재정부를 설립하고 모든 세금에 대한 중앙 정부의 통제를 확보함으로써 국왕이 왕권의 강화를 추구했다고 본다.[226]

그러나 태국이 문호 개방 이후 서양에 대해 반(半)식민지적 관계에 있었다고 보는 내부적 관점의 연구도 있다. 태국 공산당의 지도자 가운데 한 사람이었던 우돔 시수완(Udom Srisuwan)은 태국이 반식민지였다는 주장을 이미 1950년대에 내놓았다. 1970년대 후반 찻텁 낫수파(Chatthip Natsupha)로 대표되는 태국의 '정치경제학파' 학자들은 19세기 말에서 20세기 초 세기 전환기의 태국 경제가 화인 자본과 태국 왕실의 사적 자본과 결탁된 서양 자본에 의해 대부분 통제되어 있었으며, 그 결과 태국이 경제적으로 반(半)독립적인 것에 불과했다고 본다.227)

2) 주권 유지와 완충국 이론

태국은 일반적으로 식민주의 및 제국주의 시대에 동남아시아에서 독립을 유지한 유일한 국가라고 이해되고 있다. 태국인 학자들은 물론 외국의 많은 학자는 태국이 식민화를 모면한 국가라는 점에 의문을 표하지 않는다. 그러나 보링조약 체결 이후 태국이 경제적으로 서양에 대해 식민지와 유사한 위상을 갖게 되었다는 윌리엄 시핀의 지적과 비슷한 맥락에서 베네딕트 앤더슨(Benedict Anderson)은 태국이 보링조약으로 해외무역에 대한 통제력과 독점무역 체제의 상실 등 주권국가의 핵심적 요소가 박탈당했다고 말한다.228) 리처드 올드리치(Richard Aldrich)는 한걸음 더 나아가 태국이 20세기 초 유럽 열강의 경제적 위성국(economic satellite) 가운데 하나였을 뿐만 아니라 서구 제국주의 통치의 정치적 외연에 속했다고 평한다. 그는 이와 관련해 태국에 대한 서구의 영향이 "엄격히 말해서 비록 식민지적이지는 않지만, '지배'라고 규정할 수 있을 것이다"229)라고 말한다.

'식민지적' 위상에 대한 논란에도 불구하고 태국이 주권을 유지한 것은 사실이다. 식민화 모면의 요인으로는 내적인 요인과 외적인 요인을 들 수 있다. 내적인 요인으로는 일반적으로 라마 4세와 라마 5세 시기의 태국 정부가 추진한 성공적인 근대화와 기민한 외교정책이 거론된다. 외적인 요인은 무엇보다도 서양 열강의 식민지 쟁탈전이 일어나던 시기에 태국은 요행히 영국령 식민지와 프랑스령 식민지 사이에 완충국으로 놓여 있어 식민지가 되는 것을 피할 수 있었다는 이른바 완충국 이론으로 대표된다.

외부적 관점은 대개 태국이 주권을 유지한 요인으로 두 가지 모두 중시한다.[230] 그에 비해 내부적 관점은 대개 주권 유지를 내적인 요인에 돌린다. 그러한 관점이 나타나는 전형적인 예는 태국의 역사 교과서다. 초등학교 2학년 과정의 태국 역사 교과서는 태국이 외국의 위협에서 벗어나고 발전을 이룩한 것은 통치능력이 있는 훌륭한 국왕을 두었기 때문이며, 특히 그 점에서 쭐라롱꼰 왕의 업적이 중요하다고 강조한다.[231] 고등학교 1학년 과정의 태국 역사 교과서도 태국이 서양 식민지로 전락하지 않은 것을 국왕의 역할 덕분이라고 보아 라마 4세 시기에 추진되기 시작하여 라마 5세 시기까지 계속된 태국 사회의 서양식 개혁으로 말미암아 태국이 주권을 유지할 수 있었다고 설명한다.[232]

이와 비슷한 논리는 아난 빤야라춘(Anand Panyarachun)의 글에서도 엿볼 수 있다. 태국의 총리를 역임한 바 있는 아난에 따르면, 태국이 주권을 상실하지 않은 것은 근대화를 위한 다양한 시책으로 나타난 쭐라롱꼰 왕의 개혁, 또 한편으로는 외교를 통해 국가의 문호를 서양에 점차 개방하면서 다른 한편으로는 비록 서구 열강에 영토를 부분적으로 이양했지만 주권을 유지하는 건설적인 대서양 관계 구축 그리고 성공적인 중앙집권화 때문이었다.[233] 독립 유지의 요인으로 특히 태국 정부의 외교술을 강조하는 것은 펜시 둑(Pensri Duke)의 연구에서도 엿볼 수 있다. 태국과 서구 국가들의 관계사에 관한 전문가 중 한 사람인 펜시 둑은 라마 4세 시기 이후 태국 정부가 친영국 외교정책을 추구했지만, 태국에 대해 영토적 팽창을 추구하고 있었던 영국에게 일방적으로 의존하는 것은 태국의 안전을 보장하지 못했을 것이라고 본다. 그러한 점에서 라마 5세 정부가 독일·일본·러시아 등 다른 식민 열강과 외교관계를 맺는 등 다변화 외교를 추구한 것은 태국의 주권 유지에 중요한 기여를 했다고 평가한다.[234]

3) 태국의 근대화에 대한 식민주의의 영향

19세기 이후 식민주의의 위협으로 태국에서 정치적 각성이 일어나 근대화가 추진되었던 원인에 대해 태국의 역사학자 나롱 푸앙핏(Narong Phuangphit)은, 첫째 1855년 보링조약을 통한 태국의 상업적 문호 개방, 둘째 태국의 엘리트층으로 하여금 태국이 당면한 식민화 위협을 인식하도록 만든 서양 열강의 동남아시아에 대한 영토적 팽창, 셋째 서양의 사상 및 문물의 도입과 서양식 교육으로 인한 태국 사회의 지식 증대, 넷째 태국 사회 내 이해관계를 둘러싼 갈등 등 네 가지 요인을 든다. 특히 네 번째 요인은 절대군주제하에서 서양식 개혁이 왕족에게만 이익이 되었지 일반 백성에게는 그 혜택이 너무 더디게 오는 것에 대해 불만을 품은 계층이 절대군주제를 의문시하고 의회민주주의로의 정치 개혁을 추구한 것을 가리킨다.[235]

나롱 푸앙핏의 분석에서도 시사되었듯이, 내부적 관점은 대개 태국의 근대화 요인으로 무엇보다도 서구 식민주의의 위협을 중시한다. 태국의 중학교 3학년 과정의 사회과 교과서는 라마 4세 시대부터 라마 6세 시대까지의 기간에 다양한 변화가 일어나 태국이 새로운 성격의 국민국가로 발전했는데, 그 모든 변화와 발전은 영국과 프랑스의 아시아에 대한 식민주의적 팽창에 의해 촉발되었다고 설명한다. 이 교과서는 식민화의 위협을 느낀 국왕·왕자·귀족관료 등 태국의 지도층이 국가의 독립을 지키기 위해 서양식으로 국가를 개혁하려고 노력했으며, 그 결과 특히 교육과 사회적 개혁이 일어났으며 통치 형태가 개혁되었다고 설명한다.[236]

식민주의의 영향으로 일어난 태국의 근대화에 대한 평가에서 내부적 관점은 주로 국왕을 중심으로 한 태국의 엘리트층의 역할에 초점을 맞춘다. 특히 전통적인 사회·정치구조의 개혁이 중시되는데, 사회적 구조의 개혁 중에서는 라마 5세의 통치에 대한 쁘라춤 촘차이(Prachoom Chomchai)의 고전적 연구에서도 엿볼 수 있듯이, 라마 5세 시기에 이룩된 '노예 해방'과 프라이의 공역제도 개혁이 강조된다.237) 고등학교 1학년 과정의 태국 역사 교과서는 라마 5세의 개혁 가운데 특히 프라이의 노동력을 귀족관료의 관리 아래 두어 중앙 정부가 필요 시 동원하던 전통적인 체제를 폐지하고 이들을 국가에 직접 세금을 내는 '국민'으로 전환시킨 것과 교육 개혁을 가장 중요한 것으로 꼽는다.238) 태국의 고등학교 3학년 사회과 교과서도 라마 5세 시기의 여러 사회적 개혁에서 교육 개혁과 더불어 노예제도와 프라이 공역제도의 폐지를 가장 두드러진 업적으로 본다.239)

근대화 시기 정치적 구조의 개혁에 대한 설명은 일반적으로 쫄라롱꼰 왕시기에 행해진 행정 개혁에 초점이 맞추어져 있다. 고등학교 1학년 과정의 태국 역사 교과서와 고등학교 3학년 사회과 교과서는 특히 1890년대 라마 5세 정부가 영국령 혹은 프랑스령 식민지에 인접한 태국의 외곽 및 변경 지방을 중앙 정부의 직접적 관할 아래 둔 지방 행정 개혁과 서양식 행정체계를 본떠 1880년대부터 추진한 중앙 행정 개혁을 중점적으로 다룬다. 그중 지방 행정 개혁은 그 목적이 외곽 및 변경 지방을 식민주의 위협에서 보호하려는 것이었다고 설명한다.240)

서양 학자들에 의한 연구들도 대부분 앞에서 분석한 태국의 내부적 관점과 비슷하게 근대화 개혁 과정에서 행정 개혁이 갖는 의미를 중시한다.241) 그것은 행정 개혁이 영토 보존을 위한 태국 정부의 노력뿐만 아니라 재정, 사법, 국방, 교육, 공공사업 등 거의 모든 분야의 개혁을 포함하는 것으로 독립과 주권 유지에 연결되는 가장 중요한 근대화 과제였기 때문이다.

제5장

라마 6세 시대: 타이 민족주의의 형성

1. 와치라웃의 등위와 스아빠의 창설

1910년 10월 말 쭐라롱꼰 왕이 요독증으로 사망한 후 내각은 1895년 왕세자로 책봉된 이후 지난 15년간 공식적인 왕위 후계자로 인정되어온 와치라웃 왕자의 왕위 계승을 확정했다. 그해 11월 만 29세의 와치라웃이 라마 6세로 등위했을 때 미혼이었으므로 그의 친동생 짜끄라퐁(Chakraphong) 왕자가 자동적으로 왕세자로 임명되었다. 와치라웃은 영국의 샌드허스트(Sandhurst)에 있는 왕립육군사관학교(Royal Military College)에서 수년간 군사학을 공부하고 옥스퍼드대학교에서 잠시 수학한 것을 포함해 유럽에서 9년 남짓 청소년 및 청년기를 보냈다.[1]

와치라웃 왕은 쭐라롱꼰 왕이 근 40년간 구축해 놓은 왕권 중심의 국가 근대화를 위한 개혁의 유산을 물려받았다. 그러나 그 근대화 개혁은 쭐라롱꼰 왕이 1907년 유럽 여행에서 돌아온 후 만 60세가 되는 1913년에 스스로 퇴위하고 자신의 여생을 왕국의 근대화를 위해 계속 헌신할 것이라고 생각했던 것에서 엿볼 수 있듯이 결코 완성된 것이 아니었다.[2] 문제는 와치라웃 왕이 조부인 몽꿋 왕과 부왕인 쭐라롱꼰 왕이 그동안 이룩해놓은 광범위한 왕국의 근대화 작업을 성공적으로 추진할 자질과 능력을 얼마나 갖추고 있느냐 하는 것이었다. 이 점은 등위 이후 그가 보여준 국정 운영방식과 그 결과에 대

태국 육군 장군으로서의 와치라웃 왕자. 와치라웃 왕세자, 핏사눌록(Phitsanulok) 왕자,
깜팽펫(Kamphaengphet) 왕자, 나콘차이시(Nakhonchaisi) 왕자(왼쪽에서부터)

한 평가에 따라 다양한 관찰이 가능할 것이다.

　와치라웃은 극작가로서 그리고 연극배우로서 활동할 정도로 연극에 대해
각별한 관심과 열정을 가진 왕으로 알려져 있다. 그는 유럽에서 귀국한 후
1903년부터 1910년 사이 적어도 네 편의 희곡을 썼으며, 때로는 스스로 배역
을 맡아 무대에서 직접 연기를 하여 주위 사람을 경악시키기도 했다.[3] 그의
연극적 재능은 등위 후 그가 두 번째 대관식을 준비하고 추진하는 것에서도
발휘되었다. 와치라웃 왕은 1911년 11월부터 12월 초 사이에 다시 한 번 대관
식을 치렀다. 이번에는 보다 공식적인 행사로 기획·진행되었다. 이를 위해 세
계의 여러 나라 정부에 초청장을 보냈고 10여 개의 유럽 국가, 미국, 일본 등

이 왕족 혹은 고위급 관료를 정부 대표로 방콕에 파견했다. 외국의 귀빈은 서양식으로 접대되었다. 그 접대와 약 1개월간 지속된 각종 연회와 궁중의식, 대관식 당일의 의식과 행차 그리고 그 후 1주일간의 화려한 축제를 위해 애초에 책정된 45만 바트의 10배인 450만 바트가 사용되었다. 이것은 당시 왕국의 1년 예산의 8퍼센트에 달하는 액수였다.[4)

라마 6세는 등위한 지 얼마 되지 않은 1911년 5월에 '스아빠(Suea Pa)'라는 준군사 조직을 창설했다. 대개 영어로는 'Wild Tiger'로 소개되는 '스아빠'는 한글로는 '숲의 호랑이'라는 뜻으로, 굳이 번역하자면 '맹호단(猛虎團)'이 될 것이다. 와치라웃은 7월에는 스아빠의 방계 조직으로 '호랑이새끼'라는 의미의 '룩스아(Luk Suea)'를 설립했다. 그는 7월 1일 포고문에서 그 설립의 취지에 대해 "청년기의 소년은 스아빠에게 주어지는 것과 같은 신체적·정신적 훈련을 받아야 한다. 그것은 그들이 나이가 들었을 때 태국 남자로서 자신의 올바른 의무를 알도록 하기 위함이다. 모든 사람은 자신이 출생한 국가와 민족에게 유익한 것을 행해야 할 것이다"[5)라고 말했다.

스아빠와 룩스아는 특히 보이스카우트의 애국심과 이를 위한 군사적 성격에서 영향을 받은 것으로 보인다. 보이스카우트의 창시자인 로버트 베이든파월(Robert Baden-Powell)은 보이스카우트 운동의 필요성에 관해 쓴 글에서 "전쟁이 계속되는 한 모든 성년 남자와 소년은 그것이 불행하게도 필요하게 될 경우 자신의 나라를 지키기 위한 태세를 갖추는 것이 의무다"라고 말했다. 영국의 뉴스를 정기적으로 접한 와치라웃 왕은 보이스카우트 활동에 관련된 정보도 입수하고 있었을 것이다.[6) 특히 스아빠의 설립 배경에 대해 그레이엄은 라마 6세가 태국의 엘리트층에게 "자제(自制), 규율, 충성 그리고 그 외의 다른 남성적인 미덕의 훈련을 장려하여" 그들이 왕국의 수호를 위한 군사적 공적을 세울 수 있도록 하며, 이러한 착상에 영국 보이스카우트 운동의 정신을 접목시켰다고 설명한다.[7)

태국의 역사학자 꿀라다 껫분추는 스아빠의 창설에 정치적 배경이 있었다고 본다. 첫 번째 배경은 이미 부왕 시대에 주요 행정부처의 장관으로 임명된 왕자들을 비롯한 정부의 막강한 대신들과의 관계에서 비롯된 문제였다. 갓 등위한 와치라웃 왕으로서는 대부분 삼촌뻘이 되는 장관직의 왕자들을 통제하는 것이 쉽지 않았을 것이다. 1915년 담롱 왕자가 당시 영향력이 가장 큰 내무부의 장관직에서 해임된 것은 와치라웃 왕과 시니어 왕족 대신들 간의 불편한 관계를 반영한다.[8] 두 번째 배경은 행정부처의 관리들에 대한 국왕의 직접적인 관계 내지 영향력을 확보하려는 와치라웃 왕의 의도로서, 이점은 첫 번째 측면과 연결된다. 당시 서양식 교육을 받은 관리들은 국왕의 사적인 판단과 결정이 아니라 자신이 받은 전문적인 고등교육이 승진과 출세의 주요 기준이 되어야 한다고 생각했다. 또 그들은 국왕보다는 자신에게 근대식 행정을 교육시키고 전문적인 기술을 전수해주는 멘토이자 직장의 직접적인 상관인 장관 등 고위 관료에게 더욱 충성하는 경향이 있었다.

　　두 번째 측면을 보여주는 사건이 1911년 와치라웃의 정식 등위를 축하하기 위해 해군장교들이 마련한 디너파티에서 일어났다. 그들은 만찬회 식탁의 한복판을 어뢰로 장식하면서 어뢰를 국왕의 자리로 향해 놓았다. 이것은 해군장교들이 무력을 행사할 수 있는 힘을 소유하고 있다는 것을 국왕에게 과시하는 무언의 압력으로 해석되었다. 이러한 연출의 배경에는 1910년 졸업한 해군장교들이 기대했던 봉급의 증액이 실현되지 않은 것에 대한 불만이 있었다.[9] 와치라웃 왕은 그들의 발칙한 행동의 책임을 해군청 차관보인 이복동생 춤폰(Chumphon) 왕자에게 돌려 그를 관직에서 해임했다. 영국의 왕립해군사관학교를 졸업한 춤폰 왕자는 태국의 해군사관학교에서 생도들이 졸업 후 외양(外洋)으로 항해하는 기술을 갖출 수 있도록 강의 프로그램을 짰으며 생도들을 직접 가르치고 훈련시켜 해군장교에게 큰 존경을 받는 인물이었다.[10]

어뢰 사건을 겪은 라마 6세는 해군장교 그리고 나아가서 장교를 포함한 태국의 군인과 관리가 국왕에 대해 어떤 자세를 취하고 어떤 관계에 있어야 마땅한지에 대한 자신의 생각을 한 서신에서 다음과 같이 밝혔다.

이것은 해군사관학교를 졸업한 장교들이 자신의 일만 생각하여 국왕에 대한 감사함을 느끼지 않는 것을 [보여주는] 명백한 증거다. [중략] 군인은 정상적으로는 스스로를 오직 국왕의 부하로 간주해야 한다. 그들은 자신이 국왕보다 다른 누군가를 더욱 존경한다거나 공적인 업무보다 어떤 사람의 업무를 먼저 고려한다는 것을 행동이나 말로써 알려서는 안 된다. 장교들이 파벌을 만들고 자신의 친구를 국왕보다 더욱 존중하는 것은, 만약 이것이 계속 되도록 허용된다면 결국에는 국가에 파멸을 갖고 올 것이다.[11]

와치라웃 왕은 스아빠 단원을 위해 유니폼과 깃발을 디자인하고 기동 연습 프로그램을 기획했다. 이것은 그의 연극에 대한 열정의 발로로 해석된다.[12] 스아빠는 자원 가입이 원칙이었으나, 50바트의 가입비와 30바트의 연회비 외에도 유니폼을 구입해야 하는 등 상당한 재정적 부담이 있어 처음에는 사회적으로 명망과 신분이 있는 사람들만 가입했다. 5월에 최초의 단원으로 임명된 122명은 국왕의 측근이었다. 그러나 스아빠 단원이 됨으로써 국왕에게 보다 잘 보일 수 있다는 생각이 확산되면서 중앙 행정부처의 관리뿐만 아니라 지방의 관리 사이에서도 가입의 붐이 불어 1912년 초가 되면 단원의 수가 약 4,000명이나 되었다. 스아빠의 주요 활동은 규율의 학습 및 실행, 군사 훈련과 행군, 국가적 의식과 축제의 참가 및 행진 등이었다. 특히 군사 훈련이 중시되어 단원은 매일 오후 4시에 집합해 약 2시간 동안 훈련에 참가해야 했다.[13]

스아빠의 정식 단원이 되려면 국왕 면전에서 행해지는 의식에서 충성 서약을 해야 했으며, 여기서 단원은 관등을 하사받았다. 국왕과 국가를 위해 헌신할 자세를 가진 사람들로 구성된 스아빠는 사실상 와치라웃 왕의 사적인 '홍위병' 조직이라고 할 수 있다. 그는 자신이 총사령관인 이 조직을 통해 국왕과 백성 간 충성 내지 애국을 위한 연결고리를 만들려고 했던 것으로 보인다.[14] 라마 6세는 스아빠를 창설한 보다 구체적인 목적을 1911년 12월 3일의 정식 대관식에서 행한 연설에서 다음과 같이 밝혔다.

> 이 전국적 기구의 목적은 우리 민족의 가슴속에 국가의 정치적 독립을 정의와 공평으로 통제하고 유지하는 국왕에 대한 사랑과 충성심을, 조국인 국가와 우리의 종교와 그리고 무엇보다도 국가적 단결과 상호 우정의 개발에 대한 헌신을 심겨주고자 하는 것이다. 이러한 자질은 우리의 국가적 존립이 의지할 가장 튼튼한 토대를 만들 것이며 '자유의 국가'라는 국명[15]에 대한 기대를 저버리지 않을 것이다.[16]

여기서 와치라웃 왕은 태국 국민이 국왕과 불교와 국가에 대해 충성심을 가져야 한다는 것, 그리고 이 세 요소의 바탕 위에서 태국이라는 국가가 서 있을 수 있다는 것을 강조한다. 스아빠의 주 기능은 한마디로 국가와 불교와 국왕을 지키고 국민의 단결을 강화하는 것이었다.

이 점은 와치라웃 왕의 삼촌이자 멘토로서 당시 태국 불교계의 종정(宗正), 즉 승왕(僧王)인 와치라얀 왕자가 스아빠의 창단식 및 충성 서약식에서 행한 강연에서도 표출되었다. 와치라얀 왕자는 국가를 신체에 비유하며 각 신체 기관의 특정 기능이 제대로 작동해야 신체가 건전하게 유지될 수 있는 것처럼 개개인은 자신의 역할과 기능을 올바로 수행하여 전체의 통일성이 보존되도록 해야 한다고 말했다.

꿀라다 껫분추가 '국가의 유기적 이론(organic theory of state)'이라고 지칭한

이 논지에서 와치라얀 왕자는 국왕은 국가라는 신체의 가장 중요한 부분인 두뇌이고 손과 발 같은 다른 신체기관인 신하는 국왕에게 의존되어 국왕을 중심으로 기능을 발휘하는 존재이기 때문에 국왕에게 충성해야 하고 감사하는 마음으로 최선을 다해 국왕을 섬겨야 한다고 강조한다. 그는 또한 개개인의 단결이 국가 진보의 핵심이기 때문에 스아빠 단원은 각자 국가의 이익을 자신의 것보다 우선시하고 국가를 위해 자신을 희생할 준비가 되어 있어야 한다고 말한다. 이와 더불어 그는 불교가 국가의 안녕과 번영의 토대이기 때문에 태국이라는 국가를 구성하는 모든 국민은 불교의 가르침을 지켜야 한다고 당부한다.[17]

2. 라마 6세의 국가 정체성 인식과 타이 민족주의

태국에서 근대적 개념의 국가에서 국왕이 중심이자 정점이고 국민의 구심점이 되어야 한다는 생각은 앞에서 본 것처럼 쭐라롱꼰 왕에게서 처음으로 나타났으며, 그의 후계자인 와치라웃 왕에 의해 지속되었다. 와치라웃은 태국 역사에서 민족주의를 본격적으로 추진해 이를 제도적·공식적 차원으로 발전시킨 국왕으로 평가된다. 그는 태국이라는 근대 국민국가가 타이 민족을 중심으로 그리고 국왕을 구심점으로 건설되어야 한다고 보았다. 그의 이러한 생각은 부분적으로는 등위 전 1893년부터 1902년까지 영국 유학 시절 유럽의 민족주의적 사상에서 받은 영향에 기인하며, 부분적으로는 그의 부친 쭐라롱꼰 왕과 앞에서 고찰한 폰 분낙과 루앙 랏따나 야띠 같은 당대 귀족관료의 인식을 답습한 것으로 보인다.[18]

와치라웃은 이미 왕자 시절에 태국에 바람직한 정부 형태와 왕권의 성격에 대한 자신의 입장이 어떠한지를 보여주었다. 그는 자신이 주축이 된 타위

빤야(Thawipanya) 클럽이 발행하는 『타위빤야』[19]라는 월간지에 1905년 발표한 글에서 태국의 특수한 역사적·문화적 배경을 강조하면서 태국에 의회제도를 도입하는 것에 반대했는데, 그 주장의 내용은 모두 쭐라롱꼰 왕에게서 확인된 것과 비슷하다.[20]

와치라웃 왕은 앞에서 본 것처럼 국왕과 불교와 국가가 근대적 태국의 기초가 되어야 한다는 국가 정체성 인식을 갖고 있었다. 이 세 가지 요소에 대한 중시는 새로운 태국 국기의 제정과 그 디자인에 와치라웃 왕이 부여한 의

코끼리 기(적색 바탕의 흰 코끼리)

미에서 엿볼 수 있다. 태국에서는 당시 몽꿋 왕 시대에 제작된 적색 바탕에 흰 코끼리가 그려진 국기가 통용되고 있었다. 그러나 이 '코끼리 기'는 외국에서 인쇄·수입했으므로 그 비용이 만만치 않았음은 물론 코끼리가 종종 괴상한 모습으로 그려져 있기도 했다. 게다가 '코끼리 기'는 서양인에 의해 '독특하다' 혹은 '그림 같다'고 묘사되는 등 당시 태국의 엘리트가 자부하고 있던 근대화 및 문명화 도상의 태국을 상징하는 국기에 대한 경외심을 자아내게끔 만들기에는 부족하다고 판단되었을 것이다. 그리하여 진보된 태국을 상징하는 새로운 디자인의 국기 제작의 필요성이 1916년부터 제기되었다.

와치라웃 왕이 국기의 애국적 측면을 얼마나 중시하고 있었는지는 그가 1916년 11월 룩스아의 한 훈련학교에서 행한 연설에서 드러난다. 그는 여기에서 인드라(Indra) 신이 그의 군사들에게 전투에서 지쳤을 때 대장기(大將旗)를 쳐다보면 기력이 회복될 것이라고 말했다는 인도의 설화를 이야기하면서 태국에는 그러한 기가 세 가지, 즉 국왕·국가·불교가 있다고 말했다. 그는 또한 국기의 존엄성에 대해 "태국 국기는 누구의 노예도 아니다. 그것은 누구의

노예가 된 적이 없었다. 우리는 그것이 어느 누구의 노예가 되게끔 하지 않을 것이다. [중략] 우리는 그것을 우리의 피로 얼룩지게끔 할지언정 먼지나 진흙으로 더럽히도록 만들 수는 없다'21)라고 강조했다.

1917년 8월 내각은 새로운 국기의 제정에 대한 국왕의 결심을 알렸으며, 마침내 9월 28일 와치라웃 왕이 도안한 적·백·청 삼색으로 된 새로운 태국 국기가 공포되었다('새로운 태국 국기'는 면지 참조). 디자인은 국기가 국내에서 제작될 수 있을 정도로 단순했으며 또 당시 유럽 여러 국가의 국기와 유사했다. 와치라웃 왕은 국기의 세 가지 색이 의미하는 상징에 대해 자신이 쓴 한 편의 시에서 다음과 같이 설명한다.

세 가지 색깔의 배후에 놓여 있는
의미에 대해 말하리라.
흰색은 순수를 위한 것으로 삼보(三寶)22)와
태국인의 마음을 보호하는 법을 나타낸다.
붉은색은 우리의 피를 가리키는 것으로, 이 피는 우리가
우리의 국가와 신앙을 지키기 위해 기꺼이 희생하는 것을 나타낸다.
파란색은 백성의 지도자의 아름다운 색조로서
그 지도자 때문에 사람들이 그것을 좋아한다.23)
세 색깔은 줄무늬로 정렬되어
우리 태국인이 좋아하는 국기를 이룬다.
우리의 군인이 승리를 위해 이것을 지니고 가서
시암의 명예를 드높여라.24)

이 시에서 엿볼 수 있듯이 적·백·청은 각각 국가 및 민족, 불교, 국왕을 의미한다. 국왕, 불교, 국가 및 민족의 의미와 상호관계에 대한 와치라웃의 보

다 상세한 설명은 그가 1911년 5월 말부터 7월 초 사이에 스아빠를 대상으로
행한 일련의 연설에서 찾을 수 있다. 우선 국왕과 민족 및 국가의 관계에 대
한 그의 생각을 살펴본다.

혈연적으로 친척 관계에 있는 인간들은 대개 모여 스스로를 유지하고 보
호하기 위해 하나의 공동체를 이루었다. 그러나 공동체의 구성원이 아무리
서로 친척이라도 각각의 구성원이 자기 멋대로 행동한다면 그들은 외부의
위협에 저항할 수 없었을 것이다. 비상시국에 모든 구성원이 하나로 뭉치기
위해서는 한 사람에게 명령의 역할을 맡기고 다른 사람들은 그를 따르도록
하는 것 외에는 다른 방도가 없을 것이다. 또한 구성원의 의견이 분열되었
을 때 내부의 평화를 유지하기 위해 확고한 결정을 내릴 수 있는 재판관이
필요할 것이다. 외부의 위협에 대한 지휘관과 내부의 평화 유지를 위한 재판
관은 대개 공동체에서 나이가 들었고 경험이 풍부한 자였으며, 이러한 자에
게 공동체의 모든 구성원의 주권이 맡겨졌다. [중략] 나중에 공동체의 평생직
지도자를 선출하는 관습이 도입되었다. 이 유형의 지도자는 '국왕'으로 불렸
다. 그에게 공동체의 주권이 위임되었으며, 그는 이것을 공동체 전체의 이해
관계와 행복을 위해 행사했다. 따라서 국왕을 존경하는 것은 곧 공동체의 주
권을 존중하는 것과 마찬가지다. [중략] 우리는 무엇인가가 우리에게 존귀함
을 준다는 것을 안다면 그것을 보존하고 간직하기 위해 최상의 노력을 기울
인다. 국왕이 국가에게 존엄을 가져다주기 때문에 그는 또한 국가의 구성원
모두에게도 존엄을 준다. 그러므로 국왕을 지키기 위해 최선을 다하는 것은
국가의 모든 구성원의 의무다. 국왕에게 해코지를 하려는 자는 국가에게 해
를 끼치고 나라의 존엄성을 파괴하고 공동체의 평화와 행복을 깨트리는 자
로 간주되어야 할 것이다.[25]

여기서 와치라웃 왕은 쭐라롱꼰 왕을 포함한 앞선 태국의 지배 엘리트의 주장과 마찬가지로 태국에서 국왕은 백성이 나라를 이끌어가는 지도자로서 자발적으로 선택한 존재이며, 그러한 역할이 주어진 국왕은 '공동체', 즉 국가의 구심점으로서 모든 국민의 존경과 충성을 받아야 마땅하다고 강조한다. 와치라웃은 불교와 국가의 관계에 대해서는 다음과 같이 말한다.

도덕적인 국가는 번영한다. 그러나 도덕성이 부족한 국가는 매우 혼란스럽고 분열될 것이다. [중략] 만약 개개 구성원이 도덕성이 없고 정의에 대해 염려하지 않고 이웃에 대한 배려 없이 행동한다면, [중략] 그들에게는 필연적으로 분쟁이 있는 반면 행복은 있을 수 없을 것이다. 그러한 상황에서는 한 공동체로서 함께 살아간다는 것이 불가능하게 될 것이다. 그것은 국가적 공동체가 파멸되는 결과로 이어질 것이다. [중략] 만약 한 국가가 망해간다면 종교는 보존될 수 없다. 거꾸로 만약 종교가 국가에서 사라진다면 사람들은 다시는 도덕성을 갖지 못할 것이다. 그리고 도덕성이 부족한 국가는 멸망과 파괴로 나아갈 것이다.[26]

와치라웃 왕은 여기서 불교를 도덕적 가치체계로 간주하고 있으며, 태국에서 보편적 이념으로 작용하는 가치체계인 불교의 보존과 번영은 국가의 운명과 직결되어 있다고 주장한다. 국왕·불교·국가의 세 요소로 구성된 태국의 공식적인 국가 이념이 오늘날 태국 국민의 의식 속에 깊이 뿌리 내린 데에는 와치라웃 왕의 이러한 연설들이 중요한 영향을 미친 것으로 보인다.

이상 살펴본 왕권과 국가에 대한 기본적 인식에 따라 와치라웃 왕은 전형적인 절대군주답게 자신을 '프라짜오 팬딘(phrachao phaendin)', 즉 '국가의 주인'이라고 불렀으며, 태국의 국민 모두가 오직 자신의 리더십 아래 단결되어 국가를 이루기를 원했다. 그는 자유주의와 입헌주의 같은 유럽의 정치사상과 제도를 맹목적으로 찬성하고 그것을 태국에 무조건 도입하려는 것을 비난했으며, 그 대신 태국이 '문명화된' 국민국가로 발전하기 위해서는 태국 고유의 역사와 문화의 바탕 위에 국가를 건설해야 한다고 보았다.[27] 그가 누차 강조하는 태국 고유의 역사와 문화의 바탕은 쭐라롱꼰 왕도 비슷한 맥락에서 말했던 것처럼 특히 국왕에 대한 충성과 불교에 대한 존중을 요구한다. 이것이 와치라웃 왕의 국가관이며 그가 생각한 타이 민족주의의 내용이었다.

그가 추진한 타이 민족주의는 종종 '관 주도 민족주의(official nationalism)'로 불린다.[28] 이 개념을 도입한 시턴왓슨(Hugh Seton-Watson)에 의하면, '관 주도 민족주의'는 근대 국민국가가 형성되던 19세기의 시대적 상황에서 발전했다. 그것은 유럽의 절대군주 왕정의 왕실 및 귀족관료사회를 포함한 지배 엘리트 세력이 1820년대부터 크게 확산되기 시작한 '대중 민족주의'가 자신들을 배제하거나 국가의 주변부로 몰아내려는 위협에 대해 취한 반응으로서 나타난 것으로, 스스로 주도권을 쥐어 다민족 사회를 다수민족 중심으로 통합·동화시키면서 그 국가의 구심점에 왕실을 두어 이로써 왕조를 유지시키려던 조작적인 노력을 일컫는다.[29]

베네딕트 앤더슨은 그러한 배경에서 등장한 '관 주도 민족주의'가 태국 같은 비유럽 국가에 의해서 모방되었음에 주목한다. 그에 따르면, 태국에서 '관 주도 민족주의'는 쭐라롱꼰 왕에 의해 시작되었다. 그러나 앤더슨은 그의 '관 주도 민족주의'를 국가를 식민화의 위협에서 보호하고 근대화하는 과정에서 왕실 정부를 합리화하고 중앙집권화한 노력과 관련해 서술할 뿐, 쭐라롱꼰 왕의 국가관과 근대화에 대한 인식에서 확인될 수 있었던 왕조 및 왕권 중심적 사고방식과 결부시켜 언급하지는 않는다. 앤더슨은 태국의 '관 주도 민족주의'가 와치라웃 왕에 의해 본격적으로 추진되었으며, 그것은 "국가가 통제하는 초등 의무교육, 국가가 행하는 선전 활동, 공식적 역사의 재편찬, 실제적이라기보다는 과시적인 군국주의, 왕조와 국가의 정체성에 대한 끊임없는 확인"30) 등에서 나타났다고 말하는데, 이러한 설명은 라마 6세 시기의 태국 역사를 이해하는 데 유용한 시각을 제공한다.

영국에서 유학 생활을 한 와치라웃 왕은 역시 영국에서 공부하고 돌아온 폰 분낙과 루앙 랏따나 야띠 등과 마찬가지로 태국의 정치와 왕권의 위상과 관련해 태국의 특수한 역사적·문화적 배경을 강조하면서 절대군주제의 필요성에 대해 역설했다. 얼핏 생각하면 영국의 민주주의적 사상과 제도에 접했을 이들이 1885년 개혁 건의문 저자들과 마찬가지로 태국에서의 의회민주주의적인 정치 개혁과 왕권의 제한에 대해 찬성했을 것으로 짐작되지만, 오히려 그 반대의 사고를 갖고 있었던 것은 어떤 연유에서일까? 민중이 국가의 주체가 되어야 한다는 민주주의 의식의 바탕 위에서 발달하고 전개된 근대적 민족주의는 전통적인 절대군주제 정부와 그에 속한 지배 엘리트에게는 그 존립에 대한 심각한 위협으로 다가왔을 것이다. 이에 쭐라롱꼰과 와치라웃 등 태국의 지배 엘리트는 앤더슨이 지적하는 것처럼 유럽의 '관 주도 민족주의'를 모방해 근대화된 국가 건설을 추진하되 그것을 왕권 중심으로 하려고 했던 것이다.

3. 1912년 국가 전복 음모

이처럼 쭐라롱꼰 왕 시대와 와치라웃 왕 시대 국가의 서양화 및 근대화를 위한 민족주의가 모색되었으나, 그것은 국왕과 몇몇 왕족 및 귀족 등 왕국의 엘리트가 중심이 되어 백성에게 하달하는 형태로 추진된 것이었다. 그러나 와치라웃 왕의 재위 초기에 근대화를 위한 민족주의를 밑에서부터 위로 달성하려는 노력이 나타나기도 했다.

스아빠가 창설된 지 얼마 지나지 않은 1912년 3월, 라마 6세의 절대왕정제

정부를 전복하려는 반란 음모가 적발되었다. 음모의 공식적 지도자는 렝(Leng)이라는 이름으로 알려져 있는 육군 의무부대의 쿤 투아이한(Khun Thuayhan) 대위였다. 주동자는 리안 시찬(Rian Srichan)과 짜룬(Charun)으로 1909년에 육군 사관학교를 졸업한 육군 장교들이었다. 음모에 가담한 자들은 대부분 육군의 젊은 장교들이었으며, 여기에 소수의 해군 장교들과 법률 분야에서 전문 교육을 받은 소수의 민간인이 포함되어 있었다. 음모 가담자의 숫자는 명확하지 않다. 음모가 발각된 후 한 장교는 법원 심리 과정에서 그 숫자가 1912년 1월 무렵 약 300명이었다고 증언했다. 그러나 정부의 첩보기관이 입수한 정보에 따르면, 800명에 달하는 규모였다.[31]

음모는 이미 1910년에 시작되었다. 핵심 공모자들은 음모를 육군 전체에 확산시켜 모의에 다른 장교들을 가담시키고 자신들의 휘하에 있는 신병들에게 새로운 이념을 가르쳐 그들이 그것을 가족에게 계속 퍼뜨리도록 한다는 계획을 세웠으며, 이를 위해 10년의 시간이 필요하다고 보았다. 그러나 그 계획은 포기되었고, 1912년 4월 방콕의 에메랄드 불상 사원에서 충성 서약식이 거행되는 날 거사를 결행해 의식에 참가한 정부의 핵심 관료 모두를 체포한다는 것으로 변경되었다.[32] 당시 관료사회와 육군 내부에서 스아빠에 대해 열광적인 관심과 호응이 일어나고 있던 것이 변경의 주된 이유로, 주동자들은 스아빠가 더욱 커져 확고한 제도로 뿌리 내리기 전에 정부를 뒤집어엎어야 한다고 판단한 것이었다.

계획의 변경 후 1911년 12월과 이듬해 2월 사이에 방콕에서 장교들을 공모자로 모집하기 위해 여덟 번의 회합이 있었다. 발각되기 전 반란 음모는 군 내부에서 상당히 널리 알려져 있었던 것으로 보인다. 말이 음모이지, 한 무리의 육군 장교들이 절대군주제의 전복을 모의하고 있다는 것은 공공연한 비밀이었다는 증언도 있었다. 1912년 2월에는 지방에 배치되어 있는 장교들도 거사에 끌어들이기로 결정하고 한 장교를 북부로 보내기로 했다. 그러나 이

장교가 3월에 당국에 음모를 알려 결국 정부 전복의 음모가 적발되었다.[33)

음모의 공모 혐의를 받아 체포된 자는 모두 92명이었다. 그들 대부분은 20대 초반의 중위 계급의 육군 장교들로 1909년 육군사관학교 동기생들이었다. 그들의 체포를 진두지휘한 사람은 당시 국방부 차관 겸 육군참모총장인 짜끄라퐁 왕자였다.[34) 그가 싱가포르의 『스트레이트 타임스』와 행한 인터뷰를 보면, 공모자들은 세 파로 나뉘어 있었다. 첫 번째 파는 육군 의무장교가 그 리더로, 주로 화인으로 구성되어 있었으며 공화제를 지향했다. 두 번째 파는 한 군법무관이 이끌었으며 입헌군주제를 찬성했다. 세 번째 파는 참모본부의 한 장교가 그 우두머리였으며, 입헌군주제로의 혁명을 지지했다. 음모가 발각될 당시 세 파 가운데 첫 번째 파의 영향력이 가장 강력했던 것으로 보인다. 두 번째와 세 번째 파는 공모자들 간의 상호 신뢰를 견지하기 위해 결국에는 첫 번째 파의 주장에 모두 동의했다고 한다.[35)

음모의 배경 및 요인을 살펴보면, 우선 외부적 차원에서는 공모자들이 당시 외국의 정치적 혁명, 예컨대 1908~1909년 터키에서 소장파 장교들인 청년터키당원(Young Turks)들이 술탄 압둘하미드 2세(Sultan Abdulhamid II) 정부를 전복시키고 의회주의를 도입한 사건과 1911년 중국에서 청 왕조가 무너지고 이듬해 1월 1일 공화국이 선포된 신해혁명의 영향을 받은 것이 분명해 보인다. 그들은 특히 신해혁명의 결과에 흥분되었다. 그들은 태국을 공정하지 않으며 부패하고 퇴보적인 나라라고 보았고, 이러한 불행한 상황이 현 정부의 통치 체제에서 비롯된 것이라고 판단했다.[36)

바로 이 마지막 측면과 관련해 공모의 내부적 요인을 추론할 수 있다. 앞에서 언급한 짜끄라퐁 왕자의 인터뷰 내용을 보면, 입헌군주제를 지향하는 두 그룹은 각각 와치라웃의 이복동생 중 한 명인 보리팟(Boriphat) 왕자와 짜끄라퐁 왕자를 입헌군주로 추대한다는 계획을 갖고 있었는데, 이것은 공모자들이 와치라웃 왕에 대해 모종의 거부감 내지 적대감을 갖고 있었다는 것을 시사한다.37) 육군의 젊은 장교들이 군의 위상과 특히 군에 대한 국왕의 태도와 관련해 와치라웃 왕에게 불만을 품고 있었다는 점은 분명하다. 그들은 육군의 예산이 다른 행정부처에 비해 큰 폭으로 삭감된 것에 실망했으며, 특히 왕세자 시절에 군사 분야에 특별한 관심을 보인 와치라웃이 등위 후 장교들과의 관계에 더 이상 신경을 쓰지 않고 스아빠를 만든 것에 분개했다. 장교들 중에는 승진과 출세를 위한 모든 유리한 기회가 스아빠 단원에게만 주어지는 것에 대해 불만을 품은 자들이 있었다.38)

음모의 주동자들은 거사 동조자들의 모집을 위해 특히 육군 장교들과 휘하 병사들을 상대로 강연회를 여러 차례 개최했다. 모든 강연은 「정부 형태에 관하여—한 국가의 퇴보와 진보」라는 제목의 문서를 기초로 이루어졌다. 이 문서에 충실한 기본 강연이 행해졌으며, 이 기본 강연은 다른 강연의 모델이 된 것으로 보인다. 강연은 절대군주제, 제한적 군주제, 공화제 등 세 가지 정부 형태의 장단점을 소개하고, 국가의 진보 및 발전은 그 나라의 정부 형태가 국민으로 하여금 자유를 누리도록 만드는 것인지의 여부에 달려 있다는 것이 그 논지였다.

기본 강연의 주요 논점은 다음과 같다. 첫째, 관료사회 내에서 하급자의 상급자에 대한 비위맞추기, 조정 신하들의 국왕에 대한 아첨과 그러한 자들에 대한 국왕의 편애 등 정실주의가 비판되었다. 교육부 장관인 프라야 위숫수리야삭이 1912년 3월에 라마 6세에게 쓴 편지에 의하면, 반란 음모에 가담한 정부 관리들은 이러한 정실주의로 교육을 받지 않은 자들이 출세하여 부유해지는 것에 비해 정식으로 교육을 받은 자신들은 부당한 처사를 받는다고 생각하고 있었으며, 이에 제한된 군주제나 공화제를 모색했다고 한다. 두 번째 논점은 국왕이 절대적 권력을 보유하고 법 위에 군림하는 절대군주제는 본질적으로 불합리한 최악의 정부 형태라는 것이다. 세 번째 논점은 와치라웃 왕이 국고를 개인적 용도에 사용하고 사적인 쾌락을 추구하면서 백성의 필요에는 신경을 쓰지 않는다는 것에 대한 불만으로, 이것은 두 번째 논점과 마찬가지로 절대군주제에 대한 비판이었다.

기본 강연에서 이 세 가지 논점의 문제가 태국이 제한된 군주제 국가가 되면 해결될 것이라고 주장되었다. 그러나 공모자들이 생각하는 '제한된 군주제'가 입헌주의 혹은 더 나아가 의회주의를 염두에 둔 개념인지는 분명하지 않다. 일반 병사를 상대로 행해진 한 강연에서 '제한된 군주제'는 국왕이 독자적으로는 아무것도 할 수 없고 관료와 상의해서 국정을 운영하는 정치 체제로 묘사되었다. 한편 음모의 리더인 쿤 투아이한 대위는 한 강연에서 공화제를 지지하는 이유를 이 체제에서는 사람들이 모두 같은 사회계급이 되기 때문이라고 밝혔다.[39]

1912년 반란 음모의 동기는 일차적으로는 국왕의 국정 운영방식에 대한 불만이었다. 이와 관련해 특히 국왕의 사적인 쾌락을 위한 지나친 국고 낭비와 스아빠에 대한 지나친 재정적 지원이 비판되었다. 또 다른 주요 동기는 현 정부 체제에 대한 불만으로, 공모자들은 자신들과 같은 하급 장교 및 관리의 목소리가 국정에 반영되며 자신들이 국가 행정에 직접 참여하는 정부 형태를 원했다. 이와 관련해 핵심 공모자 중 한 명인 리안은 다음과 같이 증언했다.

우리가 그룹을 형성한 이유는 정부가 낮은 계층의 사람들이 [국가] 행정에서 의사를 개진하도록 기회를 열어주어 우리 나라의 하급 관리들과 백성이 국가의 정치 체제에 대해 알고 이해하고 더욱 민족주의적으로 될 수 있기 위해서다. 만약 그것이 이루어지면 우리 나라는 열강처럼 발전되고 강력하게 될 것이다. [중략] 우리가 그룹을 형성했다는 사실은 우리가 국왕이나 국가에 해를 끼칠 작정이라는 것을 의미하지 않는다. 우리가 사적인 이익을 얻고자 하는 것도 아니다. 우리는 오직 국가의 진보에 기여하고자 할 따름이다. 나는 태국인이다. 그러므로 나는 타이 국가의 진보를 지향하며 타이 국

가가 다른 국가에게 굴욕을 당하거나 억압당하지 않도록 강력해지는 것을 원한다.[40]

리안의 증언 뒷부분에서 공모자들이 음모를 통해 모색했던 것은 궁극적으로는 태국의 발전과 진보였다는 것을 알 수 있다. 달리 말하면, 쭐라롱꼰 왕 시대부터 태국의 국왕과 몇몇 왕족 및 귀족이 했던 것처럼 그들 역시 국가의 성공적인 근대화와 민족주의를 추구한 것이었다.

1912년 국가 전복 음모는 현 시점에서 보면 모의에 그친 사소한 쿠데타 시도에 불과할 수 있다. 그러나 당시 그것은 심각한 사태였을 것이다. 그것은 과거 왕조 내부에서 일어난 왕족 간의 권력 투쟁 차원이 아니었다. 정부 형태의 변화를 포함한 급진적 개혁을 모색한 이 반란 음모는 왕조 외부에서, 그것도 소장파 장교들이 백성의 지지를 등에 업고 추진하려고 했던 것으로 태국 역사에서는 처음으로 일어난 일이었다.[41]

와치라웃 왕은 당시 젊고 진보적인 장교와 관리 사이에서 빠른 속도로 지지자를 획득했던 이 사건의 중대성을 인식했던 것으로 보인다. 음모가 발각된 지 2개월 후 공모자들에 대한 법정 판결이 내려졌다. 3명의 핵심 공모자는 사형, 20명은 종신형, 32명은 20년 징역형, 7명은 15년 징역형, 30명은 12년 징역형을 선고받았다. 그러나 와치라웃 왕의 관대한 조치로 사형은 종신형으로, 종신형은 20년 징역형으로 감형되었고, 나머지는 집행유예로 모두 석방되었다.[42]

음모 사건 후 와치라웃 왕은 공모자들의 비판에 대해 몇 가지 측면에서 반응을 보였다. 예컨대 그는 매일 실시하던 스아빠의 군사 훈련을 1주일 1회로 줄였다. 또한 그는 국왕의 국고 낭비에 대한 소문을 잠재우고 더욱 건전한 재정 운용을 위해 1912년 3월에 '세입세출감사위원회'를 설립하여 그 위원으로 재정부 관리 2명과 외국인 고문 3명을 임명했다. 이 위원회의 활동으로 국

가 예산의 수립과 감시가 강화되어 1913년이 되면 재정이 세입이 세출을 초과한 흑자로 돌아섰다.[43]

4. 근대화 개혁과 문명국으로의 진입을 위한 노력

재위 초 국가 전복의 위협으로 이어진 군 및 관료사회의 정부에 대한 불만에도 불구하고 와치라웃 왕은 재위 기간 동안 왕국의 근대화를 위한 많은 조치를 실시하여 교통 및 통신 인프라를 개선하는 것 외에 기존의 제도를 보완하고 여러 새로운 제도를 도입했다. 그는 이러한 활동을 통해 한편으로는 서양 국가에게 태국이 문명화된 나라임을 인정받으려 했고, 다른 한편으로는 국민에게 태국에 대한 자부심과 애국심을 고취시키려 했던 것으로 보인다.

등위 후 수년 이내에 방콕에 새로운 도로들이 건설되고 전차가 놓였으며, 나무로 된 다리들이 콘크리트 교량으로 교체되었다. 또 1914년 방콕의 상수도 시스템이 완공되었고 발전소가 처음으로 세워졌다.[44] 철도는 이미 라마 5세 시대에 건설되기 시작했다. 1897년 방콕에서 아유타야까지의 철도가 완공된 것에 이어 1900년에는 방콕에서 나콘랏차시마까지의 철도가 개통되었다. 말레이반도로도 철도가 확장되어 방콕에서 랏차부리를 경유하여 펫차부리까지 연결된 철도가 1903년에 개통되었다.[45] 라마 6세 시대인 1913년에는 철도가 북부의 람빵까지 연결되었고 남부로도 계속 확장되었다. 이러한 철도 건설 사업에는 경제적 이해관계뿐만 아니라 지방 행정의 이해관계가 깔려 있었으며 이와 동시에 외세 특히 프랑스와 영국의 위협에 대해 영토를 보다 효율적으로 지킨다는 안보적 동기도 있었다.[46]

와치라웃 왕은 1913년 3월 22일 포고문을 통해 태국에 성(姓)을 도입한다고 선언했다. 그 이전까지 대부분의 태국인은 성이 없었고 이름만 있었는데,

평민은 대개 '창(코끼리)'·'짠(달)' 등과 같은 단음절 이름을 사용했고, 왕족 및 귀족이나 부유한 계층은 종종 '짜룬(번영, 찬란한)'과 같이 두 음절 이상의 이름을 사용하기도 했다. 또 관리로 임명되어 관등과 관명을 하사받으면, 폰 분낙의 '프라야 팟사꼬라웡'처럼 관등과 관명이 폰 분낙 대신 개인의 호칭으로 사용되기도 했다. 태국에서 성이 오래전부터 있어왔지만, 그것은 '분낙' 가문처럼 귀족 및 왕족 집안 중에서도 특별한 경우에 국한된 것이었다.

와치라웃은 이미 왕자 시절인 1906년에 쓴 에세이에서 성을 도입하면 개개인이 자신의 가문 배경을 보여줄 수 있으며 사람들의 집안 배경을 파악하는 데 보다 편리할 것이라고 보았다.[47] 성이 도입되어야 한다는 견해는 그 후 태국의 언론에도 등장했다. 예컨대 1910년 8월 12일자 『방콕 타임스(Bangkok Times)』의 한 기고 기사는 "성이 국민의 문명화 진보를 판단할 수 있는 표지 가운데 하나"가 될 것이라고 썼다. 이듬해 10월 3일자 같은 신문의 사설은 성을 도입함으로써 개인과 가족의 관계가 더욱 소중해질 수 있고 이로써 "오늘날 나라를 움직이고 있는 애국심"이 증진될 것이라고 주장했다.

1913년 3월 22일 포고문의 칙령은 모든 태국인이 성을 채택해야 하며, 한 집안의 가장, 즉 그 집안에서 생존해 있는 가장 나이 많은 남자가 성을 선택하고 성은 남계(男系)로 이어져야 한다고 규정했다. 이 칙령은 그해 7월 1일에 법령으로 확정되어 모든 집안의 가장은 1914년 1월 1일까지 해당 지역 관청에 성을 등록하도록 했다.

성의 도입과 관련해 미국의 동남아시아 전문가인 제임스 스콧(James C. Scott)은 "근대적 국가 통치가 필요로 했던 마지막 조처는 영구적인 부계 성의 발명이었다"라고 말한다. 그에 따르면, 국가는 성의 도입을 통해 국민 개개인의 신원을 그 성씨 집단의 맥락 속에서 파악함으로써, 즉 '읽기 가능한 국민'으로 만듦으로써 보다 확실한 과세와 징병의 대상을 확보할 수 있게 되었다.[48] 그러나 라마 6세가 태국에 성씨 제도를 도입하려고 할 때 국가적 차원에서

와치라웃 왕의 초상화

그러한 행정적 의도가 있었는지는 분명하지 않다.

와치라웃 왕은 1914년 1월 자신의 생일 축하 연설에서 성은 한 집안의 전통을 유지하는 데 도움이 되고, 각 사람이 자신의 명예뿐만 아니라 가문의 명예도 보존하는 것을 중시하도록 만들 것이라고 주장했다. 그는 또 「성과 가문 이름의 비교(priap nam sakun kap chuesae)」라는 에세이에서 앞에서 언급한 『방콕 타임스』의 1910년 10월 사설과 비슷한 맥락으로 성을 가짐으로써 가족 내 유대관계가 강화되고 연소자의 연장자에 대한 존경과 사랑이 증대되며, 이것은 결국 국가의 수장인 국왕에 대한 국민의 사랑 증진으로 연결될 것이라고 말했다.

칙령에 따라 성을 정하여 등록하는 일은 관리를 비롯한 도시의 식자층에게는 그다지 어려운 것이 아니었지만, 대부분 문맹이었던 일반 평민과 농촌 지역의 주민에게는 그리 간단한 문제가 아니었다. 이에 와치라웃 왕은 3,000개 이상의 성을 고안하여 백성이 선택하도록 했다. 그는 앞에서 언급한 에세이에서 진보된 서양 국가는 성을 사용하기 때문에 태국도 진보하기 위해서는 성을 가져야 하는데, 이제 "우리도 성을 갖고 있기 때문에 문명화되었다고 간주되는 [서양] 국민을 따라잡았다고 말할 수 있다"고 썼다. 그러나 성의 채택과 등록은 지방으로 갈수록 제대로 시행되지 않아 등록 마감일이 1914년 4월 1일, 1915년 4월 1일, 1918년 4월 1일 등으로 계속 연기되었고, 라마 6세의 재위 말년인 1925년에는 법령의 집행이 무기한 연기되었다.[49] 성의 도입을 위한 법령은 1941년에야 마침내 시행되었다. 그러나 태국에서 성은 한국·중국·일본 등 동북아시아나 서양에서와 같은 위상을 결코 획득하지 못했다.[50] 태국인은 일반적으로 여전히 이름으로 불리는 것을 선호하며, 심지어 오늘날 정치인이나 연예인이 공식적으로 소개될 때도 성이 아니라 이름으로 소개된다.

서양의 관행을 좇은 와치라웃 왕의 또 다른 근대화 조치로는 국경일의 제정을 꼽을 수 있다. 라마 6세는 1912년 부왕의 서거일인 10월 23일을 '쭐라롱꼰일(Chulalongkorn Day)'로 지칭하고 이날을 국경일이자 공휴일로 지정했다. 정부는 이날 각종 축제 행사를 지원하고 공립학교는 휴교하도록 했다.『방콕타임스』의 1913년 10월 23일자 사설은 쭐라롱꼰일이 영국의 '빅토리아 데이'처럼 특히 학교 학생들에게 태국의 국왕들에 대한 존경심과 나아가 국가에 대한 자부심을 불러일으키는 기회가 된다고 주장했다. 와치라웃 왕은 짜끄리 왕조, 즉 라따나꼬신 왕조를 창건한 라마 1세의 등위일인 4월 6일에 왕조의 역대 국왕들에 대한 경배가 주축인 국가적 행사를 기획했다. 그리하여 그는 왕궁 내 한 건물에 안치되어 있던 선대 다섯 국왕의 동상들을 1918년 4월 6일 왓 프라깨오 경내의 한 건물로 옮겨 의식을 치르고 이날을 "짜끄리 왕조뿐만 아니라 국가로서의 시암에게도" 경사로운 날이라고 선포했다. 그는 이듬해에도 같은 행사를 치르도록 했으며, 4월 6일을 처음으로 '짜끄리일'이라고 지칭하고 국경일이자 공휴일로 지정했다.[51]

와치라웃 왕은 근대화 개혁의 일환으로 태국인의 애국심을 북돋우고 민족주의적 열정을 분출시킬 수 있는 방안을 스포츠에서 찾았다. 영국 유학 기간 동안 학교·클럽·군부대 등이 대부분 자체적인 축구팀과 크리켓팀을 보유하고 있으며 이들이 그리고 다른 스포츠 종목의 팀들이 1년 내내 서로 시합을 벌이는 것을 듣고 보았을 와치라웃 왕은 재위 초부터 스포츠와 운동경기를 중시했다. 스아빠와 룩스아의 훈련 과정에 다양한 운동경기가 포함되어 있었으며, 이에 대해 『방콕 타임스』의 1911년 8월 23일자 기사는 "요즘 체육이 국가적 관심사가 되고 있는 것처럼 보인다"고 평했다.

와치라웃 왕은 팀 스포츠 특히 축구를 장려했으며, 이를 우선 학교에서부터 시작했다. 그는 1913년 1월 수안 꿀랍 학교를 방문하여 여러 운동경기를 참관했다. 이 학교의 체육 행사에 점차 다른 학교들도 참가하여 1917년이 되면 육상경기에서 세 개의 우승컵과 축구선수권대회에서 세 개의 우승컵이 걸린 큰 체육 행사로 발전했다. 와치라웃 왕은 1913년 12월 말에는 왕실시종학교(Royal Pages School)에 가서 운동경기를 관람했으며 학생들에게 스포츠를 통해 학교의 명성뿐만 아니라 국가의 명예도 드높이기를 당부했다.52)

라마 6세의 스포츠 장려에는 민족주의적 동기 외에도 태국의 많은 남자들을 도박·음주·아편 등 사회적 악습 대신 건전한 스포츠로 유도하려는 의도도 있었다. 그는 예컨대 군인이 여가 시간에 술을 마시면 비용도 문제려니와 취하면 사고를 일으킬 수 있지만, 스포츠는 범죄적이지도 않고 재미를 주는 기분 전환의 훌륭한 대안이 된다는 것을 지적했다. 스포츠를 통해 사회적 폐습을 근절하려는 그의 의도는 내무부를 통해 지방으로 전해졌다. 당시 태국의 여러 지방에서는 도박이 만연되어 있었다. 내무부 장관인 담롱 왕자는 1913년 10월 28일 방콕 인근의 여섯 몬톤의 지방 판무관을 소집하여 사람들이 공휴일에 도박 대신 스포츠를 즐기도록 만들 것을 촉구했다. 그의 지시에 따라 그 후 여러 지방에서 라마 6세의 등위 기념일인 11월 16일과 그의 생일인 1월 1일 등 공휴일에 각종 스포츠 행사가 기획되고 실시되었다.53)

1914년 여름 유럽에서 제1차 세계대전이 발발하자 태국 정부는 그해 8월 중립을 선언했다. 와치라웃 왕은 이를 계기로 왕국 수호를 명목으로 내세워 '시암왕립해군연맹(Royal Navy League of Siam)'을 창설했다. 그는 창립을 선포하면서 "이것의 첫째 목적은 시암 국민으로 하여금 국왕·국가·종교의 보호에 사용될 해군의 전함 한 척을 획득하도록 시암 국민을 국왕과 국가를 위한 기부에 초청하는 것이다"라고 말했다. 여기서 전함이란 순양함을 일컫는 것으로, 와치라웃 왕은 순양함을 구입하기 위한 국민의 기부 행위가 국왕과 국가와 불교에 대한 존경과 충성심의 발로라는 것을 강조한 것이었다.54) 그는 그 후 희곡을 쓰고 도로에 게시판을 세우고 신문에 광고를 내는 등 다양한 방법으로 순양함 구입 프로젝트에 대한 국민의 열정을 북돋우기 위해 노력했다. 기금 조성은 국왕 자신이 거액의 기부금을 내는 등 처음에는 거창하게 출발했으나 곧 기부에 대한 세간의 관심이 점차 시들어 1920년에야 전함 한 척을 구입할 수 있었다.

제1차 세계대전이 점차 진행되고 미국이 1917년 4월 전쟁에 참가하자 태국의 거취를 둘러싼 논란이 일어났다. 당시 외무부 장관이던 테와윙 왕자는 중립을 견지하자는 입장이었지만, 참모총장인 짜끄라퐁 왕자와 프랑스 주재 태국 공사인 짜룬 왕자는 전쟁 참가를 지지했다.55) 라마 6세는 독일의 패전 가능성이 커지자 태국이 승전국들에 합세하면 이득을 볼 수 있다는 계산에서 마침내 전쟁 참가를 결정하여 그해 7월 22일 독일에 선전포고를 했다. 와치라웃 왕은 선전포고 이후 태국이 승전국 가운데 하나가 될 수 있으면, 한편으로는 19세기 중엽 서양 국가와 체결한 불평등조약을 개정할 수 있고, 다른 한편으로는 국왕과 국민의 더욱 긴밀한 유대관계가 구축될 수 있을 것이라고 기대했다. 태국 정부는 1917년 9월 약 1,300명 병력의 특별부대 외에 비행중대와 야전의무대를 유럽으로 파송하기로 결정했다. 이에 따라 지원자를 모집하고 10월부터 이듬해 6월 사이에 부대를 편성하여 이들을 무장시키고

훈련시켰다.[56)]

태국의 파견군은 1918년 7월 말에 프랑스에 도착했다. 그러나 태국 군인과 차량이 9월에 전선에 당도했을 때는 이미 전쟁이 종료된 상황이었다. 군대의 파송으로 태국이 세계 열강과 어깨를 나란히 할 수 있게 되었다고 생각했을 와치라웃 왕은 11월에 태국이 승전국임을 선포했다. 이듬해 1월 말에 시작된 베르사유 회담에 참가한 태국 대표단은 서양 국가와 협상을 통해 관세 자주권의 획득과 서양 국민의 치외법권 폐지를 포함한 태국의 사법 자주권 확보를 위해 노력했으나 실패했다. 사실상 서양 열강은 태국을 동등한 파트너로 받아들이지 않았다. 불평등조약의 개정에 대해서는 오직 미국만 긍정적인 반응을 보여 1920년 말 미국과 새로운 조약을 체결했다. 유럽 국가들과의 협상은 더디게 진척되어 1925년 2월에야 프랑스가 조약 개정에 동의했고 영국이 그해 7월에, 그리고 다른 유럽 국가들은 이듬해에야 동의했다.[57)] 유럽 국가들과의 조약 개정은 태국의 전쟁 참가 때문이라기보다는 대부분 태국 정부의 미국인 고문 프랜시스 사이어(Francis B. Sayre)의 탁월한 협상력 덕분에 이루어진 것이었다.[58)]

5. 라마 6세의 의회주의 인식과 재위 말년의 국정 운영방식

라마 6세는 스아빠의 창설 같은 특이한 국정 운영방식과 특히 낭비적인 국가 재정의 운용 때문에 재위 기간 종종 비판을 받았다. 예컨대 방콕에서 발간되는 영자 신문 『데일리 메일(The Daily Mail)』과 타이어 신문에 1917년 초 국왕을 비판하고 조정을 공격하는 글들이 실렸으며, 특히 타이어 신문의 비판 논조가 더욱 강력했다. 이에 짜끄라퐁 왕자는 그해 4월 21일 와치라웃 왕에게 국왕이 국정의 과다한 책임을 홀로 지지 말고 쭐라롱꼰 왕의 입법위원회를 부활시켜 모든 법안을 검토하고 공포하도록 하는 방안을 건의했다. 그러나 라마 6세는 4월 30일자의 회신에서 자신은 마음으로는 의회주의자로서, 만약 실제적 측면을 고려하지 않고 이론적으로만 접근했다면 이미 1912년에 헌법의 제정을 허용했을 것이라고 말했다. 그는 또 주위의 태국인, 영국인, 미국인 등이 이야기하듯이 태국 국민이 아직 국회의원을 선출할 만큼 충분히 교육되어 있지 않으며, 만약 짜끄라퐁 왕자의 제안대로 국왕이 입법위원회를 설립하면 그 위원들은 국왕의 예스맨밖에 되지 않을 것임을 지적하면서 태국이 아직 의회를 설립할 준비가 되어 있지 않다고 말했다.59)

와치라웃 왕은 1917년 독일에 대한 선전포고에서 보여준 것처럼, 재위 말년으로 갈수록 국정 운영에 자신감을 갖고 자신의 주장을 보다 강하게 내세웠던 것으로 보인다. 그러나 그는 그 과정에서 특히 국가 재정의 운용과 관련해 갈수록 외곬으로 치닫는 모습을 보여주었다. 라마 6세는 1918년 7월 왕궁 뒤쪽 정원에 '두싯타니(Dusit Thani)'라는 축소 도시를 건설하기 시작했다. 주택과 정원, 사원과 도로, 강과 운하, 수목과 정원, 분수와 폭포가 조성되었고 전등이 설치되었다. 또한 소방서, 발전소, 하수도 관리국, 보건소 등 근대적 도시 시설이 갖추어졌다.60) 국왕과 그의 동년배 측근들은 두싯타니에 자신들의 정부를 세우고 그 수장을 '나콘아피반(nakhon aphiban)', 즉 '도시 관리자'라고 불렀다. 그들은 11월에는 두싯타니의 도시 헌장을 제정했으며, 1918년 말부터 1920년 초 사이에 격주로 나오는 잡지와 일간지를 발행하기도 했다. '두싯타니'는 팔리어 '투시타 다니(tusita dhānī)'에서 파생된 조어다. '투시타'는 불교의 우주론에서 설정하고 있는 천상의 이상세계의 하나로 '도솔천(兜率天)'으로 음역된다.61) 국왕과 그 측근들은 한마디로 두싯타니, 즉 '도솔천의 성(城)'에 자신들만의 세계를 만든 것이었다.62)

라마 6세가 두싯타니를 건설한 목적에 대해서는 그가 이를 통해 태국 국민에게 민주주의의 실험장을 제공하려고 했다는 해석이 있다.63) 그러나 그 사

와치라웃 왕의 근대화 리더십. 두싯타니에서 발간된 잡지 『두싯사밋(Dusit Samit)』에 실린 만화. 여기서 와치라웃 왕은 '위리야팝(wiriyaphap)', 즉 근면성을 대변하는 존재로서 태국 국민을 근대화 세계로 끌어올리고 있다. 밑에는 이러한 모습을 부러워하는 미얀마인, 캄보디아인, 베트남인이 그려져 있다. 만화 상단의 오른쪽에는 라따나꼬신 왕조의 다섯 선대 왕들이 라마 6세의 활동을 지켜보고 있다.

업에 대한 이러한 호의적인 평가를 뒷받침해줄 증거가 부족하다. 테르빌은 두싯타니가 와치라웃 왕의 쾌락을 위한 것이었다고 혹평한다. 그의 해석에 따르면, 라마 6세는 자신에게 비판적인 시니어 왕자들이나 원로 행정관료들과 접촉하는 대신 두싯타니에서 확고한 지도자로 인정받으며 절대군주로서 군림할 수 있었고, 자신이 꾸민 이러한 유토피아적인 세계는 그의 연극적 성향과 잘 들어맞는 것이었다.[64]

두싯타니 프로젝트는 사실 1910년대 말부터 1920년대 전반기까지 태국 사회가 맞이한 경제적 위기 상황에 비추어볼 때 바람직한 것이 아니었다. 경제 위기는 1916년 초 국제적인 은값의 상승과 함께 시작되었다. 특히 1919년 은의 가치가 계속 상승해 은화인 태국 바트화의 해외 밀반출 위험이 증가하자 태국 정부는 바트화를 평가절상하여 1파운드 대 13바트였던 환율이 그해 11월 9.54바트로 급상승했다. 게다가 1919년 초 쌀값이 폭등해 통화 부족 사태가 발생하자 정부는 지폐를 대량 발행했다.[65] 그해 말에는 흉작으로 벼 수확이 크게 줄자 정부는 태국의 주요 수출품 가운데 하나인 쌀의 수출을 금지시켰다. 이러한 여러 요인으로 1920~1921년 수출액이 급감하여 무역수지가 악화되었다. 한편 태국 재무부는 1920년부터 1922년 사이 바트화의 가치를 강화하기 위해 파운드를 계속 사들였는데, 이로써 태국의 대외 부채가 증가했다. 태국 정부는 결국 1923년 1월 초 바트화의 평가절하를 단행했다.

이러한 금융 위기 과정에서 라마 6세는 기민하고 적절한 조치를 취하지 못한 채 상황에 끌려다니는 모습을 보여주었다. 그는 내각회의에도 잘 참석하지 않고 대부분의 국정을 시니어 행정관료들에게 맡기고 자신은 더욱더 두싯타니라는 판타지 세계에 들어가 칩거했다.[66]

국가 재정은 무엇보다도 예산의 지속적인 결손으로 1923년경이 되면 심각한 위기에 봉착했다. 정부의 재정 상태를 파악하기 위해 이듬해 초 파누랑시, 담롱, 나릿 등 세 명의 시니어 왕자들로 구성된 특별위원회가 설립되었다. 라마 6세 정부는 1924년에는 영국에서 연리 6퍼센트로 300만 파운드의 채권을 발행했다. 마침내 정부는 재정고문인 에드워드 쿡 경(Sir Edward Cook)에게 국가 재정 문제에 대한 해결 방안을 의뢰했다. 쿡은 국가 예산의 23.3퍼센트에 달하는 군사부문 지출이 너무 많으며 10.7퍼센트의 왕실 예산도 과다하다고 지적했다.

라마 6세의 지출은 책정된 왕실 예산의 범위를 훨씬 초과하여 정부의 다른 기관들의 예산 항목으로 집행되어야 하는 경우가 종종 발생했다. 1924/25년 회계연도의 경우 왕실 예산은 900만 바트였지만 실제적인 지출은 1,200만 바트 이상이었으며 그중 스아빠의 예산만 160만 바트에 달했다.[67] 이에 내각은 국왕에게 지출을 자제하도록 건의했다. 그러나 와치라웃 왕은 1925년 7월 정부의 수반인 자신은 권력의 어떤 부분도 양보할 의사가 없을 뿐만 아니라 지출을 자제하지도 않을 것이라고 말하면서 그들의 건의를 일언지하에 거절했다. 그는 사실 새로운 프로젝트를 위해 더욱 많은 예산을 요구할 참이었다.[68]

와치라웃 왕은 1925년 11월 등위 15주년 기념으로 영국의 웸블리(Wembley) 박람회를 모방하여 시암 왕국 박람회를 기획했다. 이듬해 1월 중 개최하기로 예정된 박람회를 위해 그는 넓은 부지를 내놓았으며, 박람회의 장소를 붓다가 태어났다는 네팔의 '룸비니' 정원의 이름을 따 '룸피니(Lumphini)'라고 명명했다.[69] 박람회는 일차적으로는 태국의 산업 발전을 증진시키는 것이 목적이었겠지만, 세계에 태국이 문명국으로 발전하고 있다는 것을 보여주기 위한 의도도 깔려 있었던 것으로 보인다. 그러나 11월 중순 강풍이 불어 룸피니에 한창 공사 중인 건물들이 파괴되었다. 같은 시기 와치라웃 왕은 복부종양 수술을 받고 병세가 급격히 악화되었다. 그는 11월 25일 의식을 잃었으며 그다음 날 사망했다.[70]

와치라웃 왕은 그 역사적 평가에서 논란의 여지가 적지 않은 인물이다. 1926년 3월 25일자 『방콕 타임스』의 사설은 "작고하신 폐하는 결코 범상한 군주는 아니셨다. 그의 통치 시대는 이 나라의 역사가들에게 [그에 대해] 연구하고 [의문점들을] 푸는 데 어려움을 줄 것이다"라고 썼다. 재위 말년 사람들은 대부분 그가 좋은 통치자는 아니었다는 것을 인정했다. 예컨대 담롱 왕자는 당시의 상황을 "통치자의 권위는 존경과 신뢰를 많이 잃었고 국고는 파산 직전에 와 있었으며 정부는 부패했고 공무는 다소간 혼란지경에 빠져 있었다"71)라고 평가했다. 와치라웃 왕은 대인관계가 원만치 못했다. 그는 엄청난 액수의 왕실 예산으로 많은 사람을 추종자로 만들기 위해 애를 썼으며, 측근들과 함께 연극과 두싯타니 같은 비현실적인 세계로 도피하는 경향을 보여주었다.

그러나 와치라웃 왕의 통치에 대한 긍정적인 평가도 있다. 라마 6세는 여성의 사회적 지위를 향상시키고 교육을 포함한 국민의 근대화 수준을 높이기 위해 많은 프로젝트를 시행했다. 그는 또한 태국 국민에게 태국의 역사에 대한 자부심과 태국이 문명화되고 있다는 것에 대한 긍지를 품게 하여 국가에 대한 민족주의적 열정을 갖게끔 한 태국 최초의 국왕으로 간주된다.72) 그러나 그의 타이 민족주의는 국왕을 중심으로 한 것으로 절대왕정제를 유지하기 위해 추진된 것이었다. 그가 염두에 둔 타이 민족주의는 그가 비판한 아시아 다른 국가들의 민족주의운동이 보여준 민중혁명이 아니라 국왕의 영도하에서 국가적 통합을 추구하는 위에서 밑으로의 민족주의였다.73)

제6장

라마 7세 시대: 입헌군주제 태국의 성립

1. 쁘라차티뽁의 등위와 그의 국정 운영 스타일

와치라웃 왕은 재위 초에 남아 자식이 없이 사망하면 태후의 다른 아들들, 즉 자신의 친형제들 중에서 나이순으로 후계자를 정한다는 왕위 계승 원칙을 선포했다. 1918년 와치라웃이 종종 병을 앓기 시작하자 짜끄라퐁 왕자가 그의 당연한 후계자로 간주되었다. 그는 당시 관료사회와 백성 사이에서 인기가 좋았다. 그러나 1920년 6월 짜끄라퐁 왕자가 폐렴으로 만 38세의 나이에 갑자기 사망하자 왕위 계승의 문제가 복잡해졌다.[1]

와치라웃 왕에게는 앗사당(Atsadang), 쭈타툿(Chuthathut), 쁘라차티뽁 등 세 명의 친동생이 더 있었다. 그러나 와치라웃은 이들을 왕위 계승 후보로 심각하게 고려하지 않았던 것으로 보인다. 자신의 후손을 낳기로 결심한 그는 1920년 11월 등위 10주년 기념식에서 완라파테위(Wanlaphathewi) 공주와의 약혼을 발표했다. 그러나 이 약혼은 서로의 성격 차이로 4개월 뒤 파기되었다. 1921년 9월에 락사미 라완(Laksami Lawan) 공주가 궁으로 영입되어 이듬해 8월 왕비로 책봉되었다. 그 사이 라마 6세는 프라 수짜릿(Phra Sucharit)과 프라 인타라삭(Phra Intharasak)이라는 두 명의 후궁을 맞이했는데, 그중 프라 인타라삭이 임신했으나 모두 유산되었다. 또 다른 후궁인 수와타나(Suwathana)도 임신하여 1925년 왕비로 추대되었으나, 그녀는 공주를 분만했다.[2]

1923년 7월에 쭈타툿 왕자가 죽고, 1925년 2월에는 앗사당 왕자도 사망했다. 결국 와치라웃 왕이 왕자 후손을 남기지 못하고 서거하자 왕위는 생존해 있는 유일한 친동생인 쁘라차티뽁 왕자에게 자연스럽게 넘어갔다. 쁘라차티뽁은 어릴 때 유럽으로 보내져 영국의 이튼 칼리지(Eton College)와 울위치 왕립사관학교(Royal Military Academy, Woolwich)에서 유학한 후 프랑스의 군사학교(Ecole Superieure de Guerre)에서 수학했다. 1924년에 귀국한 그는 군사 분야에서 경력을 쌓을 것이라고 기대되었다.3) 쁘라차티뽁이 등위할 때 그의 나이는 만 32세였다. 그가 공식적인 왕위 후계자로 거론되기 시작한 것은 앗사당 왕자가 죽은 1925년 2월 이후였다. 그는 국정 운영의 경험을 1년도 쌓지 않은 채 태국의 왕위에 오른 셈이었다.

쁘라차티뽁 왕은 등위 직후 최고평의회(Supreme Council of State)를 설립했다. 그가 1926년 7월 23일 당시 그의 특별한 요청으로 방콕에 와 있었던 미국인 프랜시스 사이어에게 보낸 비망록에 의하면, 최고평의회는 국왕이 권력을 전횡적으로 행사하지 못하도록 견제하고 국왕이 국정에 관해 자문할 수 있는 기관으로서 설립된 것이었다. 최고평의회는 국왕의 삼촌들인 파누랑시·담롱·나릿과 국왕의 이복형제인 보리팟·낏띠야꼰(Kitiyakon)4) 등 당시 태국의 왕실 및 관료사회에서 영향력 있고 명망 높은 다섯 명의 왕자들로 구성되었다. 방콕 주재 영국 공사가 런던에 보낸 1926년 1월 말의 보고서에 의하면, 최고평의회 위원 가운데 군사와 사법 분야를 담당하는 보리팟 왕자가 가장 영향력 있는 인물이었다.5) 최고평의회는 특히 국정자문기관으로서 정책, 재정, 장관을 포함한 고위관료의 임명, 고위 관등 및 훈장의 수여, 그리고 국가의 전통적인 주요 의식(儀式)과 관련된 사안에 대해 논의할 수 있으며, 그 위원들은 내각의 국무회의에 참석해 의견을 개진할 수 있었다.6)

쁘라차티뽁 왕은 이러한 성격과 기능을 갖는 최고평의회의 설립을 통해 자신의 국정 운영에 대한 국민의 신뢰를 획득하고자 했으며, 그러한 소망은 어느 정도 달성되었던 것으로 보인다. 이 점은 라마 7세가 상기 비망록에서 이 평의회의 설립을 통해 그가 원했던 국민의 신뢰를 즉시 획득했다고 말한 대목에서뿐만 아니라[7] 최고평의회의 설립 직후 방콕의 영국 공사가 "국민의 신뢰를 회복하고 국왕과 정부의 위신을 제고하기 위한" 전략에서 최고평의회의 설립만큼 훌륭한 것은 없었을 것이라고 쓴 보고서에서도 엿볼 수 있다.[8]

그러나 최고평의회에 대해 호의적이지 않은 시각도 있었다. 예컨대 그것이 왕자들로만 구성되었다는 점이 비판되었다. 이것과 관련해 쭐라 짜끄라퐁은 수년 뒤 출판한 회고록에서 "나라를 통치하는 데 있어서 쭐라롱꼰 왕은 왕자들과 하는 것만큼 고위직의 평민들과도 함께 일했다. 그러나 최고평의회는 평민 출신의 노련한 정치가가 한 명도 없었다. 이 점 역시 미래에 중요한 요인으로 판명되었다"라고 썼다. 쭐라 짜끄라퐁이 말한 것처럼, 1932년에 혁명이 일어났을 때 최고평의회는 쿠데타 세력의 공격 대상이 되었으며, 특히 보리팟 왕자는 핵심 표적이었다.[9] 라마 7세의 1926년 7월의 비망록에 따르면, 사람들은 최고평의회가 너무 많은 권력을 갖고 있다고 보았으며, 그것이 단순한 자문기관이 아니라 하나의 집행기관이라고 의심했다. 또한 최고평의회가 자문기관이라면 내각의 국무회의에 참석하는 것이 타당하지 않다고 지적하는 자들도 있었으며, 심지어 최고평의회가 국왕의 위신을 감소시킨다는 우려의 목소리도 있었다. 이러한 비판에 대해 쁘라차티뽁 왕은 최고평의회가 어디까지나 자문기관이며, 국무회의에 참가하는 것은 국정의 논의와 결정을 보다 효율적으로 하기 위한 편의적 조치일 뿐이고 국왕의 권위는 최고평의회의 존재와는 상관없이 이미 낮아질 대로 낮아져 있다고 말했다.[10]

1926년 2월 대관식을 치르고 라마 7세로서 본격적인 국정 운영에 나선 쁘라차티뽁 왕은 최고평의회와의 협의를 통해 새로운 내각을 임명했다. 총 11개 부처 가운데 외무, 내무, 국방, 재정 등 핵심 부처를 포함한 7개 부처에 왕자들이 장관으로 포진되어 그것은 가히 '왕자들에 의한 정부'라고 부를 만했

쁘라차티뽁 왕

다. 왕자들 중심의 내각 구성은 단기적으로는 능력 있고 국민의 신뢰를 받는 왕자들이 장관으로 임명되어 국정이 효율적으로 운영될 수 있을 것이라는 기대를 불러일으켰다. 그러나 왕실에 의한 과두정치체제는 장기적으로 볼 때 국정이 난국에 처하게 될 경우 왕실이 쉽게 비난의 표적이 될 수 있다는 문제를 안고 있었다.[11]

한편 쁘라차티뽁 왕은 라마 6세 시대의 장관 중에서 세 명만 유임시키고 나머지는 모두 새로운 인물로 갈아치웠다. 또한 라마 7세는 1926/27년 회계 연도의 예산안을 짜면서 왕실 예산을 큰 폭으로 삭감했다. 그는 그 밖에 행정 부처를 2개 없애고 거의 모든 행정부처 관리들의 정리해고를 단행했으며, 지방 행정 단위인 몬톤의 숫자도 18개에서 14개로 축소했다. 이러한 조치들은 라마 6세 재위 말년의 파국적인 재정 문제를 해결하기 위한 차원에서 취해진 것이었지만, 말썽 많았던 라마 6세 정부와의 확연한 단절을 보여주기 위한 라마 7세의 의도도 깔려 있었던 것으로 보인다.[12]

예산 편성 과정에서 라마 6세 시대에 많은 논란의 대상이었던 군사 예산 문제가 대두되었다. 국왕의 여러 고문은 군사 예산의 삭감을 강력히 권고했다. 쁘라차티뽁 왕은 1926년 7월 비망록에서 비록 국방 예산의 삭감의 당위성을 인정하고 있었지만 자신이 그것을 과감하게 추진할 수 없다고 말했다. 그는 군사 예산의 삭감은 그것을 찬성할 사람이 별로 없을 정도로 매우 민감한 사안이며, 특히 군사 예산이 줄어들면 이웃 국가들이 태국에 대한 침공의 기회로 삼을 수 있을 것이라는 논리를 내놓았다.[13] 그러나 당시 태국이 국경을 접하고 있는 이웃 국가들은 대부분 영국 혹은 프랑스의 식민지였으며, 당대 여러 외국인이 지적하는 것처럼, 태국이 아무리 군사력을 증강해도 사실 유럽 국가의 상대가 될 수 없었다.[14] 쁘라차티뽁 왕이 군사 예산의 삭감에 주저한 보다 중요한 이유는 한편으로는 군사 분야의 교육 배경을 갖고 있던 그가 군대 유지에 대해 동정적이었으며, 다른 한편으로는 그가 당시 최고평의회 위원이자 국방부 장관이었던 보리팟 왕자의 입장을 고려하지 않을 수 없었기 때문이었을 것이다.

라마 7세는 업무를 꼼꼼히 조사하고 연구하는 등 국정에 성실히 임했다. 그러나 군사 예산 삭감의 사례에서 나타나듯이, 쁘라차티뽁 왕은 국정의 결정에서 원로대신들 특히 보리팟 왕자에 의해 좌지우지되었다. 게다가 그는 여러 선택 사항을 앞에 두었을 때 과감하게 결정하고 추진하는 스타일은 아니었다.[15] 이 점은 특히 대의제 개혁을 위한 논의에서 드러났다.

2. 대의제 개혁을 위한 관심과 논의

쁘라차티뽁 왕의 등위 이후 1920년대 후반 태국 사회에서 일어난 중요한 변화 가운데 하나는 언론의 확산과 출판의 증대였다. 라마 7세의 재위 기간 태국에서 발행되는 신문과 잡지의 수는 크게 늘었다. 예컨대 그의 등위 이후 1931년까지 일간 신문은 35종, 격일 이상 발간되는 신문 및 잡지는 136종이 새로 발행되었다.[16] 방콕에서만도 이미 1925년에 타이어 신문이 7종, 영어 신문이 3종, 중국어 신문이 3종 있었으며, 잡지들도 많았다. 특히 1887년부터 발간된 『방콕 타임스』는 당시 영국인 소유였지만 태국 정부의 보조금을 받아 발행되는, 태국에서 가장 영향력 있는 영자 신문이었다. 라마 7세 시대에는 작가들의 활동이 활발하게 나타나기 시작하여 1928~1929년에는 서양의 가치와 태국의 전통적 가치 간의 충돌과 근대화의 개인적·사회적 문제를 다룬 태국 최초의 근대 소설들이 출간되었다. 이와 더불어 다양한 협회와 클럽이 조직되어 활발한 활동을 전개했다. 라마 7세 재위 기간 언론 및 출판의 왕성한 활동과 사회적 조직의 활성화와 함께 태국 역사에서 처음으로 여론이란 것이 형성되었다.[17]

이러한 대중매체를 통해 1920년대 중엽 이후 서양의 사상과 제도가 태국 사회에 더욱 많이 소개되고 특히 입헌주의 및 의회주의 정부에 대한 관심과 논의가 본격화되었으며, 이와 더불어 정부에 대한 비판의 글이 점차 늘고 있었다.[18] 이 점은 라마 7세가 1927년 6월 8일에 작성한 「시암의 민주화」란 제목의 비망록에서 다음과 같이 묘사한 것에서 엿볼 수 있다.

민주적 정부 형태가 시암에 [현재] 적합한지 혹은 [장차] 언제라도 적합할지에 관한 문제는 시암의 지식인층 사이에서 오랜 기간 논의되어왔으며, 요즘은 심지어 약간의 교육을 받은 자들도 시암의 언론에 자신들의 견해를 발표하는 등 그에 대해 논의하고 있다.[19]

라마 7세도 스스로 의회주의 문제에 대해 큰 관심을 갖고 진지하게 접근했다. 그는 1926년 7월의 비망록에서 대의제 정부가 태국에 적합한지 그리고 태국이 대의제도를 실시할 준비가 되어 있는지를 묻고는 그 적합성의 여부에 대해 자신은 회의적이며 태국이 대의제 정부의 도입을 위해 준비된 나라가 전혀 아니라고 강조한다.[20] 그는 1927년 6월의 비망록 「시암의 민주화」에서 이 문제를 더욱 상세하게 논한다. 그는 이 글에서 태국이 현재로서는 대의제 정부 형태를 수용할 준비가 덜 되어 있으며, 만약 수용하더라고 그것은 먼 미래의 일이라는 것이 일반적인 견해라고 썼다. 그는 또한 심지어 대의제 정부가 앵글로색슨 민족에게서나 성공할 수 있지 태국인에게는 결코 어울리지 않다고 주장하는 사람들도 있다고 말했다. 쁘라차티뽁 왕은 민주적 정치체제가 성공하기 위해서는 국민의 진보 수준이 높아야 하며, 진정한 민주주의가 성취되어 국민 전체에게 실질적으로 유익한 제도가 되기 위해서는 그 국민이 앵글로색슨 같은 모종의 인종적 자질을 구비해야 할 것이라고 말했다. 그는 이어서 자신은 태국에서는 진정한 민주주의가 실현될 것 같지 않으며 민주주의는 심지어 태국인에게 해로운 것이 될 수 있을 것이라고 덧붙였다.[21]

대의제도가 태국에서 당장은 시행될 수 없다는 것에 대해 프랜시스 사이어도 동의한 것으로 보인다. 이 점은 담롱 왕자의 1926년 8월 1일자 건의문에서 알 수 있다. 이에 따르면, 라마 7세의 1926년 7월 23일자 비망록을 읽은 사이어가 이에 대한 자신의 견해를 쓴 건의문을 작성하여 7월 27일 라마 7세에게 보내자 라마 7세는 자신의 비망록과 사이어의 건의문을 담롱 왕자에게 보내 그의 의견을 물었다.[22] 담롱 왕자는 이에 대한 답신으로 건의문을 작성해 1926년 8월 1일 쁘라차티뽁 왕에게 상신했다. 그는 이 글에서 자신도 사이어와 같은 생각이라고 말하면서, 대의제 정부는 국민이 선거에서 자신들의 책임을 이해하도록 충분히 교육되기 전까지는 태국에서 실시될 수 없을 것이라고 쓴다.[23]

라마 7세는 1926년 7월의 비망록에서 당시 언론의 자유로운 활동과 특히 방콕의 여론 발달 그리고 식자층의 증가로 국왕의 위상이 갈수록 흔들려 과거와 같은 국왕의 권위를 회복하는 것이 불가능해졌으며, 여론의 흐름으로 볼 때 절대군주제의 날이 얼마 남지 않은 것 같다고 말한다.[24] 그는 1927년 6월의 비망록에서 태국이 민주적 정부 형태로 언젠가는 전환하지 않을 수 없을 것이라고 보면서, 이를 위해 점진적인 준비가 필요하다는 것을 인정한다. 그는 이 점과 관련해 국민에게 정치적 의식을 함양해야 하며 특히 의회 정치를 위해 국민에게 대의원을 선거를 통해 선출하는 방법을 교육시켜야 한다고 주장한다. 그는 이를 위한 정치적 실험의 첫 단계로 추밀원을 재조직하는 방안을 제시한다. 태국에서 추밀원은 일찍이 라마 5세 시대인 1874년에 국왕의 자문 및 정보기관으로서 설립된 바 있었다. 쁘라차티뽁 왕은 사람들이 추밀원에서 서양 국회의 토론 방식을 시험함으로써 대의제도를 위한 경험을 쌓을 수 있을 것이라고 보았다.[25]

라마 7세는 대의제도의 준비를 위한 정치적 실험의 그다음 단계로 지자체의 조직을 염두에 두고 있었다. 그는 1926년 7월의 비망록에서 지방 의회의 의원들을 처음에는 임명하지만 나중에는 지방의 주민이 지자체 선거를 통해 직접 선출하게 될 것이며 이를 통해 국민은 자신의 이해관계를 대변할 국회의원의 선거를 위한 정치적 경험을 충분히 쌓을 수 있을 것이라고 내다보았다. 즉, 지자체 선거가 차후 대의제 정부의 도입을 위한 예행연습이 될 수 있을 것이라고 생각한 것이다.[26] 라마 7세는 선거에 의한 지자체 정부가 의회주의 정부를 위한 사전 단계가 될 수 있을 것이라는 생각을 1931년 4월 미국 방문 중 저널리스트들과의 인터뷰에서도 피력했다.[27]

끝으로 쁘라차티뽁 왕은 사이어에게 국무총리제 도입 방안에 대해 이야기했다. 그는 국무총리가 내각의 국무회의를 주재하며 "내각이 하나의 통일적인 기관으로 작동할 수 있도록 [국무총리가] 자신의 동료들을 선임하는 데 상당한 자유재량을 갖도록 허용되어야 하고, 국왕이 장관들을 임명하지만 그것은 국무총리와의 협의를 통해 이루어질 것이다"라고 썼다. 라마 7세는 국무총리를 국왕에게 장관 후보자들을 추천하며 국정 운영에 능동적으로 참여하여 때로는 국왕 대신 국정을 실질적으로 이끌어나가는 역할을 감당할 수 있을 존재로 구상하고 있는 것으로 보인다. 그리고 그는 이러한 국무총리 제도가 국가에 참으로 유익한 것이 될 것이라고 믿지만, 그것을 지금 도입해야 할지 아니면 나중에 해야 할지를 결정하는 것이 문제라고 결론지었다.[28]

담롱 왕자의 건의문에 따르면, 사이어는 라마 7세에게 태국 정부가 정부 형태의 개혁과 관련해 당장 시행할 수 있는 방안으로서 국무총리의 임명을 제안했다. 그가 생각한 국무총리는 장관들에 대한 선임 및 해임의 권한과 정책을 확정하고 국가 행정을 관리하는 권력이 있지만, 이 모든 것에서 최고평의회의 통제와 국왕의 재가에 종속되는 존재였다.[29]

라마 7세의 비망록과 사이어의 건의문을 읽은 담롱 왕자는 국무총리제에 대해 보다 상세하게 논했다. 그는 국무총리가 장관에 대한 임면권을 보유해야 한다는 사이어의 제안에 대해 그 권한이 전통적으로 국왕의 고유 영역에 속한다고 지적했다. 그는 또 사이어가 말한 그러한 행정적 권한을 부여받은 국무총리가 임명될 경우 국민은 총리가 국가 행정을 개선할 수 있을 것이라고 기대할 것이고 그에 따라 국왕의 국정 운영 능력을 의심하게 될 것이며, 그렇게까지 되지 않더라도 어쨌든 국민에 대한 국왕의 권위와 명예가 실추하게 될 것이라고 우려했다. 이 점과 관련하여 담롱은 국무총리는 의원내각제 정부에서는 불가결한 존재지만, 절대군주제의 국가에서는 국무총리의 활동에도 흔들리지 않고 강력한 왕권을 유지하는 국왕이 있을 경우 국무총리를 둘 수 있을 것이라고 말했다. 담롱 왕자는 끝으로 국왕 대신 국무총리가 통치한다는 것은 태국에서 하나의 정치적 혁신으로서 그 제도의 도입을 찬성하는 여론이 소수에 불과할 것이며, 자신도 국무총리제가 현재의 태국 상황에는 적합지 않으며 대의제도를 도입하지 않고 국무총리제만 실시하는 것은 국가에 파멸을 초래할 것이라고 주장했다.[30]

라마 7세는 앞에서 분석한 그의 글에서 엿볼 수 있듯이, 태국의 정치체제의 개혁 특히 대의제도의 도입에 대해 진지한 관심을 갖고 있었다. 그러나 그는 의회주의 정치체제의 도입에 대한 그의 물음에 대해 사이어와 담롱에게서 고무적인 반응을 얻지 못했으며, 그 자신 또한 대의제 정부에 대해 부정적이었다. 그는 대의제도를 위한 하나의 실험으로 지방 의회를 구상했지만 그것을 구체화시키지는 않았다.

1926년부터 지자체의 개념에 대해 적극적인 관심이 일어났다. 라마 7세 정부는 주변 국가들의 지자체 제도에 관한 정보를 수집했으며, 태국의 몇몇 지방에서 자체적으로 징세하고 예산을 운용하는 것을 허락하는 제안서가 만들어지기도 했다. 그러나 지자체의 바탕이자 조건이 되는 지방 의회의 설립을 가로막는 두 가지 문제가 있어 지자체 아이디어는 결국 구체화되지 않았다. 그 첫 번째 문제는 주민이 지방 의회의 의원을 선출할 만큼 정치적으로 충분히 성숙되도록 교육받지 못했다는 판단이었다. 두 번째 문제는 특히 방콕의 경우 시 의회가 방콕의 경제를 장악하고 있으며 태국 사회로의 동화를 거부하는 화인에 의해 지배될 것이라는 우려였다.[31]

라마 7세는 화인 문제를 그의 비망록들에서 표출했다. 그는 1926년 7월의 비망록에서 화인이 태국 사회에서 매우 유익한 존재로서 과거에는 태국 여인과 결혼해 훌륭한 태국 국민이 되었지만, 1911년 중국의 신해혁명 이후 부인을 중국에서 데려오고 중국어 교육을 중시하는 등 중국인으로서의 정체성을 유지하는 추세가 강해졌다고 말했다.[32] 그는 1927년 6월의 비망록에서는 태국에서 대의제가 실현될 수 없는 이유 중 하나로 의회가 화인이 설립한 정당에 의해 완전히 지배될 것이라는 점을 들었다.[33] 라마 7세의 이 예언은 태국에 정당정치와 의회제가 도입된 1932년 이후 그대로 이루어지지는 않았지만, 화인이 태국 정치에서 오늘날까지 큰 영향력을 발휘해왔다는 점에서는 어느 정도 타당한 관찰이었다.

1927년 초 급진적인 의회주의 개혁을 위한 소요가 발생했다. 이에 자극받은 쁘라차티뽁 왕은 1927년 6월 비망록에서 대의제도의 도입을 위한 첫 단계로 제안한 추밀원의 활성화를 추진했다. 라마 5세가 설립한 추밀원은 그 사이 실질적 기능을 상실한 기관으로 퇴화되어 1920년대 중엽 추밀원의 의원(약 200명)은 그 의원직을 국왕이 하사한 명예직 정도로 간주하고 있었다. 라마 7세는 기존의 추밀원에서 40명을 뽑아 '깜마깐 옹카몬뜨리(Kammakan Ongkhamontri)', 즉 추밀원평의회를 설립했다. 그는 왕자들과 퇴임 장관을 포함한 추밀원평의회 위원이 마치 서양 선진국의 국회에서처럼 특정 의제에 대해 국민의 여론을 반영한 의견을 제시하면서 토론할 수 있도록 했다. 추밀원평의회의 첫 회의는 1927년 11월 말에 열렸다. 대의제 특히 국회 운영을 위한 하나의 준비 단계로서 고안된 추밀원평의회는 그러나 1932년까지도 국민의 여론을 반영하여 국정을 토론하는 기관으로 발전하지 못했다.34)

쁘라차티뽁 왕은 1930년대에 들어와서도 의회주의 문제를 계속 중시하고 그것의 실현을 위한 정치적 실험을 추구한 것으로 보인다. 라마 7세는 갈수록 악화되어 시력의 상실까지 우려되는 눈병을 치료하기 위해 1931년 중엽 미국을 방문했다. 그해 10월 중순 미국에서 귀국한 그는 헌법을 제정하기로 작정했다. 1932년 4월 6일 라따나꼬신 왕조의 150주년 기념일에 태국 최초의 헌법을 선포하여 태국 국민에게 선사하겠다는 것이 그 목적이었다. 그는 헌법 초안의 작성을 라마 5세와 라마 6세 시대에 활약한 테와윙 와롭빠깐 왕자의 아들로서 당시 외무부 장관이자 최고평의회 위원이었던 테와윙 와로타이(Devawongs Varodaya) 왕자에게 위임했다.35)

헌법 초안의 실제 작업은 당시 외무부 고문인 레이몬드 스티븐스(Raymond B. Stevens)와 영국 유학 출신인 외무부 차관 프라야 시위산 와짜(Phraya Sri Wisarn Waja)에 의해 이루어졌다. 작성된 초안은 국왕에게 제출되었고, 그는 이를 3월 초에 담롱 왕자에게 보냈다. 「정부 형태의 변경에 관한 개요(Outline of Changes in the Form of Government)」란 제목의 헌법 초안의 주 내용은 국왕이 행정권을 장악하지만 국무총리를 임명해 내각을 주관하게끔 하고 국왕이 그동안 처리해왔던 일상적인 국정 업무를 그에게 일임한다는 것, 그리고 선출직 위원과 임명직 위원 각각 반씩으로 구성된 입법회의(legislative assembly)를 설립한다는 것 등이었다.36)

국무총리제는 앞에서 본 것처럼 라마 7세가 1926년 7월의 비망록에서 이미 숙고한 것이었다. 라마 7세는 동일한 비망록에서 비록 '입법위원회(legislative council)'라는 다른 명칭을 사용하지만 입법회의에 대해서도 언급하고 있다. 이 글에 따르면, 담롱 왕자가 각 행정부처에서 선임된 관리들로 구성되며 법안 작성의 업무를 담당하는 입법위원회의 설립을 라마 7세에게 건의했으며, 이에 대해 라마 7세는 법안 작성의 기능을 갖는 행정기관이 이미 존재하며 그 위원을 선임하는 것이 용이치 않고 또 행정부처의 이해관계와 충돌할 수 있을 것이라는 이유로 부정적인 반응을 보였다.37)

이처럼 헌법 초안은 국왕의 의중을 적어도 부분적으로 반영한 것이었으며, 그것은 라마 7세가 태국 국민에게 절대군주제의 포기와 국회의 설립을 내용으로 하는 의회주의의 헌법을 아직 하사할 의도가 없었다는 것을 의미한다. 헌법 초안에 대한 그의 관계가 어찌 되었든, 라마 7세는 왕조 150주년 기념일에 아직 민주적이라고 볼 수 없는 헌법 초안에 대해 국민에게 일언반구도 말하지 않았다. 겉으로 보기에는 헌법 초안이 최고평의회에서 부결되었기 때문이었다.38) 하지만 보다 중요한 다른 이유는 자신이 국정 운영의 역량이 있고 통치에 헌신적이라고 자부하고 있던 쁘라차티뽁 왕이 헌법이 도입될 경우 자신의 이미지가 훼손될 수 있다는 것을 민감하게 생각하고 있었기 때문이었다.39)

3. 1932년 혁명과 입헌군주제 태국의 성립

라마 7세가 라마 6세에게 물려받은 정부의 상태는 당시 시니어 왕자들이 '비참하다'고 표현할 정도였다. 국가 재정은 파산 직전이었으며, 왕조의 위신 자체가 흔들리고 있었다.[40] 쁘라차티뽁 정부는 초기부터 행정부처 간 예산을 둘러싼 분쟁이 일어나 정부 행정이 마비되는 등 국정 운영에서 무능력을 드러냈다. 이에 관료들을 포함한 태국 사회의 엘리트는 정부에 대한 신뢰를 점차 잃어갔으며, 일각에서는 절대군주제 정부의 효율성과 심지어 그 정당성에 대한 의문이 제기되기도 했다.[41] 그러나 국가의 재정 상태는 1920년대 후반 어느 정도 호전되어 행정부처의 예산 감축이나 인원 해고 등에 대한 우려가 불식되었으며 국제수지도 흑자로 전환되었다.

해외의 언론 보도에서도 긍정적으로 평가된 태국의 재정 상태는 오래가지 못했다. 1930년 대공황이 태국에도 닥쳐 무역이 침체되었고 물가가 하락했다. 그해 말 세수의 감소를 예상한 정부는 1931/32년 회계연도 예산의 균형을 맞추기 위해 공직자의 급여를 삭감하기로 결정했다. 특히 국방부 예산은 3분의 1이나 삭감되었다. 국방부 예산의 대폭적인 삭감에 1931년 5월 국방부 장관인 보워라뎃(Boworadet) 왕자는 내각에 91명 장교의 진급은 보류하되 그들의 봉급은 인상하겠다고 통보했다. 이에 내각이 그들의 봉급 인상을 무효화하자 보워라뎃 왕자는 사표를 제출했으며, 최고평의회는 라마 7세에게 그의 사표를 수리하도록 권유하여 결국 그는 국방부 장관직에서 물러났다.[42]

경제 상황은 지속적으로 악화되어 1932년 초가 되면 땅값이 6분의 1로, 쌀값은 3분의 1로 떨어져 특히 농민이 심각한 곤경에 빠졌다.[43] 이러한 문제에 설상가상으로 금융 위기도 발생했다. 대공황을 맞이한 영국이 1931년 9월 금본위제를 포기하고 파운드를 30퍼센트 평가절하하자 영국인 재정고문인 홀패치(E. L. Hall-Patch)는 태국 정부에 바트화와 파운드화 간 연계를 단절하고 금본위제의 고수를 제안했다. 이로써 매입 수요가 급증한 바트화는 화폐 가치가 올라갔다. 이에 대해 최고평의회는 바트화의 평가절하를 건의했다. 이와 같은 상반되는 논쟁이 1932년 3월까지 5개월 이상 지속되었으나 라마 7세는 양측 모두를 만족시킬 해결책을 모색하느라 결정을 내리지 못하고 우왕좌왕했다.[44] 당시의 상황에 대해 그는 1932년 2월 5일 장교들의 한 회합에서 행한 연설에서 다음과 같이 말했다.

> 금융 전쟁은 정말 매우 힘든 것이다. 전문가들조차도 목이 쉬도록 서로 갑론을박한다. 그들은 각자 다른 제안을 내놓는다. 짐은 이 일에 대해 많이 안다고 공언하지는 않겠다. 짐이 할 수 있는 것이라고는 다른 사람들의 의견을 듣고 그중 가장 좋은 것을 선택하는 것이다. 짐은 이 같은 곤경을 겪어본 적이 한 번도 없었다. 따라서 짐이 실책을 범한다 해도 짐은 시암의 관리들과 백성에게 정말 용서를 받을 만하다.[45]

그 사이 바트화에 대한 신뢰는 이미 떨어져 있었음에도 불구하고 화폐가치가 인위적으로 유지되고 있었다. 마침내 태국의 외환 보유고가 고갈되자 1932년 3월 태국 정부는 금본위제의 포기를 결정했다. 이러한 상황에 이르게 된 데는 갈팡질팡하는 라마 7세의 태도도 적지 않게 기여했을 것이다. 세수가 줄어든 라마 7세는 정부 지출을 3분의 1로 감축한 긴축재정을 짤 수밖에 없는 상황에 직면했다. 정부는 1932년 4월에는 공직자 급여의 삭감 정책을 지속하는 한편, 급여와 기타 소득에 대한 세금과 가옥 및 토지에 대한 세금 등 새로운 세금을 도입했으며, 공무원을 대량 해고하고 진급 및 승진을 동결했다. 특히 급여소득세는 대부분 다른 소득원이 있는 왕족과 고위 관료 등 상류층에게는 그다지 큰 피해가 되지 않았으나, 중·하위급의 일반 공직자에게는 생계에 큰 타격을 주었다.[46]

경기 침체가 계속되고 국민의 생계가 갈수록 힘들어져가는 가운데, 지식인 층에서는 정치체제의 민주화에 관한 논의가 활발하게 일어났다. 1932년 3월 한 원로 고문이 라마 7세에게 항간에 정부 전복의 음모에 대한 소문이 나돈다고 일렀다.[47] 이 소문의 한 근거는 1782년에 시작된 라따나꼬신 왕조가 150년 지나, 즉 1932년에 종식될 것이라는 예언이었다. 사람들은 그 예언이 라마 1세의 입에서 나온 것으로 믿고 있었다.[48]

정치체제의 민주화에 대한 논의는 해외의 태국 유학생 사이에서 보다 활발하게 일어났다. 태국 유학생은 1924년 무렵 영국에 301명, 미국에 47명, 프랑스에 24명 있었으며,[49] 여기에 다른 여러 나라에 있는 유학생과 정부 장학생을 합하면 총 약 400명이었다. 개인 부담으로 나간 유학생도 있었다. 유학생의 숫자는 1920년대 중엽 태국 정부의 재정적 곤란으로 감소하여, 1928년 영국에 유학하는 정부 장학생은 169명으로 줄었다.[50]

유학생들은 대부분 유력한 가문 출신이며 귀국 후 대개 고위 관직에 기용되었기 때문에 그들의 해외 거취와 활동은 중대한 의미를 지닐 수 있었다. 영국에 태국 유학생이 가장 많았으나 그들은 일반적으로 정치체제 등 이념 문제에 덜 민감했다. 그에 비해 프랑스의 유학생은 비록 소수였으나 훨씬 이념적이었고 급진적인 성향을 갖고 있었다. 그들은 1920년대 중엽 파리에서 종종 회합하여 사회주의와 자유민주주의에 관해 서로 의견을 나누었다.[51] 그들 중 법학도인 쁘리디 파놈용(Pridi Phanomyong)과 정치학 전공의 쁘라윤 파몬몬뜨리(Prayun Phamonmontri) 그리고 뒤에 피분송크람(Phibunsongkhram)으로 더욱 잘 알려진 군사학 전공의 쁠랙 킷따상카(Plaek Khittasangkha)가 적극적이었다. 그들은 왕실이 지배하는 태국의 사회 질서와 절대군주제에 불만을 품고 그러한 체제를 전복하기 위한 음모를 꾸미기 시작했다. 특히 태국의 경제·사회체제가 총제적으로 개혁되어야 한다고 본 쁘리디는 첫 단계로 정부 형태가 입헌군주제로 바뀌어야 한다고 주장했다. 그의 견해에 동감한 여러 유학

생들은 그를 정신적 멘토로 간주하고 그의 추종자가 되었다.52)

당시 태국의 정치적 미래에 대해 걱정하는 유학생들의 활동과 관련하여 1945년 중엽 태국의 총리직을 지낸 타위 분야껫(Thawee Bunyaket)은 다음과 같이 회고한다.

> 우리는 파리에서 1924~1925년 서로 가까운 사이가 되었다. 의형제 사이 가 된 우리는 태국의 절대군주가 사라져야 한다는 데 동의했으며 이 목표 를 위해 함께 싸우기로 맹세했다. 우리는 절대군주제에서라도 만약 국왕이 자애롭고 지성을 갖추고 능동적이면 국민이 불평하지 않겠지만, 국왕이 그 러한 자질을 갖추고 있지 않다면 국민이 심한 고통을 겪게 될 것이라고 확 신했다. 그리하여 우리는 우리 조국의 운명이 그때마다 다를 수 있는 한 절 대군주의 덕정(德政)에 맡겨져 있어서는 안 된다는 데 의견을 같이했다. 우 리는 이 일에 대해 오랫동안 논의했다. 오래전에 절대군주제를 폐지한 프랑 스와 영국 같은 선진국의 사례가 우리에게 영감을 주었다. 프랑스는 국왕이 없는 민주주의이고 영국은 입헌군주제다. 우리의 시각이 형성되고 우리가 태국으로 귀국한 뒤 평화로운 수단으로 일종의 혁명을 일으키기 위해 재능 있고 신뢰할 만한 사람들을 조직하자는 것에 대한 최종 동의가 이루어진 것 에는 프랑스에서 받는 교육이 결정적인 힘이 되었다. 우리는 혁명에 원칙적 으로 동의했다.53)

1927년 2월 파리에서 정부 전복의 음모 주동자들의 첫 모임이 있었다. 여 기에 쁘리디, 쁘라윤, 피분송크람 외에 프랑스 유학생인 탓사나이 밋팍디 (Thatsanai Mitphakdi)와 영국·스위스 등에서 온 유학생들 그리고 파리 주재 외 교관 등 모두 7명이 참석했다. 음모 주동자들은 당시 태국의 농민 대부분이 문맹이고 정치적 의식이 발달되어 있지 않고 노동자계층은 그 수가 적을 뿐만 아니라 대부분 중국계라는 점, 중산층 및 부르주아는 사회 진출 및 출세를 위해 대부분 국왕에게 충성하고 기존의 관료적·사회적 위계질서를 중시하며 이에 의존되어 있었던 점 등을 고려할 때 정부 전복을 위해 대중운동을 일으키는 것은 불가능할 뿐만 아니라 쓸데없는 것이라고 판단했다. 그리하여 그들은 거국적인 혁명이 아니라 자신들과 연결된 군부세력을 이용한 쿠데타 형태로 거사하기로 결심했다.[54]

정부 전복의 음모는 주동세력의 주요 인물들이 태국으로 귀국한 뒤 구체화되었다. 1927년 방콕으로 돌아온 쁘리디는 법무부에 기용되어 그 부처에 속한 법률학교와 쭐라롱꼰대학에서 법학을 가르치면서 자신의 주위에 절대군주제에 불만을 품고 있는 약 50명의 공무원을 끌어모았다. 피분송크람은 절대군주제의 폐지에 찬성하는 약 20명의 소장파 육군 장교의 리더가 되었다. 장교들 사이에서 인기가 좋았던 탓사나이는 군대 내에 정치체제 개혁의 당위성을 퍼뜨리는 데 중요한 역할을 했다. 그러나 음모 주동자들은 거사에 성공하기 위해서는 한 무리의 문민 공무원과 수십 명의 소장파 장교가 아니라 제법 큰 규모의 병력이 필요하며 이를 위해 시니어 장교들을 거사에 참여시켜야 한다는 것을 깨달았다.[55]

마침 1931년 후반 몇몇 시니어 장교들이 쁘리디를 중심으로 한 소수의 공무원들과 소장파 장교들이 현 정부 체제에 불만을 품고 있다는 것을 듣고 그들과 합세하기로 결정했다. 그들 가운데 중요한 인물은 당시 방콕 포병대의 부지휘관인 프라야 파혼(Phraya Phahon) 대령과 육군사관학교 교육부장인 프라야 송수라뎃(Phraya Songsuradet) 대령으로, 그들은 모두 독일에서 유학했다. 이제 몇몇 시니어 장교들도 가세한 음모 주동자 그룹은 태국의 통치체제에 대한 일반적인 비판의식을 갖고 있었을 뿐만 아니라 구체적으로는 경제 위기에 대한 정부의 대응방식과 주로 왕족 우선으로 이루어지는 고위직으로의 승진 및 출세의 현실에 대해 불만이었으며, 특히 보워라뎃 왕자가 국방부 장관

인민당의 장교들(1932년). 루앙 탓사나이, 루앙 피분송크람, 프라야 송수라뎃, 프라야 파혼(둘째 줄 왼쪽 두 번째부터 섯 번째까지)

직을 사임하도록 만든 내각과 최고평의회에 유감을 갖고 있었다. 그들은 정부 전복을 위한 군사행동 계획을 세웠으며, 프라야 송수라뎃이 그 책임자가 되었다.56)

거사는 1932년 6월 23일 밤에 실행되었다. 쿠데타 주동세력은 장관들의 전화선을 차단하고 해군 부대들을 화인의 폭동을 진압한다는 허위 명령으로 무장시켜 왕궁 근처로 출동시켰다. 또한 포함 1척을 당시 후아힌(Hua Hin)의 해안 휴양지에 내려가 있었던 국왕을 대신해 섭정의 지위에 있었던 보리팟 왕자의 저택 맞은편에 배치시켰다. 주동세력은 6월 24일 아침 정부의 핵심 관료들을 체포해 왕궁 앞에 세워놓고 쿠데타를 공식적으로 선포했다. 쿠데타는 음모 주동자들이 그 사이 설립한 '카나 랏사돈(Khana Ratsadon)', 즉 인민당의 이름으로 선포되었다. 인민당의 당수인 프라야 파혼은 쁘리디가 작성한 인민당의 첫 성명서를 발표했다. 그는 여기서 라마 7세 정부의 연고주의와 무능력 그리고 금권정치를 강하게 비판하면서 쿠데타를 통한 국가 전복의 정당성을 역설했다.57)

쿠데타세력은 쁘라차티뽁 왕에게 메시지를 보내 정부가 전복되었고 정부의 주요 관료들이 억류되어 있다는 것을 통보하고 국왕이 방콕으로 돌아와 입헌군주의 지위를 수용할 것을 촉구했다. 라마 7세는 쿠데타 소식을 태연자약하게 받아들였다고 한다. 당시 후아힌의 골프장에서 왕비와 함께 골프를 치던 쁘라차티뽁 왕은 라운드를 중단하고 방콕으로 올라와 6월 26일 쿠데타 지도부와 만났다. 여기서 쁘리디는 인민당의 성명서 내용에 대해 국왕에게 사죄를 구했고 라마 7세는 쿠데타 공모자들을 모두 용서했다. 곧 모든 인질이 석방되었고 최고평의회와 추밀원평의회가 해체되었다. 쁘라차티뽁 왕은 인민당이 작성한 헌법안을 수용했으며, 이로써 태국에서 절대군주제 시대는 막을 내렸다.[58]

제7장

결 론

근대 태국은 이 책에서 살펴보았듯이 태국의 엘리트가 서양에서 도입한 '네이션(nation)', 즉 국가 및 민족의 개념 외에 국왕과 불교라는 전통적 요소의 바탕 위에서 형성되었다. 이 전통적 요소들을 고려할 때 근대 태국의 형성 역사는 라따나꼬신 왕조의 초기부터 구성하는 것이 타당하다고 보인다.

라마 1세는 새로운 왕국의 기강과 질서가 불교를 바탕으로 확립되어야 한다고 보아 불교 개혁을 추진했으며 백성의 존경을 받는 '정의로운 왕'이자 동시에 강한 군주의 이미지를 구축하기 위해 노력했다. 국가의 후원으로 정비된 불교와 강력한 왕권은 이후 라따나꼬신 왕조의 발전을 위한 토대가 되었다. 라마 3세 시대에는 불교와 국왕이 태국 사회의 근간이 되어야 한다는 생각이 『왕비의 교본』이라는 책자에서 나타났다. 국왕이 왕국의 중심축이라는 인식과 관련해 라따나꼬신 왕조의 태국 국왕들은 백성에 대한 국왕의 직접적인 통제와 영향력을 증대하기 위해 노력했다. 라마 2세 시기부터 나타나기 시작한 그러한 노력은 특히 몽꿋 왕 이후 국왕이 백성과 직접적인 접촉과 소통을 모색하고 국왕 면전에서 부복제를 폐지하는 등 보다 명백한 형태로 전개되었으며, 그것은 왕권의 강화를 위한 노력으로 이어졌다.

태국의 근대화가 본격적으로 시작된 몽꿋 왕 시기부터는 국가의 근대화를 위한 국정 운영에서 국왕이 주도적·중심적 역할을 해야 한다고 인식하기 시작했다. 이것은 세계 도처에서 절대군주제가 입헌군주제로 도태되거나 군주제 자체가 아예 폐지되는 상황에서 태국 국왕들이 절대군주의 위상을 유지·강화하기 위해 노력하는 양상으로 나타났다. 이 점과 관련해 쭐라롱꼰 왕은 점차 많은 왕자들 특히 자신의 동생들을 국정 운영에 참여시키고 주요 관직에 배치시킴으로써 절대군주의 왕실의 위상을 강화할 뿐만 아니라 근대화 개혁을 위한 국정 운영에서 국왕의 운신의 폭을 확대하려고 했다.

태국의 근대화가 태국의 역사적·사회문화적 전통의 토대 위에서 성립되어야 한다고 인식한 쭐라롱꼰 왕은 불교 군주로서의 전통적 역할을 중시하여 국가 존립의 바탕으로 국왕과 불교를 강조했다. 이와 비슷한 생각은 당대 여러 귀족관료에게서도 나타났다. 예컨대 루앙 랏타나 야띠는 태국인이 국왕에 대한 충성심과 불교에 대한 존중 그리고 애국심을 갖고 국가의 존립을 위해 헌신해야 한다고 주장했다. 이처럼 라마 5세 시기부터 형성되어온 국왕·불교·국가의 세 요소를 토대로 한 국가관은 와치라웃 왕에 의해 제도적으로 구체화되었다. 라마 6세를 위시한 당대의 태국 엘리트는 태국의 근대화가 국왕이 국민의 구심점이 되어 국왕을 중심으로 이른바 '관 주도 민족주의'를 통해 위에서부터 밑으로 추진되고 달성되어야 한다고 믿었다.

태국을 방문하거나 태국에서 체류한 서양 외교관, 상인 혹은 선교사를 통해, 또는 서양을 방문하거나 서양에서 유학하고 돌아온 태국인을 통해 태국 사회가 서양의 사상과 문물에 광범위하게 노출된 19세기 말, 태국에서는 정치체제의 개혁에 대한 논의가 등장했으며 이와 더불어 근대화를 밑에서부터 위로 추진하려는 노력도 나타나기 시작했다. 1880년대 개혁 건의문을 위시하여 『사얌사마이』 잡지의 에세이들 그리고 1890년대부터는 티안완 같은 민중계층의 글들에서 심지어 의회주의에 대한 논의가 대두했다.

의회주의 문제는 쭐라롱꼰 왕 시대부터 쁘라차티뽁 왕 시대까지 태국의 정치 개혁 그리고 나아가 태국의 근대화에 대한 논의에서 가장 민감하고 동시에 가장 중시된 주제였다. 라마 5세, 라마 6세 그리고 당대 여러 왕자와 보수적인 귀족관료는 근대 태국이 태국의 특수한 역사적·문화적 토대, 특히 국가 및 사회의 구심점으로서의 국왕의 역할과 보편적 문화로서의 불교 전통 위에서 건설되어야 한다고 생각했다. 이러한 생각은 의회주의의 도입에 대한 비판적·회의적 태도로 표출되어 라마 5세와 라마 6세뿐만 아니라 라마 7세도 태국이 서양과 본질적으로 다른 전통과 사회적 구조를 갖고 있으며 태국 국민이 민주적 제도에 따라 판단하고 행동할 만큼 정치적으로 충분히 성숙되어 있지 않기 때문에 대의제 정부가 도입될 수 없다고 보았다. 쁘라차티뽁 왕과 그가 설립한 최고평의회의 국왕 고문들은 사실 태국의 정치체제의 민주화를 원하지 않았다. 그들이 추구한 정치적 목적은 태국의 정치적·사회적·경제적 질서를 심각하게 위태롭게 할 개혁은 도입하지 않은 채 추밀원평의회의 설립 같은 변화를 통해 기존의 군주정체에 약간의 근대적 제도를 가미하면서 궁극적으로는 절대군주제를 유지하려는 것이었다. 그것은 라마 5세와 라마 6세 시대가 추진했던 왕실 중심의 근대화 전통을 따른 것이었다.

쭐라롱꼰 왕 시대까지 국가의 중심으로서 견고하게 유지되어온 국왕의 위상은 와치라웃 왕 시대부터 흔들리기 시작했다. 와치라웃 왕은 결혼도 하지 않은 채 동년배 남성 친구들 및 궁중의 따리꾼들과 더불어 연극에 탐닉하는 등 군주로서 특이한 생활 스타일을 보여주었으며, 무엇보다도 스아빠와 두싯타니 등 사적인 프로젝트에 과다한 국고를 낭비하여 재위 말에는 국왕에 대한 국민의 신뢰와 존경이 많이 상실되었고 국왕의 권위가 상당히 떨어졌다.

그러한 상황을 계승한 쁘라차티뽁 왕 시대는 언론과 출판의 활발한 활동을 통해 민중 사이에서 의회주의에 대한 논의가 더욱 활성화되고 절대군주제에 대한 비판이 증대한 시기였다. 특히 유럽의 태국 유학생들은 태국의 정치체제의 민주화 개혁에 진지한 관심을 갖고 이를 정부 전복 음모로 발전시켰다. 귀국 후 이들이 주축이 된 혁명세력은 마침내 1932년 쿠데타를 일으켜 절대군주제를 무너뜨리고 태국을 입헌군주제 국가로 만들었다. 와치라웃 왕의 시대인 1912년에도 정부 전복의 음모가 있었으나 실패한 반면, 1932년에는 성공하여 태국이 국민국가(nation-state)의 모습을 갖게 되었다. 혁명이 성공한 직접적인 요인으로 당시 대공황으로 인한 태국의 경제 위기 상황에서 쁘라차티뽁 왕 정부의 국가 재정 운용의 무능력에 대한 불만 그리고 쿠데타 주동세력이 1912년 정부 전복 음모의 주동자들보다 더욱 치밀하게 준비했다는 점 등을 들 수 있다. 그러나 라마 7세 시기 태국 사회에서 정치체제의 민주화에 대한 관심과 논의가 그 이전에 비해 더욱 뜨거워져 있었던 점도 중요한 배경으로 작용했다고 보아야 할 것이다.

아시아 국가들은 서양을 그대로 모방한 개혁과 근대화를 추구하지 않았다. 민족주의 시대 아시아의 지도자들은 대부분 "모국에 적합한 서양식 요소만 수용하고 전통문화의 중요한 요소를 그대로 유지하는 등 자신들의 입맛에 맞게 근대화해야 한다고 주장했다."[1] 그것은 중국에서는 청나라 말기 중국의 학문을 본질로 두고 서양 학문을 도구로 삼아 근대화를 성취해야 한다는 '중체서용(中體西用)'의 사상으로, 1880년대 조선에서는 동양의 도덕과 사회질서를 유지한 채 서양의 기술을 수용하여 부국강병을 이룩해야 한다는 '동도서기(東道西器)'의 사상으로 나타났다.

미국의 베트남 역사학자인 알렉산더 우드사이드(Alexander Woodside)는 '근대'란 개념이 지역주의의 성향을 갖는다고 말한다.[2] 즉, '근대'의 성격이 지역이나 국가의 고유한 사회문화적 및 정치경제적인 역사적 상황에 따라 다를 수 있다는 것이다. 이것은 서양 중심의 근대에 대한 관점이 아니라, 비서양 국가가 갖고 있는 고유의 '근대적' 특성을 중시하여 그 국가의 '근대'를 파악해야 한다는 탈서양적 인식이다.

태국의 전통적인 역사 기술에 따르면, 19세기 중엽 이후 근대화는 국가의 주권 보존을 위한 방안으로 추진되었으며 그 과정에서 태국의 국왕들은 탁월한 역할을 수행했다. 이러한 주장은 담롱 왕자 이후 태국의 역사학을 지배해

온 왕실 주도 및 중심의 역사 이해방식이다. 그러나 근대화는 식민화 위협의 상황에서 태국의 생존전략으로서 뿐만 아니라 서양적인 것 그리고 발전 및 진보, 즉 '시윌라이'에 대한 요구에서도 추진된 것이었다.3) 19세기 중엽 이후 특히 동남아시아에서 제국주의적 팽창이 일어나던 시기 왕족과 귀족관료들을 중심으로 한 태국의 엘리트는 한편으로는 유럽이 요구하는 '시윌라이', 즉 문명화를 실현하여 유럽 기준의 국제적 질서 속에서 왕국의 존립과 발전을 모색했으며, 다른 한편으로는 자신들이 '시윌라이'된 개인이며 진보를 고취시키는 자들이란 것을 과시함으로써 정치경제적 및 사회문화적 권력의 위상을 계속 유지하고 강화하기 위해 애썼다.4)

근대 태국의 형성은 태국과 서양의 관계를 통해, 구체적으로는 서양의 영향과 그에 대한 태국의 반응을 통해 이루어졌다. 서양의 영향에 대해 19세기 후반부터 20세기 초까지 태국이 보여준 반응에는 국왕과 불교라는 태국의 두 가지 전통적 요소에 대한 태국 엘리트의 강한 집착이 깔려 있었다. 태국의 엘리트 중에는 쭐라롱꼰 왕처럼 근대화 개혁을 어떤 경우에는 서양식이 아니라 태국의 전통 방식으로 실행해야 한다고 강조하거나, 와치라웃 왕처럼 태국 사회가 서양의 문명 특히 민주주의와 관련된 사상과 제도를 맹목적으로 모방하고 추종하는 것을 비판한 자도 있었다. 그러나 그들이 '시윌라이', 즉 서양적 진보를 중시하고 그것을 태국 사회에 도입하고자 하는 것에서는 모두 적극적이었다는 점은 분명하다. 물론 그들이 생각하는 '시윌라이'는 국왕을 구심점으로 하는 태국 엘리트 사회의 전통적인 통치구조와 위계질서를 건드리지 않는, 서양 문명의 외형적 측면이었다. 그리하여 라마 5세 이후 국왕들을 중심으로 한 태국의 엘리트가 추진하고 성취한 근대는 이상적인 '유럽적 근대성(European modernity)'이라기보다는 태국의 전통을 중시하고 반영한 '대안적 근대성(alternative modernity)'이었다.5)

보링조약1)

여왕 폐하와 시암 국왕들 간 우호 및 통상조약

- 1855년 4월 18일 방콕에서 조인되었음.
- 1856년 방콕에서 비준서가 교환되었음.

대영제국과 아일랜드와 그 모든 속국 및 속령의 여왕 폐하와 시암의 제1국왕 몽꿋 프라쫌끌라오 짜오유후아(Mongkut Phrachomklao Chaoyuhua)와 시암의 제2국왕 프라 삔끌라오 짜오유후아(Phra Pinklao Chaoyuhua)는 견고하고 지속적인 토대 위에 양 국가 간의 평화와 우호의 관계를 수립하고 그 산업 및 상업을 고취하고 촉진하고 조정함으로써 자국 신민의 최고의 이해관계를 지키기 위해 우호 및 통상조약을 체결하기로 결정했다. [중략] 대영제국과 아일랜드의 여왕 폐하와 존 보링 경과 [중략] 시암의 제1국왕과 제2국왕 [중략] 등은 각자의 전권(全權)을 상호 통보하여 그것이 확실하고 정확한 것임을 확인한 후 다음의 조항들에 동의하고 이들을 체결했다.

제1조

대영제국과 아일랜드의 여왕 폐하 및 그 후계자들과 시암의 제1국왕 및 제2국왕 전하들 및 그 후계자들 사이에 향후 무궁한 평화와 우의가 있을 것이다. 시암에 오는 모든 영국 신민은 시암인에게 압박이나 상해를 받지 않고 시암에서 안전하게 거주하고 편하게 거래할 수 있도록 시암 정부에게서 전적인 보호와 지원을 받을 것이다. 그리고 영국에 오는 모든 시암 신민은 시암 정부에 의해 영국 신민에게 제공되는 것과 같은 전적인 보호와 지원을 영국 정부에게서 받을 것이다.

제2조

시암에 오는 모든 영국 신민의 이해관계는 방콕에 주재하도록 임명될 [영국] 영사의
조정과 통제하에 놓이게 될 것이다. [중략] 영국 신민과 시암 신민 사이에 발생하는
모든 분쟁은 상응하는 시암 관리와의 협력하에 [영국] 영사에 의해 심리되고 판결될
것이다. 범죄는 영국인 범죄자의 경우 영국 법에 따라 영사에 의해, 시암인 범죄자
의 경우는 그들 자체의 법에 따라 시암 당국에 의해 처벌될 것이다. 그러나 영사는
시암인에게만 관계된 사건에는 개입하지 않으며, 그와 마찬가지로 시암 당국은 영
국 여왕 폐하의 신민에게만 관계된 문제에는 개입하지 않는다. [후략]

제3조

만약 영국 신민에 의해 고용되어 있는 시암인이 자기나라의 법을 위반하거나 그렇
게 위반한 시암인이 도망하기를 원하여 시암에 있는 영국 신민에게 가서 피난하면,
그는 영사에 의해 수색되어 그 범죄행위 혹은 도주가 입증될 경우 시암 당국에 인도
될 것이다. 마찬가지로 시암에서 거주하거나 장사하는 영국인 범죄자가 시암 영토
로 도피하거나 은신하면, 체포되어 영국 영사의 인도 요구가 있을 경우 그에게 인도
될 것이다. 영국 신민임을 입증할 수 없는 중국인은 영국 영사에 의해 영국 신민으
로 간주되지 않으며 영국 영사의 보호를 요구할 권리가 없다.

제4조

영국 신민은 시암의 모든 항구에서 자유롭게 무역하도록 허락되지만, 영구적으로
거주할 수 있는 곳은 오직 방콕이나 이 조약에 의해 한정된 범위 이내다. 방콕에 거
주하기 위해 오는 영국 신민은 토지를 임대하고 집을 구입하고 건축할 수 있지만, 시
암에서 산 지 10년이 될 때까지 혹은 시암 정부로부터 그를 위한 특별한 권한을 획득
하게 될 때까지는 성벽에서 약 6.4km²(4마일보다 멀지 않은) 주위 내에서 토지를 구
입할 수 없다. [중략] 시암의 영국인 거주자는 방콕에서 이 나라의 보트로 여행할 수
있는 속도로 계산하여 24시간 여정의 거리 내에 있는 어떠한 곳에서도 집, 토지 혹

은 플랜테이션을 구입하거나 임대할 수 있다. [중략] 그러나 만약 영국 신민이 부주의, 자본의 결여 혹은 다른 이유 때문에 획득한 토지를 그것을 소유하게 된 날짜부터 3년 이내에 경작하거나 활용하지 않으면, [시암] 정부는 그 영국 신민에게 그것을 위해 그에 의해 지불된 구입 금액을 돌려줌으로써 그 부동산에 대한 권리를 되찾게될 것이다.

제5조

시암에 거주하려고 작정하는 모든 영국 신민은 영국 영사관에 등록될 것이다. 그들은 영국 영사에 의해 신청되어 시암 당국이 발급하는 통행증 없이는 바다로 나갈 수 없으며 영국 신민의 거주를 위해 이 조약이 지정하는 범위를 벗어나 여행할 수 없다. [중략] 영토 내의 검문소의 시암인 관리는 언제라도 통행증의 제시를 요구할 수 있으며, 그것이 제시되면 그는 당사자가 계속 가도록 즉시 허락해야 한다. 그러나 영사의 통행증 없이 여행하여 자신이 도망자라는 혐의를 받는 데서 면하기 어려운 자는 구금해야 한다. 그러한 구금의 경우는 영사에게 즉시 보고될 것이다.

제6조

시암에 방문하거나 거주하는 모든 영국 신민은 기독교 신앙의 자유와 시암 당국에 의해 승인된 지역에서 교회를 건축할 자유가 있다. 시암 정부는 영국인이 시암 신민을 하인으로 혹은 그 외의 다른 자격으로 고용하는 데 어떠한 제한을 두지 않는다. [후략]

제7조

영국 군함은 [짜오프라야 강]에 진입하고 빡남에 정박할 수 있지만 시암 당국의 승인 없이는 빡남을 지나 전진할 수 없다. 그 승인은 선박이 수리를 위해 조선소로 갈 필요가 있는 경우 발급될 것이다. 영국 군함이 여왕 폐하의 정부에 의해 방콕 조정으로 파견된 공무상의 관리를 태워 온 경우, 그 선박은 방콕까지 올라가도록 허락될 것이

다. [후략]

제8조

무역을 위해 방콕에 온 영국 선박이 1826년 조약에 따라 종래 지불하는 용적에 따른 관세는 본 조약의 시행 날짜부터 폐지될 것이며, 영국인의 해운 활동 혹은 무역은 향후 [육상에] 부리거나 [선박에] 싣는 화물에 대한 수입 및 수출 관세의 지불에 대한 의무만 지게 될 것이다. 수입품에 대한 관세는 3퍼센트이며, 그것은 상품의 시장 가치를 근거로 산출되고 수입자의 선택에 따라 물품이나 현금으로 지불될 수 있다. 판매될 수 없어 재반출되어야 할 것으로 판명된 화물에 대해서는 관세의 총액이 환급되도록 허용될 것이다. 영국 상인과 세관 관리가 수입품에 매겨질 가치에 대해 동의하지 않는 경우, 그 분쟁은 [영국] 영사와 그에 상응하는 시암 관리에게 위임될 것이다. 이들은 각각 두 명을 초과하지 않는 동수(同數)의 상인을 공평한 결정을 내리는데 돕도록 하기 위해 과세 평가인으로 부를 권한을 갖는다. 아편은 무관세로 수입될 수 있으나 아편 [징세]청부업자나 그 대행자에게만 판매될 수 있다. [후략]

수출품은 그것이 생산될 때부터 선적되는 날짜까지 내국세, 통과세 혹은 수출관세 등 어떤 명목으로 부과되든지 간에 오직 한 가지 관세만 지불한다. 수출되기 전이나 수출되는 시암의 천연산물의 각 품목에 부과되는 세금 혹은 관세는 이 조약의 부록에 실린 관세표에 상세히 규정되어 있다. 그리고 국내에서 어떠한 종류의 것이라도 세금을 지불한 상품 혹은 천연산물은 수출 시 추가적인 관세의 지불에서 면제된다는 것에 서로 명백히 합의한다.

영국 상인은 그들이 무역하는 상품을 생산자에게 직접 구매하고 그와 마찬가지로 자신의 상품을 그것의 구매를 원하는 상대방에게 직접 팔도록 허용된다. 본 조약에 첨부된 관세표에 규정된 관세율은 현재 시암인 혹은 중국인 배나 정크에 적재되어 있는 상품이나 천연산물에 대해 부과하는 것이다. 영국인 선박들이 현재 시암인 혹은 중국인 배나 정크에 의해 행사되는 혹은 향후 이들에게 부여될 모든 특권을 누린다는 것에 합의한다. 영국 신민들은 시암 당국에게 허락을 받아 시암에서 배를 건조하도록 허용된다. 소금, 쌀, 생선의 부족이 우려되는 경우는 시암 정부가 언제라도 이 품목들의 수출을 공포(公布)를 통해 금지할 권리를 갖는다. 금은과나 사적인 물품들은 무료로 [무관세로] 반입되거나 반출될 수 있다.

제9조

본 조약에 추가되는 규정들은 영사와 시암 당국의 협력하에 시행될 것이다. 시암 당국과 영사는 본 조약의 목표들의 시행을 위해 필요한 것으로 간주되는 추가적인 규정을 도입할 수 있다. [후략]

제10조

영국 정부와 그 신민은 시암 정부에 의해 다른 나라의 정부나 그 신민에게 부여된 혹은 향후 부여될 모든 특권에 자유롭고 동등하게 참여하도록 허락될 것이다.

제11조

본 조약이 비준된 날부터 10년 후, 현재의 조약과 1826년 조약의 폐지되지 않고 남아 있는 부분들 그리고 여기에 첨부된 혹은 향후 도입될 수 있는 관세율과 규정들은 영국 정부 혹은 시암 정부의 소원에 따라 양 측이 12개월의 검토를 통해 개정될 수 있다. [후략]

제12조

영어와 시암어로 작성되었으며 두 버전 모두 동일한 의미와 내용을 갖고 있는 본 조약과 사전에 교환될 비준서는 서력기원으로 1856년 4월 6일 그리고 시암력(曆)으로는 1218년 제5월 제1일에 그 효력이 발생한다. [후략]

공역(公役)에 대한 요구:
프라이 루앙 문제에 대해 몽꿋 왕이 1857년 고위 관료들에게 보낸 견해[1]

짐은 상의를 위해 짐의 견해를 [왕자들과 대신들에게] 다음과 같이 전달되도록 명한다. [중략] 오늘날 개개인의 프라이 루앙이건 한 무리의 프라이 루앙 혹은 장정(壯丁)이건 자신의 주인[행정적으로 관할하는 관리, 즉 '문나이']이 죽어 프라이 루앙으로 [새로] 문신되어야 하는 자는 아무도 공역에 복역하려고 하지 않는다. 이것은 많은 문제를 야기하고 있다. 경(卿)들은 이에 대해 어떻게 생각하는가? 경들은 짐이 느슨하게 해주어 그들이 원하는 곳에 소속되도록 허락하기를 원하는가? 만약 그토록 느슨하게 하여 모든 공역 역군들이 [원하는 곳으로] 가겠다고 결정하면, 국왕은 누구를 부릴 수 있겠는가?

폐하가 돈이 많아 그 돈으로 매달 대략 2천 내지 3천 명, 즉 한 달 동안 농장에서 일하는 데 충분할 정도의 인부를 사서 공공사업에 투입시킬 수 있지 않으시냐고 주장할 수도 있을 것이다. 그것으로 공역의 문제가 해결될 것으로 보일 것이다. 그러나 경들은 인부 공급이 지속적으로 확보될 수 있을 것이라고 생각하는가? 또 만약 그들이 시급한 작업을 밤낮으로 혹은 처벌의 위협 속에서 더 열심히 일하도록 강요된다면, 혹은 그 작업이 60m 내지는 80m 높이의 비계에 올라가서 일해야 할 정도로 힘든 것이라면, 그러한 경우 그 시급하고 어려운 작업을 완성하기 위해 무엇이 행해져야 하겠는가? 그 밖에 전쟁이나 대규모의 행렬이 있는 행사를 거행하거나 국왕이 중요한 일로 도시 밖으로 행차를 하려고 하여 1만 내지 2만 명의 사람이 필요할 때 그 인력을 제시간에 어떻게 조달할 수 있겠는가? 게다가 인부들이 국왕이 자신들에게 의존되어 있다는 것을 알고는, 한 달 노역의 대가로 보통의 4-5바트가 아니라 4-5땀릉(tamlueng) [16-20바트]의 더 높은 삯을 요구할 수도 있을 것이다. 군사적 동원은 전투를 위해 파병되지 않는 경우 통상적인 청구 급료는 12땀릉 내지는 10땀릉이며, 전투를 위해 파병되는 경우는 1창(chang) [80바트] 내지는 15땀릉이다. 그러나 인부들은 전투의 의무가 있는 경우는 2창, 비전투의 경우는 1창 5땀릉 등 너무 높은 급료를 요구한다. 이러한 상황이 발생할 때, 만약 국고에 돈이 충분하지 않으면 경들은 그들에게 지급할 돈을 짐이 어디서 마련할 수 있으리라고 생각하는가? 경들은 현재의 것보다 5배나 6배 더 많이 [백성에게] 과세하는 데 찬성할 것인가? 현재의 세율에 대해 부자나 가난한 자 모두 이미 불평해오고 있지 않은가? 또 어떤 경우에는 심지어 [프라이의] 관리자 및 주인이 세금에 대해 탄원하도록 그들의 프라이들을 부추기지 않았는가? 짐이 [경들과] 의논하면서 느끼는 바로는 위에 이름이 언급된 경들 모두 옛적부터 내려오는 국왕의 법령들과 관습들이 유지되기를 원한다는 것이다. 그것은 말하자면 공역의 역군들을 관할하기 위해 관청의 짜오끄롬(chao krom)[기관장], 빨랏끄롬(palat krom)[부기관장], 사무하반치(samuhabanchi)²⁾[주민등록 담당 국장] 등을 임명하는 것이다.

만약 도망친 프라이 루앙이나 [부모의 신분을 세습하여 공역의 의무를 지는] '룩무(luk mu)'가 붙잡히면, 그들은 [원래의 곳으로] 보내져 처벌받게 해야 한다. 우리의 국고와 수입은 한정되어 있기 때문에 지금 옛 관습을 폐지하고 새로운 관습을 수립한다는 것은 가능하지 않다. [이 점에서] 경들은 아마 모두 동의할 것이다. 게다가 각 관청 관할 아래 있는 프라이 루앙들은 모두 정부 소유의 빈집과 같다. 국왕이 이 집을 하사하지만, 집주인은 그것을 보수하지도 또 계속 유지하지도 않고 오히려 부수고 그 판자들을 땔감으로 삼으며 냄새가 나고 더럽게 만든다. 이처럼 공역 역군들의 관리를 위해 기관장, 부기관장, 주민등록 담당 국장 등으로 임명된 자들은 오로지 자신들의 직접적인 이익을 위해서 그들을 착취하는 데만 전념하며, 그들을 잘 돌봐주었던 원래의 주인이 그랬던 것처럼 역군들의 건강 보존에 대해 결코 생각하지 않을 것이다. 이러한 이유 때문에 공역의 복역에 지원하려는 자가 아무도 없다. 역군들에게 공역을 강제적으로 시키는 문제는 이전의 재위 시대부터 오랫동안 있어 왔다. [선왕(先王)이신] 프라낭끌라오 왕은 공역에 관한 규정들을 완화시키기 위한 다양한 조치를 고안하기 위해 노력하셨지만 실행하는 데는 실패하셨다. [짐에게도] 오늘날 그러한 생각이 여전히 있지만, 그것은 마찬가지로 실패로 끝날 것이다.

노예 및 평민 자식의 속량 연령 확정에 관한 법령[1)

(1874년 8월 21일 공포)

번영을 원하노라. 쭐라기원(Chullasakkarat)[2)] 1236년 제9월 상현(上弦) 제9일[3)] [중략] 폐하께서는 나라의 오랜 관습에 대해 언급하시면서, 만약 어떤 관습이라도 그것이 나라에 진보와 이득과 정의를 가져 온 것이라면 그 관습이 더욱 발전되도록 그것을 유지하고 장려하여 계속 이용되도록 하기를 원한다고 말씀하신다. 만약 어떤 관습이 이 나라의 백성에게 진보를 가져오지 않았고 이득이 되지 않았고 정의롭지도 않았다면, 폐하는 그것을 폐지하기를 원하신다. 그러나 그 폐지는 개혁이 완성될 때까지 매사가 질서정연하게 진행되도록 하기 위해 천천히 이루어져야 할 것이다.

다르마샤스트라(Dharmaśāstra)[4)] 경전에 따라 옛 국왕들이 제정한 고대의 법[5)]에 의하면, 노예에는 일곱 가지 범주가 있다. 즉, 채무 노예, 노예 주인의 집에서 태어난 노예 자식, 부모가 자식으로 준 [즉 상속된] 노예, 노예 주인에 의해 증여된 노예, [벌금형 등 절박한] 위기에서 구제해주고 [그 대가로] 삼은 노예, 기근 시 돌보아주고 [그 대가로] 삼은 노예, 전쟁포로로 획득한 노예 등이다.[6)] 이러한 일곱 범주의 노예는 국가의 법에 근거한 노예로 간주된다. 자신을 속량하기 위해 노예 주인에게 지불할 돈이 없으면, 그 사람에게는 예속 상태에서 벗어나 자유롭게 될 가망이 없을 것이다. 이 일곱 범주의 노예의 자식으로 태어난 사람의 경우, 그는 자궁에서 나와 눈을 뜬 순간부터 심지어 100세가 될 때까지 속량이 불가능한 채무 노예로 간주된다. [중략] 26세에서 40세까지의 남자 노예의 최고 가격은 14땀릉이며, 21세에서 30세까지의 여자 노예의 최고 가격은 12땀릉이다. 남자 노예의 나이가 40이 넘고, 여자 노예의 나이가 30이 넘으면, 그 속량 가격은 점점 낮아져 100살이 되면 남자 노예는 1땀릉, 여자 노예는 3바트의 가치만 갖게 된다. [그러나] 그들의 속량 가격이 완전히 제로가 되는 경우는 결코 없다.

이상이 오늘날까지 지속되어 온 관습이다. 이것은 마치 노예 자식들에게는 아무런 인정이 베풀어지지 않는 것 같다. 노예 자식도 태어났을 때는 결백했다. 그들은 아무것도 몰랐고 아무것도 보지 않았다. 부모가 악행을 저질렀으면, 왜 그들의 자식들도 노예로 전락되어 죽을 때까지 그 상태로 머물러 있으면서 부모의 죄로 인한 벌을 받게끔 해야 하는가? 그들이 평생 노예가 되어서는 안 될 것이다. 만약 폐하께서 노예 자식들의 노예 상태를 단호하게 폐지하기 위한 조치를 취하신다면, 인정이 없는 노예 주인은 [노예의] 어머니들이 그 자녀들을 돌보지 못하게 할 것이다. 노예 주인은 노예 자식들이 [이젠 자신의 소유가 되지 않을 것이기 때문에] 자신들에게 이익이 되지 않도록 할 것이다. 노예 주인은 노예 부모들을 다른 곳으로 보내 [주인인] 자신들을 위해 일하도록 하겠지만, 자녀들을 돌보는 것은 허락하지 않을 것이다. 노예 주인에 의한 이러한 학대로 말미암아 많은 수의 [노예] 자식들이 죽을 것이다. 그러므로 노예 주인에게 어느 정도의 여유를 주면서, 노예 자식들에게 자유민이 되는 특정 시일을 정해주는 것이 필요할 것이다. 노예의 아들들이 해방되면, 그들은 일자리를 구해 생계를 꾸려갈 수 있을 것이며 유용한 직업 훈련도 받고 혹은 사미승이나 비구로 수계를 받을 수도 있을 것이다. 이렇게 되어야만 시암의 백성이 진보될 수 있다. 이에 폐하께서는 그의 자문 신하들에게 용의 해인 쭐라기원 1230년 [1868년]이 폐하가 즉위한 가장 경사로운 연도라는 내용의 국왕 칙령을 제정하여 이를 왕실 가족들, 군사 및 민사 양쪽의 모든 행정부처의 관리들, 방콕과 [왕국의] 북부 및 남부의 제1등급, 제2등급, 제3등급[7] 지방들의 모든 백성에게 공포하도록 지시하신다. 폐하께서는 이로써 용의 해를 노예 자식들에 관한 법령이 이제부터 시행되어 [소급] 적용되는 연도로 선포하신다.

쭐라롱꼰 왕의 왓 프라깨오 보수 공적기념 비문[1]

1879년 [중략] 폐하께서는 왓 프라시랏따나삿사다람(Wat Phra Si Rattanasatsadaram) [즉 왓 프라깨오]를 보수하여 그 보수공사를 수도 100주년 기념일까지 기한 내에 완성하겠다고 마음속으로 맹세하셨다. [중략] 그것은 당시 [나이 든] 왕실 가족들과 대신들이 사원의 보수가 실제로는 그 시점까지 적시에 끝나지 못할 것이라고 모두 생각하고 있었기 때문이었다. [중략] 폐하께서는 선왕 폐하이신 몽꿋 왕이 서거하셨을 때 자신의 모든 동생이 아직 너무 어려 그들 중에 국무를 맡길 만한 자가 아무도 없다고 생각하셨다. [중략] 그래서 이 사원의 보수는 폐하에게 있어서 중요한 것이었다. 폐하께서는 보수공사가 폐하의 지속되는 통치의 공덕과 명성에 이바지하기를 그리고 폐하의 모든 동생이 이 사업을 폐하의 소망에 따라 단결하여 성공적으로 완수하여 나중에 폐하의 영광스러운 자비에 보답할 수 있기를 희망하셨다. [중략] 폐하의 모든 동생은 어릴 적부터 폐하의 후원을 받아왔으며, 폐하께서는 그들을 꺼리지 않으시고 그들을 항상 호의적으로 대해주셨다. 그 때문에 그들은 모두 폐하에 대한 사랑과 충성심에서 폐하께서 오래도록 왕위에 계시기를 바라는 마음을 품었다. 이 두 가지 이유 때문에 폐하께서는 모든 동생이 사원의 보수공사를 확실하게 [중략] 그리고 성공적으로 완수하기를 바라셨다. [중략] 그리하여 폐하께서는 보수공사를 분할하여 동생들에게 각자의 임무를 부여하셨다. [후략]

1885년에 왕자들과 관료들이 쭐라롱꼰 왕에게 상신한
정부 형태의 개혁에 대한 건의문1)

이 건의문의 끝부분에 그 이름들이 적혀 있는 소신들은 폐하께 저희들의 의견을 상주(上奏)하도록 허락해주실 것을 바랍니다. 폐하께 대한 감사와 수백 년 전부터 타이 [민족]에 속해 있는 이 나라에 대한 사랑은 소신들로 하여금 폐하의 영광스러운 은덕(恩德)에 대한 보답으로 나라의 번영과 평화와 독립을 위해 몸과 마음을 바쳐 국무를 수행하기 위해 노력하게끔 합니다. 폐하께서 소신들의 충성을 신뢰하시고 저희들에게 왕국의 모든 관리들과 백성을 보호하고 모든 곳에 행복과 진보를 확산시키기 위해 노력하신다는 것에 대한 표시가 되는 충성 서약수2)의 힘과, 저희들이 폐하를 충성과 감사로 섬기고 폐하의 영광스러운 은덕에 대한 보답으로 모든 힘과 지혜를 다해 국사를 수행하겠다고 폐하께 드린 맹세3)의 힘에 의해, 소신들은 폐하께 이 건의문을 상신(上申)할 수 있었습니다. [중략]

소신들이 폐하께 상달(上達)하려는 진언(進言)은 세 가지 주요점을 그 내용으로 하고 있습니다.

1. 현재의 통치[형태] 때문에 시암을 위협하는 위험은, 자신을 보호할 힘이 없는 국가들에 대한 열강의 행동방식 사례들에서 엿볼 수 있는 것처럼, 여러 이유에서 발생할 수 있음.

2. 현재의 통치[형태]로 인해 발생할 수 있는 위험에 대해 국가를 보호하는 것은, 적이 공정한 방식으로 하건 불공정한 방식으로 하건 상관없이, 이미 유럽의 길을 간 일본의 길, 즉 모든 문명화된4) 나라들이 국가 보호를 위한 유일한 방도라고 보는 길을 따라 국가의 보존을 위한 방식을 변경하는 것에 그 바탕을 두어야 함.

3. 두 번째 점의 성공적인 실현은 폐하께서 모든 업무가 예외 없이 정말 최고로 성취되도록 노력하실 때에만 가능할 것임.

위험

[전략] 작금의 위험은 국외에서, 그것도 예컨대 유럽의 한 나라같이 시암보다 더욱 큰 힘을 갖고 있는 나라에서 올 것이 틀림없습니다. 폐하께서는 이미 유럽의 국가가 어떤 나라를 차지하고자 하면 그 나라를 자신의 것으로 만들기 위해 그가 공정하다고 부르는 방도를 반드시 발견하리라는 것을 알고 계십니다. 유럽 국가들이 통상적으로 이용하는 방도로는 다음과 같은 것이 있습니다.

1. 그들은 전 인류에 대해 선의를 품고 있는 사람이라면 전 인류가 모두 같이 행복과 진보에 참여하고 동등한 공의를 누리기를 희망해야 하는 것은 당연한 것이라고 주장함.

2. 그들은 유럽인의 문명의 발전과 아시아 국가들의 미(未)발전에 대해 언급함으로써 아시아 국가들의 미발전이 아시아의 발전뿐만 아니라 문명의 길을 가고 있는 국가들의 발전을 위해서도 장애가 된다고 생각함. 그러므로 [미발전된 나라를] 통치하여 이 나라를 발전과 공동의 이익을 위해 관리하는 것은 유럽 국가를 위한 기회임.

3. 그들은 이런 혹은 저런 정부5)가 자신의 나라를 올바로 관리하지 않아 [이 나라의] 모든 사람의 생명과 재산을 위험에 빠트리게 하는 악한 범죄자들이 있게 될 것이며, 이로써 이 나라에서 이익을 구하려는 유럽인이 위태롭게 된다고 주장함. 그러므로 유럽인은 그러한 나라를 유럽인뿐만 아니라 원주민에게도 공동의 번영을 갖다줄 유익을 위해 그리고 범죄자들을 제거하기 위해 지배할 가능성을 갖게 됨.

4. 이미 큰 발전을 이룩했으며 계속 그렇게 유지되기를 원하는 유럽 국가는 무역에 매우 의존할 수밖에 없음. 이러한 이유 때문에 만약 상품과 지하자원을 보유하고 있는 나라가 서로의 강성함과 공동의 유익을 위해 상업적으로 개방하

지 않고 또 그렇게 생각하지 않는다면, 그것은 유럽인에게 이익을 획득하기 위해 이 나라를 상업적으로 개방시키고 지하자원을 개발할 기회가 됨.

그러나 소신들이 폐하께 말씀드린 이 네 가지 방도는 한 가지 요점으로 요약되어야 할 것입니다. 즉, 모든 인간에게 행복을 갖다 주는 길, 유럽 국가들의 번영, 악한 범죄자들의 제거, 혹은 상업적인 개방 등 무엇이 되었든지 간에 그것은 모두 해당 국가의 정부와 행정을 통해 이룩되어야 한다는 것입니다. 그러나 만약 어떤 국가가 풍부한 영토와 지하자원과 인구를 갖고도 힘이 없으며 자신의 나라에 대한 행정을 자신에게와 다른 나라들에게 유익이 되도록 수립하려고 하지 않는다면, 그 국가가 자신의 영토와 지하자원을 보유하는 것이 옳지 않다는 것입니다. 그것은 [그 영토와 지하자원이] 모든 인류가 그것의 이익과 [그것에서 생기는] 행복의 혜택에 동참하기 위해 정해진 것이며, 그렇지 않으면 헛되이 사라지기 [때문이라는 것입니다.] 유럽인의 이같은 견해는 세계의 정의에 관한 한 매우 타당합니다. [중략]

폐하께 이미 아뢴 것처럼 소신들이 그에 대해 생각하고 그것을 깨닫자, 소신들은 시암이 현재의 정부[형태]로써는 모든 국가에게 시암을 [중략] 모종의 술책을 써서 점령하거나 지배할 큰 기회를 제공하고 있다는 것에 의견의 일치를 보았습니다. 현재 프랑스는 시암에 매우 가까이 다가와 있습니다. 프랑스는 [시암에] 침입하려는 의도를 품기만 하면, 그것을 할 수 있을 것입니다. 그것은 소신들이 폐하께 이미 보고를 올린 것처럼, 프랑스가 여러 나라에 행한 것을 보면, 이 나라가 시암도 자기의 것으로 만들기 위한 꼬투리를 찾을 가능성이 충분하기 때문입니다. 따라서 소신들은 이 위험이 시암에 극도로 가까이 다가와 있다고 생각합니다. 그리하여 [이곳의] 신문들은 그럴 가능성이 분명히 5년 이내 반드시 일어날 것이라고 예측하고 있습니다. 소신들은 이러한 견해를 단순한 흥분에서뿐만 아니라 시암이 자신을 보호할 생각이라면 결코 지금처럼 가만히 있지 말아야 한다고 판단하기 때문에 폐하께 말씀드리는 것입니다.

해결책

소신들은 폐하께 위험에 대해 이미 말씀드렸습니다. 이에 따라 소신들은 폐하께서, 만약 저희들이 폐하께 품의(稟議)한 바와 같은 방식으로 고려하신다면, 시암의 [상황을] 개선하고 시암을 위험에서 보호하기 위해 분명히 노력하시리라고 굳게 믿습니다. [중략] 소신들은 폐하께서 [다음의 해결] 방도들을 살펴보시고 서로 비교하시기를 소원하는 마음에서 폐하께 그 방도들에 대한 저희들의 견해를 진언하는 것을 허락해주실 것을 바랍니다.

1. 부드러운 방도. 적이 공격할 이유를 찾으면 적의 동정심을 성공적으로 불러일으켜 [상황이] 약간 이완되도록 만들려는 희망에서 그때마다 양보합니다. 만약 약간의 영토를 잃거나 전쟁배상금을 지불해야 한다면, 언급한 [바와 같은] 희망에서 그것에 동의한다는 것입니다.

   그러나 소신들은 이러한 양보적인 사고방식이 틀린 것이고 적용될 수 없다는 것을 폐하께 분명히 말씀드릴 수 있습니다. [중략] 소신들은 작은 힘을 갖고 있는 나라가 어쩔 수 없이 이 부드러운 방도를 이용할 수밖에 없다고 봅니다. 그러나 강한 국가가 [정복을] 노린다면 부드러운 방도를 취한 나라는 노예화를 모면하지 못할 것으로 드러날 것입니다.

2. 군사적 저항의 방도. 위험이 외부에서 다가오면, [이 방도] 역시 무용지물일 것입니다. 소신들이 폐하께 이러한 견해를 말씀드린 이유는 소신들이 지난 유럽의 역사를 고찰해보니 유럽인이 아시아에 있는 것과 같은 약한 국가를 상대로 전쟁을 치러 패배한 경우가 한 번도 없었다는 것을 알았기 때문입니다. [중략] 유럽에서 지속적으로 이야기되는 견해가 하나 있습니다. 즉, 만약 한 유럽 국가가 한 작은 나라를 상대로 치른 전쟁에서 패한다면, 그것은 마치 이 나라가 발전(문명화6)에서 퇴보하는 것 같은 큰 손해가 될 것이며, 또한 유럽 국가들과 다른 국가들의 이익 및 안전이 손실된다는 것입니다. [따라서] 유럽이 전쟁을 치른다면 바라던 대로 승리해야 하며, 만약 유럽이 한 특정 국가를 정복하고 나면, 유럽은 그 나라가 발전을 이룩하도록 할 수 있을 것이라는 견해입니다. [중략]

소신들은 태국이나 어떤 [다른] 나라라도 유럽 국가에 대해 승리할 수 있을 것이라고는 보지 않습니다. 소신들은 유럽인의 다음의 견해에 동감합니다. 즉, 만약 태국이 한 유럽 국가에게 승리를 거둔다면, 그것은 나라에게는 발전의 퇴보가 된다는 것입니다. 그 이유는 태국의 승리를 통해 유럽의 선하고 정당한 동기들, 예컨대 무역을 개발하고 악한 범죄자들을 없애고 모든 인류에게 골고루 행복을 나눠주는 등등 우리의 나라에게 유익한 것들이 실현될 수 없기 때문입니다. 소신들의 생각으로는 태국의 훌륭한 전통들이 풍부하게 존재합니다. 그러나 또한 세속적인 의미에서뿐만 아니라 종교적인 의미에서도 정말 나쁜 것들도 있습니다. 만약 그러한 나쁜 전통들이 바뀌지 않아, 유럽 국가들이 우리에게 그것들의 변경을 강요할 때 태국이 군사적으로 그 강요에 저항할 수 있으면, 그 전통들은 분명히 존속하게 될 것입니다. 그리고 그것들은 존속하는 한 불가피하게 시암과 그 민족 모두의 진보를 가로막게 될 것입니다. [중략] 소신들이 폐하께 [이 군사적 해결책에 관한] 저희들의 견해를 이처럼 상주한 것은 군대가 아무런 유익이 되지 않는다고 비난하기 위한 것이 아닙니다. 군대는 마찬가지로 정비되어야 할 필수불가결한 것입니다. 그것은 소신들이 폐하께 나중에 말씀드릴 것처럼 [군대가] 첫 국면에서 유용하기 때문입니다.

3. 또 다른 견해는 소신들이 영국과 프랑스라는 두 유럽 국가의 보호통치 아래 놓여 있는 나라들에 그 영토가 접해 있는 시암의 지리적 위치와 관련하여 생각해 본 것입니다. 이에 따르면 시암이 영국의 영역과 프랑스의 영역 사이에서 하나의 담이 될 수 있기 때문에, 예컨대 이집트,[7] 벨기에, 스위스처럼 반드시 독립국으로 머무를 수 있을 것이라고 확신할 수 있을 것입니다. 그것은 그 두 나라가 자신들의 영역이 서로 접하지 않도록 하여 자신들의 영토의 보호를 용이하게 하기 위해 한 완충국을 틀림없이 필요로 하기 때문이라는 것입니다. [중략] 저희들의 견해로는 이 생각이 옳습니다. 그러나 사람들은 다음의 [측면을] 알아야 합니다. 즉, 이러한 방식으로 보존하게 될 시암은 양 국가의 영역 사이에서 마치 하나의 방호벽에 불과할 것이며, 그들이 [시암에서] 극히 좁다란, 그러

나 자신들의 영역을 따라 충분히 길게 뻗은 띠 모양의 땅만 남길 수도 있을 것이라는 점입니다. [중략] 영국과 프랑스는 시암의 영토를 분할하되 담으로서 충분한 크기의 한 줄기 땅만 남겨둔다는 계획을 이미 세웠으며 그 실행에 착수했습니다.[8] 즉, 영국은 프랑스가 캄보디아를 차지하는 것에 동의했으며 영국 스스로는 말레이 지역으로 확장하여 그것을 점령하려고 합니다. 여기서 알 수 있는 것은 그들이 서로 질투하지 않는다는 것입니다. [중략]

4. 소신들이 그릇된 견해라고 간주하는 또 다른 방도가 있습니다. [중략] 즉 태국이 자국의 국정을 과거에 비해 여러 배로 개선하여 [이제] 유럽 국가들을 위한 대사관들, 전신과 우체국 같은 유익한 제도들, 노예제의 폐지, 부복 관습의 폐지, 유럽식 복장과 리셉션 같은 여러 유럽 관습의 도입, 유럽 국가들과의 많은 우호 및 통상조약 등이 있으며, [따라서] 강국들이 [시암을] 악한 방법으로 압박하는 것이 불가능하다는 것입니다. [또한] 한 나라가 정말 점진적으로 발전하는 것이 정상적이지 어떻게 그것이 마치 손바닥 뒤집듯이 즉시 일어날 수 있겠느냐고 [반문하며], 태국이 이 정도로 성취한 것은 [국가의] 보호를 위해 이미 충분하다는 것입니다.

　　소신들은 그러나 이러한 생각을 또 다른 그릇된 견해로 봅니다. 그것은 상술(上述)된 통치[방식]이 근본적인 개선을 위한 방도가 아니라, 그렇게 할 수밖에 없었던 시기에 유럽인과 사이좋게 지내기 위해 첨가한 것에 불과하기 때문입니다. 사람들은 진보의 버팀목인 유럽의 우수한 것들을 택해 그것들을 우리의 토착적인 토양에 갖다놓습니다. 이러한 것들, 예컨대 우체국, 전신, 학교 등은 정말 우수하지만, 만약 그것들이 우리의 다른 것들, 즉 견고한 구조와 견고한 뿌리가 없는 이 나라의 정부 형태와 함께 있게 되면, 모두 망할 것입니다. [중략]

5. 그 밖에 시암이 이 나라, 저 나라와 우호조약을 체결했다는 사실은 [시암을] 외국의 압박에서 지키고 그 압박을 막을 수 없습니다. 중국 역시 모든 외국들과 조약을 체결했습니다. 미국과의 조약의 한 조항은 만약 어떤 나라가 중국을 압박하면, 미국이 [그 상황의] 판단과 중재 시 도울 것이라고 되어 있습니다. 이제

그러한 상황이 실제로 발생했지만,[9] 미국은 도와주지 않았습니다. [중략]

6. 유럽인의 무역과 그 이익에 관해 사람들은 말하기를 만약 그것이 시암에 있으면 역시 유럽 국가들이 [시암을 압박하는 것을] 막을 수 있을 것이라고 합니다만, 실제로는 [오히려] 장애가 될 수 있습니다. [무역과 그 이익이 시암을 보호하는 방도가 될 수 있는 것은] 오직 외국들이 [시암] 국가의 번영에 상응하여 그리고 유럽 국가의 것과 유사한 훌륭하고 정돈된 행정의 바탕 위에서 충분한 이익을 얻을 수 있을 때일 것입니다.

7. 또 다른 방도로, 사람들이 예전에 어떻게 했기에 나라를 지킬 수 있었느냐고 묻는 경우가 있습니다. 이것에 관해 조사해 보면, 예전에는 서로 방문하고 시암의 뉴스가 유럽까지 알려질 수 있는 것이 얼마나 어려웠는지를 알 수 있습니다. 예전에는 시암과 유럽 간에 접촉이 거의 없었습니다. [중략] 그러므로 예전에는 타이 국가를 지키는 것이 매우 쉬웠다는 것을 분명히 이해할 수 있습니다. 그것은 유럽을 통한 간섭이 아직 많지 않았고 위험을 초래할 가능성이 아직 없었으며, 유럽인이 오늘날 [우리의] 내부를 상세하게는 알지 못하는 것처럼 시암인의 힘과 습관을 아직 알지 못했기 때문입니다. 그래서 [나라를] 지키는 것이 간단했습니다. 그러나 이제는 [유럽의] 먹이였던 나라들이 모두 다 망했습니다. 만약 [이 문제를] 해결하기 위해 궁리하지 않으면, 시암도 이들 나라처럼 될 것이 틀림없습니다.

8. 몇몇 사람들이 시암의 안정을 위한 방도가 될 수 있을 것이라고 잘못 믿고 있는 것이 또 하나 있습니다. 그것은 국제법[10]을 준수한다는 것인데, 이에 따르면 모든 독립 국가들이 존중받아야 하며 그들에게 모든 권리[11]가 주어지게 된다는 것입니다. 이 잠꼬대는 국제법이 문명화되어 있고 옳은 것과 그른 것에 대한 동일한 관념을 갖고 있으며 판결을 내리는 데 있어서 정의가 지배하고 법을 준수하며 관습이 서로 비슷하여 국제법을 받아들여 그것을 지킬 수 있는 나라들을 위한 것이라는 점을 망각한 것에서 비롯되었습니다. 만약 말씀드린 측면에서 유럽과 아시아의 차이에 대해 생각하고 그것을 비교하면, 유럽이 아시

아 국가들에게 국제법에 대한 권리를 필연적으로 허락하지 못할 것이라는 점을 확실하게 이해할 수 있습니다. [중략]

위험과 적용될 수 없는 여덟 가지 해결책은 폐하께서 양지(諒知)하시도록 [이처럼] 말씀드린 바 되었습니다. 폐하께서 더 깊이 심사숙고하시도록 소신들이 조금 더 첨언하는 것을 허락하시기 바랍니다.

현재의 정부 형태를 갖고 있는 시암이 파멸에 이를 수 있는 것은 단지 외부의 적이 무력으로이건 술책을 통해서이건 [이 나라에] 침입함으로써만 되는 것은 아닙니다. 그 이유는 외부의 적이 끝내 없다손 치더라도, 이 정부 형태가 탁월한 나라의 제도나 혹은 그것이 계속 그렇게 영원히 존속할 것이라는 생각에서 고수할 수 있을 그러한 제도가 아니기 때문입니다. 그것은 이 정부 형태가 한 가닥 줄에 걸려 있는 화환에 비교될 수 있기 때문입니다. 만약 위험이 닥쳐 줄이 끊기면, 그 줄에 의존되어 있는 화환은 바닥에 떨어져 완전히 으깨어져 그 형태와 색이 변하고 혹은 완전히 파괴될 것이 틀림없습니다. 현재 정부 형태와 관련하여 유추하여[말씀드리자면], 소신들은 만약 이 정부가 언젠가 국사의 담당자로서의 국왕이 없게 되면, 모든 국가행정이 중단되고 혼란에 빠지며 이로써 심지어 나라에 반란이 발생할 수도 있을 것이라고 생각합니다. [중략]

소신들은 고찰한 결과 [과거의] 역사에서 혹은 현재의 왕조에서 왕위교체 시 [왕위계승 방식과 절차의] 확실한 전통이 없기 때문에 나라의 모든 신하들이 불안과 공포에 빠졌다는 것을 확인했습니다. 그리고 극단적인 경우 그러한 교체는 국왕으로 하여금 나라가 번영하고 발전하며 왕실 출신의 [국왕과] 가까운 한 친척이 [현재] 통치하고 있는 왕조를 계승할 것인지에 대해 확신하실 수 없도록 만들 수 있을 것입니다. [중략]

소신들은 폐하께 외부의 그리고 나라 내부의 불확실한 전통에서 생길 수 있는 위험을 피할 수 있는 개선 방안들에 대한 저희들의 견해를 이것이 부족하지 않으며 또 폐하께서 이것을 양지하시도록 하기 위한 바람에서 아뢰도록 허락해주시기를 바랍니다. 이 점에서 소신들 모두의 생각으로는 오직 하나의 길, 즉 모든 [국가] 행정을 유럽인의 방식에 따라 수립하는 방안밖에 없습니다. [중략] 오늘날 시암에 있는 것과 같은 [국가] 보호 및 유지 방식은 유럽의 것과 정반대입니다. [시암은] 단결된 백성의 이성(理性)과 힘에 그 바탕을 두고 있으며 보편적인 정의로 간주되는 '헌법'12)이라고 불리는 제도와 법이 없습니다.

그러나 작금 수많은 유럽인이 자신들의 견해를 밝혀, 그것이 시암에 체류했던 자들의 책과 보고, 예컨대 칼 복(Carl Bock)13) 등의 책에 언급되어 있습니다. 그리하여 [이 책에] 인쇄되어 있기를, 시암의 국가행정은 오늘날 어떤 관청에도 자신의 책임과 의무에 신경을 쓰는 장관과 관리들이 없고 국가를 보살피고 국사에 대해 고민하는 분은 오직 폐하뿐이며, 국정 업무에 실제로 강력히 돕는 사람은 폐하의 [이복]동생인 끄롬마믄 테와웡 와롭빠깐(Krommamuen Thewawongwaroppakan)밖에 없으며, 그에 의해 크고 작은 국정 업무가 모두 처리되므로, 어떤 국정 업무가 있으면 그에게 가야지 원하는 것을 얻을 수 있다는 것입니다. 이러한 서술에 대해 곰곰이 생각해 보면, 모든 것이 대체로 그들이 말하는 것처럼 실제로 그렇습니다. 즉, 국가행정이 오직 폐하와 폐하의 동생인 끄롬마믄 테와웡 와롭빠깐에게만 놓여 있다면, 어떤 유럽 국가가 시암에 정의가 있고 [이 나라가] 진보하고 질서가 바로잡힐 수 있도록 통치될 것이라고 믿겠습니까? 따라서 국가의 행정을 [유럽인의] 일반적인 믿음에 상응하도록 수립해야 하며, 정의로 이끄는 통치 방식은 반드시 단결에 바탕을 두도록 하는 것이 요구됩니다. 장관이 되는 자들은 백성의 대표로서, 그들은 연속적인 상향의 단계별로 선출되며, 또한 많은 사람들의 이성과 생각과 정의에 기초를 둔 것처럼 공동의 책임을 져야 할 것입니다. 그렇게 되면 사람들이 정말 확실히 정의롭고 발전하고 번영할 수 있을 것이라고 믿는 그러한 것이 될 것입니다. 이러한 이유 때문에 국가 행정을 수립하고 예전의 국가 제도들을 개혁하되, 그것이 새로운 제도들 혹은 유럽식의 새로운 헌법이 되거나, 그것이 동양에서 유럽의 길을 간 유일한 국가인 일본과 같이 가능한 한 유럽의 방식에 근사하도록 해야 할 것입니다.

소신들은 저희들이 폐하께 '유럽 헌법'이라고 설명해 드린 방도로써 [시암에] 지금 국회14)가 있어야 된다는 것을 바라는 것이 아니라, [다음과 같은 점들을] 폐하께 더욱 상세히 말씀드려야 할 것 같습니다.

1. 폐하께서 모든 국사를 혼자서 결정하셔야 하는, 영국인이 '절대군주제'15)라고 부르는 현재의 제도를 '입헌군주제'16)라고 불리는 것으로 변경하셔야 합니다. 이 제도에서는 폐하께서 나라의 수반으로서 장관들에 대해 절대적인 결정권과 명령권을 보유하고 계시지만, 유럽의 모든 [입헌]군주들과 마찬가지로 국사의 모든 것에 몸소 신경 쓸 필요는 없으실 것입니다.

2. 국가의 보호 및 유지의 모든 일은 폐하께서 내각17)의 멤버로 세우신 장관들의 생각과 결정에 의해 이루어져야 합니다. [다만] 그들은 모든 국사를 처리함에 있어 폐하께 사전 허락을 받아야 할 것입니다. 이 관료들은 각 관청, 즉 행정부처18)의 우두머리로서 결정권과 명령권을 가지며 자신의 행정부처에 대한 책임을 지게 됩니다. 행정부처 관할의 업무는 그것이 실행될 수 있는 것이면 행정부처가 마치 폐하께서 더 이상 신경 쓰실 필요가 없는 기계처럼 스스로 처리할 수 있어야 할 것입니다. 왕위 계승을 위한 확고한 수속과 절차가 마련되어 [국왕의] 붕어 시 승려와 고위급 및 하급 관리들이 [왕위 후계자를] 선택하는 것이 아니라,19) 왕위 교체의 시점에 모든 사람이 그 사정을 정확히 알아 나라가 혼란에 빠지지 않고 이로써 어떤 대신이 [국가] 권력을 스스로 차지하려는 생각을 품는 것을 막아야 할 것입니다.

3. 매수하는 것의 모든 가능한 길이 차단되어야 하며, 관리들은 정직한 수입 [즉] 월급을 그것도 자신의 지위에 적당할 만큼 받아야 합니다.

4. 사람들은 행복에 골고루 동참하며 모두 동일한 법을 지켜야 합니다. 그리고 세금의 징수와 공역 의무가 있는 장정들의 문신은 공정하게 행해져 그 과정에서 [누구를] 봐주거나 [누구에게] 불이익을 주는 것은 [물론] 태국인이나 서양인이 비난할 수 있는 어떤 것이라도 없어야 합니다.

5. 유럽인이 비판하고 나라의 진보를 위해 장애가 되거나 정말 쓸모없는 국가의 관습들과 법들은 그것들이 얼마나 오랜 세월부터 존재해오던 것인지를 불문하

고 사실에 맞도록 변경되어야 합니다.

6. 왕국 전체의 폐하의 신하들과 백성은 유용한 [내용을 가진] 말과 생각에서 자유를 가져야 합니다. 그리고 그들은 [자신들의 생각을] 그것이 한 회합에서이건 언론에서이건 상관없이 이야기하고 출판할 권리를 가져야 합니다. 그러나 만약 그들이 진실치 않은 것을 말하면, 왕국의 법에 따라 가벼운 형벌 내지는 무거운 형벌을 받게 될 것입니다.

7. 직책의 여부를 불문하고 고위급 및 하급 관리들로는 [다음과 같은] 사람들을 뽑아야 합니다. ①읽기와 쓰기, 셈하기와 타이어 등에서 시작하여 지식을 갖고 있는 자 ②좋은 품평을 갖고 있다는 것이 입증되고 그 행실이 비난의 여지가 없는 자 ③20세 이상인 자. [이런] 자들은 관직에 들어올 수 있습니다. 그리고 악한 짓을 행하여 그 악한 행위로 관직에서 파면된 자들과 국가의 법을 위반한 자들은 어떠한 행정부처의 관직에 향후 더 이상 취임할 수 없을 것입니다.

[중략] 소신들은 폐하께 말씀드려야 할 유럽 국가들을 통한 압박의 위험에 대한 또 한 가지의 보호 방안이 있습니다. 그것은 유럽인의 무역 이익을 증진시켜, 그들의 자본이 시암에서의 건축이나 그들이 자신들의 생계를 버는 수단으로 적합하다고 간주하는 어떠한 유용한 것에 투자되도록 하는 것입니다. 시암 정부는 이것을 양쪽에 다 유익한 것이 되도록 전력을 다해 후원해야 합니다. 그리고 만약 유럽인이 [시암에] 많이 투자했으면, 어떤 국가가 싸움을 걸어 [시암을] 압박할 때 [이 나라에서] 이익을 보는 모든 국가들이 그것을 막는 데 도울 것입니다.

그러나 [중략] 유럽인의 이익은, 만약 그 나라에서 발생하여 그들의 이익을 파괴할 장애로부터 그들의 이익을 보호하는 정부가 없으면, [그 나라를] 위험에서 지켜줄 수 없을 것입니다. 만약 한 나라가 확실한 정부가 있어 확실하고 공정한 법을 제정하면, 증진된 유럽인의 이익은 [그 나라의] 보호에서 더욱 많은 도움이 될 것이며, 이 나라에서 이익을 보는 유럽 국가들이 싸움을 걸어올 것에 대해 걱정할 필요가 없을 것입니다. [중략] 소신들은 그 완전하신 덕이 저희들의 머리를 보호하시는 폐하께서 유럽인의 이익을 또 다른 보호 방안으로 만들기 위해 그것의 증진을 고려해 보시기 바랍니다. 그러나 이것은 오직 폐하께서 나라의 행정체계를 소신들이 폐하께 이미 말씀드린 유럽인의 방식에 따라 변경하는 것을 심사숙고하실 때에야 실현될 수 있습니다. 그렇게 되면 어떠한 손해도 없을 것입니다. [중략]

소신들은 폐하의 생각과 행동에 불편함을 끼쳐드릴 [장차] 발생할 장애들에 대해 상세하게 고찰해보았습니다. 그러나 소신들은 만약 폐하께서 모든 것을 심사숙고하셔서 이들을 정말 가장 좋게 추진하신다면, 이 일에서이건 저 일에서이건 어떠한 장애도 없을 것이라는 것에 확신합니다. 소신들은 [또한] 대응 방안들에 대해 생각해 보았습니다. 이것들을 폐하께 다음과 같이 상주합니다.

1. 오래전부터 하나의 관습이 되어 있는 법을 변경하는 것은 대신들과의 의견일치 가운데 이루어져야 옳고 적절합니다. 이 일은 의심할 나위 없이 중대한 사안입니다. [한 법을] 변경할 수 있기 전에 우선 반드시 대신들과 상의하고 의견의 일치를 보아야 합니다. 그러나 그러한 변경은 대신들이 부분적으로는 공개적으로 부분적으로는 은밀하게 획득한 이점을 삭감할 것입니다. 그렇게 되면 폐하께서는 대신들이 폐하의 생각에 따르는 것을 함께 거부하게 될 것에 대해 우려해야 하실 것입니다. [중략] 이것이 한 가지 장애가 될 것입니다. [중략]

왕국 전체의 폐하의 신하들과 백성의 행복과 진보를 증진시키는 모든 것은 오로지 폐하에게만 놓여 있습니다. 그것은 영국이나 미국에서는 권력과 책임이 백성의 손에 놓여 있는 반면, [시암에서는] 모든 자의 손해와 이익에 대해 폐하께서 항상 책임을 지시기 때문입니다. 그리고 심지어 한 가지 일의 변경은, 만약 폐하께서 그것을 어떠한 방식으로든지 간에 이루고자 하는 소원이 계시다면, 국회와 장관들[20] 그리고 상반되는 의견들을 갖고 반대하는 사람들이 있는 유럽 국가들에서처럼 [나타나는] 장애가 없이, 국왕 폐하의 명령을 통해 성공적으로 달성될 수 있을 것입니다. 그러나 현재 시암의 국정 업무들이 폐하의 영광스러운 은덕에 보답하기 위해 애쓰지 않는 대신들을 통해 방해받는 것은 대신들이 폐하가 자신들을 존경하신다고 생각하게끔 만들 정도로 폐하께서 그들에게 너무 관대하시다는 것 외에는 다른 이유가 없습니다. [중략] 만약 폐하께서 국정 업무를 고위급 혹은 하급 관리들의 위신 및 명망에 대한 참작 없이 엄격하고 강력하게 추진하신다면, 이 장애는 그것이 어디에서 오든지 간에 향후 분명히 더 이상 존재할 수 없을 것입니다. [중략]

2. 그러나 또 한 가지 걱정해야 할 것이 있습니다. 그것은 현재 관직에 있는 대신들 가운데 폐하의 영광스러운 은덕에 보답하는 국무에서 훌륭한 공적으로 관직을 획득한 자들과 가문 출신의 바탕 위에서 관직을 획득한 자들이 동등하지 않은 권력과 이익을 갖고 있다는 점입니다. 그들이 품고 있는 마음이 같지 않다는 것은 확실합니다. 공적을 통해 [자신의 지위에] 다다른 자들은 분명히 폐하의 징계를 무서워 할 것입니다. 그들은 만약 어떠한 국사의 개혁을 통해 자신의 이익이나 권력이 삭감되는 일이 있을지라도, 국무가 망치게 될 수 없도록 하기 위해 아마 [자신의 이익이나 권력을] 방어하려고 하지 않을 것이며 [개혁을] 지연시키거나 방해하려고도 하지 않을 것입니다. [중략] 그러나 소신들 모두는 자신의 관직을 자신의 오래된 귀족가문의 후원을 통해 획득했으며 게다가 폐하의 영광스러운 은덕에 보답하는 관직에 계속 머물 수 있는 이점을 누려 큰 권력을 소유하고 많은 관직들과 이권을 자신의 영향하에 축적한 자들에 대해서는 그다지 큰 신뢰를 갖지 않습니다. 그것은 그들이 관등과 관명을 가문의 상속을 통해 혹은 그들의 부친과 조부의 권력에 힘입어 획득했다고 자부하기 때문입니다. 그들은 국가를 위한 훌륭한 업적을 바탕으로 공직에 받아들여진 자들과는 달리 폐하에 대한 충성과 복종이 거의 없을 것입니다. 만약 그들이 수도의 행정을 위한 폐하의 시의적절하고 타당한 고려들 내지는 조치들이 자신들이 공정치 못하게 소유하고 있는 이익과 권력을 삭감한다고 보면, 이것은 그들에게 최대의 근심과 공포가 될 것입니다. 그리고 자신들의 이익과 권력의 삭감은 아마 그들이 마음속으로 [폐하를] 배반하게 만들 것입니다. [중략]

이 장애는 소신들 모두의 생각으로는 매우 중요합니다. 그것은 해결을 위해서는 그것을 납득될 수 있는 확실한 방법으로 완전히 극복하는 힘밖에 없기 때문입니다. 만약 폐하께서 폭동을 싸워 진압할 수 있는 등 모든 국정 업무에서 의지하시는 군사들의 강함과 폐하의 신하들에 대해 신뢰하지 않으신다면, 개혁의 실현을 위해 오직 한 가지 해결책이 있습니다. 즉, 폐하께서 최고로 신뢰할 수 있으실 힘을 찾는 것입니다. 나라에 발생하는 위험을 상대로 싸우고 진압할 힘을 찾는 것과 관련하여, 소신들은 모두 폐하께 소신들의 견해를 상주해야 할 것입니다. 우선 군대를 조직하고 그들을 힘껏 훈련시켜 그들이 폐하께서 내부의 위험에 대한 보호를 위해 정말 신뢰할 수 있으실 힘으로 이용될 수 있을 것이라는 것에 대해 확신할 수 있어야 합니다. 그런 후에야 전통적인 정부 형태를 개혁할 것입니다. [중략] 그러나 소신들이 상세히 말씀드리자면, 군대를 조직하는 일은 권력을 소유하고 산하 관청들의 사람들을 부리는 데 익숙한 자들의 저항과 분노 혹은 공포를 불러일으킴 없이 [그냥] 이루어지지는 않을 것입니다. [중략] [군대를] 조직하는 일은 [기성] 군대의 지휘관들과 관청의 장들에게 공포와 불안을 주지 않는 가운데 군인을 통합하여 그들의 병력을 제고하는 방식으로 시행되어야 합니다. 여기서 본질적으로 중요한 것은 한편으로는 명령을 내리는 지휘관이며, 다른 한편으로는 폐하를 통한 자비로운 지지입니다. 이렇게 되면 이 일이 신속하게 성공적으로 실행될 수 있을 것입니다. 그것은 모든 일의 실현이 오로지 예외 없이 폐하께서 그것이 완전하게 성취되도록 실행에 옮겨지기 위해 노력하시는 것에 달려 있기 때문입니다. [중략]

그러나 전통적 정부 형태의 변경은 매우 크고 중요한 일입니다. 그것을 실시할 때에는 위험들에 대해 필히 대단한 주의를 기울여야 할 것입니다. 그리고 만약 폐하께서 아직 확실한 것을 지니고 있지 않은 방어력에 대해 아직 자신이 없으시다면, 그 일은 즉시 그리고 신속하게 실현될 수 없으며 군대가 폐하께서 수도의 위험들로부터 보호할 힘이라는 것에 확신하실 수 있도록 실제로 조직될 때까지 연기되어야 할 것입니다. 그리고 폐하께서는 어떠한 위험도 야기될 수 없는 군대의 구축에 대해 심사숙고하셔서 그것이 최고로 잘 이루어지도록 해야 하실 것입니다. [중략]

3. 소신들이 폐하께 이미 말씀드린 두 가지 점 외에 소신들이 우려해야 할 또 한 가지 측면이 있습니다. [중략] 즉, 자신들의 이익이 상실되는 것을 유감스러워하는 자들은, 비록 그들이 폭동의 규모에 이를 정도로 큰 소란을 일으키지는 않더라도 - 그것을 꾀하고 추진하는 것 자체가 이미 너무 엄청난 것이지만 - 외세를 불러들여 이것이 [자신들의 이익을] 지키는 데 돕도록 다른 소란을 일으킬 것입니다. 혹은 그들은 소란이 일어나도록 하기 위해 [그 외세에] 어떤 방법으로든지 간에 나라를 선물로 바칠지도 모릅니다. 이것은 이미 한 번 발생한 적이 있는 사건에서처럼,21) 두 번째의 점보다 훨씬 쉽게 일어나지 않을까 우려됩니다. [중략]

4. 예전 형태의 군주제 정부를 폐지하고 새로운 형태의 군주제 정부를 수립하는 이 개혁은 주술신앙을 믿거나 옛 전통을 확고하게 믿는 폐하의 신하들과 백성으로 하여금 만약 폐하께서 옛 전통들을 포기하신다면 그것이 자신들의 확고하고 도처에 널리 퍼져 있는 믿음으로 볼 때 나라에 위험을 초래하거나 각종 재앙을 가져올 것이라는 공통된 생각을 품게 할 것입니다. 혹은 그들이 모두 너무 두려워하고 너무 흥분하여 그것이 지나칠 정도로까지 발전될 것입니다. [중략] 이러한 자들을 기준으로 삼을 수 없다는 것은 [잘] 알려져 있습니다. 만약 극단적인 경우 폐하께서 아무것도 하지 않으신다고 하더라도, 그들은 가뭄에도 폐하를 헐뜯을 것입니다. 만약 지금 아무것도 하지 않아 나라를 잃어도 비방을 피하지 못할 것입니다. 오히려 폐하께서 전승되어 온 것들에 대한 개혁을 시도하실 때보다 더 많은 비방이 있게 될 것입니다. 따라서 만약 폐하께서 [개혁을] 밀어붙이신다면, 비난들이 잠잠해질 것입니다. 그것은 놀랄 일이 아닙니다. 그것들은 끝내는 [우리가] 보게 될 것처럼 칭찬으로 바뀔 것임에 틀림없습니다. [중략]

5. 폐하께서 비록 나라의 법과 관습들을 바꾸기 위해 노력하시더라도 폐하께서는 폐하의 영광스러운 은덕에 대한 보답으로서 새로운 제도들에 상응하여 [자신의] 관직을 수행할 자들을 찾을 수 없다는 점을 항상 염두에 두어야 하실 것

입니다. 그것은 오늘날 오직 폐하께서 원하셔야지 무엇이 이루어지기 때문이거나, 혹은 나라의 제도들이 아직 정말 완성되지 못했기 때문입니다. 이것이 폐하께서 염려해야 하실 또 하나의 사항입니다.

소신들의 생각으로는 폐하께서 새롭게 추진하도록 하신 모든 일들이 대부분 이전에는 없었으며, 폐하의 영광스러운 은덕에 보답하고자 하는 신하들이 많으며, 폐하의 소원에 따라 처음으로 시도될 수 있었던 모든 일이 성공적으로 수행될 수 있었습니다. 소신들은 폐하께 이를 위해 예컨대 폐하께서 고안하셔서 한동안 사용하신 협의기관들22)을 그 증거로 제시할 수 있습니다. 만약 깊이 숙고해보면, 오늘날 개혁되고 있는 나라의 법과 관습은 거의 모두 이미 협의기관의 시기에 성공적으로 개혁될 수 있었을 것입니다. 이에 소신들은 모두 특별히 탁월한 방식으로 폐하의 영광스러운 은덕에 보답할 신하들이 아직도 있으며, 그러한 자들을 미래에도 발견할 수 있을 것이라는 점을 분명히 알고 있습니다. [중략]

따라서 소신들은 폐하의 영광스러운 은덕에 보답할 관리들을 찾을 수 없다는 점에서 장애가 있다고 생각하지 않습니다. 소신들의 견해는 다음과 같습니다. 만약 폐하께서 모든 국정 업무를 최선으로 고려하셔서 관리들에게 두루두루 폐하께서는 가문의 세력이 있는 자에게와 마찬가지로 그것이 없는 자에게도 관대하지 않으시며 그들이 모든 업무에 대해 같은 책임을 져야 하고 모든 업무가 정말 성공적으로 수행되어야 한다는 것을 보여주기 위해 노력하신다면, 관리들은 모든 업무가 폐하의 소원에 상응하여 올바르게 수행될 수 있도록 정말 엄격한 방식으로 자신들의 업무에 주의를 기울여 바른 일을 행하지 않으면 안 되게 될 것입니다.

[소신들이] 상세하게 살펴볼 때, 소신들이 모두 처음에 고찰한 장애들은 그것이 이 다섯 가지밖에 없든지 혹은 소신들이 또 발견하여 고려할 수 있을 다른 것들이 있든지 간에, 그 해결책은 하나의 요점으로 요약될 것입니다. 즉, 폐하께서 어떤 국정 업

무를 고려하시더라도 그것은 가장 지속적인 것이 되도록 수행되어야 한다는 것입니다. 이러한 이유 때문에 소신들은 모두 폐하의 발아래에 엎드려 폐하께서 시암의 발전을 어떠한 사항도 빠트림 없이 가장 좋게 증진시키기 위해 노력하시기를 소원한다고 폐하께 말씀드리기를 허락해 주시기를 바랍니다. 시암의 정의와 부정을 위해서는 폐하께서 책임을 지십니다. 폐하께서 개혁하고자 하시는 모든 정당한 일은 폐하의 공덕의 위대하심을 통해 어떠한 방해 없이 성공적으로 실행될 수 있을 것입니다. [중략]

이러한 소원과 함께 소신들이 모두 폐하께 저희들의 견해를 말을 삼가지 않고 격렬한 단어들을 사용하면서까지 이처럼 큰 분량으로 감히 말씀드릴 수 있었던 것은 폐하와 수백 년 전부터 타이[민족]에 속해 있는 이 나라에 대한 저희들의 감사와 사랑을 모든 생각을 다해 보여드리기를 바라는 마음이 있었기 때문입니다. [중략] 만약 소신들이 폐하께 상주한 말씀들이 폐하의 마음에 드시면 혹은 드시지 않더라도, 소신들은 백성을 그 완전하신 덕으로 보호하시는 폐하께서 저희들에게 문서로 된 회신을 보내 주시기를 간청합니다. [중략] 소신들은 저희들의 견해를 폐하께 쭐라기원 126년 원숭이의 해의 제2월 하현(下弦) 제8일, 즉 서력기원 1885년 1월 9일에 상주하도록 허락하시기를 간청합니다.

①프라짜오 보롬마웡터 끄롬마프라 나렛워라릿(Phrachao Borommawongthoe Krommaphra Naretworarit)

②프라짜오 보롬마웡터 끄롬마믄 팟타야랍 프릇티타다(Phrachao Borommawongthoe Krommamuen Phitthayalap Phruetthithada)

③솜뎃 끄롬마프라 사왓디 왓타나위싯(Somdet Krommaphra Sawatdi Watthanawisit)

④프라옹짜오 쁘릿사당(Phraongchao Pritsadang)

⑤나이 녹깨오 콧차세니(Nai Nokkaeo Khotchaseni)

⑥루앙 뎃나이웬(Luang Detnaiwen)

⑦붓 펜꾼(But Phenkun)

⑧쿤 빠띠판피찟(Khun Patiphanphichit)

⑨루앙 위싯살리(Luang Wisitsali)

⑩나이 쁠리안(Nai Plian)

⑪사앗(Sa-at) 중위[23]

정부 형태의 개혁을 원하는 자들의 견해에 대한
쭐라롱꼰 왕의 1885년 답변[1]

쭐라기원 1247년 닭의 해 제6월 하현 제1일 수요일 오후 3시 47분

짐은 *끄롬마믄 나렛워라릿*(Krommamuen Naretworarit), 프라옹짜오 손반팃 (Phraongchao Sonbanthit),[2] 프라옹짜오 사왓디소폰(Phraongchao Sawatdisophon), 프라옹짜오 쁘릿사당(Phraongchao Pritsadang) 그리고 건의문에 함께 서명한 자들 에게 다음과 같이 알리노라.

짐은 여러분 모두 서명했으며 위험이 어떤 방식으로 이 나라에 닥쳐 있는지 그리 고 이 위험을 피하기 위해 어떤 조치들이 취해져야 마땅한지 등에 대한 여러분의 의 견이 들어 있는 건의문을 받아 [그 의견들을] 모두 하나하나 검토해 보았다.

짐은 우선 짐의 왕자들과 관료들이 외국의 문물을 보기 위해 나갔지만 자신의 나 라를 기억하여 그것을 위험에서 지키고 그것이 독립을 유지할 수 있도록 하기 위해 고민했다는 것에 기뻐한다. 짐은 [건의문에] 서술된 전체 내용에서 중요한 모든 핵심 이 사실이라는 것을 인정한다. 아마 오해에서 비롯된 부차적인 문제들이 있지만, 여 기서 이에 대해 이야기하는 것은 적절치 않은 것으로 보인다. 그러나 짐이 여러분 모두에게 설명하려고 하는 것은 다음과 같다. 즉, 여러분이 보고한, 우리가 무서워 해야 할 위험이 무엇인가의 문제는 짐이 보기에 전혀 새로운 것이 아니라, [짐이] 이 미 모두 생각했던 점이라는 것이다. 그리고 [이 나라의] 발전을 어떻게 이룩하느냐의 문제에 대해서는, 짐도 그것이 어떠한 염려와 의심 없이 완전히 성공적으로 실현되 도록 하는 것에 강한 소망을 품고 있다.

여러분은 짐이 '절대적'[3]이라고 불리는 권력을 포기하는 데 반대한다고 말한다.

그렇게 [즉 절대군주의 권력을 포기하는 것에 반대하게] 된 것은 다음과 같은 이유 때문이다. [첫째] 짐은 이름 외에는 어떠한 권력도 갖고 있지 않은 꼭두각시였을 때부터 점차 증대하여 이제는 완전하게 된 권력을 소유하고 있는 지금까지 짐이 그처럼 적은 권력을 갖고 있는 동안 어떠한 어려움을 겪었는지, 그리고 짐이 지금처럼 이렇게 많은 권력을 갖기까지 어떠한 어려움을 겪었는지를 알고자 애써 왔다. 짐은 이에 대해 잘 기억할 수 있다. 그것에 대해 그처럼 잘 기억할 수 있기 때문에 짐은 [비록] 그것이 짐에게도 행복이 되고 왕국에 영원한 안정이 될 수 있겠지만 반쪽짜리 권력을 바라지 않는다. 이러한 이유 때문에 짐은 짐이 [유럽의] 역사에서 있어 온 유럽의 국왕들처럼 중간의 길을 택하도록 강요되어야 하는 그러한 국왕이 결코 아니라는 것을 여러분이 이해하기를 바란다. [둘째의 이유는] 짐이 국왕으로서 [이 왕국을] 굴복시키려는 강력한 나라의 모든 강함과 냉혹함과 매서움을 18년 동안 만나고 감수한 경험이 있으며, 또 끊임없이 계속 있어온 [그러한] 다른 나라들에 관한 소식을 들었기 때문이다. [셋째의 이유는] 짐이 전부터 개혁을 위해 애쓰고 있으며, 또한 짐이 야자껍질 속에 [갇혀] 고통당하여 자신을 위대한 자로 간주하는 공상이 종식되어야 할 두꺼비 같은 국왕이 결코 아니라는 것에 대한 증거를 여러분에게 제시해줄 수 있는 근거가 더욱 자주 있을 때까지 싸워 왔기 때문이다.

짐은 본인이 국가의 발전과 안정을 가로막는 사람이 아니라고 자신을 정당화함으로써, 짐은 짐이 나약한 사람이므로 누구에게나 강하게 나가지 못한다고 비난하고, 또 만약 짐이 무엇이든지 원하기만 하면 그것이 반드시 성취될 것인데 짐이 그것을 결행하려고 하지 않으므로 그것이 성취되지 않는다고 생각하여 짐의 [그러한] 나약함 때문에 국왕의 권력을 상실하게 될 것이라고 비난하는 것은 틀린 것이라고 본다. 짐은 이 점에서 여러분을 처음부터 질책하고 싶지는 않다. 그러나 반드시 언급해야 할 것은 대신들이 국왕을 세울 권력을 갖고 있었으며 짐이 등위할 때까지 그들의 권력이 증대했다는 점이다. 그때는 불행한 시기였다. 짐이 어렸기 때문에 그것은 [대신들에게] 왕에게서 권력을 완전히 박탈할 수 있는 큰 기회였다. 마치 연실이 다하여 날려 보낸 연처럼, 짐에게 할 수 있는 것으로 남아 있던 것이라고는 오직 자신의 힘을 재어 짐이 어릴 때 그 연을 당기어 떨어지지 않도록 하는 힘이나 혹은 그 연을 날려 보내 버리는 힘밖에 갖고 있지 않았다. 그러나 오직 이 힘밖에 없었던 어린 짐이 연실에 의존하여 연실을 점차 감아 [연이] 날려 보내질 위험이 없도록 되기까지 온 것은 행운이었다. 남아 있는 유일한 과제는 짐이 연실을 끌어당겨 점차 짧게 만드는 것이었다. 만약 [연실을 당기는 것이] 힘에 겨우면 [연실을] 놓아 보냈다. 연실을 당기는 힘이 충분하면 그것을 당겨 감았다. 만약 누구라도 옛 일을 알고 있으면, 짐에게 [당시] 어려웠던 것이 무엇인지를 알 수 있을 것이다. [중략] 지난 1~2년은 일을 추진할 수 있는 적절한 기회가 더욱 많아진 것으로 보여 짐은 시간이 주어지는 대로 일을 추진하는 것을 항상 생각해 왔다. 오늘날 여러분은 모두 짐의 승낙을 받으면 일을 계속 추진하는 데 기꺼이 도울 것이라고 말한다. 이것은 짐을 기쁘게 한다. 짐은 현재 상황이 어떠한지 그리고 우리의 나라에 무엇이 필요한지를 설명하는 것이 필요하다고 본다. 이러한 것은 국정에 가까이 있지 않는 사람들로서는 확실히 알기 어렵다.

이 나라의 국사를 다른 나라의 것과 비교하면, 이전에는 '행정적'[4] 국무와 '입법적'[5] 국무가 대부분 국왕과 대신들에게 놓여 있었다. 그러나 섭정[6] 초기에 권력은 섭정과 대신들에게 있었다. 하지만 나중에 짐이 권력을 점차 회복할 때 행정적 지위는 섭정과 대신들이 [여전히] 보유하고 있었지만, 입법에 대해서는 관심을 두는 사람이 거의 없었다. 그래서 짐은 입법적 국무를 잡아 일으켜 세워 종종 법 제정을 논의하는 '평의회'[7]들이 생기도록 했다.[8] 짐은 입법적 평의회[9]들의 수장(首長)이 되었으며, 정부[10]의 직접적인 반대세력[11]이 되었다. 나중에 국정의 업무가 많아지자, 그것은 짐에게 있어서 국사에 더욱 자주 개입하는 기회가 되었다. 짐은 점차 행정적 권력을 가질 수 있게 되어 나중에는 짐이 정부가 되어 있는 오늘날까지 점차 이르렀다. 짐은 입법적 평의회들의 경우 짐으로 인해 그것들이 영향력을 획득하여 비록 많지는 않지만 그래도 어느 정도 일을 수행할 수 있었다고 확신한다.

짐이 행정적 정부[12]가 다시 되었을 때, 입법적 국무를 돌보는 자가 없었다. 그것은 국사가 이전보다 수십 배로 증가했고 [입법을 위한] 중요한 멤버들이 부족하여 선대(先代) 국왕들처럼 짐이 두 가지 일을 수행하는 것이 힘에 겨웠기 때문이다. 그래서 입법적 평의회들의 역할이 약화되어 법 제정이 성공적으로 이루어지는 것이 거의 없어졌다. 입법적 평의회들이 사라졌다고 비난하는 측은 지난날 짐이 그것을 떠받치기 위해 애썼기 때문에 일이 실행되었지만 나중에 짐이 그것을 버렸기 때문에 사라졌다고 주장한다. 짐은 그것이 진실임을 인정해야 하지만 [여러분이] 이해하도록 다음을 지적해야 할 것이다. 즉, 짐이 행정적 정부의 지위에서 수행하는 일들을 영국 정부의 것과 비교할 때, 그것은 바로 총리13)로서의 것과 같다는 점이다. 그러나 [짐과 영국의 총리는] 각자의 방식대로 유리한 측면이 있다. 즉 영국의 총리는 모든 중요한 일을 알아야 하고 생각해야 하지만 그것은 작은 일은 제외한 것이며, 다른 자들은 자신이 맡은 장관직14)에 따라 [직무를] 수행할 수 있다. 그러나 짐은 큰 것에서 작은 것까지 모든 일을 알아야 하고 스스로 수행하고 스스로 명령을 내려야 하며 심지어 사소한 소장(訴狀)까지 [신경 쓰는 것을] 해야 한다. 짐은 이러한 일에서 그 지위에 따른 대신들에게 그다지 의존하지 않았거나 결코 의존하지 않았다. 짐은 짐의 이 지위를 영국의 총리보다 훨씬 더 무겁게 감당해야 했다. 영국의 총리는 국회 의사당15)에 앉아 계속 국사를 해결해야 할 것이다. 하지만 짐은 앉아 있을 수 없다. 이것이 영국의 총리가 갖는 유리한 점이다. 짐의 일이 이처럼 많을 때는 말할 시간[조차] 없어 입법적 평의회들을 지탱하여 이전처럼 강하게 유지할 수 없었다. 장문의 편지를 쓸 시간을 내기도 매우 어렵다. 하물며 법 제정의 일은 말할 수도 없다. 그러나 짐은 행정적 정부의 일이 이전보다 확실히 개선되었다고 말할 수 있다. 하지만 그것을 좋다고 일컫는 것은 불가능하다. 그 이유는 그것이 사라질 가능성이 많고 또 동시에 항구적인 것이 아니기 때문이다.

그 때문에 우리의 나라에서 현재 필요한, 중요하게 요구되는 것, 즉 정부 개혁16)은 모든 관청들의 관리들로 하여금 그 직책에 따른 완전한 의미를 갖도록 공무를 수행하도록 만드는 것이며, 그들이 모여 서로 의논하여 일을 쉽고 빨리 수행하도록 하되 자신의 직책에서 책임을 지도록 하여 그것을 회피하지 못하게 하는 것이다. 이것이 우리 국가가 필요로 하는 한 가지 사항이다.

또 하나 필요로 하는 다른 사항은 법을 제정하는 자들로 하여금 [정부 개혁에] 반대하거나 그 반대를 결정하는 자들이라고 불리는 사람들의 모든 것을 조사하게끔 하는 것이다. 오늘날 법을 제정할 수 있는 사람을 구하는 것은 동시에 그러한 사람이 없다고 거의 말할 수 있을 것이다. 어떠한 것이라도 법을 하나 제정하기로 매우 여러 차례 계획했으나, 한 번도 성공하지 못했다. 그것은 [법 제정을] 할 수 있을 자는 대개 [그 일을] 할 수 없을 정도로 [많은] 일을 해야 하는 직위에 있기 때문이다. 만약 평의회들을 이전처럼 소집하여 법 제정을 하려고 하면, 한 가지도 성공하지 못할 것이다. 이 두 가지 사항이 우리의 국가가 크게 필요로 하는 것이다.

장관의 직위로 하여금 종래의 구조에서 모든 일을 실제로 맡아 하도록 하고 있는 지금, 그들이 새로운 형태의 일을 하는 것은 어렵지 않다. 그러나 이전에 반대파였던 자들이 그것에 동의하지 않거나 그것을 고의적으로 거부하여 일을 망치는 것은 어떻게 해볼 도리가 없다. [중략] 이러한 이유 때문에 짐은 앞에서 말한 것처럼 힘든 책임을 맡기를 결코 원하지 않지만 그것을 억지로 맡아야 한다. 대신들에 대해 짐이 확신하는 것은 그들 스스로도 자신의 역량이 작금의 업무를 맡는 데 부족하다는 것을 때때로 분명히 인식하고 있다는 것이다. 그러므로 그들은 모두 회의에 참석하는 것을 항상 피하려고 한다. 만약 회의에 참석해도 발언을 하지 않거나 화를 내어 감정이 상하면 그것은 그들에게 치욕거리가 되기도 한다. 발언을 하더라도 일이 대개는 그 발언에 따라 이루어지지 않는다. 다른 견해가 더욱 좋기 때문에 자신의 발언이 가치 없는 것으로 보이면, 자신은 위축되고 [자신의 주장을] 고수할 수 없다고 간주해버린다.

사정이 이렇다면, 그들이 새롭게 변화되도록 부추겨야 할 필요가 있을 것이다. 그러나 또한 참작해야 할 점은 옛 틀 안에서 그들의 변화가 가능한지의 문제이다. 만약 그것이 불가능하다면 그 유일한 방도는 그들이 사임[17]해야 한다는 것이다. 장관들이 다수 동시에 사임하는 것은 태국에서 과거에 한 번도 없었다. 어떤 이유로 [장관들이 사임해야] 하는지는 여러분 모두 이미 일일이 헤아려 보았다. [중략] 그러나 어쨌든 [짐에게는] 아직도 망설여지는 것이 많다. 그리고 속국들과 왕국 전역에 걸쳐 사람들이 두려워하는 것이 적지 않다. 그러나 [그것에 대한] 이유가 몇 가지 있을 수 있겠지만, 그것들이 중대한 이유가 되지는 못한다. 외부에 있는 자들은 이 일이 조금도 어렵지 않다고 볼 것이다. 그러나 이 일은 오랫동안 지체되어 와 그것을 개혁하기 위해 많이 생각해왔으나 [아직] 성취되지 않은 것으로 보인다. 모든 국사가 비록 짐을 압박하고 속박하고 있으며 이 일을 수행할 기회가 점차 희박해지더라도 그것을 행할 수 있는 시기가 보이면 짐은 여러분 모두에게 짐이 그 일을 곧 추진하기로 마음먹었으니 여러분도 이 일을 함께 고민하려고 한다면 필히 그것에 대해 반드시 함께 숙고하자고 요청할 것이다. 그리고 짐은 [여러분의 의견을] 방콕에서 나온 의견들과 비교하여 국가에 적합한 것을 선택할 것이다.

입법적 평의회들을 위해서는 짐이 이미 말한 바와 같은 것이 반드시 있어야 하지만, 그 일을 가능하게 할 사람을 찾는 것은 결코 간단한 것이 아니다. 지혜가 있어 상황을 지적하고 비판할 수 있는 자는 많다. 그러나 그들은 도처에서 자신의 눈에 보이는 것에 대해 이것은 붉고 이것은 검고 이것은 희다고 지적하는 수준에서 벗어나지 않는다. 하지만 일을 수행하여 그것을 어떤 형태로 만들어내는 사람은 거의 없다. 그들이 [그러한 수준에서] 벗어나지 않는 것은 짐이 그것을 그들에게 허락했거나 짐 스스로 일을 했기 때문이다. 그러나 짐이 혼자 일을 해나갈 수 없어 그들에게 일을 시키면 그 모든 것이 무용지물이 되고 만다. [일이] 잊혀버리게 될 때까지 조용히 앉아 있으면, 짐이 일을 수행하지 않아 그 일이 남아 있는 것으로 되고 만다. 할 일이 말한 것처럼 엄청나게 많은데, 짐 혼자서 어떻게 그것들을 처리할 수 있겠는가?

만약 새로 설립될 입법적 평의회가 아직 이러한 상태라면, 그것은 좋을 것이 하나도 없을 것이다. 그것은 짐이 그들에게서 더 이상 유익하지 않은 것을 위해 [일한] 사람이라는 칭호를 얻게 될 것이기 때문이다. 짐이 보기에 법 제정 그리고 그러한 법들의 득과 실에 관한 모든 것을 고려하는 작업은 입법적 평의회로 임명될 태국인의 능력만으로는 분명히 이루어질 수 없을 것이다. 그 이유는 외국과 관계된 일이 너무 많아 [우리의] 지식만으로는 감당할 수 없기 때문이다. 한두 명의 법률가가 고문으로 있어야 일을 할 수 있을 것이다.

이 두 가지 일을 하나로 요약하면, 모든 것을 달성하기 위한 바탕, 즉 정부 개혁이 바로 그것이다. 만약 정부 개혁이 제대로 되지 못하면, 다른 일을 달성하는 것도 매우 어려워질 것이다. 그 때문에 짐은 여러분 모두에게 짐이 수신한 여러분의 건의문에서 여러분이 그것을 생각해보겠다고 말한 것처럼 이 일에 대해 심사숙고하기를 바란다. 개혁되어야 할 다른 몇 가지 일과 새로 시행되어야 할 몇 가지 일에 대한 언급은 다음으로 미룬다. 짐이 짐 자신에 대해 앞부분에서 설명한 것은 여러분이 짐에 관하여 제시한 통상적인 견해를 나무라고자 한 것이 아니다. 짐은 짐의 심중을 분명하게 아는 사람이 틀림없이 있을 것이라고 믿는다. 그러나 짐이 짐 자신에 대해 그처럼 직설적으로 이야기한 것은 짐의 심중을 모르는 현재 혹은 후대의 사람들이 그것을 들었을 때 짐의 심중에 대해 오해하게 될 것을 [우려]해서였다. 그래서 짐은 짐의 심중이 정말 어떻다는 것을 이야기해야 되었던 것이다.

1905년 징병법 전문(前文) (1905년 8월 24일 제정)[1]

쭐라롱꼰 왕 폐하께서는 자비롭게 다음과 같이 선포하신다. 모든 나라의 정부는 내부 및 외부의 적과의 전투를 위한 목적으로 군사력을 보유하고 있어야 하며 그에 따라 옛적부터 오늘날까지 그 조건에 적절한 방식으로 군사력을 유지해왔다. 그에 비해 이 왕국에서 군사 징집의 절차는 옛적부터 관습과 법에 따라 모든 남자 백성이 장정(壯丁)의 나이가 되면 한 무리의 지휘관인 관리의 감독 아래 [왕국을 위해] 봉사하도록 공식적으로 등록되고 분류되어 적합한 관청에 배속되도록 규정해왔다. 무장 전투가 발생할 때마다 그 지휘관은 자신의 관청에 배속된 부대를 감독해야 했다. 평화로운 시기에는 모든 부대 병사들은 불규칙적인 임무에 불려나가는 것에 더하여 매년 3개월씩 번갈아가며 군역을 수행했다. 60세가 넘은 자는 관습에 따라 공역에서 물러났다. 폐하께서 근대적 전쟁에서 이용되는 방법과 일치하는 군사 훈련의 도입을 자비롭게 선포하셨을 때, 폐하께서는 특정 부처에 등록된 부대들을 이전시켜 이들이 근대적인 군사 훈련을 받도록 명하셨다. 그렇지만 [기존의] 징집 방식은 사소한 변경 사항 외에는 계속 유지되었다. 근대적인 훈련을 받도록 요구되지 않는 다른 부처 및 산하 관청의 부대들의 [장정들은] 이전과 마찬가지로 계속 등록되어 공역을 수행했다.

몇몇 부처의 부대들은 훈련을 받아야 하는 데 비해, 다른 부처들의 부대들은 그것이 요구되지 않았다. 그리고 정부는 부대의 병사들로 하여금 군역이 당장 요구되지 않을 때는 군역에 종사하는 대신 요금을 내도록 허용했다. [그러나] 이 관행은 오해를 불러일으켜, 어떤 부대는 복역해야 하는 데 비해 특혜 받은 자들은 그것이 면제된다고 생각했다. 하지만 사실은 모든 [공역 의무자들이] 관습에 따라 준수되어왔으며 폐지되지 않은 동일한 법 아래에 있고 동일한 징집 절차의 지배를 받는다.

폐하께서는 라따나꼬신력 120년 [즉 1901년] 동북부 지방의 푸미분(phu mi bun)

반란2)과 라따나꼬신력 121년 [즉 1902년] 파얍(Phayap)의 봉기를 진압하기 위한 군사 배치의 경우에서처럼, 군역이 필요한 때에는 근대적인 군사훈련에서 제외된 자들을 징집하여 과거에 행해졌던 것과 같이 그들을 지휘관들의 감독 아래 무장 교전 [지역]으로 파병하는 것이 현재로서는 적절하지 않다고 간주하셨다. 근대적 전쟁의 방식에 따라 훈련된 자들만 이용할 필요가 있다. 그러므로 훈련되지 않은 부대는 부적절하고 군사적으로 쓸모없는 것으로 결정되었다. [군사] 훈련을 위해 선택된 부대 구성원들에게만 군역이 부과되는 것은 공정하지 않다. 이에 따라 근대적 방식을 보편적으로 적용하고 군역이 그 의무를 수행해야 하는 모든 자들에게 평등하고 공정하게 이루어지도록 하기 위해 그리고 군역의 기간을 단축함으로써 그 부담을 경감시키기 위해 징병법을 개정하는 것이 적절하고 필요한 일이 되었다. 이에 폐하께서는 자비롭게 다음의 법을 제정하신다.

근대 태국의 형성 연표

1782	라마 1세의 등위와 라따나꼬신 왕조의 창건
1805	꼿마이뜨라삼두앙, 즉 삼인법전의 편찬
1809	라마 2세의 등위
1822	영국 동인도회사의 사절 존 크로퍼드의 태국 내방
1824	라마 3세의 등위
1826	태국과 영국 동인도회사 간 우호 및 통상조약, 이른바 버니조약의 체결
1828	태국이 위앙짠의 아누웡 왕의 봉기를 진압하고 라오스를 재점령
1833	태국과 미국 간 우호 및 통상조약 체결
1844	미국인 개신교 선교사 댄 비치 브래들리에 의해 태국 최초의 잡지 『방콕 레코더』의 발행
1850	미국의 사절과 영국의 사절이 새로운 조약 체결을 위해 태국 내방
1851	라마 4세(몽꿋 왕)의 등위
1855	태국과 영국 간 불평등조약, 이른바 보링조약 체결
1857	태국 정부가 영국으로 사절단 파견
1858	태국 정부의 최초의 관보인 『랏차낏짜누벡』, 즉 로열가제트의 발행
1860	태국의 근대적 조폐국의 설립
1861	태국 정부가 프랑스로 사절단 파견
1862	라마 4세가 애너 리어노웬스를 왕실 영어 가정교사로 채용
	태국이 중국과의 조공관계 단절
1863	태국의 영향하에 있던 캄보디아가 프랑스의 보호령이 됨
1868	라마 5세(쭐라롱꼰 왕)의 등위와 추앙 분낙의 섭정 시작

1871~1872	라마 5세가 네덜란드령인 자와, 영국령인 싱가포르·말레이반도·미얀
	마·인도 등으로 시찰여행
1873	섭정의 종료로 라마 5세의 직접적인 왕국 통치 시작
1874	라마 5세가 국가평의회와 추밀원을 설립
	훈장수여의 제도 도입
	라마 5세가 노예 및 평민 자식의 속량 연령에 관한 법령을 선포하여 노
	예제 폐지를 위한 초석을 놓음
	전궁 사건의 발생
1876	태국이 필라델피아의 국제박람회 참가
1879	프라쁘리차 사건 발생
	태국 정부가 영국으로 사절단 파견
	수안 아난 학교의 설립
1880	수안 꿀랍 학교의 설립
1882	수도 건설 100주년 기념으로 방콕에서 골동품 전시회 개최
1883	추앙 분낙의 사망
	우편 업무의 시작
1885	개혁 건의문이 라마 5세에게 제출됨
	왕실측량청이 설립되어 태국 영토에 대한 과학적 측량이 실시
1887	왕세자 제도의 도입
	라마 5세가 군사 개혁에 관한 칙령 공포
	전쟁업무부 설립. 사관학교 설립
1889	전신 업무의 시작
1892	중앙행정 개혁, 조세제도와 사법제도 개혁
1893	빡남 사건으로 태국이 속령인 라오스를 프랑스에게 할양
	박물관청의 설립
1895	입법위원회의 설립

1897	라마 5세의 유럽 시찰여행
	법률학교의 설립
	방콕 - 아유타야 철도의 개통
1898	평민 출신 작가인 티안완이 『뚤라위팟풋짜나』 잡지를 창간, 근대화에 대한 에세이 발표 시작
1899	지방의 행정적 자율성을 종식시킨 지방행정규정의 제정
	행정학교의 설립
1900	방콕 - 나콘랏차시마 철도의 개통
1902	독립된 행정부처인 교육부의 설립
1903	방콕 - 펫차부리 철도의 개통
1904	태국이 루앙파방 맞은편의 메콩강 서쪽 연안 영토와 당렉 산맥 이남의 믈루 쁘레이와 짬빠삭을 프랑스에 양도
	태국이 세인트루이스 국제박람회 참가
1905	보편적 병역의무 칙령의 선포
1907	라마 5세의 두 번째 유럽 시찰여행
	태국 역사협회의 설립
	태국이 밧땀방, 시소폰, 시엄리업 등 캄보디아 서북부 영토를 프랑스에 양도
1909	태국이 영국과 국경협정을 체결하여 크다, 프를리스, 클란탄, 트렝가누 등 말레이반도 속령들을 영국에 양도
1910	라마 6세(와치라웃 왕)의 등위
1911	라마 6세가 스아빠와 룩스아를 창설
1912	국가 전복 음모
	라마 6세가 국경일 제도를 도입
1913	방콕 - 람빵 철도의 개통
	라마 6세가 태국 사회에 성(姓)을 도입

1914	방콕의 상수도 시스템의 완공, 최초의 발전소 건립
1917	라마 6세에 의해 태국 국기가 제정
	태국의 독일에 대한 선전포고와 제1차 세계대전 참전
1918	태국 군대의 유럽 전선 도착
	라마 6세가 축소도시 '두싯타니' 건설 시작
1920	미국과의 불평등조약 개정
1925	프랑스, 영국과의 불평등조약 개정
	라마 7세(쁘라차티뽁 왕)의 등위
	최고평의회의 설립
1927	추밀원평의회의 설립
	프랑스 파리에서 태국 정부 전복 음모 주동자들의 첫 회합
1930	대공황으로 인한 태국 경제의 침체
1931	라마 7세가 눈병 치료차 미국 방문
1932	쿠데타로 태국의 절대군주제가 입헌군주제로 전환

참고문헌

타이어 문헌

Amon Darunrak. 1970. *Dusit thani: Mueang prachathipatai khong phrabatsomdet phra mongkutklao chaoyuhua*[두싯타니: 라마 6세의 민주주의 국가]. Krung Thep: National Library.

Chaianan Samutthawanit and Khattiya Kannasut. eds. 1975. *Ekasan kanmueang kanpokkhrong thai phutthasakkarat 2417-2477*[1874-1934년 태국 정치 및 통치 문서]. Krung Thep: Thai Watthanaphanit.

Chim Dunlayakonphithan. ed. 1970. *Sakun bunnak*[분낙 가문]. Krung Thep: Phra Dunlayakonphithan (Choet Bunnak) 장례식 기념본.

Chomrom Saisakun Bunnak. ed. 1999. *Sakun bunnak*[분낙 가문]. Krung Thep: Thai Watthanaphanit.

Chulalongkorn. 1927. *Phraratcha damrat nai phrabat somdet phra chulachom klao chaoyuhua song thalaeng phraborom ratchathibai kaekhai kan pokkhrong phaendin* [국가행정 개혁에 대한 라마 5세의 설명]. Krung Thep: Sophana Phiphatthanakon.

Chulalongkorn. 1957. *Phra borom ratchowat*[왕의 훈유(訓喩)]. Krung Thep.

Chulalongkorn. 1975a. "Phraratcha damrat top khwamhen khong phu cha hai plian kanpokkhrong chullasakkarat 1247"[통치 형태의 개혁을 원하는 자들의 견해에 대한 국왕의 1885년 답변]. Chaianan Samutthawanit and Khattiya Kannasut. eds. *Ekasan kanmueang kanpokkhrong thai phutthasakkarat 2417-2477*[1874-1934년 태국 정치 및 통치 문서]. Krung Thep: Thai Watthanaphanit.

Chulalongkorn. 1975b. "Phraborom rachathibai wa duai samakkhi kaekhwam nai khatha thi mi nai am phaendin"[단결에 대한 국왕의 설명과 국가의 문장(紋章)

에 있는 격언에 대한 해석]. Chaianan Samutthawanit and Khattiya Kannasut. eds. *Ekasan kanmueang kanpokkhrong thai phutthasakkarat 2417-2477*[1874-1934년 태국 정치 및 통치 문서]. Krung Thep: Thai Watthanaphanit.

Damrong Rachanuphap.1926. *Ratcha sakunwong phra nam chaofa lae phra ongchao nai krung rattanakosin*[왕족 - 라따나꼬신 왕조 수도의 정비 및 후궁 소생 왕자들의 이름]. Krung Thep: Ho Phrasamut Wachirayan. Phra Ongchao Priyachat Sukhumphan 왕자 장례식 기념본.

Damrong Rachanuphap.1929. *Prawat somdet chaophraya borom maha sisuriyawong muea kon pen phu samret ratchakan phaendin*[섭정이 되기 전 시수리야웡의 전기(傳記)]. Krung Thep: Chaofa Mahidon Adunyadet 왕자 장례식 기념본.

Damrong Rachanuphap.1951. *Chumnum phra niphon somdet krom phraya damrong rachanuphap*[담롱 왕자의 문집(文集)]. 2 Phak. Krung Thep: Khlang Witthaya.

Damrong Rachanuphap.1961. *Phra prawat kromphraya thewawong waroppakan*[테와웡 와롭빠깐 왕자의 전기(傳記)]. Krung Thep.

Damrong Rachanuphap.1966. *Khwam song cham*[회고]. Krung Thep.

Danai Chaiyotha. 2007. *Prawattisat thai: yuk krung thonburi thueng krung rattanakosin* [태국 역사: 톤부리 시대부터 라따나꼬신 시대까지]. Reprinted. Krung Thep: Odian Sato.

Klum Sara Kanrianru Sangkhomsueksa Satsana Lae Watthanatham. 2010. *Prawattisat chan prathom sueksa pi thi hok*[초등 과정 6년 역사]. Krung Thep: Samnakngan Khana Kammakan Kansueksa Khan Phuenthan. Krasuang Sueksathikan.

Komarakunmontri, Phraya. 1961. *Prawat chaophraya mahasena (bunnak) prawat chaophraya bodindecha (sing singhaseni) prawat chaophraya yommarat (pan sukhum)* [분낙, 싱 싱하세니, 빤 수쿰의 전기(傳記)]. Krung Thep: Ongkankha Khong Khurusapha.

Krom Sinlapakon. 1982a. *Sinlapa watthanatham thai. Lem 1: Wat samkhan krung rattanakosin*[태국의 예술과 문화. 제1권: 방콕의 주요 불교사원들]. Krung Thep: Krom Sinlapakon.

Krom Sinlapakon. 1982b. *Chotmaihet kan buranapatisangkhon wat phra si rattanasatsadaram lae phra borom maharatchawang nai kan chalong phra nakhon khrop 200 pi phutthasakkarat 2525. Phak thi 1: Wat phra si rattanasatsadaram* [불력(佛曆) 기원 2525년, 왓 프라깨오와 왕궁의 보수에 대한 수도 창건 200주년 경축 기념 기록문집. 제1부: 왓 프라깨오]. Krung Thep: Krom Sinlapakon.

Mothayakon. ed. 1971. *Phraratcha prawat phraratchawong lae 131 chaofa thai*[태국의 왕실과 131 왕자들의 역사]. Krung Thep.

Naret Worarit, Phitthayalap Phruetthithada, Sawatdi Watthanawisit, Pritsadang, et al. 1975. "Chaonai lae kharatchakan krap bangkhom thun khwam hen chat kanplianplaeng rabiap ratchakan phaendin"[왕자들과 관료들이 정부 형태의 변경에 대한 생각을 폐하께 상신합니다]. Chaianan Samutthawanit and Khattiya Kannasut. eds. *Ekasan kanmueang kanpokkhrong thai phutthasakkarat 2417-2477* [1874-1934년 태국 정치 및 통치 문서]. Krung Thep: Thai Watthanaphanit.

Narong Phuangphit. 1984. *Prawattisat kan pokkhrong lae kan mueang thai*[태국의 통치와 정치의 역사]. Krung Thep: Prasanmit.

Nuanchan Tularak. 2004. *Prawattisat: Kan tang thinthan lae phatthana chat thai*[역사: 타이 민족의 정착과 발전]. Krung Thep: Odiansato.

Ongkankha Khong Khurusapha. ed. 1960. *Prachum prakat ratchakan thi si: pho so 2394-2400*[라마 4세 시대 포고문 집성(集成) - 1851-1857년]. Krung Thep: Ongkankha Khong Khurusapha.

Ongkankha Khong Khurusapha. ed. 1961a. *Prachum prakat ratchakan thi si: pho so 2401-2404*[라마 4세 시대 포고문 집성(集成) - 1858-1861년]. Krung Thep: Ongkankha Khong Khurusapha.

Ongkankha Khong Khurusapha. ed. 1961b. *Prachum prakat ratchakan thi si: pho so 2405-*

2408[라마 4세 시대 포고문 집성(集成) - 1862-1865년]. Krung Thep: Ongkankha Khong Khurusapha.

Ongkankha Khong Khurusapha. ed. 1961c. *Prachum prakat ratchakan thi si: pho so 2408-2411*[라마 4세 시대 포고문 집성(集成) - 1865-1868년]. Krung Thep: Ongkankha Khong Khurusapha.

Panchat Sinthutsa-at. 2004. *Prawattisat thai chuangchan thi 1 chan prathomsuksa pi thi 2* [초등학교 2학년 1단계 태국 역사]. Krung Thep: Prasanmit.

Phensi Duk. 2001. *Kan tang prathet kap ekarat lae athipathai khong thai*[태국의 외교와 독립과 주권]. Krung Thep: Ratchabanthit.

Phlai Noi. 1989. *Saranukrom prawattisat thai*[태국 역사 사전]. Krung Thep: Bamrung San.

Phlapphlueng Khongchana. 2005. *Prawattisat klum sara kanrianru sangkhom sueksa satsana lae watthanatham chan matthayom sueksa thi 3*[중등 과정 3년차 역사, 사회, 종교, 문화 학습]. Krung Thep: Phatthana Khunnaphapwichakan.

Phongsi Chanhao, Thida Saraya, Maliwan Taengkaeofa and Sawitri Phitsanuphong. 2005. *Prawattisat klum sara kanrianru sangkhom sueksa satsana lae watthanatham chan matthayom sueksa thi 4*[중등 과정 4년차 역사, 사회, 종교, 문화 학습]. Krung Thep: Watthanaphanit.

Prayun Phitsanakha. 1962. *50 Chaophraya haeng krung rattanakosin*[라따나꼬신 왕조의 50명 짜오프라야]. Krung Thep: Khlangwitthaya.

Prayut Sitthiphan. 1962. *Ton trakun khunnang thai*[태국 쿤낭 가문들의 기원]. Krung Thep: Krung Thon.

Ratchabandit Sathan. ed. 2007. *Kotmai tra sam duang chabap ratchabandit sathan*[왕립연구소본 삼인법전(王立硏究所本 三印法典)]. 2 Lem. Krung Thep: Ratchabandit Sathan.

Sommot Amoraphan. 1918. *Rueang tang chaophraya nai krung rattanakosin*[라따나꼬신 왕조의 짜오프라야 임명 이야기]. Krung Thep.

Sommot Amoraphan. 1929. *Rueang chaloem phra yot chaonai*[왕자들의 임관 경축 이야기]. Krung Thep.

Sumet Chumsai Na Ayutthaya et al. 2007. *Phraongchao pritsadang lae khosanoe kiaokap ratthathamnun chabap raek pho so 2427*[쁘릿사당 왕자와 불력(佛曆) 기원 2427년 헌법에 관한 최초의 건의]. Thonburi: Sathaban Phrapokklao.

Surasakmontri, Chaophraya. 1961. *Prawatkan khong chaophraya surasakmontri. Lem 1* [짜오프라야 수라삭몬뜨리의 역사 - 제1권]. Krung Thep: Ongkankha Khong Khurusapha.

Thaemsuk Numnon, Manop Thaowatsakun and Ananchai Laohaphanthu. 2003. *So 605 sangkhom sueksa chan matthayom sueksa thi pi 6*[중등 과정 6년차 사회 605]. Krung Thep: Watthanaphanit.

Thai Noi. 1961. *50 Bukkhon samkhan*[50명의 중요한 인물]. Lem 2. Krung Thep.

Thai Noi and Udom Pramuanwitthaya. 1961. *30 chaophraya*[30명의 짜오프라야]. Thonburi.

Thian Wan. 1975a. "Wa duai samai rue wela"[시대 혹은 시간에 관하여]. *Chaianan Samutthawanit and Khattiya Kannasut. eds. Ekasan kanmueang kanpokkhrong thai phutthasakkarat 2417-2477*[1874-1934년 태국 정치 및 통치 문서]. Krung Thep: Thai Watthanaphanit.

Thian Wan. 1975b. "Wa duai khwam fan lamoe tae mi chai nonlap"[잠자지도 않으면서 꿈꾸고 잠꼬대하는 것에 관하여]. Chaianan Samutthawanit and Khattiya Kannasut. eds. *Ekasan kanmueang kanpokkhrong thai phutthasakkarat 2417-2477*[1874-1934년 태국 정치 및 통치 문서]. Krung Thep: Thai Watthanaphanit.

Thiphakorawong, Chaophraya. 1960. *Phraratcha phongsawadan krung rattanakosin ratchakan thi nueng*[라마 1세 시대 라따나꼬신 왕조의 역사]. Krung Thep: Khurusapha.

Thiphakorawong, Chaophraya. 1961a. *Phraratcha phongsawadan krung rattanakosin ratchakan thi song*[라마 2세 시대 라따나꼬신 왕조의 역사]. Krung Thep: Khurusapha.

Thiphakorawong, Chaophraya. 1961b. *Phraratcha phongsawadan krung rattanakosin ratchakan thi sam*[라마 3세 시대 라따나꼬신 왕조의 역사]. 2 Lem. Krung Thep: Khurusapha.

Thiphakorawong, Chaophraya. 1961c. *Phraratcha phongsawadan krung rattanakosin ratchakan thi si*[라마 4세 시대 라따나꼬신 왕조의 역사]. 2 Lem. Krung Thep: Khurusapha.

Wutthichai Munlasin. 2005. "Sonthi sanya bauring nai boribot prawattisat esia"[아시아 역사 맥락에서 본 보링조약 체결]. *Warasan Ratchabanthit Sathan* 30, 4: 943-957.

한글 · 일본어 문헌

니얼 퍼거슨. 2010. 『증오의 세기 – 20세기는 왜 피로 물들었는가』. 이현주 역. 서울: 민음사.

밀턴 오스본. 2000. 『한 권에 담은 동남아시아 역사』. 조흥국 책임번역. 서울: 오름.

소병국·조흥국. 2004. 『불교군주와 술탄 - 태국과 말레이시아 왕권의 역사』. 서울: 전통과 현대.

알렉산더 우드사이드. 2012. 『잃어버린 근대성들 – 중국, 베트남, 한국 그리고 세계사의 위험성』. 민병희 역. 서울: 너머북스.

제임스 C. 스콧. 2010. 『국가처럼 보기』. 전상인 역. 서울: 에코리브르.

조흥국. 1992-1993. 「태국의 1885년 개혁 건의문 분석」. 『한국태국학회논총』 5: 127-155.

조흥국. 1994. 「태국과 말레이 무슬림 간의 알력에 대한 역사적 고찰」. 『동남아시아연구』 3: 63-90.

조흥국. 1997. 「태국 불교의 개혁주의 운동」. 『전통과 현대』 2: 310-341.

조흥국. 1998. 「1910년 이전 태국 화인사회 연구」. 『민족과 문화』 7: 287-365.

조흥국. 2001. 「불교적 이상과 정치적 욕망: 18세기 말 태국 국왕들의 불교관 비교연구」. 조흥국 외, 『동남아의 종교와 사회』. 서울: 오름: 23-58.

조흥국. 2002. 「메콩강의 경제적 잠재력과 유역국가들의 상호관계에 대한 역사적 고찰」. 조흥국 외, 『메콩강과 지역협력』. 부산: 부산외국어대학교출판부.

조흥국. 2008. 「식민주의 시기 및 일본 점령기 타이 역사의 평가」. 『동남아시아연구』

18, 1: 37-71.

조흥국. 2010.『태국 - 불교와 국왕의 나라』. 3쇄. 서울: 소나무.

조흥국. 2012. 「라오스의 태국에 대한 역사 바로세우기」.『전략지역심층연구 논문집 I 인도·동남아시아』. 서울: 대외경제정책연구원.

조흥국. 2013. 「17세기 후반 태국의 무슬림 사회와 마카사르인 폭동에 관한 연구」.『동남아시아연구』23, 2: 35-63.

존 킹 페어뱅크. 1994.『新中國史』. 중국사연구회 역. 서울: 까치.

페르낭 브로델. 2007.『물질문명과 자본주의 III-1: 세계의 시간 上』. 주경철 역. 서울: 까치글방.

한국태국학회 편.『태국의 이해』. 한국외국어대학교 출판부. 1998.

白石隆. 2011.『바다의 제국』. 류교열 외 역. 서울: 선인.

石井米雄. 1999.『タイ近世史研究序説』. 東京: 岩波書店.

水野弘元. 1997.『パーリ語辞典』. 第14刷. 東京: 春秋社.

田辺繁治. 1973. 「Chao Phraya デルタの運河開發に關する一考察(1) - Ayutthaya 朝より Ratanakosin 朝四世王治世まで」.『東南アジア研究』11, 1: 14-48.

池本幸生. 1994. 「ラ-マ四世期の「消極的」經濟政策」.『東南アジア研究』31, 4: 299-324.

서양어 문헌

Akin Rabibhadana. 1969. *The Organization of Thai Society in the Early Bangkok Period, 1782-1873*. Ithaca: Southeast Asian Program, Department of Asian Studies, Cornell University.

Aldrich, Richard J. 1993. *The Key to the South: Britain, the United States, and Thailand during the Approach of the Pacific War, 1929-1942*. Kuala Lumpur: Oxford University Press.

Anand Panyarachun. 1999. "Chualongkorn: Thailand's beloved monarch reformed his ancient land and opened it to the west, without surrendering its sovereignty."

Time 154, 7-8. 23-30 August, 1999: 41-42.

Anderson, Benedict. 1978. "Studies of the Thai State: The State of Thai Studies." Eliezer B. Ayal. ed. *The Study of Thailand: Analysis of Knowledge, Approaches, and Prospects in Anthropology, Art History, Economics, History, and Political Science.* Athens: Ohio University, Center for International Studies.

Anderson, Benedict. 1991. *Imagined Communities: Reflections on the Origin and Spread of Nationalism.* London: Verso.

Attachak Sattayanurak. 2000. "The Intellectual Aspects of Strong Kingship in the Late Nineteenth Century." *Journal of the Siam Society* 88, 1-2: 72-95.

Attachak Sattayanurak. 2001. "Intellectual Origins of Strong Kingship (Part 2)." *Journal of the Siam Society* 89, 1-2: 12-31.

Baker, Chris, translator. 2001. "The Antiquarian Society of Siam Speech of King Chulalongkorn." *Journal of the Siam Society* 89, 1-2: 95-99.

Bastian, Adolf. 1867. *Reisen in Siam im Jahre 1863.* Jena: Hermann Costenoble.

Batson, Benjamin A. 1984. *The End of the Absolute Monarchy in Siam.* Singapore: Oxford University Press.

Battye, Noel Alfred. 1974. "The Military, Government and Society in Siam, 1868-1910: Politics and Military Reform during the Reign of King Chulalongkorn." Ph.D. dissertation. Cornell University.

Beckmann, George M. 1965. *The Modernization of China and Japan.* First Reprint Edition. New York/Tokyo: Harper & Row/John Weatherhill.

Bock, Carl. 1884. *Temples and Elephants: The Narrative of a Journey of Exploration through Upper Siam and Lao.* London: Sampson Low, Marston, Searle, & Rivington.

Borthwick, R. M. 1977. "Appreciation of a Personality: His Majesty King Chulalongkorn of Thailand." *The South East Asian Review* 1, 2: 139-158.

Bowring, John. 1969. *The Kingdom and People of Siam.* 2 Volumes. Kuala Lumpur:

Oxford University Press.

Bowker, John. ed. 1997. *The Oxford Dictionary of World Religions*. Oxford: Oxford University Press.

Brass, Paul R. 1994. "Élite Competition and Nation-Formation." John Hutchinson and Anthony D. Smith. eds. *Nationalism*. Oxford: Oxford University Press.

Briggs, Lawrence Palmer. 1946. "The Treaty of March 23, 1907 between France and Siam and the Return of Battambang and Angkor to Cambodia." *Journal of Asian Studies* 5, 4: 439-454.

Bunnag, Tej. 1977. *The Provincial Administration of Siam 1892-1915*. Oxford: Oxford University Press.

Burney Papers. Volume I, Part III. 1910. Bangkok: The Vajiranana National Library. Republished by Gregg International Publishers in 1971.

Campos, Joachim de. 1940. "Early Portuguese Accounts of Thailand." *Journal of Thailand Research Society* 32: 1-27.

Chandler, David p.1993. *A History of Cambodia*. St. Leonards: Allen & Unwin.

Charnvit Kasetsiri. 1996. "Siam/Civilization-Thailand/Globalization: Things to Come." The 14th Conference of IAHA. Chulalongkorn University. Bangkok. 20-24 May, 1996.

Chesneaux, Jean. 1963. *Geschichte Vietnams*. Übertragen von Ernst-Ulrich Kloock. Berlin: Rütten & Loening.

Cho, Hung-Guk. 1994. *Die politische Geschichte Thailands unter der Herrschaft König Narais*. Seoul: Munduksa.

Cho, Hung-guk. 2012. "The Siamese Reactions to the French Influences and the 1688 Palace Revolution during the Reign of King Narai (1656-1688)." 『동남아연구』 22, 2: 245-276.

Chula Chakrabongse. 1960. *Lords of Life: The Paternal Monarchy of Bangkok, 1782-*

1932. London: Alvin Redman.

Chulalongkorn, King. 1977a. "The Act Fixing the Redemption Age of the Offspring of Slaves and Freemen, Issued on 21 August 1874." Chatthip Nartsupha and Suthy Prasartset. eds. *Socio-Economic Institutions and Cultural Change in Siam, 1851-1910: A Documentary Survey*. Singapore: Institute of Southeast Asian Studies in Co-operation with the Social Science Association of Thailand.

Chulalongkorn, King. 1977b. "The Conscription Act, R.S. 124, Preamble, Dated 24 August 1905." Chatthip Nartsupha and Suthy Prasartset. eds. *Socio-Economic Institutions and Cultural Change in Siam, 1851-1910: A Documentary Survey*. Singapore: Institute of Southeast Asian Studies in Co-operation with the Social Science Association of Thailand.

Chulalongkorn, King. 2001. "The Antiquarian Society of Siam Speech of King Chulalongkorn." Translated by Chris Baker. *Journal of the Siam Society* 89, 1-2: 95-98.

Cœdès, Georges. 1927. "English Correspondence of King Mongkut." *Journal of the Siam Society* 21, 1: 1-35.

Crawfurd Papers: A Collection of Official Records Relating to the Mission of Dr. John Crawfurd Sent to Siam by the Government of India in the Year 1821. 1915. Bangkok: The Vajiranana Library. Republished by Gregg International Publishers in 1971.

Crawfurd, John. 1967. *Journal of an Embassy to the Courts of Siam and Cochin China*. Kuala Lumpur: Oxford University Press.

Damrong, Prince. 1984. "Prince Damrong's Memorandum." Benjamin A. Batson. *The End of the Absolute Monarchy in Siam*. Singapore: Oxford University Press.

Damrong Rajanubhab, H. R. H. Prince. 1926. "The Introduction of Western Culture in Siam." *Journal of the Siam Society* 20, 2: 89-100.

Davids, T. W. Rhys and William Stede. eds. 1979. *The Pali Text Society's Pali-English Dictionary*. London: The Pali Text Society.

Dhani Nivat, Prince. 1954. "The Old Siamese Conception of the Monarchy." *Selected Articles from the Siam Society Journal*. Volume II. Bangkok: The Siam Society.

Dhaninivat, Prince. 1954. "The Reign of King Chulalongkorn." *Journal of World History* 2, 2: 446-466.

Dunn, Malcolm. 1984. *Kampf um Malakka: Eine wirtschafsgeschichtliche Studie über den portugiesischen und niederländischen Kolonialismus in Südostasien*. Wiesbaden: Franz Steiner Verlag.

Eade, J. C. 1989. *Southeast Asian Ephemeris: Solar and Planetary Positions, A.D. 638-2000*. Ithaca: Southeast Asia Program, Cornell University.

Engel, David M. 1975. *Law and Kingship in Thailand during the Reign of King Chulalongkorn*. Ann Arbor: Center for South and Southeast Asian Studies, The University of Michigan.

Ferrara, Federico. 2012. "The Legend of King Prajadhipok: Tall Tales and Stubborn Facts of the Seventh Reign in Siam." *Journal of Southeast Asian Studies* 43, 1: 4-31.

Fessen, Helmut and Hans-Dieter Kubitscheck. 1994. *Geschichte Thailands*. Hamburg: Lit.

Fieldhouse, David K. 1965. *Die Kolonialreiche seit dem 18. Jahrhundert*. Frankfurt am Main: Fischer Taschenbuch Verlag.

Fraenkel, Ernst and Karl Dietrich Bracher. eds. 1958. *Staat und Politik*. Frankfurt: Fischer.

Girling, John L. S. 1981. *Thailand: Society and Politics*. Ithaca: Cornell University Press.

Goh, Robbie B. H. 2005. *Christianity in Southeast Asia*. Singapore: Institute of Southeast Asian Studies.

Görlitz, Axel. ed. 1972. *Handlexikon zur Politikwissenschaft*. München: Ehrenwirth.

Graham, W. A. 1912. *Siam: A Handbook of Practical, Commercial, and Political Information*. London: Alexander Moring.

Griswold, A. B. 1961. *King Mongkut of Siam*. New York: The Asia Society.

Gützlaff, Karl Friedrich August. 1834. *Journal of Three Voyages along the Coast of China, in 1831, 1832, & 1833, with Notices of Siam, Corea, and the Loo-choo Islands, to Which is Prefixed an Introductory Essay on the Policy, Religion, etc., of China by the Rev. W. Ellis*. London: F. Westley.

Hall, D. G. E. 1981. *A History of South-East Asia*. Fourth Edition. London: The Macmillan Press.

Hobsbawm, Eric. 1994. "The Nation as Invented Tradition." John Hutchinson and Anthony D. Smith. eds. *Nationalism*. Oxford: Oxford University Press.

Hong Lysa. 1984. *Thailand in the Nineteenth Century: Evolution of the Economy and Society*. Singapore: Institute of Southeast Asian Studies.

Hong Lysa. 2008. "Invisible Semicolony: The Postcolonial Condition and Royal National History in Thailand." *Postcolonial Studies* 11, 3: 315-327.

Htin Aung, Maung. 1967. *A History of Burma*. New York: Columbia University Press.

Hutchinson, E. W. 1968. *1688 Revolution in Siam: The Memoir of Father de Bèze, s.j.* Hong Kong: Hong Kong University Press.

Ingram, James C. 1971. *Economic Change in Thailand 1850-1970*. Stanford: Stanford University Press.

Ishii, Yoneo. 1986. *Sangha, State, and Society: Thai Buddhism in History*. Honolulu: The University of Hawai'i Press.

Jeshurun, Chandran. 1977. *The Contest for Siam 1889-1902: A Study in Diplomatic Rivalry*. Kuala Lumpur: Penerbit Universiti Kebangsaan Malaysia.

Jiraporn Stapanawatana. 1993. "Self, Image and Society: A Case Study of King Rama III (1824-1851) of Bangkok Period." The 5th International Conference on Thai

Studies. July 5-10, 1993. London: SOAS.

Jones, Robert B. 1971. *Thai Titles and Ranks Including a Translation of Traditions of Royal Lineage in Siam by King Chulalongkorn.* Data Paper No.81. Ithaca: Southeast Asia Program, Department of Asian Studies, Cornell University.

Kaempfer, Engelbert. 1987. *A Description of the Kingdom of Siam 1690.* Bangkok: White Orchid.

Kennedy, J. 1962. *A History of Malaya A.D. 1400-1959.* London: Macmillan.

Koizumi, Junko. 1996. "Manpower as the King's Property." Proceedings of the 6th International Conference on Thai Studies. 14-17 October 1996. Chiang Mai.

Koizumi, Junko. 2000. "From a Water Buffalo to a Human Being: Women and the Family in Siamese History." Barbara Watson Andaya. ed. *Other Pasts: Women, Gender and History in Early Modern Southeast Asia.* Honolulu: Center for Southeast Asian Studies, University of Hawai'i at Mânoa.

Kullada Kesboonchoo. 1987. "Official Nationalism under King Vajiravudh." Proceedings of the Third International Conference on Thai Studies. Canberra: The Australian National University.

La Loubère, Simon de. 1987. *Du Royaume de Siam.* In: Michel Jacq-Hergoualc'h. *Étude Historique et Critique du Livre de Simon de La Loubère "Du Royaume de Siam."* Paris: Editions Recherche Sur Les Civilisations.

Landon, Margaret. 1956. *Anna and the King of Siam.* An Abridged Edition. New York: Pocket Books.

Likhit Dhiravegin. 1975. *Siam and Colonialism (1855-1909): An Analysis of Diplomatic Relations.* Bangkok: Thai Watana Panich.

Loos, Tamara. 2002. *Subject Siam: Family, Law, and Colonial Modernity in Thailand.* Chiang Mai: Silkworm Books.

Lord, Donald C. 1969. *Mo Bradley and Thailand.* Grand Rapids: William B. Eerdmans.

Manich Jumsai. 1976. *Documentary Thai History and Thai-Deutsche freundschaftliche Verhaeltnisse being Brief Reports of Research for Old Thai Historical Documents in the Cellar of the Thai Embassy in Paris*. Bangkok: Chalermnit.

Manich Jumsai. 1977. *Prince Prisdang's Files on His Diplomatic Activities in Europe, 1880-1886*. Bangkok: Chalermnit.

Matos, Luís de. 1982. "The First Portuguese Documents on Siam." The Calouste Gulbenkian Foundation on the Occasion of the Celebrations of the Second Centenary of the City of Bangkok. ed. *Thailand and Portugal: 400 Years of Friendship*. Lisbon: The Calouste Gulbenkian Foundation.

McFarland, George Bradley. ed. 1928. *Historical Sketch of Protestant Missions in Siam 1828-1928*. Bangkok: Bangkok Times.

McGilvary, Daniel. 2002. *A Half Century among the Siamese and the Lao: An Autobiography*. Bangkok: White Lotus.

McLean, Iain and Alistair McMillan. eds. 2009. *The Concise Oxford Dictionary of Politics*. Third Edition. Oxford: Oxford University Press.

Mead, Kullada Kesboonchoo. 2004. *The Rise and Decline of Thai Absolutism*. London: Routledge Curzon.

Moffat, Abbot Low. 1961. *Mongkut, the King of Siam*. Ithaca: Cornell University Press.

Mongkut, King. 1977a. "Royal Command Concerning the Royal Decree on the Royal Bestowal of Real Estate, Promulgated on 7 April 1861." Chatthip Nartsupha and Suthy Prasartset. eds. *Socio-Economic Institutions and Cultural Change in Siam, 1851-1910: A Documentary Survey*. Singapore: Institute of Southeast Asian Studies in Co-operation with the Social Science Association of Thailand.

Mongkut, King. 1977b. "The Need for Corveé Labour: Royal Opinion Given by King Rama IV in 1857 on the Subject of Phrai Luang." Chatthip Nartsupha and Suthy Prasartset. eds. *Socio-Economic Institutions and Cultural Change in Siam, 1851-*

1910: A Documentary Survey. Singapore: Institute of Southeast Asian Studies in Co-operation with the Social Science Association of Thailand.

Mongkut, King. 1977c. "Proclamation of the Royal Decree Regarding Husbands Selling Wives and Parents Selling Children, Dated 27 March 1868." Chatthip Nartsupha and Suthy Prasartset. eds. *Socio-Economic Institutions and Cultural Change in Siam, 1851-1910: A Documentary Survey*. Singapore: Institute of Southeast Asian Studies in Co-operation with the Social Science Association of Thailand.

Murashima, Eiji. 1988. "The Origin of Modern Official State Ideology in Thailand." *Journal of Southeast Asian Studies* 19, 1: 80-96.

Namngern Boonpiam. 1988. "The Thai Government and Her National Security 1855-1896 in Anglo-Thai Foreign Relations Context." The 11th Conference of IAHA. Colombo. 1-5 August, 1988.

Nidhi Eoseewong. 2005. *Pen and Sail: Literature and History in Early Bangkok*. Chiang Mai: Silkworm Books.

Osborne, Milton. 1996. *River Road to China: The Search for the Source of the Mekong, 1866-73*. Singapore: Archipelago.

Pali-English Dictionary. 1979. Edited by T. W. Rhys Davids & William Stede. The Pali Text Society. London: Routledge & Kegan Paul.

Pallegoix, Monsignor Jean-Baptiste. 2000. *Description of the Thai Kingdom or Siam: Thailand under King Mongkut*. Translated by Walter E. J. Tips. Bangkok: White Lotus.

Peleggi, Maurizio. 2002. *Lords of Things: The Fashioning of the Siamese Monarchy's Modern Image*. Honolulu: The University of Hawai'i Press.

Peleggi, Maurizio. 2013. "From Buddhist Icons to National Antiquities: Cultural Nationalism and Colonial Knowledge in the Making of Thailand's History of

Art." *Modern Asian Studies* 47, 4: 1-29.

Pensri Duke. 1962. *Les relations entre la France et la Thailande(Siam) au XIXe siècle d'après les archives étrangères.* Bangkok: Chalermnit.

Pensri Duke. 1988. "Thailand's Counter-Balancing Policy and Its Independence (1893-1910)." The 11th Conference of IAHA. Colombo. 1-5 August, 1988.

Piyanart Bunnag. 1994. "Problems of Westernization in Thailand during the Age of Reforms: A Case Study of the Foundation of the Western-style Ministerial System (1892-1910)." The 13th Conference of IAHA. Sophia University. Tokyo. 5-9 September, 1994.

Prachathipok, King. 1984a. "King Prajadhipok's Memorandum." Benjamin A. Batson. *The End of the Absolute Monarchy in Siam.* Singapore: Oxford University Press.

Prachathipok, King. 1984b. "Democracy in Siam." Benjamin A. Batson. *The End of the Absolute Monarchy in Siam.* Singapore: Oxford University Press.

Prachoom Chomchai. 1965. *Chulalongkorn the Great.* Tokyo: The Centre for East Asian Cultural Studies.

Ramsay, James Ansil. 1976. "Modernization and Centralization in Northern Thailand, 1875-1910." *Journal of Southeast Asian Studies* 7, 1: 16-32.

Ray, Jayanta Kumar. 1972. *Portraits of Thai Politics.* New Delhi: Orient Longman.

Reid, Anthony. 1988. *Southeast Asia in the Age of Commerce 1450-1680. Volume One: The Lands below the Winds.* New Haven: Yale University Press.

Reynolds, Craig J. 1976. "Buddhist Cosmography in Thai History, with Special Reference to Nineteenth-Century Culture Change." *Journal of Asian Studies* 35, 2: 203-220.

Reynolds, Frank E. 1978. "Legitimation and Rebellion: Thailand's Civic Religion and the Student Uprising of October, 1973." Bardwell L. Smith, ed. *Religion and Legitimation of Power in Thailand, Laos, and Burma.* Chambersburg: Anima Books.

Rhum, Michael R. 1996. "'Modernity' and 'Tradition' in 'Thailand'." *Modern Asian Studies* 30, 2: 325-355.

Riggs, Fred W. 1966. *Thailand: The Modernization of a Bureaucratic Polity*. Honolulu: University of Hawai'i, East-West Center.

Roberts, Edmund. 1972. *Embassy to the Eastern Courts of Cochin-China, Siam, and Muscat; in the U.S. Sloop-Of-War Peacock, David Geisinger, Commander, during the Years 1832-3-4*. Delaware: Scholarly Resources.

Rong Syamananda. 1981. *A History of Thailand*. Bangkok: Chulalongkorn University.

Rosenberg, Klaus. 1978. "Das Thema 'Eintracht' im thailändischen Schrifttum der Epoche König Culalongkons(r. 1868-1910)." *Oriens Extremus* 25, 1: 94-118.

Rosenberg, Klaus. 1980. *Nation und Fortschritt: Der Publizist Thien Wan und die Modernisierung Thailands unter König Culalongkon (r. 1868-1910)*. Hamburg: Gesellschaft für Natur- und Völkerkunde Ostasiens.

SarDesai, D. R. 1997. *Southeast Asia, Past & Present*. 4th Edition. Boulder: Westview Press.

Schultze, Michael. 1994. *Die Geschichte von Laos*. Hamburg: Institut für Asienkunde.

Scott, John and Gordon Marshall. eds. 2009. *A Dictionary of Sociology*. Third Edition Revised. Oxford: Oxford University Press.

Siffin, William J. 1966. *The Thai Bureaucracy: Institutional Change and Development*. Honolulu: University of Hawai'i, East-West Center.

Skinner, G. William. 1957. *Chinese Society in Thailand: An Analytical History*. Ithaca: Cornell University Press.

Smith, Malcolm. 1986. *A Physician at the Court of Siam*. Singapore: Oxford University Press.

Sompop Manarungsan. 1989. *Economic Development of Thailand 1850-1950: Response to the Challenge of the World Economy*. Bangkok: Chulalongkorn University,

Institute of Asian Studies.

Steinberg, David Joel, ed. 1989. *In Search of Southeast Asia: A Modern History*. Revised Edition. Sydney: Allen & Unwin.

Stowe, Judith A. 1991. *Siam Becomes Thailand: A Story of Intrigue*. Honolulu: University of Hawai'i Press.

Stransky, Jiri. 1973. *Die Wiedervereinigung Thailands unter Taksin 1767-1782*. Hamburg: Gesellschaft für Natur- und Völkerkunde Ostasiens e.V.

Sumet Jumsai. 2004. "Prince Prisdang and the Proposal for the First Siamese Constitution, 1885." *The Journal of the Siam Society* 92: 105-116.

Tarling, Nicholas. 1962. "Mission of Sir John Bowring." *The Journal of the Siam Society* 50, 2: 91-118.

Terwiel, B. J. 1979a. *Monks and Magic: An Analysis of Religious Ceremonies in Central Thailand*. Second Revised Edition. London: Curzon.

Terwiel, B. J. 1979b. "Tattooing in Thailand's History." *Journal of the Royal Asiatic Society* 2: 156-166.

Terwiel, B. J. 1983. "Bondage and Slavery in Early Nineteenth Century Siam." Anthony Reid. ed. *Slavery, Bondage and Dependency in Southeast Asia*. St Lucia: University of Queensland Press.

Terwiel, B. J. 1991. "The Bowring Treaty: Imperialism and the Indigenous Perspective." *The Journal of the Siam Society* 79, 2: 40-47.

Terwiel, B. J. 2005. *Thailand's Political History: From the Fall of Ayutthaya to Recent Times*. Bangkok: River Books.

Thanet Aphornsuvan. 2009. "The West and Siam's Quest for Modernity: Siamese Responses to Nineteenth Century American Missionaries." *South East Asia Research* 17, 3: 401-431.

The Bangkok Times. Bangkok.

Thiphaakorawong, Cawphrajaa. 1965. *The Dynastic Chronicles Bangkok Era The Fourth Reign.* Volume One: Text. Translated by Chadin (Kanjanavanit) Flood with the Assistance of E. Thadeus Flood. Tokyo: The Centre for East Asian Cultural Studies.

Thiphaakorawong, Cawphrajaa. 1966. *The Dynastic Chronicles Bangkok Era The Fourth Reign.* Volume Two: Text. Translated by Chadin (Kanjanavanit) Flood with the Assistance of E. Thadeus Flood. Tokyo: The Centre for East Asian Cultural Studies.

Thiphaakorawong, Cawphrajaa. 1967. *The Dynastic Chronicles Bangkok Era The Fourth Reign.* Volume Three: Annotations and Commentary. Translated by Chadin (Kanjanavanit) Flood with the Assistance of E. Thadeus Flood. Tokyo: The Centre for East Asian Cultural Studies.

Thiphaakorawong, Cawphrajaa. 1973. *The Dynastic Chronicles Bangkok Era The Fourth Reign.* Volume Four: Annotations and Commentary, Appendixes, Bibliography. Translated by Chadin (Kanjanavanit) Flood with the Assistance of E. Thadeus Flood. Tokyo: The Centre for East Asian Cultural Studies.

Thiphakorawong, Chaophraya. 1978. *The Dynastic Chronicles: Bangkok Era The First Reign.* Translated and Editied by Thadeus and Chadin Flood. Volume One: Text. Tokyo: The Centre for East Asian Cultural Studies.

Thongchai Winichakul. 1994. *Siam Mapped: A History of the Geo-Body of a Nation.* Chiang Mai: Silkworm.

Thongchai Winichakul. 2000. "The Quest for 'Siwilai': A Geographical Discourse of Civilizational Thinking in the Late Nineteenth and Early Twentieth-Century Siam." *The Journal of Asian Studies* 59, 3: 528-549.

Titima Suthiwan and Uri Tadmor. 1997. *Thailand: Land of Contrasts.* Honolulu: University of Hawai'i, Center for Southeast Asian Studies.

Tregonning, K. C. 1965. *The British in Malaya: The First Forty Years 1786-1826.* Tucson: The University of Arizona Press.

Umemoto, Diane L. 1983. "The World's Most Civilized Chew." *Asia* July/August.

Van Vliet, Jeremias. 1938. "Historical Account of Siam." Translated by W. H. Mundie. *Journal of the Siam Society* 30, 2: 95-154.

Vella, Walter F. 1955. *The Impact of the West on Government in Thailand.* Berkeley and Los Angeles: University of California Press.

Vella, Walter F. 1957. *Siam under Rama III 1824-1851.* New York: J. J. Augustin.

Vella, Walter F. 1978. *Chaiyo!: King Vajiravudh and the Development of Thai Nationalism.* Honolulu: The University Press of Hawai'i.

Wales, H. G. Quaritch. 1931. *Siamese State Ceremonies: Their History and Function.* London: Bernard Quaritch.

Wales, H. G. Quaritch. 1965. *Ancient Siamese Government and Administration.* New York: Paragon.

Wenk, Klaus. 1968. *The Restoration of Thailand under Rama I 1782-1809.* Tucson: The University of Arizona Press.

Wenk, Klaus. 1995. *Thai Literature: An Introduction.* Translated from the German by Erich W. Reinhold. Bangkok: White Lotus.

Wilson, Constance M. 1997. "The Holy Man in the History of Thailand and Laos." *Journal of Southeast Asian Studies* 28, 2: 345-364.

Wilson, Constance M. 1999. "The Status of Phrai and Thaat in Thailand during the Nineteenth Century." The 7th International Conference on Thai Studies. July 4-8, 1999. Amsterdam.

Wilson, Constance M. 2005. "King Mongkut (r. 1851-1868) and the Creation of a Modern Thai State." The Ninth International Conference on Thai Studies, April 3-6, 2005. Northern Illinois University.

Wright, Arnold and Oliver T. Breakspear. 1994. *Twentieth Century Impressions of Siam: Its History, People, Commerce, Industries, and Resources.* London. Reprinted. Bangkok: White Lotus.

Wyatt, David K. 1969. *The Politics of Reform in Thailand: Education in the Reign of King Chulalongkorn.* New Haven and London: Yale University Press.

Wyatt, David K. 1974. "A Persian Mission to Siam in the Reign of King Narai. A Book Review of 'ibn Muhammad Ibrahim, The Ship of Sulaiman, trans. from the Persian by John O'Kane'." *The Journal of the Siam Society* 62, 1: 151-157.

Wyatt, David K. 1994a. "The 'Subtle Revolution' of King Rama I of Siam." D. K. Wyatt. *Studies in Thai History.* Chiang Mai: Silkworm Books.

Wyatt, David K. 1994b. "Family Politics in Nineteenth-Century Thailand." D. K. Wyatt. *Studies in Thai History.* Chiang Mai: Silkworm Books.

Wyatt, David K. 1994c. "Education and the Modernization of Thai Society." D. K. Wyatt. *Studies in Thai History.* Chiang Mai: Silkworm Books.

Wyatt, David K. 1994d. "Samuel McFarland and Early Educational Modernization in Thailand, 1877-1895." D. K. Wyatt. *Studies in Thai History.* Chiang Mai: Silkworm Books.

Wyatt, David K. 2003. *Thailand: A Short History.* Second Edition. Chiang Mai: Silkworm Books.

Young, Ernest. 1982. *The Kingdom of the Yellow Robe.* Oxford: Oxford University Press.

그림 출처

18쪽   태국 라따나꼬신 왕조의 역대 국왕들: ⓒ조흥국

24쪽   라마 1세 (가상도): Terwiel. B. J. 2005. *Thailand's Political History: From the Fall of Ayutthaya to Recent Times*. Bangkok: River Books.

26쪽   라마 1세의 삼계론: Ginsburg, Henry. 2000. *Thai Art and Culture: Historic Manuscripts from Western Collections*. Chiang Mai: Silkworm Books.

34쪽   태국 조정의 무슬림 관료: Chomrom Sai Sakun Bunnak. ed. 1999. *Sakun bunnak*[분낙 가문]. Krung Thep: Thai Watthanaphanit.

38쪽   19세기 초 태국의 정크: Terwiel. B. J. 2005. 앞의 책.

41쪽   1824년 영국의 양곤 공격: Thank Myint-U. 2006. *The River of Lost Footsteps: Histories of Burma*. New York: Farrar, Straus and Giroux.

42쪽   라마 3세: *Sinlapa watthanatham*. Vol. 12 No. 8. June 1991.

47쪽   댄 비치 브래들리 선교사: Phiphat Phongraphiphon. ed. 2004. *Samutphap ratchakan thi si*[라마 4세 시대 화보(畵報)]. Krung Thep: Panorama Museum of Bangkok.

48쪽   라마 3세 시대 태국의 전함: Chomrom Sai Sakun Bunnak. ed. 1999. 앞의 책.

49쪽   장 바티스트 팔르구아 신부: Phiphat Phongraphiphon. ed. 2004. 앞의 책.

58쪽   몽꿋 왕과 왕비: Phiphat Phongraphiphon. ed. 2004. 앞의 책.

61쪽   존 보링: Wright, Arnold and Oliver T. Breakspear. 1994. *Twentieth Century Impressions of Siam: Its History, People, Commerce, Industries, and Resources*. London. Reprinted. Bangkok: White Lotus.

63쪽   퐁두앙: *Arts of Asia*. Volume 8 Number 3. May-June 1978.

67쪽   춤 분낙: Chomrom Sai Sakun Bunnak. ed. 1999. 앞의 책.

68쪽   1857년 런던의 태국 사절단: Athada Khoman. ed. 2010. *Siam Days of Glory:*

19th Century Photographs of Thailand. Bangkok: Siam Renaissance Publishing Company.

73쪽 　 몽꿋 왕의 행차: Phiphat Phongraphiphon. ed. 2004. 앞의 책.

78쪽 　 주물담당관청 관리: Phiphat Phongraphiphon. ed. 2004. 앞의 책.

81쪽 　 1864년의 몽꿋 왕: *The Journal of the Siam Society.* Volume 92. 2004.

83쪽 　 1865년경의 쭐라롱꼰 왕자: Phiphat Phongraphiphon. ed. 2004. 앞의 책.

88쪽 　 1866년경의 추앙 분낙: Phiphat Phongraphiphon. ed. 2004. 앞의 책.

91쪽 　 1868년 쭐라롱꼰 왕자: Phiphat Phongraphiphon. ed. 2004. 앞의 책.

102쪽 　 1868년 위차이찬 왕자: Phiphat Phongraphiphon. ed. 2004. 앞의 책.

113쪽 　 1887년 테와웡 왕자: Athada Khoman. ed. 2010. 앞의 책.

116쪽 　 1880년 쁘릿사당 왕자: Athada Khoman. ed. 2010. 앞의 책.

118쪽 　 1880년 런던의 태국 외교관: Athada Khoman. ed. 2010. 앞의 책.

124쪽 　 19세기 말 태국인의 전통적인 헤어스타일과 옷차림: Phiphat Phongraphiphon. ed. 2004. 앞의 책.

134쪽 　 행차 중인 쭐라롱꼰 왕: Athada Khoman. ed. 2010. 앞의 책.

137쪽 　 1887년 와치룬힛 왕세자 임명식: Ginsburg, Henry. 2000. 앞의 책.

141쪽 　 1891년 쭐라롱꼰 왕: Athada Khoman. ed. 2010. 앞의 책.

146쪽 　 1893년 맥카티의 태국 지도: Ginsburg, Henry. 2000. 앞의 책.

147쪽 　 1887년 담롱 왕자: Athada Khoman. ed. 2010. 앞의 책.

150쪽 　 제자에게 불교 교리를 가르치는 승려: Wright, Arnold and Oliver T. Breakspear. 1994. 앞의 책.

165쪽 　 1876년 필라델피아 박람회의 태국 전시관: *The Journal of the Siam Society.* Volume 79, 2. 1991.

165쪽 　 1878년 파리 박람회의 태국 전시관: *The Journal of the Siam Society.* Volume 95. 2007.

166쪽 　 골동품을 감상하는 1907년 와치라웃 왕자: Baker, Chris and Pasuk Phongpaichit.

2005. *A History of Thailand*. Cambridge University Press.

178쪽   태국 육군 장군으로서의 와치라웃 왕자: Wright, Arnold and Oliver T. Breakspear. 1994. 앞의 책.

184쪽   코끼리 기: http://commons.wikimedia.org/wiki/File:Flag_of_Thailand_1855.svg

197쪽   와치라웃 왕의 초상화: ⓒ조흥국

203쪽   와치라웃 왕의 근대화 리더십: Vella, Walter F. 1978. *Chaiyo!: King Vajiravudh and the Development of Thai Nationalism*. Honolulu: The University Press of Hawai'i.

210쪽   쁘라차티뽁 왕: Athada Khoman. ed. 2010. 앞의 책.

224쪽   1932년 인민당의 장교들: Chanwit Kasetsiri. 2001. *Prawat kan mueang thai: 2475-2500*[1932~1957년 태국 정치사]. Krung Thep: The Foundation for the Promotion of Social Sciences and Humanities Textbooks Project.

미주

제1장

1) Scott, John and Gordon Marshall. eds. 2009. *A Dictionary of Sociology*. Third Edition Revised. Oxford: Oxford University Press. pp.484-486.

2) Rosenberg, Klaus. 1980. *Nation und Fortschritt: Der Publizist Thien Wan und die Modernisierung Thailands unter König Culalongkon (r. 1868-1910)*. Hamburg: Gesellschaft für Natur- und Völkerkunde Ostasiens. pp.13-14.

3) McLean, Iain and Alistair McMillan. eds. 2009. *The Concise Oxford Dictionary of Politics*. Third Edition. Oxford: Oxford University Press. p.349.

4) Rhum, Michael R. 1996. "'Modernity' and 'Tradition' in 'Thailand'." *Modern Asian Studies* 30, 2. pp.325-329, 350-352.

5) Hobsbawm, Eric. 1994. "The Nation as Invented Tradition." John Hutchinson and Anthony D. Smith. eds. *Nationalism*. Oxford: Oxford University Press. p.76.

6) Brass, Paul R. 1994. "Élite Competition and Nation-Formation." John Hutchinson and Anthony D. Smith. eds. *Nationalism*. Oxford: Oxford University Press. pp.86-87.

7) Rhum, Michael R. 1996. 앞의 논문. pp.329-330.

8) Klum Sara Kanrianru Sangkhomsueksa Satsana Lae Watthanatham. 2010. *Prawattisat chan prathom sueksa pi thi hok*[초등 과정 6년 역사]. Krung Thep: Samnakngan Khana Kammakan Kansueksa Khan Phuenthan. Krasuang Sueksathikan. p.29.

9) Thiphakorawong, Chaophraya. 1961c. *Phraratcha phongsawadan krung rattanakosin ratchakan thi si*[라마 4세 시대 라따나꼬신 왕조의 역사]. Krung Thep: Khurusapha. Lem 1. pp.80, 89.

10) 정희원. 2004. 『2004 동남아시아 3개 언어 외래어 표기용례집』. 서울: 국립국어원.

11) Ratchabandit Sathan. 1999. *Lakken kanthot akson thai pen akson roman baep thai siang*. Krung Thep: Ratchabandit Sathan.

제2장

1) Cho, Hung-Guk. 1994. *Die politische Geschichte Thailands unter der Herrschaft König Narais*. Seoul: Munduksa. pp.145ff.

2) Cho, Hung-guk. 2012. "The Siamese Reactions to the French Influences and the 1688 Palace Revolution during the Reign of King Narai(1656-1688)." 『동남아연구』 22, 2. pp.254-267.

3) 조홍국. 1998. 「1910년 이전 태국 화인사회 연구」. 『민족과 문화』 7. pp.316-318.

4) Stransky, Jiri. 1973. *Die Wiedervereinigung Thailands unter Taksin 1767-1782*. Hamburg: Gesellschaft für Natur- und Völkerkunde Ostasiens e.V. p.74.

5) 조홍국. 2001. 「불교적 이상과 정치적 욕망: 18세기 말 태국 국왕들의 불교관 비교연구」. 『동남아의 종교와 사회』. 서울: 오름. pp.40-45.

6) 조홍국. 1998. 앞의 논문. pp.324-329.

7) Thiphakorawong, Chaophraya. 1960. *Phraratcha phongsawadan krung rattanakosin ratchakan thi nueng*[라마 1세 시대 라따나꼬신 왕조의 역사]. Krung Thep: Khurusapha. pp.11-12.

8) Wyatt, David K. 1994a. "The 'Subtle Revolution' of King Rama I of Siam." D. K. Wyatt. *Studies in Thai History*. Chiang Mai: Silkworm Books.pp. 146-147.

9) Ratchabandit Sathan. ed. 2007. *Kotmai tra sam duang chabap ratchabandit sathan*[王立研究所本 三印法典]. Krung Thep: Ratchabandit Sathan. Lem 1. pp.1008-1016.

10) Thiphakorawong, Chaophraya. 1960. 앞의 책. p.27.

11) Thiphakorawong, Chaophraya. 1960. 앞의 책. pp.183-184, 191-197.

12) Reynolds, Craig J. 1976. "Buddhist Cosmography in Thai History, with Special Reference to Nineteenth-Century Culture Change." *Journal of Asian Studies* 35, 2. pp.209-210.

13) 불교에서 '삼계'는 욕계(欲界), 색계(色界), 무색계(無色界)로 구성되어 있는 것으로 본다.

14) Wyatt, David K. 1994a. 앞의 논문. p.151.

15) Thanet Aphornsuvan. 2009. "The West and Siam's Quest for Modernity: Siamese Responses to Nineteenth Century American Missionaries." *South East Asia Research* 17, 3. pp.415-416.

16) Ratchabandit Sathan. ed. 2007. 앞의 책. Lem 1. p.158.

17) 상좌불교의 경전 언어인 팔리어로 오계는 ①pāṇātipātā ②adinnādānā ③kāmesu micchācārā ④musāvādā ⑤surāmeraya majjapamādaṭṭhāna이고, 팔계는 ①pāṇātipātā ②adinnādānā

③musāvādā ④surāmeraya majjapamādaṭṭhāna ⑤abrahmacariyā ⑥vikālabhojana ⑦uccāsayanā mahāsayanā ⑧naccagītavāditavisūkadassanā mālāgandhavilepanadhāraṇamaṇ - ḍanavibhūsanaṭṭhāna이다(Terwiel, B. J. 1979a. *Monks and Magic: An Analysis of Religious Ceremonies in Central Thailand*. Second Revised Edition. London: Curzon. pp.183-199 참조). 왕이 지켜야 할 열 가지 법도는 ①āna ②sīla ③khanti ④pariccāga ⑤ajjava ⑥maddava ⑦ tapo ⑧akkodha ⑨avihiṃsā ⑩avirodhana이다(이에 대해 *Pali-English Dictionary*. 1979. Edited by T. W. Rhys Davids & William Stede. The Pali Text Society. London: Routledge & Kegan Paul; Ishii, Yoneo. 1986. *Sangha, State, and Society: Thai Buddhism in History*. Honolulu: The University of Hawai'i Press. pp.44-46 참조).

18) Dhani Nivat, Prince. 1954. "The Old Siamese Conception of the Monarchy." Selected Articles from the *Siam Society Journal*. Volume II. Bangkok: The Siam Society. pp.169-173; Wales, H. G. Quaritch. 1965. *Ancient Siamese Government and Administration*. New York: Paragon. p.19.

19) Nidhi Eoseewong. 2005. *Pen and Sail: Literature and History in Early Bangkok*. Chiang Mai: Silkworm Books. p.246, fn.20.

20) Thiphakorawong, Chaophraya. 1960. 앞 책. pp.316-318; 石井米雄. 1999. 『タイ近世史研究序說』. 東京: 岩波書店. pp.302-316.

21) Thanet Aphornsuvan. 2009. 앞의 논문. p.414.

22) Wyatt, David K. 1994a. 앞의 논문. pp.142-143.

23) Akin Rabibhadana. 1969. *The Organization of Thai Society in the Early Bangkok Period, 1782-1873*. Ithaca: Southeast Asian Program, Department of Asian Studies, Cornell University. pp.130-131; Wyatt, David K. 2003. *Thailand: A Short History*. Second Edition. Chiang Mai: Silkworm Books. p.132.

24) Wyatt, David K. 1994b. "Family Politics in Nineteenth-Century Thailand." D. K. Wyatt. *Studies in Thai History*. Chiang Mai: Silkworm Books. pp.111-119.

25) Akin Rabibhadana. 1969. 앞의 책. pp.75-76. 영어로는 'corvée system'으로 표기되는 이 제도는 흔히 '부역(賦役)제도' 혹은 '요역(徭役)제도' 등으로 설명된다. 그러나 태국의 경우 그것은 군역(軍役)도 포함하는 제도였기 때문에 '공역'이라고 표현하는 것이 타당하다.

26) Koizumi, Junko. 1996. "Manpower as the King's Property." Proceedings of the 6th International Conference on Thai Studies. 14-17 October 1996. Chiang Mai. p.168.

27) Wilson, Constance M. 1999. "The Status of Phrai and Thaat in Thailand during the Nineteenth Century." The 7th International Conference on Thai Studies. July 4-8, 1999.

Amsterdam. pp.2-3.

28) Terwiel, B. J. 2005. *Thailand's Political History: From the Fall of Ayutthaya to Recent Times*. Bangkok: River Books. p.74.

29) Wenk, Klaus. 1968. *The Restoration of Thailand under Rama I 1782-1809*. Tucson: The University of Arizona Press. pp.43-109.

30) Akin Rabibhadana. 1969. 앞의 책. p.16.

31) Wenk, Klaus. 1968. 앞의 책. pp.119-121.

32) Campos, Joachim de. 1940. "Early Portuguese Accounts of Thailand." *Journal of Thailand Research Society* 32. pp.5-6.

33) 조흥국. 2013. 「17세기 후반 태국의 무슬림 사회와 마카사르인 폭동에 관한 연구」. 『동남 아시아연구』 23, 2. pp.38-43.

34) 페르낭 브로델. 2007. 『물질문명과 자본주의 III-1: 세계의 시간 上』. 주경철 역. 서울: 까치 글방. p.31.

35) Wenk, Klaus. 1968. 앞의 책. pp.122-123.

36) Terwiel, B. J. 1979b. "Tattooing in Thailand's History." *Journal of the Royal Asiatic Society* 2. pp.158-159; Terwiel, B. J. 1983. "Bondage and Slavery in Early Nineteenth Century Siam." Anthony Reid. ed. *Slavery, Bondage and Dependency in Southeast Asia*. St Lucia: University of Queensland Press. p.124.

37) Terwiel, B. J. 2005. 앞의 책. pp.85-93.

38) Akin Rabibhadana. 1969. 앞의 책. p.168; Wyatt, David K. 2003. 앞의 책. p.145.

39) Prayut Sitthiphan. 1962. *Ton trakun khunnang thai*[태국 쿤낭 가문들의 기원]. Krung Thep: Krung Thon. pp.232-234.

40) Wyatt, David K. 1974. "A Persian Mission to Siam in the Reign of King Narai. A Book Review of 'ibn Muhammad Ibrahim, The Ship of Sulaiman, trans. from the Persian by John O'Kane'." *The Journal of the Siam Society* 62, 1. p.156; Wyatt, David K. 1994b. 앞의 논문. p.116 chart II; Chomrom Saisakun Bunnak. ed. 1999. *Sakun bunnak*[분낙 가문]. Krung Thep: Thai Watthanaphanit. pp.42-43.

41) Chula Chakrabongse. 1960. *Lords of Life: The Paternal Monarchy of Bangkok, 1782-1932*. London: Alvin Redman. pp.125-126; Akin Rabibhadana. 1969. 앞의 책. pp.101-102.

42) Terwiel, B. J. 2005. 앞의 책. p.98.

43) Matos, Luís de. 1982. "The First Portuguese Documents on Siam." The Calouste Gulbenkian Foundation on the Occasion of the Celebrations of the Second Centenary of the City of Bangkok. ed. *Thailand and Portugal: 400 Years of Friendship*. Lisbon: The Calouste Gulbenkian Foundation. pp.35, 38; Dunn, Malcolm. 1984. *Kampf um Malakka: Eine wirtschafsgeschichtliche Studie über den portugiesischen und niederländischen Kolonialismus in Südostasien*. Wiesbaden: Franz Steiner Verlag. p.123; Reid, Anthony. 1988. *Southeast Asia in the Age of Commerce 1450-1680*. Volume One: The Lands below the Winds. New Haven: Yale University Press. p.115.

44) Tregonning, K. C. 1965. *The British in Malaya: The First Forty Years 1786-1826*. Tucson: The University of Arizona Press. pp.85-88.

45) Hall, D. G. E. 1981. *A History of South-East Asia*. Fourth Edition. London: The Macmillan Press. pp.530-561, 592-608.

46) 白石隆. 2011. 『바다의 제국』. 류교열 외 역. 서울: 선인. p.29.

47) *Crawfurd Papers: A Collection of Official Records Relating to the Mission of Dr. John Crawfurd Sent to Siam by the Government of India in the Year 1821*. 1915. Bangkok: The Vajiranana Library. Republished by Gregg International Publishers in 1971. pp.150-151.

48) Chula Chakrabongse. 1960. 앞의 책. p.136.

49) Terwiel, B. J. 2005. 앞의 책. p.96.

50) Thiphakorawong, Chaophraya. 1961a. *Phraratcha phongsawadan krung rattanakosin ratchakan thi song*[라마 2세 시대 라따나꼬신 왕조의 역사]. Krung Thep: Khurusapha. pp.146-147.

51) Chula Chakrabongse. 1960. 앞의 책. p.136; Akin Rabibhadana. 1969. 앞의 책. p.141.

52) *Crawfurd Papers: A Collection of Official Records Relating to the Mission of Dr. John Crawfurd Sent to Siam by the Government of India in the Year 1821*, pp.154-156.

53) Crawfurd, John. 1967. *Journal of an Embassy to the Courts of Siam and Cochin China*. Kuala Lumpur: Oxford University Press. p.175.

54) [ ]는 역자의 부가 설명임.

55) Thiphakorawong, Chaophraya. 1960. 앞의 책. pp.345-346.

56) Wenk, Klaus. 1995. *Thai Literature: An Introduction*. Translated from the German by Erich W. Reinhold. Bangkok: White Lotus. p.32.

57) Komarakunmontri, Phraya. 1961. *Prawat chaophraya mahasena (bunnak) prawat chaophraya bodindecha (sing singhaseni) prawat chaophraya yommarat (pan sukhum)*[분낙, 싱 싱하세니, 빤 수

쿰의 전기(傳記)]. Krung Thep: Ongkankha Khong Khurusapha. pp.15-16; Wyatt, David K. 1994b. 앞의 논문. p.121; Chomrom Saisakun Bunnak. ed. 1999. 앞의 책. p.56.

58) Wyatt, David K. 2003. 앞의 책. p.152; Terwiel, B. J. 2005. 앞의 책. pp.107-108.

59) Akin Rabibhadana. 1969. 앞의 책. pp.148-149.

60) Chim Dunlayakonphithan. ed. 1970. *Sakun bunnak*[분낙 가문]. Krung Thep: Phra Dunlayakonphithan (Choet Bunnak) 장례식 기념본. pp.48-50; Wyatt, David K. 1994b. 앞의 논문. pp.120-122.

61) Wyatt, David K. 2003. 앞의 책. p.153.

62) 이 길이의 단위는 조약 초안의 영문 버전에는 "Siamese fathom", 타이어 버전에는 "wa" 로 명시되어 있음. Burney Papers. Volume I, Part III. 1910. Bangkok: The Vajiranana National Library. Republished by Gregg International Publishers in 1971. pp.385, 398.

63) Burney Papers. 앞의 책. pp.376-400.

64) Roberts, Edmund. 1972. *Embassy to the Eastern Courts of Cochin-China, Siam, and Muscat; in the U.S. Sloop-Of-War Peacock, David Geisinger, Commander, during the Years 1832-34.* Delaware: Scholarly Resources. pp.313-314. 1833년 태국과 미국 간 조약의 내용에 대해 Pallegoix, Monsignor Jean-Baptiste. 2000. *Description of the Thai Kingdom or Siam: Thailand under King Mongkut.* Translated by Walter E. J. Tips. Bangkok: White Lotus. pp.176-178 참고.

65) 라오스에서 '루앙프라방'은 타이어의 '프라(phra)'가 라오어에서는 '파(pha)'로 표기되고 발음되는 관행에 따라 '루앙파방(Louang Phabang)'으로 읽힌다. 이 책에서 라오어 용어 의 한글 표기는 라오인의 현지 발음 관행을 따른다.

66) Wenk, Klaus. 1968. 앞의 책. pp.94-100.

67) Schultze, Michael. 1994. *Die Geschichte von Laos.* Hamburg: Institut für Asienkunde. pp.65-66.

68) Vella, Walter F. 1957. *Siam under Rama III 1824-1851.* New York: J. J. Augustin. pp.78-87; 조흥국. 2012. 「라오스의 태국에 대한 역사 바로세우기」. 『전략지역심층연구 논문집 I: 인도·동남아시아』. 서울: 대외경제정책연구원. pp.421-422.

69) Vella, Walter F. 1957. 앞의 책. pp.96-102.

70) 조흥국. 2002. 「메콩강의 경제적 잠재력과 유역국가들의 상호관계에 대한 역사적 고찰」. 조흥국 외. 『메콩강과 지역협력』. 부산: 부산외국어대학교출판부. pp.39-40.

71) Vella, Walter F. 1957. 앞의 책. pp.67-77; Terwiel, B. J. 2005. 앞의 책. p.123.

72) Vella, Walter F. 1957. 앞의 책. pp.126-128.

73) Skinner, G. William. 1957. *Chinese Society in Thailand: An Analytical History*. Ithaca: Cornell University Press. pp.152-153.

74) Bastian, Adolf. 1867. *Reisen in Siam im Jahre 1863*. Jena: Hermann Costenoble. p.67.

75) Lord, Donald C. 1969. *Mo Bradley and Thailand*. Grand Rapids: William B. Eerdmans. pp.77-78.

76) Thanet Aphornsuvan. 2009. 앞의 논문. pp.407-410.

77) Goh, Robbie B. H. 2005. *Christianity in Southeast Asia*. Singapore: Institute of Southeast Asian Studies. p.9.

78) Damrong Rajanubhab, H. R. H. Prince. 1926. "The Introduction of Western Culture in Siam." *Journal of the Siam Society* 20, 2. p.95.

79) Thanet Aphornsuvan. 2009. 앞의 논문. p.423.

80) Terwiel, B. J. 2005. 앞의 책. p.153, fn.82.

81) Lord, Donald C. 1969. 앞의 책. p.80.

82) Wyatt, David K. 2003. 앞의 책. p.162; Damrong Rachanuphap.1926. *Ratcha sakunwong phra nam chaofa lae phra ongchao nai krung rattanakosin*[왕족 - 라따나꼬신 왕조 수도의 정비 및 후궁 소생 왕자들의 이름]. Krung Thep: Ho Phrasamut Wachirayan. Phra Ongchao Priyachat Sukhumphan 왕자 장례식 기념본. p.28.

83) Wyatt, David K. 2003. 앞의 책. p.162; Damrong Rachanuphap.1926. 앞의 책. p.27.

84) Damrong Rachanuphap.1929. *Prawat somdet chaophraya borom maha sisuriyawong muea kon pen phu samret ratchakan phaendin*[섭정이 되기 전 시수리야웡의 전기(傳記)]. Krung Thep: Chaofa Mahidon Adunyadet 왕자 장례식 기념본. pp.5-11.

85) Thanet Aphornsuvan. 2009. 앞의 논문. p.408.

86) Wyatt, David K. 2003. 앞의 책. pp.160-161.

87) Jiraporn Stapanawatana. 1993. "Self, Image and Society: A Case Study of King Rama III (1824-1851) of Bangkok Period." The 5th International Conference on Thai Studies. July 5-10, 1993. London: SOAS. p.6; Nidhi Eoseewong. 2005. 앞의 책. pp.243-246.

88) Thanet Aphornsuvan. 2009. 앞의 논문. p.418.

89) 조흥국. 1997. 「태국 불교의 개혁주의 운동」. 『전통과 현대』 2. pp.314-315.

90) Wilson, Constance M. 2005. "King Mongkut (r. 1851-1868) and the Creation of a

Modern Thai State." The Ninth International Conference on Thai Studies, April 3-6, 2005. Northern Illinois University. p.2.

91) Thanet Aphornsuvan. 2009. 앞의 논문. pp.421, 429.

92) Thiphakorawong, Chaophraya. 1961b. *Phraratcha phongsawadan krung rattanakosin ratchakan thi sam*[라마 3세 시대 라따나꼬신 왕조의 역사]. Krung Thep: Khurusapha. Lem 1. pp.93-95; 田辺繁治. 1973. "Chao Phraya デルタの運河開發に關する一考察(1)－Ayutthaya 朝より Ratanakosin 朝四世王治世まで."『東南アジア研究』11, 1. p.30.

93) Vella, Walter F. 1957. 앞의 책. p.19.

94) Pallegoix, Monsignor Jean-Baptiste. 2000. 앞의 책. p.171.

95) Akin Rabibhadana. 1969. 앞의 책. pp.142-143. 라마 3세 정부의 징세 청부 품목의 목록은 Roberts, Edmund. 1972. 앞의 책. pp.426-427에 실려 있다.

96) Hong Lysa. 1984. *Thailand in the Nineteenth Century: Evolution of the Economy and Society*. Singapore: Institute of Southeast Asian Studies. p.77.

97) Bowring, John. 1969. *The Kingdom and People of Siam*. Kuala Lumpur: Oxford University Press. Volume II. pp.204-205.

98) Ingram, James C. 1971. *Economic Change in Thailand 1850-1970*. Stanford: Stanford University Press. pp.19-20.

99) Bowring, John. 1969. 앞의 책. Volume I. pp.85-86.

100) Vella, Walter F. 1957. 앞의 책. pp.22-23, 127.

101) Beckmann, George M. 1965. *The Modernization of China and Japan*. First Reprint Edition. New York/Tokyo: Harper & Row/John Weatherhill. pp.125-128; 존 킹 페어뱅크. 1994.『新中國史』. 중국사연구회 역. 서울: 까치. pp.263-264.

102) Vella, Walter F. 1957. 앞의 책. pp.126-127.

103) Chula Chakrabongse. 1960. 앞의 책. p.171; Terwiel, B. J. 2005. 앞의 책. pp.129-130.

104) Vella, Walter F. 1957. 앞의 책. pp.130-140.

105) Terwiel, B. J. 2005. 앞의 책. p.132.

106) Chula Chakrabongse. 1960. 앞의 책. p.176; Terwiel, B. J. 2005. 앞의 책. p.128.

107) Smith, Malcolm. 1986. *A Physician at the Court of Siam*. Singapore: Oxford University Press. p.33.

108) Gützlaff, Karl Friedrich August. 1834. *Journal of Three Voyages along the Coast of China,*

in 1831, 1832, & 1833. with Notices of Siam, Corea, and the Loo-choo Islands, to Which is Prefixed an Introductory Essay on the Policy, Religion, etc., of China by the Rev. W. Ellis. London: F. Westley. p.28.

109) Terwiel, B. J. 2005. 앞의 책. p.132.

110) Thiphakorawong, Chaophraya. 1961b. 앞의 책. Lem 2. p.188.

제3장

1) Gützlaff, Karl Friedrich August. 1834. 앞의 책. p.27.

2) Thiphakorawong, Chaophraya. 1961b. 앞의 책. Lem 2. p.187.

3) Terwiel, B. J. 2005. 앞의 책. p.132.

4) Damrong Rachanuphap.1929. 앞의 책. pp.15-16. 추앙의 이복동생인 캄(Kham) 분낙도 몽 꿋 왕자의 강력한 지지자 가운데 한 사람이었다.

5) Damrong Rachanuphap.1929. 앞의 책. pp.11-15.

6) Thiphakorawong, Chaophraya. 1961b. 앞의 책. Lem 2. pp.186-187.

7) Jones, Robert B. 1971. *Thai Titles and Ranks Including a Translation of Traditions of Royal Lineage in Siam by King Chulalongkorn.* Data Paper No.81. Ithaca: Southeast Asia Program, Department of Asian Studies, Cornell University. pp.127-128. 기록을 보면, 솜뎃 짜오프 라야("sǒmdèd câwphrájaa") 관등이 귀족관료에게 하사된 최초의 사례는 딱신 왕이 당시 끄롬 마핫타이의 장관이었던 짜끄리, 즉 미래의 라마 1세에게 내린 경우였다.

8) Damrong Rachanuphap.1929. 앞의 책. pp.16-17; Akin Rabibhadana. 1969. 앞의 책. p.203.

9) Thiphakorawong, Chaophraya. 1961c. 앞의 책. Lem 1. pp.66-68; Chim Dunlayakonphithan. ed. 1970. 앞의 책. pp.48-50.

10) Akin Rabibhadana. 1969. 앞의 책. pp.113-114.

11) '믄'(muen)은 '10,000'의 수치를 뜻함.

12) '판'(phan)은 '1,000'의 수치를 뜻함.

13) Wales, H. G. Quaritch. 1965. 앞의 책. pp.49ff.; 조흥국. 2010. 『태국―불교와 국왕의 나라』. 3쇄. 서울: 소나무. p.32.

14) Akin Rabibhadana. 1969. 앞의 책. pp.113-114.

15) Terwiel, B. J. 2005. 앞의 책. p.138.

16) Sommot Amoraphan. 1918. *Rueang tang chaophraya nai krung rattanakosin*[라따나꼬신 왕

조의 짜오프라야 임명 이야기]. Krung Thep.pp.69-71; Damrong Rachanuphap.1929. 앞의 책. pp.16-18, 25.

17) Moffat, Abbot Low. 1961. *Mongkut, the King of Siam*. Ithaca: Cornell University Press. p.137.

18) Terwiel, B. J. 2005. 앞의 책. p.139.

19) Sommot Amoraphan. 1918. 앞의 책. pp.72-73; Chim Dunlayakonphithan. ed. 1970. 앞의 책. pp.51-58.

20) 인도의 고대 언어인 산스크리트어 혹은 팔리어의 '우빠라자(uparāja)'에서 파생한 '우빠랏'은 종종 '부왕(副王)'으로 번역되지만 사실 서열상 '왕의 다음'이라는 뜻을 갖는다. 그래서 '우빠랏'은 '차왕(次王)'이라고 옮기는 것이 더욱 정확하다.

21) Gützlaff, Karl Friedrich August. 1834. 앞의 책. pp.26-27.

22) Terwiel, B. J. 2005. 앞의 책. pp.135-136.

23) 끄롬 마핫타이는 아유타야 시대에 설립되어 처음에는 왕국의 민사 행정을 담당했다. 이 행정부처는 그 후 왕국 북부 지방의 행정을 관할하는 것으로, 그리고 18~19세기에는 북부와 동부의 행정을 관할하는 것으로 그 기능이 바뀌었다. 이에 대해 Wyatt, David K. 1969. *The Politics of Reform in Thailand: Education in the Reign of King Chulalongkorn*. New Haven and London: Yale University Press. p.392; Terwiel, B. J. 2005. 앞의 책. p.17 참고.

24) Damrong Rachanuphap.1926. 앞의 책. pp.27-28.

25) Cœdès, Georges. 1927. "English Correspondence of King Mongkut." *Journal of the Siam Society* 21, 1. pp.13-17; Moffat, Abbot Low. 1961. 앞의 책. pp.44-45; Wutthichai Munlasin. 2005. "Sonthi sanya bauring nai boribot prawattisat esia" [아시아 역사 맥락에서 본 보링 조약 체결]. *Warasan Ratchabanthit Sathan* 30, 4. pp.949-950.

26) Tarling, Nicholas. 1962. "Mission of Sir John Bowring." *The Journal of the Siam Society* 50, 2. p.93.

27) Damrong Rachanuphap.1929. 앞의 책. pp.21-25.

28) 보링조약의 주요 내용은 이 책의 부록 첫 번째 문서에 번역되어 있다.

29) Terwiel, B. J. 2005. 앞의 책. p.147.

30) Hong Lysa. 1984. 앞의 책. p.68; Terwiel, B. J. 2005. 앞의 책. p.149.

31) Wyatt, David K. 2003. 앞의 책. pp.170-171.

32) Damrong Rachanuphap.1951. *Chumnum phra niphon somdet krom phraya damrong rachanuphap*[담롱 왕자의 문집(文集)]. 2 Phak. Krung Thep: Khlang Witthaya. Phak 2.

pp.553-559; Damrong Rajanubhab, H. R. H. Prince. 1926. 앞의 논문. p.97.

33) Wilson, Constance M. 2005. 앞의 논문. pp.9-10.

34) Hong Lysa. 1984. 앞의 책. pp.77-82.

35) Thiphakorawong, Chaophraya. 1961c. 앞의 책. Lem 2. pp.141-142; Damrong Rachanu-phap.1929. 앞의 책. p.26; Wyatt, David K. 2003. 앞의 책. p.169; Terwiel, B. J. 2005. 앞의 책. p.163.

36) Terwiel, B. J. 1991. "The Bowring Treaty: Imperialism and the Indigenous Perspective." *The Journal of the Siam Society* 79, 2. p.44.

37) Damrong Rachanuphap.1929. 앞의 책. p.26; Thiphakorawong, Chaophraya. 1961c. 앞의 책. Lem 1. pp.181-182; Lem 2. pp.6-9.

38) Hong Lysa. 1984. 앞의 책. p.85.

39) Rong Syamananda. 1981. *A History of Thailand*. Bangkok: Chulalongkorn University. p.116.

40) Rosenberg, Klaus. 1980. 앞의 책. pp.33-34.

41) Vella, Walter F. 1955. *The Impact of the West on Government in Thailand*. Berkeley and Los Angeles: University of California Press. p.334.

42) Smith, Malcolm. 1986. 앞의 책. pp.40-41.

43) Griswold, A. B. 1961. *King Mongkut of Siam*. New York: The Asia Society. p.44; Terwiel, B. J. 2005. 앞의 책. pp.157-158.

44) Landon, Margaret. 1956. *Anna and the King of Siam*. An Abridged Edition. New York: Pocket Books. pp.ix-x.

45) Thiphakorawong, Chaophraya. 1961c. 앞의 책. Lem 1. pp.178-179; Chim Dunlayakon-phithan. ed. 1970. 앞의 책. pp.51-53, 62-63.

46) Thiphakorawong, Chaophraya. 1961c. 앞의 책. Lem 1. p.235.

47) Terwiel, B. J. 2005. 앞의 책. pp.152-153.

48) Osborne, Milton. 1996. *River Road to China: The Search for the Source of the Mekong, 1866-73*. Singapore: Archipelago. pp.37-38.

49) Steinberg, David Joel, ed. 1989. *In Search of Southeast Asia: A Modern History*. Revised Edition. Sydney: Allen & Unwin. pp.133-134.

50) Fieldhouse, David K. 1965. *Die Kolonialreiche seit dem 18. Jahrhundert*. Frankfurt am Main: Fischer Taschenbuch Verlag. p.166.

51) Osborne, Milton. 1996. 앞의 책. pp.40-44.

52) Kennedy, J. 1962. *A History of Malaya A.D. 1400-1959*. London: Macmillan. pp.119-121.

53) Thiphakorawong, Chaophraya. 1961c. 앞의 책. Lem 2. pp.26-29, 35; Moffat, Abbot Low. 1961. 앞의 책. pp.104-112; Steinberg, David Joel, ed. 앞의 책. 1989. p.145.

54) Steinberg, David Joel, ed. 1989. 앞의 책. p.126.

55) Chandler, David p.1993. *A History of Cambodia*. St. Leonards: Allen & Unwin. pp.135-136.

56) Steinberg, David Joel, ed. 1989. 앞의 책. p.126.

57) Pensri Duke. 1962. *Les relations entre la France et la Thailande(Siam) au XIXe siècle d'après les archives étrangères*. Bangkok: Chalermnit. pp.26-27.

58) Chandler, David p.1993. 앞의 책. p.141.

59) Terwiel, B. J. 2005. 앞의 책. p.154.

60) Thiphakorawong, Chaophraya. 1961c. 앞의 책. Lem 2. pp.99, 110-111; Moffat, Abbot Low. 1961. 앞의 책. pp.112-125.

61) Likhit Dhiravegin. 1975. *Siam and Colonialism (1855-1909): An Analysis of Diplomatic Relations*. Bangkok: Thai Watana Panich. pp.22-23; Wyatt, David K. 2003. 앞의 책. p.170; Terwiel, B. J. 2005. 앞의 책. pp.154-156.

62) Akin Rabibhadana. 1969. 앞의 책. pp.45-46, 51.

63) Ongkankha Khong Khurusapha. ed. 1960. *Prachum prakat ratchakan thi si: pho so 2394-2400*[라마 4세 시대 포고문 집성(集成)-1851-1857년]. Krung Thep: Ongkankha Khong Khurusapha. pp.281-287.

64) Chula Chakrabongse. 1960. 앞의 책. p.190.

65) Attachak Sattayanurak. 2001. "Intellectual Origins of Strong Kingship (Part 2)." *Journal of the Siam Society* 89, 1-2. p.14.

66) Moffat, Abbot Low. 1961. 앞의 책. p.35; Akin Rabibhadana. 1969. 앞의 책. pp.44-46; Rosenberg, Klaus. 1980. 앞의 책. pp.100-102.

67) Thiphakorawong, Chaophraya. 1961c. 앞의 책. Lem 2. p.138; Wales, H. G. Quaritch. 1931. *Siamese State Ceremonies: Their History and Function*. London: Bernard Quaritch. pp.193-198; Thiphaakorawong, Cawphrajaa. 1973. *The Dynastic Chronicles Bangkok Era*

The Fourth Reign. Volume Four: Annotations and Commentary, Appendixes, Bibliography. Translated by Chadin (Kanjanavanit) Flood with the Assistance of E. Thadeus Flood. Tokyo: The Centre for East Asian Cultural Studies. p.250; Dhani Nivat, Prince. 1954. 앞의 논문. p.103; Griswold, A. B. 1961. 앞의 책. pp.31-32.

68) Ongkankha Khong Khurusapha. ed. 1961a. *Prachum prakat ratchakan thi si: pho so 2401-2404*[라마 4세 시대 포고문 집성(集成)-1858-1861년]. Krung Thep: Ongkankha Khong Khurusapha. p.4.

69) 몽꿋 왕의 포고문은 다음의 문헌에 실려 있다. Ongkankha Khong Khurusapha. ed. 1960. 앞의 책; Ongkankha Khong Khurusapha. ed. 1961a. 앞의 책; Ongkankha Khong Khurusapha. ed. 1961b. *Prachum prakat ratchakan thi si: pho so 2405-2408*[라마 4세 시대 포고문 집성(集成)-1862-1865년]. Krung Thep: Ongkankha Khong Khurusapha; Ongkankha Khong Khurusapha. ed. 1961c. *Prachum prakat ratchakan thi si: pho so 2408-2411*[라마 4세 시대 포고문 집성(集成)-1865-1868년]. Krung Thep: Ongkankha Khong Khurusapha.

70) Thanet Aphornsuvan. 2009. 앞의 논문. pp.425-426.

71) '비아왓'에 대해 Wales, H. G. Quaritch. 1965. 앞의 책. p.42 참조.

72) Ongkankha Khong Khurusapha. ed. 1960. 앞의 책. pp.19-20.

73) Mongkut, King. 1977a. "Royal Command Concerning the Royal Decree on the Royal Bestowal of Real Estate, Promulgated on 7 April 1861." Chatthip Nartsupha and Suthy Prasartset. eds. *Socio-Economic Institutions and Cultural Change in Siam, 1851-1910: A Documentary Survey.* Singapore: Institute of Southeast Asian Studies in Co-operation with the Social Science Association of Thailand. pp.1-3.

74) Ongkankha Khong Khurusapha. ed. 1961c. 앞의 책. pp.76-81. 이 법령의 영문 번역은 Mongkut, King. 1977c. "Proclamation of the Royal Decree Regarding Husbands Selling Wives and Parents Selling Children, Dated 27 March 1868." Chatthip Nartsupha and Suthy Prasartset. eds. *Socio-Economic Institutions and Cultural Change in Siam, 1851-1910: A Documentary Survey.* Singapore: Institute of Southeast Asian Studies in Co-operation with the Social Science Association of Thailand, pp.57-60에 있다. 이 법령에 대한 비교적 상세한 연구는 Koizumi, Junko. 2000. "From a Water Buffalo to a Human Being: Women and the Family in Siamese History." Barbara Watson Andaya. ed. *Other Pasts: Women, Gender and History in Early Modern Southeast Asia.* Honolulu: Center for Southeast Asian Studies, University of Hawai'i at Mânoa 참조.

75) Akin Rabibhadana. 1969. 앞의 책. pp.51-52.

76) Wyatt, David K. 2003. 앞의 책. pp.160-162.

77) Thiphakorawong, Chaophraya. 1961c. 앞의 책. Lem 1. p.6.

78) Terwiel, B. J. 2005. 앞의 책. pp.161-162에서 재인용.

79) Thanet Aphornsuvan. 2009. 앞의 논문. p.413.

80) Tarling, Nicholas. 1962. 앞의 논문. p.96.

81) Terwiel, B. J. 2005. 앞의 책. pp.141-146.

82) Damrong Rachanuphap.1929. 앞의 책. p.27.

83) Terwiel, B. J. 2005. 앞의 책. pp.146-148, 150-152.

84) Terwiel, B. J. 2005. 앞의 책. p.148에서 재인용.

85) Prayun Phitsanakha. 1962. *50 Chaophraya haeng krung rattanakosin*[라따나꼬신 왕조의 50
명 짜오프라야]. Krung Thep: Khlangwitthaya. p.88; Terwiel, B. J. 2005. 앞의 책. p.156.

86) Ongkankha Khong Khurusapha. ed. 1961b. 앞의 책. p.43.

87) Attachak Sattayanurak. 2001. 앞의 논문. p.13.

88) Ongkankha Khong Khurusapha. ed. 1961b. 앞의 책. p.209.

89) Attachak Sattayanurak. 2001. 앞의 논문. pp.13-16.

90) Damrong Rachanuphap.1926. 앞의 책. pp.30-31; Terwiel, B. J. 2005. 앞의 책. p.156.

91) Damrong Rachanuphap.1929. 앞의 책. pp.27-29.

92) Terwiel, B. J. 2005. 앞의 책. pp.156-157.

93) Wilson, Constance M. 2005. 앞의 논문. pp.1-2.

94) Wyatt, David K. 1994b. 앞의 논문. pp.120-121.

95) Akin Rabibhadana. 1969. 앞의 책. p.174.

96) 이 책의 부록에 실린 두 번째 문서 「공역(公役)에 대한 요구: 프라이 루앙 문제에 대해 몽
꿋 왕이 1857년 고위 관료들에게 보낸 견해」 참조.

97) Akin Rabibhadana. 1969. 앞의 책. p.133.

98) Wales, H. G. Quaritch. 1965. 앞의 책. pp.41, 187-189, 224-225; Akin Rabibhadana.
1969. 앞의 책. p.134.

99) Wyatt, David K. 2003. 앞의 책. pp.171-173.

제4장

1) Terwiel, B. J. 2005. 앞의 책. p.161.

2) Thai Noi and Udom Pramuanwitthaya. 1961. *30 chaophraya*[30명의 짜오프라야]. Thonburi. pp.225-231.

3) Dhaninivat, Prince. 1954. "The Reign of King Chulalongkorn." *Journal of World History* 2, 2. pp.449-450.

4) Damrong Rachanuphap.1926. 앞의 책. pp.27-30.

5) Chomrom Saisakun Bunnak. ed. 1999. 앞의 책. pp.42-126; Wyatt, David K. 1994b. 앞의 논문. p.116 chart II.

6) Thai Noi and Udom Pramuanwitthaya. 1961. 앞의 책. pp.119-120, 211-212, 222-224, 232-233, 242-243.

7) Chim Dunlayakonphithan. ed. 1970. 앞의 책. p.53. 끄롬 깔라홈에서 프라야 시손랏차팍디 관직이 관장하는 업무에 대해서는 Wales, H. G. Quaritch. 1965. 앞의 책. p.87 참조.

8) Thai Noi and Udom Pramuanwitthaya. 1961. 앞의 책. pp.282-284.

9) Chim Dunlayakonphithan. ed. 1970. 앞의 책. pp.52-58; Terwiel, B. J. 2005. 앞의 책. p.173.

10) Chulalongkorn. 1957. *Phra borom ratchowat*[왕의 훈유(訓喩)]. Krung Thep.p.14. 이 편지의 영문 번역은 Dhaninivat, Prince. 1954. 앞의 논문. pp.450-451 참고.

11) Wyatt, David K. 1969. 앞의 책. pp.65-70; Terwiel, B. J. 2005. 앞의 책. p.176.

12) Wyatt, David K. 1969. 앞의 책. pp.40-41.

13) Terwiel, B. J. 2005. 앞의 책. p.177.

14) Wyatt, David K. 1969. 앞의 책. pp.41, 70-72.

15) Battye, Noel Alfred. 1974. "The Military, Government and Society in Siam, 1868-1910: Politics and Military Reform during the Reign of King Chulalongkorn." Ph.D. dissertation. Cornell University. p.129.

16) Thai Noi and Udom Pramuanwitthaya. 1961. 앞의 책. pp.285-286, 298-307, 313; Battye, Noel Alfred. 1974. 앞의 논문. pp.115-117, 126, 131, 217-218.

17) Battye, Noel Alfred. 1974. 앞의 논문. pp.122, 137-138; Terwiel, B. J. 2005. 앞의 책. p.178.

18) Attachak Sattayanurak. 2001. 앞의 논문. pp.18-20.

19) Damrong Rajanubhab, H. R. H. Prince. 1926. 앞의 논문. p.100.

20) Thai Noi and Udom Pramuanwitthaya. 1961. 앞의 책. pp.286-287.

21) '랏타몬뜨리'(ratthamontri)는 '대신(大臣)', '각료(閣僚)' 등을 뜻하므로, '랏타몬뜨리 사파' 는 문자대로 번역할 경우 '각료회의' 등으로 번역하는 것이 타당할 것이다. 그러나 '랏타 몬뜨리 사파'에 장관은 한 명도 없었으며, 또 '랏타몬뜨리 사파'의 영어 개념으로 'Council of State'를 사용했다는 점을 중시하여, 이 글에서는 '국가평의회'로 번역한다.

22) Thai Noi and Udom Pramuanwitthaya. 1961. 앞의 책. pp.211-212, 249-273; Battye, Noel Alfred. 1974. 앞의 논문. pp.153-154, 179; Rosenberg, Klaus. 1978. "Das Thema 'Eintracht' im thailändischen Schrifttum der Epoche König Culalongkons(r. 1868-1910)." *Oriens Extremus* 25, 1. pp.98-101.

23) Danai Chaiyotha. 2007. *Prawattisat thai: yuk krung thonburi thueng krung rattanakosin*[태국 역사: 톤부리 시대부터 라따나꼬신 시대까지]. Reprinted. Krung Thep: Odian Sato. pp.160-161; Prachoom Chomchai. 1965. *Chulalongkorn the Great*. Tokyo: The Centre for East Asian Cultural Studies. pp.31-43; Engel, David M. 1975. *Law and Kingship in Thailand during the Reign of King Chulalongkorn*. Ann Arbor: Center for South and Southeast Asian Studies, The University of Michigan. pp.33-42; Battye, Noel Alfred. 1974. 앞의 논문. p.156.

24) 한국의 조선 시대에 서울의 행정과 사법을 담당한 '한성부(漢城府)'에 해당하는 행정부처.

25) Wyatt, David K. 1969. 앞의 책. pp.52-54; Battye, Noel Alfred. 1974. 앞의 논문. pp.154-155.

26) Battye, Noel Alfred. 1974. 앞의 논문. p.155; Terwiel, B. J. 2005. 앞의 책. p.180.

27) Prachoom Chomchai. 1965. 앞의 책. pp.50-65. 이 칙령은 이 책 부록의 세 번째 문서인 「노 예 및 평민 자식의 속량 연령 확정에 관한 법령」(1874년 8월 21일 공포)에 번역되어 있다.

28) Thai Noi and Udom Pramuanwitthaya. 1961. 앞의 책. p.286; Chula Chakrabongse. 1960. 앞의 책. p.227; Prachoom Chomchai. 1965. 앞의 책. p.36.

29) Wyatt, David K. 1969. 앞의 책. pp.43-45.

30) Davids, T. W. Rhys and William Stede. eds. 1979. *The Pali Text Society's Pali-English Dictionary*. London: The Pali Text Society.

31) Wyatt, David K. 1969. 앞의 책. p.45; Battye, Noel Alfred. 1974. 앞의 논문. p.149.

32) Attachak Sattayanurak. 2001. 앞의 논문. p.22에서 재인용.

33) Attachak Sattayanurak. 2001. 앞의 논문. p.22에서 재인용.

34) Battye, Noel Alfred. 1974. 앞의 논문. p.132, 157, fn.56.

35) Wyatt, David K. 1969. 앞의 책. pp.46-47.

36) Wyatt, David K. 1969. 앞의 책. pp.47-48; Battye, Noel Alfred. 1974. 앞의 논문. pp.156, 174.

37) Battye, Noel Alfred. 1974. 앞의 논문. pp.105, 161-166, 169-171, 189.

38) Wyatt, David K. 1969. 앞의 책. p.58.

39) Van Vliet, Jeremias. 1938. "Historical Account of Siam." Translated by W. H. Mundie. *Journal of the Siam Society* 30, 2. p.96.

40) Kaempfer, Engelbert. 1987. *A Description of the Kingdom of Siam 1690*. Bangkok: White Orchid. p.36.

41) Ratchabandit Sathan. ed. 2007. 앞의 책. Lem 2. pp.258-259.

42) Hutchinson, E. W. 1968. *1688 Revolution in Siam: The Memoir of Father de Bèze, s.j.* Hong Kong: Hong Kong University Press. pp.29-30.

43) La Loubère, Simon de. 1987. *Du Royaume de Siam*. In: Michel Jacq-Hergoualc'h. *Étude Historique et Critique du Livre de Simon de La Loubère "Du Royaume de Siam."* Paris: Editions Recherche Sur Les Civilisations. p.347.

44) 소병국·조흥국. 2004. 『불교군주와 술탄—태국과 말레이시아 왕권의 역사』. 서울: 전통과 현대. pp.44-45.

45) Battye, Noel Alfred. 1974. 앞의 논문. pp.172-180.

46) Terwiel, B. J. 2005. 앞의 책. p.183에서 재인용.

47) Battye, Noel Alfred. 1974. 앞의 논문. pp.180-188.

48) Battye, Noel Alfred. 1974. 앞의 논문. pp.183-188, 190-191, 198.

49) 1월 5일과 8일에는 프랑스 군함과 영국 군함이 짜오프라야 강에 들어와 정박했으나, 나중에 밝혀진 것처럼 군사적 개입의 목적으로 온 것은 아니었다. 이에 대해 Battye, Noel Alfred. 1974. 앞의 논문. pp.196, 199 참조.

50) Battye, Noel Alfred. 1974. 앞의 논문. pp.194-196, 199, 209.

51) Battye, Noel Alfred. 1974. 앞의 논문. pp.198-205.

52) Wyatt, David K. 2003. 앞의 책. pp.178-179.

53) Wyatt, David K. 1969. 앞의 책. p.52, fn.36.

54) Wyatt, David K. 1969. 앞의 책. p.61.

55) Hong Lysa. 2008. "Invisible Semicolony: The Postcolonial Condition and Royal National

History in Thailand." *Postcolonial Studies* 11, 3. pp.320-321.

56) Battye, Noel Alfred. 1974. 앞의 논문. pp.212-216a.

57) Wyatt, David K. 1969. 앞의 책. pp.76-78, 109.

58) Krom Sinlapakon. 1982a. *Sinlapa watthanatham thai. Lem 4: Wat samkhan krung rattanakosin* [태국의 예술과 문화. 제4권: 방콕의 주요 불교 사원들]. Krung Thep: Krom Sinlapakon. pp.36-40; Krom Sinlapakon. 1982b. *Chotmaihet kan buranapatisangkhon wat phra si rattanasatsadaram lae phra borom maharatchawang nai kan chalong phra nakhon khrop 200 pi phutthasakkarat 2525. Phak thi 1: Wat phra si rattanasatsadaram*[불력(佛曆) 기원 2525년, 왓 프라깨오와 왕궁의 보수에 대한 수도 창건 200주년 경축 기념 기록문집. 제1부: 왓 프라깨오]. Krung Thep: Krom Sinlapakon. pp.2-17, 60-69; Bock, Carl. 1884. *Temples and Elephants: The Narrative of a Journey of Exploration through Upper Siam and Lao*. London: Sampson Low, Marston, Searle & Rivington. pp.385-391.

59) Wyatt, David K. 1969. 앞의 책. p.83에서 재인용.

60) Chim Dunlayakonphithan. ed. 1970. 앞의 책. pp.67-69; Terwiel, B. J. 2005. 앞의 책. p.187.

61) Terwiel, B. J. 2005. 앞의 책. p.188.

62) Surasakmontri, Chaophraya. 1961. *Prawatkan khong chaophraya surasakmontri. Lem 1*[짜오프라야 수라삭몬뜨리의 역사－제1권]. Krung Thep: Ongkankha Khong Khurusapha. pp.61-65; Thai Noi and Udom Pramuanwitthaya. 1961. 앞의 책. pp.315-325; Manich Jumsai. 1977. *Prince Prisdang's Files on His Diplomatic Activities in Europe, 1880-1886*. Bangkok: Chalermnit. pp.236-245; Terwiel, B. J. 2005. 앞의 책. pp.187-188; Wyatt, David K. 1969. 앞의 책. pp.88-89.

63) Damrong Rachanuphap.1926. 앞의 책. pp.31-32, 52.

64) Surasakmontri, Chaophraya. 1961. 앞의 책. pp.65-80; Thai Noi and Udom Pramuanwitthaya. 1961. 앞의 책. pp.293, 319-325; Manich Jumsai. 1977. 앞의 책. p.7; Terwiel, B. J. 2005. 앞의 책. p.189.

65) '끄롬 아사'에 대해 Chulalongkorn. 1927. *Phraratcha damrat nai phrabat somdet phra chulachom klao chaoyuhua song thalaeng phraborom ratchathibai kaekhai kan pokkhrong phaendin*[국가 행정 개혁에 대한 라마 5세의 설명]. Krung Thep: Sophana Phiphatthanakon. pp.46-48; Wales, H. G. Quaritch. 1965. 앞의 책. pp.144-146 참조.

66) '끄롬 프라 수랏사와디'에 대해 Wales, H. G. Quaritch. 1965. 앞의 책. pp.93-98 참조.

67) Battye, Noel Alfred. 1974. 앞의 논문. pp.222-235.

68) Terwiel, B. J. 2005. 앞의 책. p.190, fn.76.

69) Battye, Noel Alfred. 1974. 앞의 논문. pp.235-238. 쩜 생 추또는 자신이 권력을 탐하고 있
다는 주변의 의심에서 벗어나기 위해 1884년 관직에서 물러났다. 그의 적들과 그를 시기
하는 자들은 그가 군사 분야뿐만 아니라 민사 분야에서도 헌신적으로 일하는 것을 어떤 다
른 의도가 있는 것으로 보았다. 끄롬 아사의 새로운 대장으로 펭 펜꾼이 임명되었다. 이로
써 쩜이 성취시키려 노력했던 근위 보병대의 근대화는 중단되었다. 이에 대해 Battye, Noel
Alfred. 1974. 앞의 논문. pp.239-243 참조.

70) Terwiel, B. J. 2005. 앞의 책. p.194.

71) Prachoom Chomchai. 1965. 앞의 책. p.145.

72) Wyatt, David K. 1969. 앞의 책. p.87, fn.8.

73) Battye, Noel Alfred. 1974. 앞의 논문. pp.249-250.

74) Battye, Noel Alfred. 1974. 앞의 논문. pp.151-152, 171, 230.

75) Terwiel, B. J. 2005. 앞의 책. pp.194-196.

76) Fieldhouse, David K. 1965. 앞의 책. pp.175-178.

77) Chesneaux, Jean. 1963. *Geschichte Vietnams. Übertragen von Ernst-Ulrich Kloock*. Berlin:
Rütten & Loening. pp.134-142; Chandler, David p.1993. 앞의 책. pp.115ff.

78) Htin Aung, Maung. 1967. *A History of Burma*. New York: Columbia University Press.
pp.225ff.; SarDesai, D. R. 1997. *Southeast Asia, Past & Present*. 4th Edition. Boulder:
Westview Press. pp.100-109.

79) Sumet Jumsai. 2004. "Prince Prisdang and the Proposal for the First Siamese
Constitution, 1885." *The Journal of the Siam Society* 92. p.106.

80) Sumet Jumsai. 2004. 앞의 논문. p.108.

81) Sumet Jumsai. 2004. 앞의 논문. p.111.

82) Damrong Rachanuphap.1926. 앞의 책. pp.38-39.

83) Thai Noi. 1961. *50 Bukkhon samkhan*[50명의 중요한 인물]. Lem 2. Krung Thep. p.631;
Damrong Rachanuphap.1966. *Khwam song cham*[회고]. Krung Thep. pp.172-173;
Mothayakon. ed. 1971. 앞의 책. pp.472-473; Manich Jumsai. 1977. 앞의 책. pp.4-7; Sumet
Jumsai. 2004. 앞의 논문. p.107.

84) Sommot Amoraphan. 1929. *Rueang chaloem phra yot chaonai*[왕자들의 임관 경축 이야기].
Krung Thep. pp.162-163; Thai Noi. 1961. 앞의 책. pp.631-636; Mothayakon. ed. 1971.

앞의 책. pp.362-363, 414, 473-474; Manich Jumsai. 1976. *Documentary Thai History and Thai-Deutsche freundschaftliche Verhaeltnisse being Brief Reports of Research for Old Thai Historical Documents in the Cellar of the Thai Embassy in Paris.* Bangkok: Chalermnit. pp.25-26; Manich Jumsai. 1977. 앞의 책. pp.7-13, 18-28; Sumet Jumsai. 2004. 앞의 논문. p.108; Terwiel, B. J. 2005. 앞의 책. pp.191-192.

85) 건의문의 주요 내용 분석을 Sumet Chumsai Na Ayutthaya et al. 2007. *Phraongchao pritsadang lae khosanoe kiaokap ratthathamnun chabap raek pho so 2427*[쁘릿사당 왕자와 불력(佛曆) 기원 2427년 헌법에 관한 최초의 건의]. Thonburi: Sathaban Phrapokklao. pp.25-42와 비교.

86) Fraenkel, Ernst and Karl Dietrich Bracher. eds. 1958. *Staat und Politik.* Frankfurt: Fischer. p.275.

87) 이에 대해 Görlitz, Axel. ed. 1972. *Handlexikon zur Politikwissenschaft.* München: Ehrenwirth. p.255 참조.

88) '마하 쁘라탄(maha prathan).' '마하'는 '대(大)'를 뜻하며, '쁘라탄'은 '한 무리의 대표나 우두머리'를 가리킨다.

89) Chula Chakrabongse. 1960. 앞의 책. p.261.

90) Wales, H. G. Quaritch. 1965. 앞의 책. pp.138-139; Battye, Noel Alfred. 1974. 앞의 논문. pp.10-28.

91) Akin Rabibhadana. 1969. 앞의 책. p.49.

92) Dhani Nivat, Prince. 1954. 앞의 논문. pp.91-106.

93) Terwiel, B. J. 2005. 앞의 책. p.153.

94) Umemoto, Diane L. 1983. "The World's Most Civilized Chew." *Asia* July/August. p.27; Reid, Anthony. 1988. 앞의 책. pp.43-44.

95) Mead, Kullada Kesboonchoo. 2004. *The Rise and Decline of Thai Absolutism.* London: Routledge Curzon. pp.101, 110.

96) '뚤라위팍폿짜나낏'은 '균형 잡힌 분석 및 강론'을 뜻한다.

97) Rosenberg, Klaus. 1978. 앞의 논문. p.106.

98) McFarland, George Bradley. ed. 1928. *Historical Sketch of Protestant Missions in Siam 1828-1928.* Bangkok: Bangkok Times. pp.27, 32-33.

99) Mead, Kullada Kesboonchoo. 2004. 앞의 책. pp.108-109.

100) Mead, Kullada Kesboonchoo. 2004. 앞의 책. p.110.

101) Rosenberg, Klaus. 1978. 앞의 논문. pp.106-107.

102) Rosenberg, Klaus. 1978. 앞의 논문. pp.107-108.

103) Rosenberg, Klaus. 1980. 앞의 책. p.95.

104) Thian Wan. 1975a. "Wa duai samai rue wela"[시대 혹은 시간에 관하여]. Chaianan Samutthawanit and Khattiya Kannasut. eds. *Ekasan kanmueang kanpokkhrong thai phutthasakkarat 2417-2477*[1874-1934년 태국 정치 및 통치 문서]. Krung Thep: Thai Watthanaphanit. p.148.

105) Mead, Kullada Kesboonchoo. 2004. 앞의 책. p.121에서 재인용.

106) Thian Wan. 1975b. "Wa duai khwam fan lamoe tae mi chai nonlap"[잠자지도 않으면서 꿈꾸고 잠꼬대하는 것에 관하여]. Chaianan Samutthawanit and Khattiya Kannasut. eds. *Ekasan kanmueang kanpokkhrong thai phutthasakkarat 2417-2477*[1874-1934년 태국 정치 및 통치 문서]. Krung Thep: Thai Watthanaphanit. p.142.

107) '빨리멘', 영어의 parliament.

108) Thian Wan. 1975b. 앞의 글. pp.142-146.

109) Rosenberg, Klaus. 1980. 앞의 책. p.97.

110) '멤버 옵 빨리멘', 영어의 member of parliament.

111) Chulalongkorn. 1927. 앞의 글. pp.62-63.

112) Murashima, Eiji. 1988. "The Origin of Modern Official State Ideology in Thailand." *Journal of Southeast Asian Studies* 19, 1. p.86에서 재인용.

113) Ishii, Yoneo. 1986. 앞의 책. pp.150-151.

114) '탐마삿 위닛차이'는 '법학 연구'를 뜻한다.

115) '찻 타이(chat thai).'

116) Murashima, Eiji. 1988. 앞의 논문. pp.87-88에서 재인용.

117) Girling, John L. S. 1981. *Thailand: Society and Politics*. Ithaca: Cornell University Press. p.139.

118) Reynolds, Frank E. 1978. "Legitimation and Rebellion: Thailand's Civic Religion and the Student Uprising of October, 1973." Bardwell L. Smith, ed. *Religion and Legitimation of Power in Thailand, Laos, and Burma*. Chambersburg: Anima Books. p.135.

119) Chulalongkorn. 1975b. "Phraborom rachathibai wa duai samakkhi kaekhwam nai khatha thi mi nai am phaendin" [단결에 대한 국왕의 설명과 국가의 문장(紋章)에 있는

격언에 대한 해석]. Chaianan Samutthawanit and Khattiya Kannasut. eds. 1975. Ekasan kanmueang kanpokkhrong thai phutthasakkarat 2417-2477 [1874-1934년 태국 정치 및 통치 문서]. Krung Thep: Thai Watthanaphanit. pp.163, 167-168.

120) Rosenberg, Klaus. 1978. 앞의 글. pp.94-118; Rosenberg, Klaus. 1980. 앞의 책. pp.89-96.

121) Chulalongkorn. 1975b. 앞의 글. pp.161-162. 라마 5세의 1903년 글의 이 부분에 관한 해 석은 Rosenberg, Klaus. 1978. 앞의 논문. pp.110-112와 Rosenberg, Klaus. 1980. 앞의 책. p.98 참조.

122) Damrong Rachanuphap.1926. 앞의 책. p.76; Battye, Noel Alfred. 1974. 앞의 논문. pp.270-272.

123) Damrong Rachanuphap.1926. 앞의 책. p.79; Chula Chakrabongse. 1960. 앞의 책. pp.299-300.

124) Wyatt, David K. 2003. 앞의 책. p.185.

125) Damrong Rachanuphap.1961. 앞의 책. pp.127-130; Wyatt, David K. 1969. 앞의 책. pp.91-93; Siffin, William J. 1966. *The Thai Bureaucracy: Institutional Change and Development*. Honolulu: University of Hawai'i, East-West Center. pp.58-59.

126) Chulalongkorn. 1927. 앞의 글. pp.1-59. 라마 5세의 국가 행정 개혁에 관한 글의 요약은 Engel, David M. 1975. 앞의 책. pp.17-24 참조.

127) Siffin, William J. 1966. 앞의 책. p.60.

128) Damrong Rachanuphap.1961. 앞의 책. pp.130-137.

129) Battye, Noel Alfred. 1974. 앞의 논문. p.274.

130) Wyatt, David K. 1969. 앞의 책. p.94.

131) Wyatt, David K. 2003. 앞의 책. p.192.

132) Attachak Sattayanurak. 2001. 앞의 논문. pp.23-24.

133) Thiphaakorawong, Cawphrajaa. 1967. *The Dynastic Chronicles Bangkok Era The Fourth Reign*. Volume Three: Annotations and Commentary. Translated by Chadin (Kanjanavanit) Flood with the Assistance of E. Thadeus Flood. Tokyo: The Centre for East Asian Cultural Studies. pp.31-32. 1등급은 나콘시탐마랏, 핏사눌록(Phitsanulok), 나콘랏차시 마(Nakhon Ratchasima), 2등급은 사완칼록(Sawankhalok), 깜팽펫(Kamphaengphet), 펫차분(Phetchabun), 수코타이 등이다. 3등급의 주요 지방은 롭부리(Lopburi), 펫차부 리, 랏차부리, 쁘라찐부리, 수판부리(Suphanburi), 짠타부리(Chanthaburi), 깐짜나부리 (Kanchanaburi), 촌부리(Chonburi), 나콘사완(Nakhonsawan), 나콘나욕(Nakhonnayok),

우타이타니(Uthaithani), 차청사오(Chachoengsao), 나콘차이시(Nakhonchaisi), 라용(Rayong), 빡남 등이다. 4등급은 보다 작고 덜 중요한 곳이다.

134) Bunnag, Tej. 1977. *The Provincial Administration of Siam 1892-1915*. Oxford: Oxford University Press. pp.17-18.

135) Ratchabandit Sathan. ed. 2007. 앞의 책. Lem 2. pp.762-765.

136) '왕 랏차타니'는 북쪽으로는 방콕에서 롭부리까지, 동쪽으로는 나콘나욕까지, 서쪽으로는 수판부리까지, 남쪽으로는 프라쁘라댕(Phra Pradaeng)까지의 지역을 포함하는 것으로 인식되었다. Bunnag, Tej. 1977. 앞의 책. p.18.

137) Bunnag, Tej. 1977. 앞의 책. pp.19-22.

138) Siffin, William J. 1966. 앞의 책. pp.31-32.

139) Bunnag, Tej. 1977. 앞의 책. pp.22-34.

140) McGilvary, Daniel. 2002. *A Half Century among the Siamese and the Lao: An Autobiography*. Bangkok: White Lotus. pp.191-192.

141) Bunnag, Tej. 1977. 앞의 책. pp.26-37.

142) Vella, Walter F. 1957. 앞의 책. p.60.

143) Graham, W. A. 1912. *Siam: A Handbook of Practical, Commercial, and Political Information*. London: Alexander Moring. p.391.

144) Bunnag, Tej. 1977. 앞의 책. pp.62-64.

145) Bunnag, Tej. 1977. 앞의 책. pp.67-72.

146) Thongchai Winichakul. 1994. *Siam Mapped: A History of the Geo-Body of a Nation*. Chiang Mai: Silkworm. p.119.

147) Bunnag, Tej. 1977. 앞의 책. p.72.

148) Graham, W. A. 1912. 앞의 책. pp.252-253.

149) Bunnag, Tej. 1977. 앞의 책. pp.82-83, 88, 92-93.

150) Bunnag, Tej. 1977. 앞의 책. pp.99-103.

151) Bunnag, Tej. 1977. 앞의 책. pp.105-106, 113-118.

152) Bunnag, Tej. 1977. 앞의 책. pp.118-125.

153) Graham, W. A. 1912. 앞의 책. p.208.

154) Ramsay, James Ansil. 1976. "Modernization and Centralization in Northern Thailand,

1875-1910." *Journal of Southeast Asian Studies* 7, 1. p.29.

155) Ramsay, James Ansil. 1976. 앞의 논문. pp.29-30.

156) Wyatt, David K. 2003. 앞의 책. p.202.

157) Wyatt, David K. 2003. 앞의 책. pp.224-226; Mead, Kullada Kesboonchoo. 2004. 앞의 책. pp.67-68.

158) Mead, Kullada Kesboonchoo. 2004. 앞의 책. p.196.

159) Wyatt, David K. 1969. 앞의 책. pp.121-122.

160) Wyatt, David K. 1994c. "Education and the Modernization of Thai Society." D. K. Wyatt. *Studies in Thai History*. Chiang Mai: Silkworm Books. pp.231-232.

161) Wyatt, David K. 1994d. "Samuel McFarland and Early Educational Modernization in Thailand, 1877-1895." D. K. Wyatt. *Studies in Thai History*. Chiang Mai: Silkworm Books. pp.251-253; Mead, Kullada Kesboonchoo. 2004. p.251, fn.6에서 재인용.

162) Wyatt, David K. 1994c. 앞의 논문. p.233; Wyatt, David K. 1994d. 앞의 논문. pp.251-253; Mead, Kullada Kesboonchoo. 2004. 앞의 책. pp.71-72.

163) Wyatt, David K. 1994c. 앞의 논문. pp.233-235; Mead, Kullada Kesboonchoo. 2004. 앞의 책. pp.72-74.

164) Wyatt, David K. 1994c. 앞의 논문. pp.239-240.

165) Mead, Kullada Kesboonchoo. 2004. 앞의 책. pp.77-80.

166) Wyatt, David K. 1969. 앞의 책. pp.73ff; Mead, Kullada Kesboonchoo. 2004. 앞의 책. p.74.

167) Wyatt, David K. 1994c. 앞의 논문. pp.232-233.

168) Mead, Kullada Kesboonchoo. 2004. 앞의 책. p.75.

169) Prachoom Chomchai. 1965. 앞의 책. p.99.

170) Rosenberg, Klaus. 1980. 앞의 책. p.65에서 재인용.

171) Prachoom Chomchai. 1965. 앞의 책. p.100; Wyatt, David K. 2003. 앞의 책. pp.197-203.

172) Wyatt, David K. 1969. 앞의 책. p.389.

173) Rosenberg, Klaus. 1980. 앞의 책. p.66; Wyatt, David K. 2003. 앞의 책. pp.203, 216.

174) Wales, H. G. Quaritch. 1965. 앞의 책. pp.221-225.

175) Sompop Manarungsan. 1989. *Economic Development of Thailand 1850-1950: Response to the Challenge of the World Economy*. Bangkok: Chulalongkorn University, Institute of Asian Studies. pp.64-65의 내용에서 정리.

176) Skinner, G. William. 1957. 앞의 책. pp.122-123. 도박장세의 징세청부 제도는 국가 근대화의 일환에서 1906~1907년 지방에서부터 점차 폐지되기 시작했으며, 1916~1917년에는 방콕의 도박장 및 복권 징세청부 제도가 완전히 폐지되었다.

177) Wright, Arnold and Oliver T. Breakspear. 1994. *Twentieth Century Impressions of Siam: Its History, People, Commerce, Industries, and Resources*. London. Reprinted. Bangkok: White Lotus. p.113.

178) Hong Lysa. 1984. 앞의 책. pp.116-126.

179) Ingram, James C. 1971. 앞의 책. pp.175-188.

180) Battye, Noel Alfred. 1974. 앞의 논문. p.403.

181) Engel, David M. 1975. 앞의 책. pp.66-67.

182) Engel, David M. 1975. 앞의 책. pp.67ff.

183) Engel, David M. 1975. 앞의 책. pp.43-48; Prachoom Chomchai. 1965. 앞의 책. pp.44-48.

184) Thai Noi and Udom Pramuanwitthaya. 1961. 앞의 책. pp.353-366; Chula Chakrabongse. 1960. 앞의 책. p.240; Wyatt, David K. 1969. 앞의 책. pp.99, 138.

185) Young, Ernest. 1982. *The Kingdom of the Yellow Robe*. Oxford: Oxford University Press. p.223.

186) Engel, David M. 1975. 앞의 책. pp.49-51.

187) Siffin, William J. 1966. 앞의 책. pp.53-54.

188) Siffin, William J. 1966. 앞의 책. pp.116-119; Bunnag, Tej. 1977. 앞의 책. pp.99-111.

189) Battye, Noel Alfred. 1974. 앞의 논문. pp.247, 261-263.

190) Chaianan Samutthawanit and Khattiya Kannasut. eds. 1975. 앞의 책. p.37.

191) Battye, Noel Alfred. 1974. 앞의 논문. pp.265-266.

192) Rosenberg, Klaus. 1980. 앞의 책. p.58; Battye, Noel Alfred. 1974. 앞의 논문. pp.267-268.

193) Damrong Rachanuphap.1961. *Phra prawat kromphraya thewawong waroppakan*[테와웡 와롭빠깐 왕자의 전기(傳記)]. Krung Thep. pp.121-122.

194) Terwiel, B. J. 2005. 앞의 책. p.203.

195) Battye, Noel Alfred. 1974. 앞의 논문. pp.271-300.

196) Wales, H. G. Quaritch. 1965. 앞의 책. pp.96-98.

197) Terwiel, B. J. 2005. 앞의 책. pp.202-203.

198) Bunnag, Tej. 1977. 앞의 책. p.116.

199) Battye, Noel Alfred. 1974. 앞의 논문. pp.403-411, 444-448.

200) Thiphakorawong, Chaophraya. 1961c. 앞의 책. Lem 1. pp.49-50, 89-94.

201) Thiphakorawong, Chaophraya. 1961c. 앞의 책. Lem 2. pp.21-26, 40-44.

202) Thongchai Winichakul. 2000. "The Quest for 'Siwilai': A Geographical Discourse of Civilizational Thinking in the Late Nineteenth and Early Twentieth-Century Siam." *The Journal of Asian Studies* 59, 3. pp.529-530.

203) Thongchai Winichakul. 2000. 앞의 논문. pp.533-534, 540-541.

204) '메오시암(meosiam)'은 영어 '뮤지엄(museum)'의 태국어 음역이다.

205) Thongchai Winichakul. 2000. 앞의 논문. pp.542-543.

206) Peleggi, Maurizio. 2013. "From Buddhist Icons to National Antiquities: Cultural Nationalism and Colonial Knowledge in the Making of Thailand's History of Art." *Modern Asian Studies* 47, 4. pp.7-9.

207) 1868년에 등위한 쭐라롱꼰 왕은 1907년에 40년째 왕위에 있어 그 재위 기간이 아유타야 왕조의 라마티보디 2세(재위 1491~1529)를 추월했다.

208) '보란카디'는 종종 '고고학'으로 번역되나, 원래의 의미는 '옛 일', '옛 이야기'다.

209) Chulalongkorn, King. 2001. "The Antiquarian Society of Siam Speech of King Chulalongkorn." Translated by Chris Baker. *Journal of the Siam Society* 89, 1-2. pp.95-98.

210) Chulalongkorn, King. 2001. 앞의 글. pp.96-97.

211) Thongchai Winichakul. 1994. 앞의 책. p.162.

212) Peleggi, Maurizio. 2013. 앞의 논문. pp.9-10.

213) Briggs, Lawrence Palmer. 1946. "The Treaty of March 23, 1907 between France and Siam and the Return of Battambang and Angkor to Cambodia." *Journal of Asian Studies* 5, 4. pp.443-453.

214) Terwiel, B. J. 2005. 앞의 책. pp.223-224.

215) Wyatt, David K. 2003. 앞의 책. p.192.

216) Likhit Dhiravegin. 1975. 앞의 책; Jeshurun, Chandran. 1977. *The Contest for Siam 1889-1902: A Study in Diplomatic Rivalry*. Kuala Lumpur: Penerbit Universiti Kebangsaan

Malaysia; Rosenberg, Klaus. 1980. 앞의 책; Batson, Benjamin A. 1984. *The End of the Absolute Monarchy in Siam*. Singapore: Oxford University Press; Phensi Duk. 2001. *Kan tang prathet kap ekarat lae athipathai khong thai*[태국의 외교와 독립과 주권]. Krung Thep: Ratchabanthit.

217) 이 절의 서술은 대부분 조흥국. 2008. 「식민주의 시기 및 일본 점령기 타이 역사의 평가」. 『동남아시아연구』 18, 1. pp.37-46에 근거한 것이다.

218) Phongsi Chanhao, Thida Saraya, Maliwan Taengkaeofa and Sawitri Phitsanuphong. 2005. *Prawattisat klum sara kanrianru sangkhom sueksa satsana lae watthanatham chan matthayom sueksa thi 4*[중등 과정 4년차 역사, 사회, 종교, 문화 학습]. Krung Thep: Watthanaphanit. pp.79-80.

219) Charnvit Kasetsiri. 1996. "Siam/Civilization-Thailand/Globalization: Things to Come." The 14th Conference of IAHA. Chulalongkorn University. Bangkok. 20-24 May, 1996. p.5.

220) Namngern Boonpiam. 1988. "The Thai Government and Her National Security 1855-1896 in Anglo-Thai Foreign Relations Context." The 11th Conference of IAHA. Colombo. 1-5 August, 1988. pp.1-2.

221) Piyanart Bunnag. 1994. "Problems of Westernization in Thailand during the Age of Reforms: A Case Study of the Foundation of the Western-style Ministerial System (1892-1910)." The 13th Conference of IAHA, Sophia University. Tokyo. 5-9 September, 1994. pp.1-2; Nuanchan Tularak. 2004. *Prawattisat: Kan tang thinthan lae phatthana chat thai*[역사: 타이 민족의 정착과 발전]. Krung Thep: Odiansato. pp.214-215.

222) Fessen, Helmut and Hans-Dieter Kubitscheck. 1994. *Geschichte Thailands*. Hamburg: Lit. p.87.

223) Siffin, William J. 1966. 앞의 책. p.48.

224) 池本幸生. 1994. 「ラ-マ四世期の「消極的」經濟政策」. 『東南アジア研究』 31, 4. p.301.

225) Mead, Kullada Kesboonchoo. 2004. 앞의 책. p.34.

226) Attachak Sattayanurak. 2001. 앞의 논문. p.25.

227) Hong Lysa. 2008. 앞의 논문. p.316.

228) Anderson, Benedict. 1978. "Studies of the Thai State: The State of Thai Studies." Eliezer B. Ayal. ed. *The Study of Thailand: Analysis of Knowledge, Approaches, and Prospects in Anthropology, Art History, Economics, History, and Political Science*. Athens: Ohio

University, Center for International Studies. p.209.

229) Aldrich, Richard J. 1993. *The Key to the South: Britain, the United States, and Thailand during the Approach of the Pacific War, 1929-1942*. Kuala Lumpur: Oxford University Press. p.1.

230) 밀턴 오스본. 2000. 『한 권에 담은 동남아시아 역사』. 조흥국 책임번역. 서울: 오름. pp.103-104; Riggs, Fred W. 1966. *Thailand: The Modernization of a Bureaucratic Polity*. Honolulu: University of Hawai'i, East-West Center. pp.39-42.

231) Panchat Sinthutsa-at. 2004. *Prawattisat thai chuangchan thi 1 chan prathomsuksa pi thi 2* [초등학교 2학년 1단계 태국 역사]. Krung Thep: Prasanmit. p.48.

232) Phongsi Chanhao 외. 2005. 앞의 책. pp.82-83.

233) Anand Panyarachun. 1999. "Chualongkorn: Thailand's beloved monarch reformed his ancient land and opened it to the west, without surrendering its sovereignty." *Time* 154, 7-8. 23-30 August, 1999. p.42.

234) Pensri Duke. 1988. "Thailand's Counter-Balancing Policy and Its Independence (1893-1910)." The 11th Conference of IAHA. Colombo. 1-5 August, 1988. p.1.

235) Narong Phuangphit. 1984. *Prawattisat kan pokkhrong lae kan mueang thai*[태국의 통치와 정치의 역사]. Krung Thep: Prasanmit. pp.184-186.

236) Phlapphlueng Khongchana. 2005. *Prawattisat klum sara kanrianru sangkhom sueksa satsana lae watthanatham chan matthayom sueksa thi 3*[중등 과정 3년차 역사, 사회, 종교, 문화 학습]. Krung Thep: Phatthana Khunnaphapwichakan. p.155.

237) Prachoom Chomchai. 1965. 앞의 책.

238) Phongsi Chanhao 외. 2005. 앞의 책. pp.82-83.

239) Thaemsuk Numnon, Manop Thaowatsakun and Ananchai Laohaphanthu. 2003. *So 605 sangkhom sueksa chan matthayom sueksa thi pi 6*[중등 과정 6년차 사회 605]. Krung Thep: Watthanaphanit. pp.70-72.

240) Phongsi Chanhao 외. 2005. 앞의 책. pp.85-89; Thaemsuk Numnon 외. 2003. 앞의 책. pp.48-49.

241) Riggs, Fred W. 1966. 앞의 책; Siffin, William J. 1966. 앞의 책; Engel, David M. 1975. 앞의 책.

제5장

1) Terwiel, B. J. 2005. 앞의 책. pp.227-231.

2) Terwiel, B. J. 2005. 앞의 책. p.227.

3) Vella, Walter F. 1978. *Chaiyo!: King Vajiravudh and the Development of Thai Nationalism.* Honolulu: The University Press of Hawai'i. p.7.

4) Vella, Walter F. 1978. 앞의 책. pp.19-25; Terwiel, B. J. 2005. 앞의 책. pp.234-235.

5) Vella, Walter F. 1978. 앞의 책. p.42에서 재인용.

6) Terwiel, B. J. 2005. 앞의 책. pp.232-233.

7) Graham, W. A. 1912. 앞의 책. p.608b.

8) Kullada Kesboonchoo. 1987. "Official Nationalism under King Vajiravudh." Proceedings of the Third International Conference on Thai Studies. Canberra: The Australian National University. p.107; Terwiel, B. J. 2005. 앞의 책. p.240.

9) Kullada Kesboonchoo. 1987. 앞의 논문. pp.107-109.

10) Mead, Kullada Kesboonchoo. 2004. 앞의 책. pp.111-112.

11) Mead, Kullada Kesboonchoo. 2004. 앞의 책. p.131에서 재인용.

12) Terwiel, B. J. 2005. 앞의 책. p.234.

13) Vella, Walter F. 1978. 앞의 책. pp.35-38.

14) Graham, W. A. 1912. 앞의 책. p.608b; Terwiel, B. J. 2005. 앞의 책. p.233.

15) '타이(thai)'는 태국에서 흔히 '자유' 혹은 '자유로운'이라는 뜻을 가진 것으로 이해되어왔다. 그리하여 Thailand, 즉 태국을 '자유의 나라' 혹은 '자유를 사랑하는 나라' 등으로 설명한다. '타이'의 의미가 무엇인지는 아직도 명확히 밝혀지지 않았지만, 최근 한 연구에 따르면, 그것은 단순히 '사람'을 가리키는 용어로 태국인이 스스로를 그렇게 불렀다고 한다. 이에 대해서 Titima Suthiwan and Uri Tadmor. 1997. *Thailand: Land of Contrasts.* Honolulu: University of Hawai'i, Center for Southeast Asian Studies. pp.23-24 참조.

16) Vella, Walter F. 1978. 앞의 책. p.33에서 재인용.

17) Kullada Kesboonchoo. 1987. 앞의 논문. pp.110-111; Mead, Kullada Kesboonchoo. 2004. 앞의 책. pp.149-150.

18) 이 절의 서술의 상당 부분은 소병국·조흥국. 2004. 앞의 책. pp.74-82에 근거한 것이다.

19) '타위빤야'는 '지혜의 증대'라는 뜻이다.

20) Murashima, Eiji. 1988. 앞의 논문. pp.90-91.

21) Vella, Walter F. 1978. 앞의 책. p.139.

22) 삼보는 불교의 불·법·승, 즉 붓다, 그의 가르침, 승가 등 불교의 세 요소를 일컫는다.

23) 예부터 내려오는 태국의 관습에 의하면, 각각의 요일은 나름대로의 색으로 대표된다. 일요일은 빨간색, 월요일은 노란색, 화요일은 핑크색, 수요일은 초록색, 목요일은 오렌지색, 금요일은 파란색, 토요일은 자주색. 와치라웃 왕은 비록 실제로는 토요일에 태어났지만, 금요일을 자신이 태어난 요일로 간주하여, 자신의 색을 파란색으로 정했다. 이에 대해 Vella, Walter F. 1978. 앞의 책. p.302 참조.

24) Vella, Walter F. 1978. 앞의 책. p.140에서 재인용.

25) Murashima, Eiji. 1988. 앞의 논문. p.92에서 재인용.

26) Murashima, Eiji. 1988. 앞의 논문. p.93에서 재인용.

27) Murashima, Eiji. 1988. 앞의 논문. pp.89-95.

28) Kullada Kesboonchoo. 1987. 앞의 논문.

29) Anderson, Benedict. 1991. *Imagined Communities: Reflections on the Origin and Spread of Nationalism*. London: Verso. pp.86, 109-110.

30) Anderson, Benedict. 1991. 앞의 책. pp.99-101.

31) Mead, Kullada Kesboonchoo. 2004. 앞의 책. pp.155-157.

32) Terwiel, B. J. 2005. 앞의 책. p.236.

33) Mead, Kullada Kesboonchoo. 2004. 앞의 책. pp.156, 160-161.

34) Wyatt, David K. 2003. 앞의 책. pp.212-213. Terwiel, B. J. 2005. 앞의 책. p.235에 의하면, 공모자들 외에도 음모 동조자들이 체포되어, 체포된 자는 총 106명에 달했다.

35) 이 인터뷰는 *The Straits Times* 1912년 3월 18일자에 실렸다. 이에 대해 Terwiel, B. J. 2005. 앞의 책. pp.235-236 참조.

36) Wyatt, David K. 2003. 앞의 책. p.213.

37) Terwiel, B. J. 2005. 앞의 책. p.237. 보리팟 왕자는 부왕인 쭐라롱꼰에 의해 독일로 보내져 카셀(Kassel)의 사관학교에서 유학했다. 졸업 후 귀국해 참모총장에 임명되었다. 이에 대해 Terwiel, B. J. 2005. 앞의 책. p.231 참조.

38) Mead, Kullada Kesboonchoo. 2004. 앞의 책. pp.154-158.

39) Mead, Kullada Kesboonchoo. 2004. 앞의 책. pp.161-169.

40) Mead, Kullada Kesboonchoo. 2004. 앞의 책. pp.172-173.

41) Wyatt, David K. 2003. 앞의 책. p.214.

42) Terwiel, B. J. 2005. 앞의 책. pp.236-238.

43) Wyatt, David K. 2003. 앞의 책. p.215; Terwiel, B. J. 2005. 앞의 책. p.238.

44) Terwiel, B. J. 2005. 앞의 책. pp.238-239.

45) Wright, Arnold and Oliver T. Breakspear. 1994. 앞의 책. p.204.

46) Wyatt, David K. 2003. 앞의 책. p.195.

47) Vella, Walter F. 1978. 앞의 책. p.129.

48) 제임스 C. 스콧. 2010. 『국가처럼 보기』. 전상인 역. 서울: 에코리브르. p.113.

49) Vella, Walter F. 1978. 앞의 책. pp.130-134.

50) Terwiel, B. J. 2005. 앞의 책. p.239, fn.33.

51) Vella, Walter F. 1978. 앞의 책. p.142.

52) Wyatt, David K. 2003. 앞의 책. p.216.

53) Vella, Walter F. 1978. 앞의 책. pp.144-146.

54) Terwiel, B. J. 2005. 앞의 책. pp.239-240.

55) Vella, Walter F. 1978. 앞의 책. pp.113-114, 120.

56) Terwiel, B. J. 2005. 앞의 책. pp.243-244.

57) Wyatt, David K. 2003. 앞의 책. p.218.

58) Vella, Walter F. 1978. 앞의 책. pp.119-120; Terwiel, B. J. 2005. 앞의 책. p.244.

59) Chula Chakrabongse. 1960. 앞의 책. pp.289-290.

60) Vella, Walter F. 1978. 앞의 책. p.75.

61) 水野弘元. 1997. 『ベーリ語辭典』. 第14刷. 東京: 春秋社. p.121.

62) Terwiel, B. J. 2005. 앞의 책. p.245.

63) Amon Darunrak. 1970. *Dusit thani: Mueang prachathipatai khong phrabatsomdet phra mongkutklao chaoyuhua*[두싯타니: 라마 6세의 민주주의 국가]. Krung Thep: National Library. p.325.

64) Terwiel, B. J. 2005. 앞의 책. pp.245-246.

65) Ingram, James C. 1971. 앞의 책. pp.156-157.

66) Terwiel, B. J. 2005. 앞의 책. pp.246-247.

67) Wyatt, David K. 2003. 앞의 책. pp.220-221.

68) Batson, Benjamin A. 1984. 앞의 책. pp.16-18.

69) 오늘날 와치라웃 왕의 동상이 서 있는 방콕의 룸피니 공원은 라마 6세 재위 시대의 상징적 인 공간으로 간주된다.

70) Vella, Walter F. 1978. 앞의 책. p.258; Terwiel, B. J. 2005. 앞의 책. p.249.

71) Batson, Benjamin A. 1984. 앞의 책. p.26에서 재인용.

72) Terwiel, B. J. 2005. 앞의 책. p.251.

73) Murashima, Eiji. 1988. 앞의 논문. p.90.

제6장

1) Terwiel, B. J. 2005. 앞의 책. pp.249-250.

2) Vella, Walter F. 1978. 앞의 책. pp.157-158.

3) Wyatt, David K. 2003. 앞의 책. pp.222-223.

4) 낏띠야꼰 왕자는 종종 짠타부리(Chanthaburi) 왕자라고도 알려져 있다.

5) Batson, Benjamin A. 1984. 앞의 책. p.131. 보리팟 왕자는 해외 순방 등으로 인한 국왕의 부재 시 섭정으로 기능하는 등 1920년대 후반 태국 정부에서 국왕 다음으로 가장 영향력 있는 인물이었다. 그는 국방부 장관직에 있다가 1928년 3월 내무부 장관으로 이전했다. 이에 대해 Terwiel, B. J. 2005. 앞의 책. p.257 참조.

6) Prachathipok, King. 1984a. "King Prajadhipok's Memorandum." Benjamin A. Batson. *The End of the Absolute Monarchy in Siam.* Singapore: Oxford University Press. pp.288-290.

7) Prachathipok, King. 1984a. 앞의 글. p.289.

8) Batson, Benjamin A. 1984. 앞의 책. p.130.

9) Batson, Benjamin A. 1984. 앞의 책. p.131.

10) Prachathipok, King. 1984a. 앞의 글. pp.290-291.

11) Wyatt, David K. 2003. 앞의 책. p.223.

12) Terwiel, B. J. 2005. 앞의 책. pp.253-254.

13) Prachathipok, King. 1984a. 앞의 글. p.293.

14) Batson, Benjamin A. 1984. 앞의 책. p.35.

15) Batson, Benjamin A. 1984. 앞의 책. p.52; Terwiel, B. J. 2005. 앞의 책. p.254.

16) 라마 5세 재위 기간 17종의 일간신문과 47종의 정기간행물이, 라마 6세 재위 기간에는 22종의 일간신문과 127종의 정기간행물이 새로 발행되었다. 이에 대해 Batson, Benjamin A.

1984. 앞의 책. p.109, fn.2 참조.

17) Batson, Benjamin A. 1984. 앞의 책. pp.72-73, 76-77; Wyatt, David K. 2003. 앞의 책. pp.226-227.

18) Wyatt, David K. 2003. 앞의 책. p.222.

19) Prachathipok, King. 1984b. "Democracy in Siam." Benjamin A. Batson. *The End of the Absolute Monarchy in Siam*. Singapore: Oxford University Press. p.303.

20) Prachathipok, King. 1984a. 앞의 글. p.288.

21) Prachathipok, King. 1984b. 앞의 글. p.303.

22) Batson, Benjamin A. 1984. 앞의 책. p.37.

23) Damrong, Prince. 1984. "Prince Damrong's Memorandum." Benjamin A. Batson. *The End of the Absolute Monarchy in Siam*. Singapore: Oxford University Press. p.300.

24) Prachathipok, King. 1984a. 앞의 글. pp.288, 291.

25) Prachathipok, King. 1984b. 앞의 글. pp.304-305.

26) Prachathipok, King. 1984a. 앞의 글. pp.293-294.

27) Batson, Benjamin A. 1984. 앞의 책. p.140.

28) Prachathipok, King. 1984a. 앞의 글. p.292.

29) Damrong, Prince. 1984. 앞의 글. p.295.

30) Damrong, Prince. 1984. 앞의 글. pp.295-299.

31) Terwiel, B. J. 2005. 앞의 책. p.256.

32) Prachathipok, King. 1984a. 앞의 글. p.294.

33) Prachathipok, King. 1984b. 앞의 글. p.304.

34) Batson, Benjamin A. 1984. 앞의 책. pp.133-139.

35) Batson, Benjamin A. 1984. 앞의 책. p.44, fn.32.

36) Batson, Benjamin A. 1984. 앞의 책. pp.148-150.

37) Prachathipok, King. 1984a. 앞의 글. pp.292-293.

38) Batson, Benjamin A. 1984. 앞의 책. pp.150-151; Terwiel, B. J. 2005. 앞의 책. p.260.

39) Ferrara, Federico. 2012. "The Legend of King Prajadhipok: Tall Tales and Stubborn Facts of the Seventh Reign in Siam." *Journal of Southeast Asian Studies* 43, 1. p.9.

40) Stowe, Judith A. 1991. *Siam Becomes Thailand: A Story of Intrigue*. Honolulu: University of

Hawai'i Press. p.4.

41) Wyatt, David K. 2003. 앞의 책. p.222.

42) Terwiel, B. J. 2005. 앞의 책. pp.257-259.

43) Wyatt, David K. 2003. 앞의 책. p.227.

44) Terwiel, B. J. 2005. 앞의 책. p.259.

45) The Bangkok Times, 1932.2.13.

46) Batson, Benjamin A. 1984. 앞의 책. pp.220-221; Wyatt, David K. 2003. 앞의 책. pp.227-228; Terwiel, B. J. 2005. 앞의 책. pp.259-260.

47) Terwiel, B. J. 2005. 앞의 책. p.260.

48) Chula Chakrabongse. 1960. 앞의 책. p.309.

49) The Bangkok Times, 1924.4.15.

50) Batson, Benjamin A. 1984. 앞의 책. p.78, 113, fn.28.

51) Wyatt, David K. 2003. 앞의 책. pp.225-226.

52) Stowe, Judith A. 1991. 앞의 책. pp.9-12.

53) Ray, Jayanta Kumar. 1972. *Portraits of Thai Politics*. New Delhi: Orient Longman. p.63에서 재인용.

54) Stowe, Judith A. 1991. 앞의 책. pp.12-13, 23, fn.15.

55) Stowe, Judith A. 1991. 앞의 책. pp.13-14.

56) Terwiel, B. J. 2005. 앞의 책. p.261.

57) Ferrara, Federico. 2012. 앞의 논문. p.8.

58) Terwiel, B. J. 2005. 앞의 책. p.262.

제7장

1) 니얼 퍼거슨. 2010. 『증오의 세기—20세기는 왜 피로 물들었는가』. 이현주 역. 서울: 민음사. p.67.

2) 알렉산더 우드사이드. 2012. 『잃어버린 근대성들—중국, 베트남, 한국 그리고 세계사의 위험성』. 민병희 역. 서울: 너머북스. p.27.

3) Thongchai Winichakul. 2000. 앞의 논문. p.532.

4) Peleggi, Maurizio. 2002. *Lords of Things: The Fashioning of the Siamese Monarchy's Modern*

Image. Honolulu: The University of Hawaiʻi Press. pp.2-3.

5) Loos, Tamara. 2002. *Subject Siam: Family, Law, and Colonial Modernity in Thailand*. Chiang Mai: Silkworm Books. pp.19-22.

부록 1

1) Likhit Dhiravegin. 1975. 앞의 책. pp.87-93.

2) 원문에는 200센(sen)이라고 되어 있다. 대부분의 타이어 사전은 1센이 20와(wa)이며, 1와 는 4속(sok)이고, 1속은 손가락 끝에서 팔꿈치까지의 거리로 0.5m라고 설명한다. 그러나 본문의 "4마일보다 멀지 않은", 즉 약 '6.44km 이내'라는 부가 설명을 고려할 때 1속은 40cm로 계산하는 것이 보다 정확하다.

부록 2

1) Mongkut, King. 1977b. "The Need for Corveé Labour: Royal Opinion Given by King Rama IV in 1857 on the Subject of Phrai Luang." Chatthip Nartsupha and Suthy Prasartset. eds. *Socio-Economic Institutions and Cultural Change in Siam, 1851-1910: A Documentary Survey*. Singapore: Institute of Southeast Asian Studies in Co-operation with the Social Science Association of Thailand. pp.10-11.

2) 각 끄롬마다 해당 끄롬의 관할 지역 내에 거주하는 프라이의 주민등록 업무를 담당하고 이 들의 명부를 보유하는 사무하반치(samuhabanchi)가 있었다. 이에 대해 Akin Rabibhadana. 1969. 앞의 책. p.24 참조.

부록 3

1) Chulalongkorn, King. 1977a. "The Act Fixing the Redemption Age of the Offspring of Slaves and Freemen, Issued on 21 August 1874." Chatthip Nartsupha and Suthy Prasartset. eds. *Socio-Economic Institutions and Cultural Change in Siam, 1851-1910: A Documentary Survey*. Singapore: Institute of Southeast Asian Studies in Co-operation with the Social Science Association of Thailand. pp.64-66.

2) 쭐라기원(Chullasakkarat), 즉 소력(小曆)은 13세기부터 태국에서 사용되기 시작한 역법(曆 法)으로 638년을 더하면 서력기원으로 환산된다. 쭐라기원에 대해서는 Eade, J. C. 1989. *Southeast Asian Ephemeris: Solar and Planetary Positions, A.D. 638-2000*. Ithaca: Southeast Asia Program, Cornell University. pp.11-12; Phlai Noi. 1989. *Saranukrom prawattisat thai* [태국 역사 사전]. Krung Thep: Bamrung San. pp.213-214 참조.

3) 1874년 8월 21일.

4) 다르마샤스트라(Dharmaśāstra)는 인도의 고대 법전으로, 국가 및 사회생활의 제반 법도를 다루고 있다. 숱한 다르마샤스트라의 본(本)들 중 가장 널리 알려져 있는 것은 마누(Manu) 법전이다. 이에 대해 Bowker, John. ed. 1997. *The Oxford Dictionary of World Religions*. Oxford: Oxford University Press. pp.276-277 참조.

5) 여기서 말하는 "고대의 법"은 태국의 전근대 법전(法典)인 꼿마이뜨라삼두앙(Kotmai Tra Sam Duang)의 '프라 아이야깐 탓'(Phra aiyakan that), 즉 '노예법'을 가리키는 것으로 보인다. '프라 아이야깐 탓'에 대해서는 Ratchabandit Sathan. ed. 2007. 앞의 책. pp.858-882 참조.

6) 전근대 태국의 노예제도에 대해 Akin Rabibhadana. 1969. 앞의 책. pp.104-112 참조.

7) 당시 태국의 제1등급, 제2등급, 제3등급 지방들에 대해서는 이 책의 제4장 8절 '지방 행정의 개혁'을 참조.

부록 4

1) Krom Sinlapakon. 1982b. *Chotmaihet kan buranapatisangkhon wat phra si rattanasatsadaram lae phra borom maharatchawang nai kan chalong phra nakhon khrop 200 pi phutthasakkarat 2525. Phak thi 1: Wat phra si rattanasatsadaram*[불력(佛曆) 기원 2525년, 왓 프라깨오와 왕궁의 보수에 대한 수도 창건 200주년 경축 기념 기록문집. 제1부: 왓 프라깨오]. Krung Thep: Krom Sinlapakon. pp.60-61.

부록 5

1) Naret Worarit, Phitthayalap Phruetthithada, Sawatdi Watthanawisit, Pritsadang, et al. 1975. "Chaonai lae kharatchakan krap bangkhom thun khwam hen chat kanplianplaeng rabiap ratchakan phaendin"[왕자들과 관료들이 정부 형태의 변경에 대한 생각을 폐하께 상신합니다]. Chaianan Samutthawanit and Khattiya Kannasut. eds. *Ekasan kanmueang kanpokkhrong thai phutthasakkarat 2417-2477*[1874-1934년 태국 정치 및 통치 문서]. Krung Thep: Thai Watthanaphanit. pp.47-75.

2) 충성 서약수에 대해 이 책의 제3장 3절 참조.

3) 이 충성 맹세의 내용에 대해서 Wales, H. G. Quaritch. 1931. 앞의 책. pp.194-195 참조.

4) "미 시월라이(mi siwilai)", 문자 그대로 번역하면 '문명을 가진'이다. 여기서 필자들은 'civilization'이란 영어 단어를 사용하고 있다.

5) "코원멘", 영어의 'government'.

6) "시월라이세찬", 영어의 'civilization'.

7) 건의문의 저자들은 이집트의 당시 정치적 상황에 대해 정확한 정보를 갖고 있지 못했거나 오해하고 있었던 것으로 보인다. 1880년대 중엽 이집트는 사실 더는 독립국이 아니었다. 이집트는 이미 1882년 영국의 군사적 통제하에 놓여 있었으며, 그 재정은 1879년부터 프랑스와 영국이 중심이 된 국제적인 통제위원회의 손에 장악되어 있었다. 이에 대해 Fieldhouse, David K. 1965. 앞의 책. pp.143-146, 178-180, 185 참조.

8) 태국을 영국과 프랑스 두 세력권 사이의 완충국으로 삼자는 제안은 실제로 1889년에 프랑스 측에서 나왔으며, 1893년 프랑스가 태국을 군사적으로 압박하여 라오스를 태국에게서 빼앗은 이른바 '빡남 사건' 후에는 영국과 프랑스 모두 한 완충국 설립의 필요성을 인정했다. 완충국의 발상은 1896년 초 태국의 독립 문제와 관련하여 행해진 영국-프랑스 공동 선언에서 구체화되었다. 완충국 계획은 그 후 1904년의 영국-프랑스 평화협정 이른바 앙탕트 코르디알(Entente Cordiale)에서 더욱 분명해졌다. 이 협정이 비록 그 후 실행되지 않았으나, 이 완충국 발상은 20세기 전환기에 태국의 독립 문제와 관련하여 한 중요한 정치적 이슈를 형성했다. 이에 대해 Likhit Dhiravegin. 1975. 앞의 책. pp.46-57 Appendix C, E; Jeshurun, Chandran. 1977. 앞의 책. pp.49-50, 71 참조.

9) 필자들이 말하는 그 상황은 중국과 프랑스 간에 발생한 청불(淸佛)전쟁인 것으로 보인다. 이 전쟁은 1883년 말에서 1885년 중엽까지 지속된 것으로, 그 발단은 베트남에 대한 지배를 둘러싼 두 나라 간의 경쟁이었다. 이에 대해 Hall, D. G. E. 1981. 앞의 책. pp.702-704 참조.

10) "인떠냇차낸로", 영어의 'international law'.

11) "라이", 영어의 'right'.

12) "콘사띠띠우찬", 영어의 'constitution'.

13) 이 건의문의 타이어 원문에는 "칸눅"이라고 되어 있다. 그러나 19세기 말 태국에 관해 서양인이 쓴 책 가운데 그 저자가 '칸눅', 즉 'Carl Nock' 혹은 'Carl Knox' 등인 것은 존재하지 않는 것으로 보인다. 건의문 원본에는 아마 '칸복'이었던 것이 편집 과정에서 '칸눅'으로 바뀌었을 가능성이 높다. 그것은 타이어 문자의 'บ'(b)이 'น'(n)이 매우 비슷하여 쉽게 혼동될 수 있기 때문이다. 필자들이 여기서 언급한 책은 Carl Bock, *Temples and Elephants: The Narrative of a Journey of Exploration through Upper Siam and Lao* (London: Sampson Low, Marston, Searle, & Rivington, 1884)이다. 그들이 당시 태국의 국가행정과 관련하여 참고한 이 책의 부분은 10-11쪽의 다음 서술인 것으로 보인다.

여기서는 국왕이 그의 동생이자 개인비서로 대개 테완(Devan) 왕자라고 불리는 테와웡(Devawongsa) 왕자의 도움을 받아 모든 국정 업무를 집행한다. 이 두 사람이 아마 이 나라에서 가장 열심히 일하는 사람일 것이다. [중략] 내 친구 가운데 한 명이

[중략] 나에게 다음과 같이 쓴다. "주요 [관직에 있는] 모든 관리는 직접 왕궁에 가서 보고해야 하며, 왕국의 모든 업무는 매일 상세히 국왕 면전을 통과한다. [중략] 테완 왕자는 국왕의 오른팔로서 [중략] 개인비서와 재무장관(Chancellor of the Exchequer) 의 이중적 자격으로 그에게 위임되는 의무들을 큰 기지와 역량을 갖고 처리한다."

14) "빨리멘", 영어의 'parliament'.

15) "앱솔룻 모나끼", 영어의 'absolute monarchy'.

16) "콘사띠띠우차낸 모나끼", 영어의 'constitutional monarchy'.

17) "카비넷", 영어의 'cabinet'.

18) "디빳멘", 영어의 'department'.

19) 전근대 태국에서 왕위 계승을 의논하는 위원회는 일반적으로 승왕, 불교계 소수의 고위급 성직자들, 왕자들, 대신들로 구성되었다. 이에 대해 Chula Chakrabongse. 1960. 앞의 책. p.216 참조.

20) "미닛사떠", 영어의 'minister'.

21) 건의문의 필자들이 말하는 이 사건은 이 책의 본문에서 다루어진 1874년 말에서 1875년 초 사이에 일어난 '전궁(Front Palace) 사건'을 일컫는 것으로 보인다.

22) "카운신", 영어의 'council'. 여기서 언급된 협의기관들은 1874년 라마 5세가 세운 국가평 의회(Council of State)와 추밀원(Privy Council)을 가리키는 것으로 보인다.

23) "삽렙떠낸", 영어의 'sublieutenant'.

부록 6

1) Chulalongkorn. 1975a. "Phraratcha damrat top khwamhen khong phu cha hai plian kanpokkhrong chullasakkarat 1247"[통치 형태의 개혁을 원하는 자들의 견해에 대한 국왕 의 1885년 답변]. *Chaianan Samutthawanit and Khattiya Kannasut. eds. Ekasan kanmueang kanpokkhrong thai phutthasakkarat 2417-2477*[1874-1934년 태국 정치 및 통치 문서]. Krung Thep: Thai Watthanaphanit. pp.76-81.

2) 끄롬마믄 핏타야랍 프룻티타다(Krommamuen Phitthayalap Phruetthithada]와 동일 인물 이다. 이에 대해 Mothayakon. ed. 1971. *Phraratcha prawat phraratchawong lae 131 chaofa thai* [태국의 왕실과 131 왕자들의 역사]. Krung Thep p.362 참조.

3) 필자인 라마 5세는 '앱솔룻' (absolute)이라는 영어 단어를 쓰고 있다.

4) "엑섹키우띱", 영어의 'executive'.

5) "리잇사레띱", 영어의 'legislative'.

6) "리엔시", 영어의 'regency'.

7) "카오신", 영어의 'council'.

8) 1874년에 설립된 국가평의회(council of state)와 추밀원(privy council)을 가리키는 것으로 보인다.

9) "리잇사레띱 카오신", 영어의 'legislative council'.

10) "코윈멘", 영어의 'government'.

11) "옵뽀시찬", 영어의 'opposition'.

12) "엑섹키우띱 코윈멘", 영어의 'executive government'.

13) "쁘리미아", 영어의 'premier'.

14) "미닛사뜨리", 영어의 'ministry'.

15) "하웃 옵 빨리멘", 영어의 'house of parliament'.

16) "코윈멘 리폼", 영어의 'government reform'.

17) "리사이", 영어의 'resign'.

부록 7

1) Chulalongkorn, King. 1977b. "The Conscription Act, R.S. 124, Preamble, Dated 24 August 1905." Chatthip Nartsupha and Suthy Prasartset. eds. *Socio-Economic Institutions and Cultural Change in Siam, 1851-1910: A Documentary Survey*. Singapore: Institute of Southeast Asian Studies in Co-operation with the Social Science Association of Thailand. pp.69-70.

2) 1901~1902년 태국 이산(Isan), 즉 동북부 지방에서 불교 및 주술신앙을 배경으로 푸미분, 즉 토착인 종교지도자 중심으로 일어난 반란과 방콕 정부군에 의한 진압에 대해 Wilson, Constance M. 1997. "The Holy Man in the History of Thailand and Laos." *Journal of Southeast Asian Studies* 28, 2. pp.360-361; Terwiel, B. J. 2005. 앞의 책. pp.218-219 참조

찾아보기